Herbert Lederer

Bevor alles verweht …

Wiener Kellertheater 1945 bis 1960

Österreichischer Bundesverlag

Dieses Buch ist ein Österreich-Thema aus dem Bundesverlag: Teil einer Bibliothek, in der in vielen Facetten und Aspekten ein Bild Österreichs entworfen wird, wie es war und wie es ist – in Geschichte, Politik und Wirtschaft, in Kunst, Kultur und Wissenschaft; Schicksale und Geschicke eines Landes und einzelner Persönlichkeiten von den Anfängen dieses Landes bis heute.

© Österreichischer Bundesverlag Gesellschaft m.b.H., Wien 1986
Alle Rechte vorbehalten
Jede Art der Vervielfältigung, auch auszugsweise, gesetzlich verboten
Lektorat: Helga Zoglmann
Satz: Times 10/11 Punkt
Gedruckt auf Magno halbmatt 135 g
Druck: Wiener Verlag, Himberg bei Wien
ISBN 3-215-**05927**-4

Inhalt

Vorwort 7	Theater am Parkring 99
Ein neuer Anfang 12	Theater im Palais Esterházy 116
Aufbruch – wohin? 16	Avantgarde pure 122
Die geistige Situation 20	Kaleidoskop 124
Die Hochschulen – und ihr Studio 24	Ateliertheater an der Rotenturmstraße 135
Theaterinflation 40	Tribüne 140
Das Studio des Theaters in der Josefstadt 45	Weit draußen am Liechtenwerd 151
Die Stephansspieler 51	Die Komödianten 156
Courage 58	Theater am Fleischmarkt 159
Es gärt! Studio junger Schauspieler – Szene 48 –	Zum Schluß bemerkt 163
Theater der 49 74	Anmerkungen 168
Zwischen den Stühlen 80	Namenregister 174
Theater im Konzerthauskeller 86	

Den vielen Unbekannten,
Ungenannten und Unbedankten,
denen der „Durchbruch" nie gelungen ist.
Weil auch sie entscheidend beteiligt waren.

Vorwort

"Così è – se vi pare"
(So ist es – ist es so?)
Luigi Pirandello

Wiener Kellertheater nach 1945.

Längst hat sich die Legende des Themas bemächtigt. Viele meinen, Genaues zu wissen, aber wo immer ich nachdrücklich forsche, stießen meine Fragen ins Leere. Erinnerungen verklären tatsächliche Verhältnisse.

Schon werden die Jahre nach dem Zweiten Weltkrieg als das „heroische Zeitalter" der Wiener Kleinbühnen propagiert.

Schon wird romantisiert.

Schon wird, in schwelgerischen, wehmütigen Rückblicken auf die eigene Jugend, von „schönen Jahren" gesprochen.

Schon wird Vergangenheit „verfälscht", nämlich selektiv durch eine getönte Brille betrachtet.

Ich lese in den dreißig, fünfunddreißig Jahre alten Zeitungskritiken, als persönlich Betroffener, die krassesten Fehleinschätzungen, positiver wie negativer Art. Ich vergleiche die Aussagen mehrerer an einer damaligen Produktion Beteiligten und finde unauflösliche Widersprüche. Nichts ist gesichert. Wo man hintritt, befindet man sich auf schwankendem, kaum tragfähigem Grund. Ondits erhalten sich über Jahrzehnte hinweg. Vermutungen werden als Gewißheiten ausgegeben. Empfehlungen und Verweisungen enden im Nichts. Schließlich ergaben sich damals Gründungen und Schließungen, Auflösungen, Ablösungen und Übersiedlungen, Fusionen, Spaltungen, Umbenennungen, Trennungen und Verflechtungen in rasanter Folge. „Die genauen Daten über Wiener Kleintheater und Kellerbühnen nach dem Jahr 1945 sind in keinem Archiv zu finden", klagte bereits 1954 Helmut H. Schwarz[1].

Nein, Archive wurden damals nicht, und auch später nicht, angelegt. Es gab weder Büros noch Dramaturgen, Archivare, Pressereferenten, Öffentlichkeitsarbeiter oder Public-Relations-Manager. Höchst selten und unsystematisch wurden Theaterzettel, Szenenfotos und Kritiken gesammelt. Ob jemals regelrechte Regiebücher angelegt wurden, läßt sich ebenfalls nicht feststellen. Die Schwierigkeiten, unter denen eine Inszenierung zustande kam, waren meist so groß, daß für Gedanken an die interessierte Nachwelt kein Raum blieb. Bei der Fluktuation der produzierenden Gemeinschaften, beim steten Wechsel von Schauspielern und Regisseuren achtete niemand auf das Bewahren vorhandenen Materials. Außerdem ging es in jenen Nachkriegszeiten zunächst überall ein bißchen anarchisch zu: bei Ämtern, im Straßenverkehr, bei der Post, auch in den großen Theatern. Wie hätten da die Kellerbühnen, die ohnehin von sehr vielen Improvisationen leben mußten, eine Ausnahme bilden sollen?

Schauspieler sind überdies schlechte Auskunftspersonen in historischen Fragen. Sie haben keinen Sinn dafür, weil sie keine Zusammenhänge sehen. Sich auf die jeweilige Rolle konzentrieren zu können, allenfalls noch in den Beziehungen zu den Gegenspielern und in den Abhängigkeiten von den Partnern, das ist ja gerade die Stärke des darstellenden Künstlers. Einmal wies man mich bei meinen Recherchen über eine Aufführung an einen bestimmten Schauspieler: „Frag doch ihn, er hat damals eine Hauptrolle gespielt." Er wußte nicht einmal mehr den Titel des Stückes. Erinnerlich war ihm nur, daß einer seiner Kollegen einen so komischen geklebten Bart getragen hatte! Und einen ehemaligen Kellerbühnenleiter fragte ich nach einer wesentlichen Inszenierung an seinem Theater.

Die Aufführungsdaten wußte er natürlich nicht, auch nicht den Autor des Werkes; nur daß die Handlung sich im Hamburger Hurenmilieu zugetragen habe. In Wahrheit spielte das Stück in Kanada und war ein wichtiges Drama des französischen existenzialistischen Theaters. Zufällig konnte ich das angeben, weil ich einer der Darsteller gewesen war. Auch davon hatte der einstige künstlerische Direktor keine Ahnung mehr.

Ungereimtheiten und gegensätzliche Behauptungen also, wo man hinschaut und hinhört. Natürlich ist in Rechnung zu stellen, daß sich im Laufe von Jahrzehnten auch einige Feindschaften gebildet haben. Ehedem unzertrennliche Freunde sind unversöhnlich entzweit. Der einstige künstlerische Mitstreiter wird heute diffamiert. Jeder sieht die damalige Situation von seinem jetzigen Standpunkt. Auch sind Theaterehen geschieden worden. Die bis auf den heutigen Tag haßerfüllten früheren Partner bringen jeweils ihre persönliche Version lange zurückliegender Ereignisse vor. Wo liegt die Wahrheit? In der Mitte? Oder ganz woanders? Ich konnte nur versuchen, offensichtliche Fehler zu korrigieren. Objektivität ist ohnehin unmöglich.

Wem immer von den damals Aktiven ich über den Plan zu diesem Buch berichtete, der sagte schwärmend: „Ach ja, damals ..." Und von mindestens zwei Dutzend befreundeten, durchaus vertrauenswürdigen Schauspielerkollegen bekam ich glaubhaft zu hören: „Bei der Trude Pöschl, im *Konzerthaustheater*, hat's als Abendgage immer eine Schinkensemmel gegeben. Stell dir vor, eine Schinkensemmel! Drum haben dort alle so gerne gespielt." Ich gestehe, ich wußte davon gerüchteweise auch seit mindestens dreißig Jahren. Zuletzt machte ich die Probe aufs Exempel und fragte Trude Pöschl selbst. Von Schinkensemmeln wußte sie nichts. „Jeder hat sein fixes, wenn auch sehr kleines Honorar gekriegt", beteuerte sie. Ganz zum Schluß räumte sie ein, es könne ja möglich sein, daß sie einmal, aus irgendeinem besonderen Anlaß, vielleicht ein paar Schinkensemmeln zur Vorstellung mitgebracht habe. Schade, mit den legendären Schinkensemmeln war es nichts. Sie wären ein prächtiges Symbol gewesen! Um das sprichwörtliche Butterbrot – etwa in Form von zwei Straßenbahnfahrscheinen oder gegen Teilung der kaum vorhandenen Abendeinnahme – wurde ja allabendlich ohnehin gespielt. Die historische Wahrheit spricht sich gegen die symbolträchtige Delikatesse aus. Einer genauen Überprüfung hält die Fama selten stand.

Über das Thema „Wiener Kellertheater" gibt es inzwischen auch einige theaterwissenschaftliche Dissertationen. Hilfe haben sie mir leider keine geboten, hingegen stieß ich auf etliche grobe Mißverständnisse. Eine Arbeit über die *Tribüne* berichtet, daß die Aufführung von Kurt Radleckers Dostojewski-Dramatisierung *Raskolnikow* vom Kulturamt der Stadt Wien mit einem Preis von 5000 Schilling prämiert wurde, und kommt zu der verblüffend naiven Schlußfolgerung: „Eine bessere Werbung für das Stück konnte es kaum geben[2]." Das verrät eine Ahnungslosigkeit und Theaterfremdheit sondergleichen. Als ob irgendein Publikum der Welt derartige amtliche Maßnahmen überhaupt zur Kenntnis nähme, geschweige denn davon zum Theaterbesuch animiert werden könnte.

Die Dissertation über die *Courage*, Wiens ältestes und beständigstes Kellertheater[3], wurde ausgerechnet einem Syrer übertragen – das muß einem ja auch erst einmal einfallen! Der junge Mann machte sich mit beispielhaftem Fleiß, aber naturgemäß wenig Sachkenntnis an die Arbeit. Bei Nennung der aufgeführten Stücke erwähnt er leider niemals, um welche Gattung es sich handelt, um ein Schauspiel, ein Lustspiel, eine Farce oder eine Tragödie. Besonders bei dem klug taktierenden Spielplan der *Courage* wäre das nützlich und aufschlußreich, weil dort nach Rückschlägen und finanziellen Mißerfolgen gern auf Publikumswirksames wie Kriminalkomödien oder Burlesken zurückgegriffen wurde. So bleibt selbst das im Anhang vollständig angeführte Repertoire nur eine nüchterne Aneinanderreihung von Titeln ohne praktische Benützbarkeit.

Auch über Ein-Mann-Theater existiert schon eine Dissertation.[4] Deren Verfasser lebte über vier Jahre in Wien, ohne mich ein einziges Mal zu kontaktieren. Dafür zitiert er in einer langen Abhandlung über meine Produktionsweise seitenlang den Essay eines Autors, der mich ebenfalls niemals auf der Bühne gesehen hat. So erfuhr ich aus dritter Hand Unwahrheiten über mich selbst – auf wissenschaftlicher Basis. Da stimmen nicht einmal die jederzeit überprüfbaren Fakten. Ich hätte das, ehrlich gesagt, nicht approbiert.

Das von dieser Seite vorliegende Material kann man also vernachlässigen. Es ist insgesamt sehr zäh und trocken aufbereitet. Man würde nicht vermuten, daß da von lebendigen Menschen in einer aufregenden und faszinierenden Tätigkeit die Rede ist. Über das Sezieren und Präparieren von Insekten konnte ich schon Spannenderes lesen. Glücklicherweise habe ich die gesamte hier zu schildernde Entwicklung selbst begleitet: als Akteur, als interessierter Zuschauer, als kritisch beratender Freund, als skeptischer Konkurrent, als Suchender und Lernender. Viele der Ereignisse habe ich miterlebt, einige mit erkämpft, auch mitersonnen. Daß ich jetzt der Chronist ihrer Zeitspanne werden soll, hätte ich mir damals, als junger Anfänger mittendrin stehend, nicht träumen lassen.

Mein Erinnerungsvermögen ist ziemlich intakt, aber selbstverständlich nicht lückenlos. Damit habe ich mich abzufinden. Persönliche Sympathien und Antipathien versuche ich auszuschalten, soweit das überhaupt möglich ist. Trotzdem kann meine Betrachtungsweise nur subjektiv sein. Ich darf also feststellen:

Es war nicht heroisch.

Es war nicht romantisch.

Es war auch gar nicht schön.

Es war zunächst eine Zeit des Hungers, der Kälte, der Entbehrungen. Trotzdem, vielleicht gerade deswegen, wurde unter ungünstigen Bedingungen Theater gespielt. Allmählich besserten sich die Lebensverhältnisse. Als sie sich, gegen Ende der fünfziger Jahre, ziemlich normalisiert hatten, war die Epoche der Kellertheater an einem kritischen Punkt angelangt. Ein Rezensent diagnostizierte 1960 zutreffend: „Das goldene Zeitalter dieser Vertreter avantgardistischer Gesinnung (...) ist unwiederbringlich vorbei."[5]

Wir haben heute in Wien an die vierzig Theater. Es tut sich was! Es ist was in Bewegung. Freie Gruppen, Studios, wie immer sie sich nennen, versuchen in Neuland vorzustoßen. Die sollen von ihren Vorgängern wissen. Das Theater ist eine geschichtshaltige Einrichtung. Es muß sich seiner Herkunft bewußt bleiben. Die „Stunde Null" existiert nicht. Tausend verborgene Fäden weben an der Kontinuität. Ob man sie nun anerkennt oder leugnet. (Die Anerkennung hilft allerdings bei der Klärung und Bestimmung des eigenen Standortes.) Das Theater hat seit jeher wenige, immer wiederkehrende Grundtypen. Auch wenn das die „Neuerer" nicht so gerne hören. Gerade wegen der Bezüge zur Gegenwart unternehme ich den Versuch dieses Rückblickes, so gewagt er mir selbst erscheint. Zweifellos wird es große Lücken geben. Das ist zwar bedauerlich, aber nicht zu ändern. Mich stört es auch wenig. Entwicklungen in der Kunst, schöpferische Vorgänge, sind niemals bis in alle Verästelungen hinein zu dokumentieren. Wie entsteht ein Gedicht? Durch jahrelanges Feilen an einer einzigen Zeile oder durch eine plötzliche, sekundenschnelle Inspiration. So oder so. Und wie entsteht ein Bühnenbild, ein Kostümentwurf? Vielleicht war gerade dieses und kein anderes Material da. Hinterher heißt es dann: ein genialer Einfall. Shakespeare läßt den Narren im *König Lear* in den letzten Szenen nicht mehr erscheinen. Plötzlich ist der treue Begleiter des alten Königs verschwunden. „Er hat sich über das Schicksal seines Herrn zu Tode gekränkt", lautet ein Interpretationsversuch voll edler und psychologisch untermauerter Motive. In der Praxis bestand Shakespeares Truppe aus nur zwölf Darstellern, und der junge Bursche, der den Narren spielte, hatte im ersten und im letzten Akt auch als Cordelia aufzutreten. So sehen die nüchternen Gegebenheiten des Theaters aus.

Mündliche Überlieferungen, Berichte, tradierte Ausdeutungen behandle ich also mit Vorsicht. Und das Material ist ohnehin viel spärlicher, als ich das anfangs angenommen hatte. Auch mit diversen Kisten theatergeschichtlich wertvollsten Inhaltes dürfte es eine seltsame Bewandtnis haben. Im Laufe meiner Spurensuche wurde ich, nach und nach (und voneinander unabhängig), von vier einstigen Exponenten des Wiener Kellertheatergeschehens auf das Öffnen je einer im Keller oder auf dem Dachboden deponierten Kiste vertröstet. Jeder der vier Kisteninhaber war in den entscheidenden Jahren als Theaterleiter, Regisseur, Schauspieler oder Autor, zumeist sogar in mehreren dieser Positionen zugleich, erfolgreich gewesen. Jede einzelne der vier Kisten enthält, nach Aussage ihres Besitzers, kostbares Material über die vergangene Tätigkeit. Zwei meiner Gewährsleute haben inzwischen als Leiter großer Bühnen außerhalb Wiens Karriere gemacht. In ihre Heimatstadt, wo die ominösen Kisten immer noch abgestellt sind, kommen sie höchstens besuchsweise. Der dritte spielt nur noch gelegentlich Theater und ist schwer anzutreffen, da er sehr viel reist. Der letzte schließlich ist leider längst vom Theater abgegangen. Die Schätze bergende Kiste hat er an seinen Zweitwohnsitz in ländlicher Gegend verbannt. Dort steht sie in schwer zugänglichem Kellerverlies. Natürlich weiß keiner von den Kisten der anderen drei. Aber als hätten sie sich verabredet, sagten sie mir alle vier, fast aufs Wort übereinstimmend: „Man müßte halt einmal ... gelegentlich ..."

So lange kann und will ich allerdings nicht warten. Denn inzwischen ist mir dreierlei völlig klar geworden:

Daß über die Geschichte der Wiener Kellertheater nicht schon längst ein Buch erschienen ist, bleibt unverständlich.

Daß die Unterlagen darüber, soweit jemals vorhanden, bereits in alle Windrichtungen zerstoben sind, darf niemanden verwundern.

Daß das Thema jetzt schleunigst abgehandelt werden muß, das ist evident.

Einige der Protagonisten sind bereits in jungen Jahren gestorben, wie Erich Neuberg und Peter Weihs. Auch August Rieger, ein Mann der ersten Stunde, lebt nicht mehr. Vor kurzem hat sich Stella Kadmon, die „Mutter Courage" des Wiener Theaterlebens, nach über fünfzigjähriger Tätigkeit zurückgezogen. Sie zählt weit über achtzig Jahre. Viele sind aus Wien abgewandert und holen sich ihre künstlerischen Erfolge anderswo. Viele haben in den schwierigen Jahren um 1960 dem Theater enttäuscht und resignierend den Rücken gekehrt. Vielleicht um zwei oder drei Jahre zu früh, wer kann das sagen? Jedenfalls wollen sie an die ganze Zeit und an ihre eigenen Aktivitäten nicht mehr erinnert werden. Auch die damals bei der Stange geblieben sind, die Unerschütterlichen, Unermüdlichen, treten jetzt allmählich ab. Die Überlieferung wird spärlicher, das ohnehin schüttere Material noch knapper, für eine neue Generation schwierig zu entschlüsseln und nicht mehr zu überschauen.

Die realistische Geschichte des Aufbruchs in den Theaterkellern Wiens, die Arbeitsbedingungen, die personellen Gegebenheiten, Kooperationen und Konkurrenzen, auch der Hinweis auf die Vielfalt der Neugründungen, die Unzahl von Ideen, die Fülle von großartigen Begabungen auf allen theatralischen Gebieten – kurz, die unnachahmliche Atmosphäre, in der dies alles geschah, muß jetzt festgehalten werden. Bevor alles verweht ...

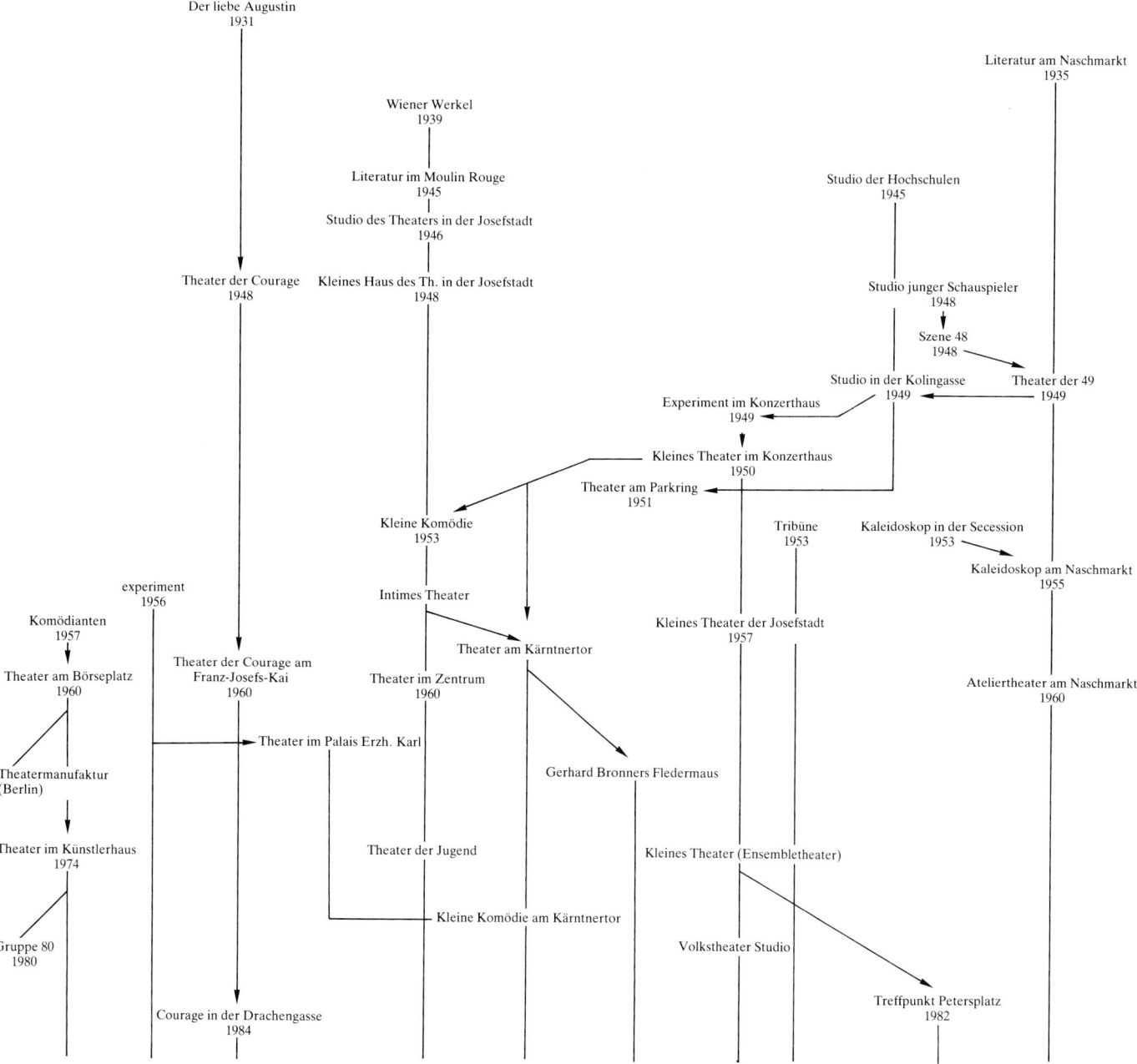

Ein neuer Anfang

„Ich glaube an die Unsterblichkeit des Theaters"
Max Reinhardt

Ab 1. September 1944 blieben sämtliche Theater des Großdeutschen Reiches geschlossen. Die Sperre war vom Reichsminister für Volksaufklärung und Propaganda Joseph Goebbels verfügt worden. In dieser Endphase des totalen Krieges sollte das bis dahin für unabkömmlich angesehene Häuflein der Schauspielerinnen und Schauspieler, der Sängerinnen und Sänger, der Regisseure, Dramaturgen und Verwaltungsleute, aber auch der Bühnentechniker, Garderobieren und Maskenbildner als ein letztes Aufgebot den sogenannten Kriegsdienst leisten. Als eiligst angelernte Arbeiter in den Rüstungsfabriken, als Bewachungskräfte, als Telefonistinnen, als Lazarett-Hilfspersonal waren sie dazu ausersehen, noch zur Verlängerung des gewissermaßen schon verlorenen Krieges beizutragen.

Für alle Denkenden war diese Maßnahme das deutlichste Eingeständnis des baldigen Endes. Jeder wußte, welche große Bedeutung von den nationalsozialistischen Machthabern dem Theater als Instrument der Beeinflussung und der Stimmungsmache zugemessen worden war. Goebbels hatte die Bühnenkunst als wirksame Waffe der psychologischen Kriegführung erkannt und sie als solche dementsprechend einzusetzen gewußt. Wenn mitten im erbitterten Krieg, zur Zeit der härtesten Kesselschlachten an der Ostfront, *Die Meistersinger von Nürnberg* aufgeführt wurden, sollte das ungebrochenen Lebenswillen und unnachgiebige Energie dokumentieren, je glänzender und prunkvoller es geschah, desto deutlicher die beabsichtigte Wirkung. Unpolitisch war eine solche Demonstration der freudigen Stärke nie, und wenn es sich um die seichteste Revueoperette handelte. So gesehen, war die Schließung aller Theater ein unmißverständliches Signal.

Truppen der Roten Armee standen zu diesem Zeitpunkt östlich von Budapest, US-Panzerspitzen in der Nähe des Rheins. Bald darauf machte der anglo-amerikanische Vormarsch in Italien auch Wien, das bisher als einzige Großstadt des Deutschen Reiches von Bombenabwürfen verschont geblieben war, als Angriffsziel für die alliierten Flugzeuggeschwader erreichbar. Die jetzt fast täglichen Luftangriffe kosteten in diesen letzten Kriegsmonaten noch an die 50000 Zivilisten das Leben. Um die Mittagszeit des 12. März 1945 zerstörten die Bomben die Staatsoper. Ich habe sie brennen gesehen. Die gewaltige Höhe der licht lodernden Flammen in der sonnenstrahlenden Helle des Frühlingstages wird mir unvergeßlich sein. Fast in derselben Minute wurde das Bühnenhaus des Burgtheaters samt dem Garderobentrakt schwer beschädigt. Wien war nun Frontstadt. Am 6. April drang die sowjetische Vorhut von Westen her durch den Wienerwald zügig in die Außenbezirke ein. Während der letzten Straßenkämpfe, am 12. April, brannte die Teilruine des Burgtheaters aus. Es war darin Munition gestapelt worden. Die Feuerwehren waren aufs linke Donauufer abkommandiert. Löschversuche blieben daher ohne Wirkung. Schauspieler und Zuschauer umstanden hilflos das vernichtete Gebäude und mußten zusehen, wie sich das glühende Metallgestänge des riesigen Schnürbodens und die Armierungseisen der Logengerüste deformierten.

Die Rekapitulation des genauen Zeitablaufs der weiteren Ereignisse setzt in Erstaunen: Am 13. April waren die letzten kämpfenden Truppenteile aus dem Stadtgebiet rechts der Donau vertrieben. Während im Wiener Rathaus bereits fünf Tage später die neue Stadtverwaltung, mit Bürgermeister, zwei Vizebürgermeistern und amtsführenden Stadträten amtierte, wurde Floridsdorf erst am 22. April eingenommen; am 27. April war schon die Provisorische Staatsregierung eingesetzt, aber im nahen Weinviertel, in der Gegend von Matzen und Pirawarth, standen versprengte Einheiten des geschlagenen großdeutschen Heeres noch in „Feindberührung". Der Maler Paul Flora befand sich unter diesen Rückzüglern: „Unsere Einheit bestand zum größten Teil aus Österreichern, älteren Leuten und ganz jungen Rekruten. Als Held ist mir keiner erinnerlich. Sobald wir den Feind von weitem sahen, flüchteten wir sofort, und jedermann folgte gerne unserem Beispiel, um – das nahe Kriegsende vor Augen – sein Leben zu retten. Die russischen Soldaten dürften nicht viel anders gedacht haben, denn sie kamen eher gemächlich hinter uns drein. Die ganze Situation war einigermaßen grotesk: Wir sollten die Reste des Großdeutschen Reiches verteidigen, während wir im Radio erfreut die Proklamationen der Regierung Renner hörten, die sich in Wien, vielleicht dreißig Kilometer von uns entfernt, schon installiert hatte."[6]

Grotesk war die Situation in der Tat und sollte es auch noch geraume Zeit bleiben. Dem sowjetischen Militärkommandanten in Österreich, Marschall Tolbuchin, Befehlshaber der 3. Ukrainischen Front, lag viel daran, ehestmöglich normale oder, sagen wir, immerhin einigermaßen reguläre Verhältnisse herzustellen. Österreich war, gemäß der Moskauer Deklaration von 1943, nicht besetztes, sondern befreites Gebiet. So galt eine der ersten Anordnungen der Reaktivierung des Bühnenlebens in der Hauptstadt, neben den dringenden Fragen der schnellen Instandsetzung von Bahn und Straßenbahn, dem Funktionieren der Post, der Versorgung mit Elektrizität, Gas und Wasser, der medizinischen Betreuung der Bevölkerung. In Wien sollte wieder Theater gespielt werden, und zwar sofort! Bereits am 1. Mai, dem internationalen Tag der Arbeit.

Aber wer sollte spielen? Und wo sollte gespielt werden? Das Was stand erst in letzter Linie zur Debatte. Irgendwas, wenn es nur nicht faschistisch war!

Wie konnte man die Schauspieler verständigen? Viele hatten die bombenbedrohte und dann umkämpfte Stadt verlassen. Manche waren ausgebombt, man kannte ihren neuen Wohnort nicht. Es gab weder Telefon noch Verkehrsmittel. Boten zu Fuß vollbrachten wahre Kunststücke.

Burg und Oper, die beiden größten Häuser, waren unbespielbar. Bereits am 2. April hatte Lothar Müthel, der von 1939 bis 1945 Direktor des *Burgtheaters* gewesen war, die Leitung des Hauses seinem ersten Schauspieler Raoul Aslan übertragen. Dies war zunächst nur eine symbolische Geste. „Raoul Aslan war unser neuer Direktor. Ich erfuhr es durch einen Boten, den er eine Woche später zu mir schickte, um mich für den folgenden Tag zu einem Verständigungstreffen vor dem Haupteingang des ausgebrannten Hauses einzuladen." So erinnert sich Rosa Albach-Retty. „Aslan der Direktor war ebenso imponierend wie Aslan der Schauspieler. Als er uns an diesem fast sommerlich heißen Frühlingstag, inmitten der schauerlichen Kulisse bombenzerstörter Ringstraßenhäuser, aufgeworfener Erdhügel und abgebrannter Bäume, vor dem rauchgeschwärzten Hauptportal des Burgtheaters mit den Worten empfing: ‚Wir haben uns hier versammelt, liebe Freunde und Kollegen, um gemeinsam neu anzufangen!', wußte jeder von uns, daß das mehr bedeutete als nur ein Versprechen in trister Gegenwart. Es war ein Gelöbnis für eine freundlichere Zukunft."[7]

Diese Zukunft gestaltete sich im Varieté Ronacher, das Erhard Buschbeck als Ausweichquartier für das Burgtheater gefunden hatte. Sofort gab es gegen diesen Spielort heftige Proteste einiger etablierter Schauspieler. Sie hielten es für eine Zumutung, in einem Haus aufzutreten, in dem bis vor kurzem halbnackte Tänzerinnen, Jongleure und Elefanten zu sehen waren. Bomben und Kriegswirren hatten den alten Dünkel nicht beseitigt.

Am 30. April hebt sich der Ronachervorhang zum ersten Mal. „*Sappho*, Trauerspiel in fünf Aufzügen von Franz Grillparzer" steht auf dem Theaterzettel, den Chefdramaturg Buschbeck eigenhändig geschrieben und an die Wand geheftet hat. Der Vorhang hebt sich, wegen des nächtlichen Ausgehverbotes, bereits um 17 Uhr 30. Aber um 17 Uhr 35 fällt er schon wieder. Marschall Tolbuchin ist durch eine Besprechung aufgehalten worden und poltert samt Gefolge verspätet in den Saal. Das Stück muß nochmals von vorne anfangen, denn Tolbuchin will alles sehen.

So begann die Nachkriegsära des Wiener Theaters gleich doppelt.

Die Titelrolle spielte übrigens die große Maria Eis, und die Dekoration bestand aus schlichten schwarzen Vorhängen. Tags darauf dirigierte Josef Krips, der den Krieg in Wien als U-Boot überlebt hatte, *Figaros Hochzeit*. Die *Volksoper* gewährte der *Staatsoper* für diesen einen Tag Gastrecht. Auf weitere Opernaufführungen mußten die Freunde des Musiktheaters allerdings bis zum Herbst warten.

Die Wiedereröffnung der Theater war natürlich eine gewaltige Demonstration: Hier kommt etwas Neues. Paradoxerweise kam es mit den alten Stücken.

Das *Theater in der Josefstadt*, mit dem Geld eines Kriegsgewinnlers aus Weltkrieg I in geschmackvollem, leicht parvenühaftem Großbürgerstil adaptiert, war von den Bomben aus Weltkrieg II verschont geblieben. Hier begann die neue Epoche am 1. Mai mit Martin Costas Lustspiel *Der Hofrat Geiger*. Das Stück war zwar auch nicht neu, denn schon 1943 war es in der Josefstadt gespielt worden. Der Autor galt aber bei den Nazimachthabern als politisch unzuverlässig und war aus der Reichstheaterkammer ausgeschlossen worden. „Spielen durfte ich nicht mehr, Regie führen durfte ich nicht mehr, aber Stücke schreiben durfte ich, das konnten sie mir nicht verbieten, wenn ich dabei an keine Aufführung dachte."[8] Daher mußte Costas Werk unter dem Namen eines Strohmannes erscheinen. Nun durfte er erstmals seinen Namen auf dem Programmzettel lesen und vor dem Vorhang den Applaus in Empfang nehmen. Als eine Art von „Wiedergutmachung" mochte man das gelten lassen.

Das *Volkstheater*, durch Bombentreffer zwar beschädigt, aber bespielbar, eröffnete am 10. Mai unter der provisorischen Leitung von Rolf Jahn, des letzten Direktors vor dem Anschluß, mit *Katakomben*, einem Lustspiel von Gustav Davis. Es ging überhaupt ziemlich lustig zu auf den Bühnen der Trümmerstadt Wien. Eine Premierenübersicht mag das veranschaulichen:

30.4. *Sappho*, Trauerspiel von Franz Grillparzer, Regie: Adolf Rott – Burgtheater im Ronacher

1.5. *Figaros Hochzeit*, komische Oper von Wolfgang A. Mozart, Staatsoper in der Volksoper

1.5. *Der Hofrat Geiger*, Lustspiel von Martin Costa, Regie: Bruno Hübner – Theater in der Josefstadt

5.5. *Das Mädl aus der Vorstadt*, Posse mit Gesang von Johann Nestroy, Regie: Philipp Zeska – Burgtheater im Ronacher

10.5. *Katakomben*, Lustspiel von Gustav Davis, Regie: Egon Jordan – Volkstheater

19.5. *Hedda Gabler*, Schauspiel von Henrik Ibsen, Regie: Adolf Rott – Akademietheater

21.5. *Ingeborg*, Lustspiel von Curt Goetz, Regie: Rudolf Steinboeck – Theater in der Josefstadt

22.5. *Die beiden Klingsberg*, Lustspiel von August Kotzebue, Regie: Adolf Rott – Akademietheater

7.6. *Unentschuldigte Stunde*, Lustspiel von Stefan Bekeffi und Adrian Stella, Regie: Heinz Schulbaur – Volkstheater

7.6. *Der Tor und der Tod*, Schauspiel von Hugo von Hofmannsthal, Regie: Hilde Weinberger – Studio der Hochschulen

8.6. Europäischer Einakterabend: *Ein Heiratsantrag*, Lustspiel von Anton Tschechow, *Die Seilschwebebahn*, Lustspiel von Georges Courteline, und *Frühere Verhältnisse*, Posse mit Gesang von Johann Nestroy, Regie: Franz Pfaudler – Theater in der Josefstadt

13.6. *Jedermann*, das Spiel vom Sterben des reichen Mannes, von Hugo von Hofmannsthal, Regie: Lothar Müthel – Burgtheater im Ronacher

14.6. *Othello*, Bieroper von Friedrich Langer und F. Zawodsky, Regie: Friedrich Langer – Studio der Hochschulen

20.6. *Des Meeres und der Liebe Wellen*, Trauerspiel von Franz Grillparzer, Regie: Otto Burger – Volkstheater

27.6. *Anatol*, Einakterzyklus von Arthur Schnitzler, Regie: Hilde Weinberger – Studio der Hochschulen

14.7. *Das Kamel geht durch das Nadelöhr*, Lustspiel von František Langer, Regie: Hans Wengraf – Burgtheater im Ronacher

Das heitere Genre beherrschte also zu zwei Dritteln die Szene. An dem Tag, an dem GIs und sowjetische Iwans bei Torgau an der Elbe zusammentrafen und sich freundschaftlich umarmten, spielte das Burgtheaterensemble im Ronacher *Das Mädl aus der Vorstadt:* „Die edelste Nation unter allen Nationen ist die Resignation!" Man sollte allerdings nicht zu tiefgründig nach dramaturgischen Intentionen, ideologischen Linien, nach Gestaltungswillen, Aussagen und programmatischen Absichten in diesen Spielplänen suchen. Es wurde gespielt, was die Verhältnisse zuließen. Zu berücksichtigen ist ja, daß bedeutende Teile der Ensembles noch abgängig waren. Improvisationen und Zufälligkeiten beherrschten den Bühnenalltag. Das Vorhandensein von Rollenheften, die Möglichkeit, ein Theatermanuskript zu vervielfältigen, die Besetzbarkeit mit den vorhandenen darstellerischen Kräften – das alles entschied, ob ein Stück angesetzt werden konnte. Der Mangel an jeder Art von Material, die Zerstörung oder auch Plünderung von Dekorationslagern und Kostümfundus zwangen zu weiteren Einschränkungen. Manches mußte der Nachsicht des Publikums anheimgegeben werden. Ich erinnere mich zum Beispiel konkret, Hans Holt in den Jahren 1945 und 1946 in drei verschiedenen Hauptrollen mit demselben Anzug gesehen zu haben. Gestört hat es mich damals nicht. Den meisten Zuschauern ist es wahrscheinlich überhaupt nicht aufgefallen.

Im übrigen spielte, wer eben da war, falls er sich in den vergangenen Jahren politisch nicht hervorgetan und exponiert hatte. Im *Raimundtheater* wurden schon wieder Operetten aufgeführt, und die Kabarettisten waren ebenfalls tätig: im *Simpl* in der Wollzeile, im *Kleinen Brettl* in der Rotgasse, im *Lieben Augustin* im Café Prückel; und „Schulter an Schulter hatte im Juni 1945 auch das *Wiener Werkel* wieder aufgesperrt, das nun auf Magistratsbefehl *Literatur im Moulin Rouge* zu heißen hatte, weil Namen aus dem Dritten Reich verboten waren."[9] Die erstaunlich rasch entstehenden Programme trugen ironisch optimistische Titel wie *Wir lachen wieder, Zukunftsmusik, Fröhliches Intermezzo, Wir lachen täglich, Sonderzuteilungen*. Kabarettisten brauchen eben eine gehörige Portion Galgenhumor.

Die Produktionsbedingungen, auch an den großen Theaterinstituten, ähnelten in den äußeren Gegebenheiten jenen, die wir später bei den Kellertheatern kennenlernen werden. Aber das Publikum füllte begeistert die Häuser. Während stiller Szenen hörte man die Sitzreihen auf und ab das Knurren hungriger Mägen. Die alte und erprobte psychische Ableitungs- und Ventilfunktion der Schaubühne bewährte sich. Innerhalb von zwei Monaten gab es bereits reiche Auswahl an theatralischen Darbietungen.

Und es gab auch schon, vier Wochen nach Kriegsende, das *Studio der Hochschulen*, eine erste Alternative zu den herkömmlichen Theaterformen.

Aufbruch – wohin?

"Es hat alles sehr gut angefangen!"
Hilde Spiel

Das schlichte Glücksgefühl, einfach nur überlebt zu haben, war überwältigend.

Vitalität und Lebenswille zeigten sich den ungeheuren Anforderungen gewachsen und hielten der Größe der Herausforderung stand. Persönlich habe ich eine fast schmerzlich bohrende, fragende Neugier, eine jugendliche Bereitschaft zuzupacken, einen durch nichts gerechtfertigten Optimismus in meinem Gedächtnis bewahrt. Höre ich Schilderungen oder lese in Memoiren von Zeitgenossen, lassen sich einige gemeinsame Kernbegriffe herausfiltern: „Impetus – Vorsätze – Utopien – Impulse – Initiative – Enthusiasmus – Pläne." Eine der wichtigsten Zeitschriften der Zeit, von Otto Basil herausgegeben, hieß denn auch *Plan*. Eine andere *Der Aufbruch*. Tatsächlich war eine allgemeine Stimmung des Aufbruchs offensichtlich. Aber im Gegensatz zu 1918 blieb man sachlich und nüchtern, geradezu still. Damals war ein viele Jahrhunderte bestehendes Reich zerfallen, und an der Lebensfähigkeit von dessen winzigem Überrest zweifelten selbst die Gutmeinenden. Künstlerisch äußerte sich der Schock dieses Zerfalls in expressionistischer Ekstase mit verblasenen Humanitätsbeteuerungen, die in bestialischem Inhumanismus untergehen sollten. 1945 hingegen war etwas Böses überwunden, und das Volk hatte Vertrauen zu Österreich. Gerade die siebenjährige Zugehörigkeit zum Großdeutschen Reich hatte weiten Teilen der Bevölkerung seine Eigenständigkeit durch Erfahrung begreiflich gemacht. Es war eine kurze Zeit der freudigsten Erwartung und des Hoffens. Der große Roman dieser Jahre war Ilse Aichingers *Die größere Hoffnung*. Der Titel ist programmatisch.

Dabei waren die äußeren Lebensumstände höchst triste. Ziegel-, Staub- und Schuttberge machten viele Straßen so gut wie unpassierbar. Rund 100 000 Wohnungen waren zerstört. Kaum eine Gasse, in der es nicht Bombenschäden gegeben hätte. Wasser floß bei weitem nicht in allen Häusern aus den Leitungen und mußte in Kübeln und Kannen oft von weit her geschleppt werden. Vor der einen funktionierenden „Bassena" bildeten sich lange Schlangen von Wartenden. Elektrischer Strom und Gas wurden nur zu bestimmten Stunden zugeteilt, denn für eine ganztägige Belieferung reichten die Vorräte nicht. Da Brennmaterial nirgends zu kaufen war, zogen ganze Familien mit selbstgebastelten Wägelchen in den Wienerwald und lichteten die Baumbestände. Das vernichtete Straßenbahnnetz konnte nur sehr allmählich instand gesetzt werden. Die Wiedereröffnung einer neuen Linie feierte der betreffende Bezirk wie ein Volksfest. Auch die Brücken über den Donaukanal waren gesprengt und auf ihren bizarr aufragenden Überresten notdürftig Pioniersstege für Fußgänger errichtet. In den völlig unbetreuten, wild überwucherten Parks ging man noch lange an den Behelfsgräbern der Toten aus den letzten Kriegstagen vorbei – Soldaten und Zivilisten.

Aber das größte Problem: Die zusammengebrochene Landwirtschaft konnte der Großstadt längst nicht genug Lebensmittel liefern. Ich lese etwa von 7000 Litern Milch pro Tag! Unfaßbar für eine Millionenstadt mit vielen Kleinkindern, Alten und Kranken. Die sowjetische Besatzungsmacht konnte nur geringfügig helfen. Die als Kriegsschauplatz ausgeplünderte Ukraine versorgte allenfalls die eigenen Truppen.

Der Wiener Normalverbraucher erhielt auf seine Lebensmittelkarte täglich 950 Kalorien zugeteilt, Arbeiter, die körperliche Tätigkeiten verrichteten, etwas mehr. Sofort erhob sich an den Schreibtischen der Verwaltungsbeamten der Streit, ob der Beruf des Schauspielers als „physische Arbeit" zu betrachten sei oder nicht. Nach genauer Prüfung aller Kriterien herrschte die Ansicht, es handle sich eindeutig bloß um „nicht anstrengendes leichtes hin und her Gehen auf der Bühne". Mir ist leider nicht bekannt, welche Beispiele aus der Bühnenpraxis dieser Beurteilung zugrunde lagen.

Glücklicherweise überwog nicht in allen Ämtern der Bürokratismus. Im Amt für Kultur und Volksbildung der Stadt Wien etwa saß zur richtigen Zeit am richtigen Ort der richtige Mann: Dr. Viktor Matejka. Dutzende Male am Tag hatte er wichtige, für das in Gang zu setzende kulturelle Leben der Stadt existentielle Entscheidungen zu treffen. Er traf sie rasch, zielstrebig und präzise argumentierend.

Eine bezeichnende Episode ist mir erinnerlich. Die sowjetische Mineralölverwaltung (SMV) erkundigte sich telefonisch, ob das Kulturamt Bedarf an Petroleum habe. „Selbstverständlich", antwortete Matejka, denn damals konnte man alles brauchen. „Gut, dann bekommt ihr zwei Fässer. Wohin sollen wir liefern?" – „Na, gleich hierher, in unser Amt!" Während das Erdöl antransportiert wurde, überlegte Matejka, an wen er es verteilen sollte. Wer benötigte das am dringendsten? Die Schauspieler! Die hatten oft nachts viele Seiten Text auswendig zu lernen, was bei den häufigen Stromabschaltungen nicht ganz einfach war. Da mochte das Licht einer Petroleumfunzel sehr nützlich sein. Sofort wurde auf Zetteln an den Schwarzen Brettern der Theater verlautbart, daß sich jeder Darsteller im Kulturamt einen Liter Petroleum für Beleuchtungszwecke abholen könne. Und als die Akteure mit alten Thermosflaschen oder Milchkannen anrückten, stand der Herr Stadtrat selbst mit aufgekrempelten Hemdsärmeln neben den Ölfässern im Vorraum seines Amtszimmers und maß mit einer Schöpfkelle jedem seine Zuteilung zu. Ich nenne das effektive und zweckmäßige Hilfe.

Matejka schmunzelt heute darüber und kommentiert: „Außergewöhnliche Umstände erfordern außergewöhnliche Maßnahmen."[10] Hugo Huppert, in Wien als sowjetischer Kulturoffizier tätig, bescheinigt ihm „einen völlig entbürokratisierten Stil behördlicher Geschäftsführung, (...) wodurch beim Matejkaschen Dienstbereich ein lebhafter Zuzug junger und nichtjunger Menschen einsetzte, kunstbeflissener Neuerer, bislang unterdrückter, aus dem Untergrund aufgetauchter Kunstschöpfer, Experimentatoren, Morgenluft witternder Neoexpressionisten, Sürrealisten, magischer Realisten, existentialistisch angehauchter Poeten und Kunstideologen, ästhetischer Grübler und Umdenker."[11] Viktor Matejka, der sechseinhalb Jahre in den KZs Flossenbürg und Dachau verbracht hatte, war den Theaterleuten von Wien ein Nothelfer in vielen materiellen Sorgen. „Die Theater haben keinen Strom gehabt am Abend, also war wichtig, daß ich mit dem Stromverteiler im Rathaus verhandelte (...) Also, der hat irgendwo in einem Bezirk abgeschaltet, damit das Theater und auch Kabarett spielen konnten. Und die anderen waren im Dunkeln."[12]

Um den Mangel an aktuellen Stücken zu beheben, „Stücke, die unter Hitler nicht gespielt werden durften, darauf ist es angekommen"[13], schrieb Matejka an die österreichischen Schauspieler, die als Emigranten am Züricher Schauspielhaus arbeiteten. So gelangte er in den Besitz von Theatermanuskripten, „die in einem Rucksack aus der Schweiz geschmuggelt worden sind".[14] Darunter befand sich Brechts *Guter Mensch von Sezuan*.

Mit seiner unorthodoxen, zupackenden Art, seiner „unmethodischen Handlungsweise"[15] erfand Matejka auch den Wiener Kulturfonds: „So nannte ich eine unkonventionelle Art der Geldbeschaffung, da ja die Stadtkasse leer war. Es ergaben sich verschiedene Möglichkeiten, vorhandene Geldmittel auf freiwilliger Basis anzuzapfen, um damit im vielfältigen kulturellen Bereich sofort Hilfsmaßnahmen zu setzen: ohne bürokratisches Gesuch, ohne Formular und ohne Stempel, nur gegen einfache Bestätigung des erhaltenen Betrages. Die Spender konnten mit keiner Gegenleistung rechnen. Reiche Leute gab's noch genug, durch den Krieg Reichgewordene nicht wenige. Das Geld wurde jeweils noch am gleichen Tag der zentralen Stadtkasse zur Verwahrung übergeben. (...) Bei mir entschied jedoch keinerlei Protektion, von welcher Seite auch immer, maßgebend war allein die Notwendigkeit und die Dringlichkeit einer Notsituation. (...) Ich war für alle Menschen da, die mich brauchten. Es sollte ja ein neues Österreich gebaut werden – und das nahm ich wörtlich –, ohne die Irrungen der Ersten Republik."[16]

Im September 1945 zogen auch amerikanische, englische und französische Truppen als Besatzung in Wien ein, und die Stadt wurde, gemäß dem Viermächteabkommen vom 9. Juli, in vier Sektoren aufgeteilt. Den ersten Bezirk verwalteten alle vier Alliierten gemeinsam mit jeweils monatlich wechselndem Vorsitz. Auf die Theater sollte das später noch Einfluß haben. Zunächst bedeutete es eine Neuorganisation der Ernährungslage: Die Besatzungsmächte übernahmen eine gewisse Mitverantwortung für die Nahrungsbeschaffung in ihrem Gebiet. Der Tageskaloriensatz wurde auf 1500 Kalorien erhöht. Die Lebensmittelkarten erhielten, je nach Sektor, die Aufdrucke A – E – F – G (gemeinsam) – R. Sofort bemächtigte sich der Volkswitz der Sache und interpretierte sarkastisch: Alles – etwas – fast nix – gar nix – retour. In den sowjetisch verwalteten Bezirken kamen Erbsen zur Verteilung, und die darin häufig enthaltenen Würmer wurden von den Spaßvögeln als „Fleischsonderzuteilung" deklariert. Dann trafen aus Amerika Fleischkonserven undefinierbarer Gattung und Qualität ein, deren buntfarbige Etiketten irgendeine Art von Schlittenhunden zeigten. Was stellt das dar? fragten die mißtrauischen Wiener. Den Inhalt der Dosen? Oder diejenigen, für die der Inhalt bestimmt ist? Unter diesen Umständen gedieh der Schwarzhandel üppig. Der Resselpark war das Zentrum für alle nur denkbaren illegalen Tauschgeschäfte. Währungseinheit wurden bald Zigaretten der Marken Camel, Lucky Strike oder Chesterfield. Und weil auch dort weder Delikatessen noch Gebrauchsgegenstände in ausreichender Menge vorhanden waren, keine Kleidungsstücke, kein Hausrat und keine Möbel, gaben die Menschen das Geld großzügig für Theater und Vergnügungen aus. „Bis zu dem Tag der Währungsreform im November 1947 waren alle Wiener Theater immer gesteckt voll. (...) Damals gab es kaum für die Wohnungen Heizmaterial, und das galt verstärkt für die Theater, in denen auch im Winter weitgehend ohne Beheizung gespielt werden mußte. Ich erinnere mich noch an die Volkstheateraufführung eines russischen Stückes, das sich mit Don Quijote und Sancho Pansa beschäftigte (*Der befreite Don Quijote* von Lunatscharskij; Anm. d. Verf.). Die beiden lebten ja bekanntlich in Spanien, und auf der Bühne war unentwegt die Rede von der glühenden Hitze, unter der sie litten, wobei die Schauspieler dauernd Hauchwölkchen produzierten, weil ihr Atem gefror. Trotzdem gab's nur ganz selten erkrankte Schauspieler. Es war eben die Zeit, wo alle, ob Zuschauer, ob Mitwirkende, von der Hoffnung auf bessere Zeiten so beseelt waren, daß sie alle Unbilden leichter ertragen konnten."[17]

Noch genügte es den Theatern, den Nachholbedarf des Publikums zu befriedigen. Sie spielten Hofmannsthal, Molnár, Schnitzler, Lessings *Nathan*, oder sie behalfen sich mit unverbindlichen Lustspielen, bei denen man lachen konnte. Bald aber ließen einige Bühnen erste Anzeichen von Konzepten erkennen. Definitiv übernahm Günther Haenel die Direktion des Volkstheaters. Otto Basil saß in der Dramaturgie. *In Ewigkeit Amen* von Anton Wildgans, hinterher am selben Abend Szenen aus den *Letzten Tagen der Menschheit* von Karl Kraus, erstaufgeführt am 17. Juli 1945, deutete die Richtung an, in die es gehen sollte.

Direktor Hans Horak brachte in den Kammerspielen John Steinbecks Schauspiel *Der Mond ging unter*, das eine Episode der deutschen Okkupation Norwegens schilderte. Da sah man erstmals die deutschen Wehrmachtsuniformen als bereits historische Kostüme auf der Bühne.

Vor allem aber das *Theater in der Josefstadt* und dessen Dramaturg Alfred Ibach leisteten Vorbildliches. Schon der *Europäische Einakterabend* im Juni mit Tschechow, Courteline und Nestroy war bekenntnishaft. Europa in einem kosmopolitischen Sinn war als weitgesteckter Rahmen aufzufassen. Der Spielplan der kommenden Saison 1945/46 verdeutlichte das: John B. Priestleys *Die Conways und die Zeit* (Time and Conways) folgte die österreichische Erstaufführung von *Der Jüngste Tag* von Ödön von Horváth, danach Thornton Wilders *Unsere kleine Stadt* (Our Town) und schließlich Bertolt Brechts *Der gute Mensch von Sezuan*. Ich habe schon erzählt, auf welchen Wegen dieses Manuskript nach Österreich kam. Brecht selbst, noch im amerikanischen Exil, war gegen eine Aufführung seines Stückes in Europa, weil man seine Entwicklung, besonders seine neuen theatertheoretischen Erkenntnisse, nicht kenne und er Fehlinterpretationen befürchte. Aber Stadtrat Matejka, ein Praktiker der Kulturpolitik, befand, es sei immer noch besser, das Stück falsch zu spielen als gar nicht, und beauftragte Direktor Rudolf Steinboeck, es an seinem Theater aufzuführen. Die Premiere fand am 29. März 1946 statt und erntete einstimmige Anerkennung, wenngleich die Presse, besonders die bürgerlichen Zeitungen, die Meinung ausdrückten, das Stück sei sehr düster und ausweglos, bedrückend und nihilistisch. Aus der gesicherten Distanz von fast vierzig Jahren hat sich an diese erste Brecht-Inszenierung eine lebhafte Polemik geknüpft. Kurt Palm warf Steinboeck die existentialistische Tendenz seiner Inszenierung vor.[18] Nun bin ich allerdings auch der Meinung, daß der Regisseur, in Unkenntnis der Brechtschen Theorien, am Sinn des Stückes vorbeiinszenierte, sogar auf die falsche Stimmung einer Chinoiserie aus war und Paula Wessely als Shen Te/Shui Ta irrtümlich in eine psychologisierende Darstellungsweise führte.

Aber: Ich habe diese Premiere und danach noch weitere drei Vorstellungen als Stehplatzbesucher gesehen. Vor mir liegt der, infolge Papierknappheit, sehr bescheidene Programmzettel. Unter dem Eindruck dieses Ereignisses, noch während der Vorstellung, habe ich mit Bleistift Bruchstücke des Brecht-Textes hingekritzelt, wie sie mir in Erinnerung geblieben waren: „Oh! Was für eine Stadt! Was für Menschen! Einem der Ihren wird Gewalt angetan, und sie haben nichts gesehen. Leute, wenn in eurer Stadt jemandem ein Unrecht geschieht, muß ein Aufruhr sein. Und wenn kein Aufruhr ist, ist es besser, der Blitz schlägt in eure Häuser, daß die Flammen die Nacht erhellen! – Das ist es!!!" Ich weiß nicht, ob man sich vorstellen kann, was diese Aufforderung, öffentlich auf einer Bühne gesprochen – egal ob nun verfremdend oder identifizierend –, für eine Jugend bedeuten mußte, die in ihrer wesentlichen Prägungsphase mit den Grundsätzen des Gehorsams und der Subordination indoktriniert worden war. Diese Bekanntschaft mit dem größten Dramatiker unserer Zeit konnte gar nicht früh genug kommen. Mein persönliches Mißtrauen gegen Vorurteile und mein kritischer Wille zum Widerstand haben von da ihren Ausgangspunkt genommen.

Die geistige Situation

*"Der Schoß ist fruchtbar noch,
aus dem das kroch."*
Bertolt Brecht

Mit dem Anschluß Österreichs an das Deutsche Reich im Jahre 1938 war Wien zu einer südöstlichen Provinzstadt degradiert worden. Zentrum der deutschen Kunst und Kultur war selbstverständlich die Reichshauptstadt Berlin. Von dort gingen alle Richtlinien und Erlässe aus, die strikt zu beachten und zu befolgen waren. Mit der politischen Gleichschaltung ging die kulturelle einher. Für jeden Theaterschaffenden hieß dies die Pflichtmitgliedschaft in der Reichstheaterkammer. In diese nicht aufgenommen oder aus ihr ausgeschlossen zu werden, bedeutete absolutes Berufsverbot. Im Berliner Reichsministerium für Volksaufklärung und Propaganda wurde außerdem der zentrale Posten eines „Reichsdramaturgen" eingerichtet. Dr. Rainer Schlösser, der den Titel führte, hatte die unbeschränkte Möglichkeit, lenkend und bestimmend in alle Fragen des Spielplans und der Personalpolitik einzugreifen zum Zweck einer „raffinierten und zielstrebigen Ausbeutung künstlerischer Unterhaltungs- und Erbauungsmedien im Dienste einer skrupellos verlogenen aggressiven Staatspropaganda".[19]

In diesen massiven Bestrebungen einer totalen geistigen Nivellierung bildete das *Theater in der Josefstadt* eine Ausnahme. Heinz Hilpert, dessen Direktor von 1939 bis 1945, betrachtete sich stets nur als Statthalter Max Reinhardts. Er wagte es sogar, auf der Bühne eine morgendliche Gedenkfeier für den verpönten jüdischen Emigranten abzuhalten, als im Herbst 1943 in Wien Reinhardts Tod bekannt wurde. Goebbels selbst bezeichnete das *Theater in der Josefstadt* warnend als „KZ auf Urlaub".

Ein Repertoire aufzubauen wurde unter solchen Bedingungen immer schwieriger. Jüdische Autoren hatte man ohnehin schon längst als „artfremd" ausgeschieden. Aber der Reichsdramaturg verfügte laufend neue Einschränkungen. *Nathan der Weise, Judith, Herodes und Mariamne, Die Jüdin von Toledo* durften wegen ihrer jüdischen Hauptfiguren nicht mehr gespielt werden, *Weh dem, der lügt* wegen Herabsetzung des Germanentums in den Gestalten des Galomir und des Kattwald, *Fiesko* wegen seiner republikanischen Gesinnung. *Wilhelm Tell* schied auf Hitlers eigenen Befehl aus und sollte auch nicht einmal mehr gelesen werden: „Betrifft: Schauspiel *Wilhelm Tell*. (...) Nach dem Wunsche des Führers soll das Schauspiel *Wilhelm Tell* als Lehrstoff in den Schulen nicht mehr behandelt werden."[20] Am 16. Februar 1940 ließ Dr. Schlösser alle englischen und französischen Autoren verbieten. Shakespeare war davon zunächst ausgenommen, aber durch streng vertrauliche Verfügung vom 15. März 1941 mußten die Theaterdirektoren Aufführungen seiner Werke stark reduzieren. Nun war eine persönliche Genehmigung des Reichsdramaturgen für jede neue Inszenierung einzuholen. Schließlich erging am 10. Juli 1941 das Verbot aller russischen Autoren und Komponisten. Auch wurde die Presse angewiesen, Besprechung und Erwähnung (!) von Werken russischer Herkunft ab sofort zu unterlassen. Diese Beschränkung der Spielpläne, bei gleichzeitiger einheitlicher Ausrichtung der Schullehrpläne, mußte natürlich den Gesichtskreis eines Theaterpublikums entscheidend verengen.

Ich kann hierzu ein eigenes Erlebnis beisteuern. Als im Herbst 1945 in einem theaterwissenschaftlichen Proseminar Georg Büchner erwähnt wurde, mußte ich mir eingestehen, diesen Namen nie zuvor gehört zu haben. Ich lief bestürzt nach Hause und zog die alten Bände von Meyers Konversationslexikon zu Rate. Bei Lektüre des ausführlichen Artikels über Büchner wurde mir allerdings schnell klar, warum dieser Autor mir bisher unbekannt geblieben war. *Dantons Tod, Woyzeck* und *Der hessische Landbote* konnten schwerlich zur Kriegsertüchtigung der Jugend herangezogen werden. Und solchen beabsichtigten Bildungslücken begegnete man allerorts. Da galt es nach 1945 vieles zu korrigieren, „(...) das alte Niveau zu erreichen und auch all diese Verstöße und Ungerechtigkeiten der Verbote aus der vergangenen Ära wiedergutzumachen sowie den Anschluß an die neueste ausländische Dramenproduktion zu suchen".[21] Sieben Jahre waren die Österreicher von den Entwicklungen jenseits der Grenzen gewaltsam abgeschnitten gewesen, zu geistiger Isolation gezwungen, nun wollten sie begierig erfahren, was „draußen" intellektuell und künstlerisch vorgegangen war. Verschiedene Broschüren der Besatzungsmächte leisteten anfangs große Hilfe. Die *Neue Auslese*, Monatsschrift des Informationsdienstes der U.S. Army, brachte Beiträge von William Saroyan, Frank O'Connor, Howard Fast, Karel Čapek, Georg Kaiser, Valentin Katajew, Antoine de Saint-Exupéry, Irwin Shaw u. v. a. *Das Tor*, Zeitschrift für Österreich, herausgegeben vom Pressedienst der 8. Armee, sollte den Lesern „helfen, die Verbindung mit der übrigen Kulturwelt wiederzufinden".[22] Hier schilderte Klaus Mann unter dem Titel *Gespenstersonate 1945* einen Besuch in St. Wolfgang bei Emil Jannings, einem Exponenten der Schauspielkunst des Nazireiches, mit Jannings' wiederholten Beteuerungen, wie sehr er die Nazis gehaßt habe. ‚Warum sind Sie nicht fortgegangen? Die meisten von Ihren alten Freunden haben es vorgezogen, ins Ausland zu gehen, statt unter der Nazidiktatur zu leben', fragte ich.

Jannings hat eine Fülle von Erklärungen bei der Hand: ‚Ich saß hier – wie in einer Mausefalle. Offener Widerstand, das wäre gleichbedeutend mit dem Konzentrationslager gewesen. Der einzige Propagandafilm, in dem ich mitwirkte, war *Ohm Krüger* – und auch das nur unter Druck. Als Goebbels mir die Rolle das erstemal anbot, lehnte ich ab. Worauf ich einfach den Auftrag bekam. Sie müssen doch begreifen, daß mir absolut keine andere Wahl übrigblieb.'"[23]

Damit war ein sehr heikles Problem angeschnitten. In dieser unmittelbaren Nachkriegszeit konnten solche Fragen noch gestellt werden. Sehr bald galt es allerdings als „nicht opportun", darüber auf breiter Basis zu diskutieren. Die konservative Haltung der westlichen Alliierten war nämlich an der Freilegung der Wurzeln der nationalsozialistischen Herrschaft gar nicht mehr interessiert. Zu viele wirtschaftliche und politische Überlegungen standen dem entgegen. Hans Daiber meint sogar, „die Kulturpolitik der westlichen Besatzungsmächte war eindeutig als restaurativ, sogar reaktionär zu bezeichnen".[24]

Eine grundlegende Erneuerung des Wiener Kunstlebens, etwa durch die Einladung bedeutender österreichischer Künstler in der Emigration, durch deren Ermunterung zur Heimkehr, wurde kaum versucht. Einzelne Bemühungen, wie die Viktor Matejkas, blieben rare Ausnahmen. Und seitens vieler Theaterleute wurde unliebsame zusätzliche Konkurrenz befürchtet. Dabei wären die Chancen sehr gut gewesen: Am Züricher Schauspielhaus wirkten zahlreiche österreichische Regisseure und Schauspieler, darunter Wolfgang Heinz, Leopold Lindtberg und Karl Paryla. Keiner wurde jemals offiziell gebeten, in die Heimat zurückzukehren. Der in Hollywood in unfreiwilligem Exil lebende Wiener Fritz Kortner wäre damals wahrscheinlich zu gewinnen gewesen. Peter Lorre, ebenfalls aus Wien stammend, war sogar aus Amerika gekommen und wartete, seine Möglichkeiten erkundend, in Garmisch-Partenkirchen. Niemand ist an ihn herangetreten. Ferner waren da Elisabeth Bergner, Oskar Karlweis, Berthold Viertel, Grete Heger, Hortense Raky, Oskar Homolka ... meine Liste ist sehr unvollständig, aber schon bezeichnend genug. Viele der Genannten kamen später doch, unter ganz anderen Umständen, aber der Republik Österreich ist das Versäumnis einer formellen Einladung bis heute anzulasten. Auf dem Gebiet der Wissenschaften geschah übrigens ganz ähnliches. Burgschauspieler Fritz Lehmann war 1943 wegen Zugehörigkeit zu einer katholischen Widerstandsgruppe zu zwei Jahren Zuchthaus verurteilt worden. Schon am 24. Juli 1945 beklagte er in einem

Brief „An die lieben Kollegen in der Schweiz: Der Geschäftsgeist der neueingesetzten Direktoren steht im Vordergrund, man erkennt nichts weiter als ein Hinüberwurstelnwollen – eine Konjunkturhascherei. Kein neuer Versuch – kein umwälzendes Programm – kein revolutionärer Geist (...) für den Antifaschisten in Österreich ist es gar nicht so leicht (...) Die ehemaligen Nazis erscheinen in Tarnungskappen immer wieder auf Posten und Sesseln, schaffen sich Beziehungen und ‚gute Freunde' und verstehen es viel besser als wir, sich auch jetzt wieder in den Vordergrund zu spielen."[25] Er konstatiert die schonungsvolle Behandlung jener politisch schwerst kompromittierten „Herren, denen man um Gottes willen nicht wehe tun will".[26]

Unterdessen kam die erste komplette Theatersaison nach dem Krieg in Gang. Leon Epp, der am 18. Oktober 1945 mit Tschechows *Onkel Wanja* sein interessantes und fortschrittliches Theater *Die Insel* in der Johannesgasse 4 eröffnete, mußte sich mit Stücken von G. B. Shaw, Stefan Zweig, Marcel Achard, Sutton Vane, Lessing, Aristophanes, Pirandello, Ostrowskij und Claudel an Erprobtes halten. Dringend bat er in einem Brief an Karl Paryla in Zürich um Manuskripte geeigneter Dramen für seine Bühne.[27]

In eifrigem Wiedergutmachungsstreben wurden in Wien auch viele Stücke gespielt, die gar nicht in das betreffende Theater paßten. Aber die Zeitungen verlangten und bestärkten diese Tendenzen. Zum Beispiel wurde dem *Burgtheater* ernsthaft geraten, mehrere große Dramen von Victor Hugo zu spielen; die Aufführung von Brentanos Lustspielchen *Ponce de Leon* wurde von der Österreichischen Staatsbühne im problemreichen Winter 1945/46 ebenfalls dringend gefordert.

Die Theaterkritik war endlich wieder frei nach den Jahren bloßer „Kunstbetrachtung" im Dritten Reich und machte von dieser neuen Freiheit ausgiebig Gebrauch. „Die Posaune, die nach dem Ausfüllen der Lücken rief, war naturgemäß die Presse. Sie rief derart laut, so daß ihr Ruf ungeahnte Wirkung hatte und unsere Theater mit neuen Stücken aus dem Ausland überschwemmt wurden."[28] „Die Visitenkarten aus aller Welt werden jetzt im Wiener Theaterleben etwas reichlich abgegeben", stellte die *Wiener Bilderwoche* am 6. November 1947 sachlich fest. Drastischer formulierte wenig später, am 6. Februar 1948, der *Wiener Montag*: „Konkurs der Kritik. Der Vergleich der Kritiken zur *Faust*-Premiere bot das Schauspiel wild dreinschlagender Henker oder messerwerfender Chirurgen, deren Hiebe aber meist am Objekt vorbei und zielsicher den Kollegen von nebenan oder gegenüber trafen ..."

Der Staat hatte natürlich auch reichlich andere Sorgen. Österreichs Zukunft war noch immer ungewiß. Sie sollte es lange bleiben. Noch wußte kein österreichischer Politiker, welcher Einflußsphäre das Land auf den Konferenzen von Teheran, Jalta oder Potsdam zugeordnet worden war. Schon zeigte sich, daß die bisherigen Verbündeten keineswegs so einig waren, wie es im Wortlaut der Kommuniqués zum Ausdruck kam. Erste Anzeichen einer Abkühlung in den Beziehungen machten sich bemerkbar. Und Wien lag nun einmal an entscheidender Stelle im Spannungsfeld. „Die Uneinigkeit der Alliierten untereinander wurde auf Kosten der Österreicher ausgetragen."[29] Hier war man besonders sensibel für den erspürbaren Beginn des kalten Krieges.

Wien, als urbanes Gefüge, wird von allen damals Durchreisenden, von auswärts auf Besuch Weilenden oder aus langjähriger Emigration Zurückkehrenden als desolat und heruntergekommen bezeichnet. „Die Häuser schienen mir zusammengeschrumpft", empfand Elisabeth Freundlich, „so schäbig waren sie, verwahrlost, rauchgeschwärzt, mit häßlichen Narben von Einschüssen, abgeblättert der Verputz. (...) Schäbig waren auch die Menschen gekleidet, scheel und mißtrauisch ihr Blick, wenn man mit ihnen ins Gespräch zu kommen suchte."[30] Ganz ähnlich sah es auch Hilde Spiel: „Neun Monate nach dem Krieg liegt die Stadt noch immer im Chaos. Riesige Schuttberge versperren Tore und Durchgänge, bombenbeschädigte Gebäude bleiben gefährlich; in den Februarstürmen (...) flogen nicht nur Schindeln vom Dach, sondern stürzten ganze Häuser ein (...) In allen Bezirken die gleichen verbarrikadierten Läden, leeren Cafés und geschlossenen Restaurants. Das Leben ist aus den Straßen gewichen (...)

Verwüstet, zahnlos und angesengt, trägt das Gesicht der Stadt noch seine alten Züge."³¹ Und Manès Sperber konstatierte: „(...) die Fassaden waren genauso schäbig wie 1919, aber die Kleidung der Fußgänger schien weniger abgenutzt als damals, viele trugen farbige Provinztrachten. Wien hatte sich in der Nazizeit provinzialisiert – Wiener, die in Kleidung und Gehaben Provinzlern glichen, bildeten nun die Mehrheit des Publikums."³²

Uns, die wir in dieser Stadt ständig lebten und arbeiteten, kam diese Schäbigkeit und Provinzialisierung vorerst gar nicht zu Bewußtsein. Wir sahen vor allem die bedeutenden Fortschritte in der Normalisierung des Lebens, das Verschwinden der Schuttberge und die gelungene Wiederinstandsetzung des öffentlichen Verkehrs. An die dauernde Anwesenheit von vier Besatzungsmächten gleichzeitig hatten wir uns gewöhnt. Von rückwärtsgewandter Nostalgie hielten wir nichts. Wir lernten, daß Geschichte ein unaufhaltsam fortschreitender Prozeß ist und daß es ein Zurückdrehen der Historie nicht gibt. So ungewiß die Zukunft noch immer sein mochte und was immer dort wartete – der Blick ging nach vorne.

Manchen war das freilich ganz recht. Sie wollten an die Vergangenheit nicht erinnert werden, an ihre eigene politische Vergangenheit vor allem. Immerhin gab es in Österreich über 500 000 ehemalige Mitglieder der NSDAP, die den Krieg überlebt hatten. Am 8. Mai 1945 löste die Provisorische Staatsregierung durch ein „Verbotsgesetz" alle NS-Organisationen auf und setzte Strafen für Kriegsverbrechen fest. Aber die notwendige „Entnazifizierung" zeigte in vielen Fällen nicht den erwarteten Effekt. Sie geschah nicht in geistiger Auseinandersetzung, sondern rein bürokratisch verwaltungsmäßig. Die Kleinen bestrafte man, etwa durch Steuerzuschläge von zehn bis zwanzig Prozent – die Großen konnten es sich schon wieder richten. Die Scharmützel des beginnenden kalten Krieges boten gut getarnte Unterschlupfplätze.

Etwa eine halbe Million Staatsbürger vom politischen Leben auszuschließen war natürlich auf Dauer unmöglich. Ihre dringend wünschenswerte Wiedereingliederung bedeutete aber nicht eine Frage argumentierender Umerziehung, sondern einen bloßen Wettlauf der Parteien um ein zahlenmäßig ins Gewicht fallendes Wählerpotential. So wurden die noch stark vorhandenen Überreste des Nationalsozialismus niemals aus dem bürgerlichen Leben entfernt. Auch nicht aus dem Theater.

„Wie hatte ich mich drüben nach Klassiker-Aufführungen gesehnt", bekennt die Heimkehrerin Elisabeth Freundlich. „Nun hörten wir von der Bühne einen Tonfall, der uns pathetisch, hohl, nicht glaubwürdig klang, sahen wir Gesten, die sich alle am Gehaben des Führers angesteckt hatten. Dabei waren wir gewiß manchmal auch ungerecht, wir hatten uns eben an angelsächsisches Understatement gewöhnt."³³ Noch viel schärfer beurteilte Bertolt Brecht die Lage: „Als wir nach Beendigung des Hitlerkrieges wieder darangingen, Theater zu machen, (...) waren die Kunstmittel des Theaters, welche so lange Zeit zu ihrer Ausbildung brauchen, so gut wie zerstört durch den Geist des Rückschritts und der Abenteuer. Das Poetische war Äußerlichkeit und falsche Innigkeit. Anstatt des Beispielhaften gab es das Repräsentative, anstatt der Leidenschaft das Temperament. Eine ganze Generation von Schauspielern war ausgewählt nach falschen Gesichtspunkten, ausgebildet nach falschen Doktrinen."³⁴

Dieses, wie zahlreiche andere Probleme der Kunst, wurde nicht erkannt; oder, noch schlimmer: die Hinweise der Erkennenden wurden übergangen. Denn bei der Dringlichkeit der Ost-West-Spannungen, die sich auf österreichisches Territorium bezogen, bei der Notwendigkeit einer Lösung der Südtirolfrage, bei den langen und geduldigen Bemühungen um einen Staatsvertrag überließ man die Kulturpolitik oft den Händen ahnungsloser Dilettanten. Insgesamt wurden die Anliegen der „Kulturellen", wie sie Friedrich Heer einmal subsumierend nannte, also der Schriftsteller, der Künstler, der jungen Wissenschaftler, der Theaterleute, von Politikern in ihrer Instinktlosigkeit ignoriert.

Die Hochschulen – und ihr Studio

> *„Ich fürchte, die Geschichte dieses Unternehmens wird nie geschrieben."*
> Hans Weigel

Sofort nach der Befreiung Wiens, als das Hauptgebäude der Universität von der Sowjetarmee beschlagnahmt war und dessen Aula als Pferdestall diente, sollte nach dem Willen junger antifaschistischer Intellektueller der Vorlesungsbetrieb an den Hochschulen in österreichischem Sinn neu aufgebaut werden. Der tatkräftigste Mann dieser Bestrebungen war Kurt Schubert, der heutige Ordinarius für Judaistik. Er begann aus eigener Initiative als Rektor zu amtieren und erreichte von der sowjetischen Stadtkommandantur tatsächlich die Freigabe der Universität. Durch Schuberts zielbewußtes Handeln konnten am 29. Mai 1945 an der Philosophischen Fakultät die ersten Vorlesungen und Übungen stattfinden. Vor der Inskription hatten alle Studentinnen und Studenten nachzuweisen, daß sie mindestens zehn Stunden Schutt geräumt hatten. Ich erinnere mich mehrerer solcher „Einsätze", bei denen wir die Reste der Universitätsbibliothek aus den Trümmern schaufelten.

Unterdessen hatte sich längst ein Siebener-Ausschuß der Österreichischen Demokratischen Studentenschaft als Interessenvertretung der Studierenden konstituiert. Dieser beschlagnahmte das Vermögen der NS-Studentenschaft und brachte es zustande, daß schon am 10. Mai im Studentenhaus in der Kolingasse 19 eine Mensa eröffnet wurde. Die demokratische Studentenselbstverwaltung entwickelte sich zügig. Sie bildete mehrere Abteilungen, darunter das Kulturreferat unter der Leitung von Dr. Friedrich Langer.

Die erste Tätigkeit des Referates war die Vermittlung und Kontingentierung verbilligter Theaterkarten für Studenten. Doch das bedeutete nur einen Anfang, denn der Aufgabenkreis erweiterte sich ständig. Eine Unterteilung in Sachgebiete wurde notwendig:

Sachgebiet I: Theater und Film
Sachbearbeiter: Hilde Weinberger, Kurt Radlecker
Arbeitsgemeinschaft *Studio der Hochschulen* (Hilde Weinberger)
Arbeitsgemeinschaft Film (Hanns Otto Ball)

Sachgebiet II: Musik
Sachbearbeiter: Eleonore Pollhammer, Helmut Wagner
Arbeitsgemeinschaft Akademischer Musikkreis (Franz Istvanits)

Sachgebiet III: Bildende Kunst
Sachbearbeiter: Franz Eppel

Sachgebiet IV: Wissenschaft und Literatur
Sachbearbeiter: Bertl Petrei
Arbeitsgemeinschaft Dichtung aus studentischen Kreisen (Dolf Lindner)
Arbeitsgemeinschaft Philosophische Gegenwart (Dr. Karl Löbel)
Arbeitsgemeinschaft Bücherfreunde (Hans Heinz Hahnl)
Angeschlossen: Studentische Leihbibliothek.

In kurzer Zeit hatten sich an die zweihundertfünfzig freiwillige Helfer zur ehrenamtlichen Mitarbeit zur Verfügung gestellt, was den straffen Aufbau dieser Organisation ermöglichte. Allen Verantwortlichen war es von vornherein bewußt, daß es für das Sachgebiet I nicht genug sein durfte, als Theaterkartenbüro zu fungieren. Eigene Theatertätigkeit war angestrebt. Kurt Radlecker berichtet: „Beim Inskribieren ist mir ein Taferl ins Auge gefallen: ‚Laienspielgruppe des Kulturreferats der Österreichischen Hochschülerschaft'. Da bin ich hingegangen. Es waren schon einige Leute beisammen. Eine Dame hat das besonders vorangetrieben, das war die Doktor Hilde Weinberger."[35] Die Initiatorin schildert die Anfänge ganz ähnlich: „(...) Da hing ein weißes Blatt mit wenigen Schreibmaschinenzeilen auf dem sonst noch recht zurückhaltend leeren Schwarzen Brett in der Aula der Universität. Kollegen standen davor, in staubigem Trainingsanzug und ein bißchen müde vom Aufräumungseinsatz, der den Schutt und Staub aus den Hörsälen verbannen und die Verwüstungen, die die letzten Kämpfe der Alma mater zugefügt hatten, beseitigen sollte. Aber der Inhalt des Anschlages war für viele doch von brennendem Interesse: wer sich für den kulturellen Wiederaufbau einzusetzen wünschte, war eingeladen, sich zu melden. (...) Wir hatten einzig den brennenden Wunsch, oben im Festsaal in der Kolingasse ein kleines Theaterchen, das vor allem für Studenten spielen sollte, zu eröffnen. – So begann es!"[36]

Bald hatte sich eine begeisterte Gruppe zusammengefunden und schuf, auf jede persönliche Bequemlichkeit verzichtend, in dieser schwierigen Zeit buchstäblich aus dem Nichts ein Theater. Hildegard Sochor war schon dabei, Robert Stern und Lona Dubois.

„Wir haben eigentlich ganz wild zu spielen angefangen", gesteht Kurt Radlecker, „jeder machte, was er wollte, ganz divergierende Vorschläge wurden aufgegriffen und verwirklicht. Hauptsächlich konservative Sachen, denn wir kannten und wußten ja zuwenig."[37]

So wird verständlich, daß mit jugendlich glühendem Enthusiasmus manchmal zu hoch, gelegentlich auch danebengegriffen wurde. Von ungeübten Laiendarstellern oder Schauspielschülern, die erst am Beginn ihrer Ausbildung standen, den *Anatol*-Zyklus mit seinen feinen Schwingungen und Zwischentönen aufführen zu lassen, das konnte, trotz gastweiser Mitwirkung von Profis, nicht gelingen. Den personen- und aktionsreichen *Sommernachtstraum* auf einer Bühne von 4,50 Meter Breite und 2,50 Meter Tiefe zu realisieren, war eine unbekümmerte Dreistigkeit. Die Boulevardbelanglosigkeit von Herczegs *Blaufuchs*, auch die Abgestandenheit von Hermann Bahrs *Konzert* wären für das junge Unternehmen entbehrlich gewesen. Aber die Unerfahrenheit aller Beteiligten machte solche negativen Ergebnisse unvermeidlich, die sich andererseits auch lehrreich auswirkten. Daß der *Blaufuchs* nur fünf Aufführungen erreichte, Max Mells *Apostelspiel* aber neunundzwanzig und die gemeinsam erarbeitete, eher bittere Kabarettrevue *Wir sagen uns fast alles* sogar über siebzig, wird Anlaß zum Nachdenken gewesen sein.

Nun begriff sich das *Studio der Hochschulen* nicht nur als eines der üblichen Ensembles zur Produktion mehr oder weniger aussagekräftiger und aktueller Inszenierungen. Neben der künstlerischen Arbeit war eine sehr starke soziale Komponente erkennbar. Friedrich Langer, der Koordinator und Leiter aller dieser Versuche, definiert es rückblickend so: „Es war das Bedürfnis nach Gemeinschaft, das uns zusammenführte. Man hatte ja kein sehr erfreuliches Zuhause: unsicher und ungeheizt, nichts zu essen ... Wir haben, das erste Jahr zumindest, den ganzen Tag in der Kolingasse verbracht, haben dort gemeinsam Eintopf gekocht und gegessen, wie die alten Spartaner. Der Küchendienst war genau eingeteilt. Und daneben hat man probiert – und daneben hat man studiert. Denn zunächst waren alle Mitglieder waschechte Studenten, zumeist aus den geisteswissenschaftlichen Fächern, aber auch Juristen, und auch Leute von der Technischen Hochschule und vom Welthandel. Talente gab es zweifellos, und wir haben schnell dazugelernt."[38]

Das Arbeitspensum jedes einzelnen war gewaltig. Die Bühneneinrichtung installierten alle gemeinsam, und als später eine Vorbühne gebaut werden mußte, geschah auch das als Gemeinschaftswerk. Die Proben wurden sehr intensiv abgehalten, in angespannter Konzentration bei steter Zeitnot. Das Zusammengehörigkeitsgefühl dieser ursprünglichen, jungen Truppe überwand viele Schwierigkeiten. Bald nannte man das *Studio der Hochschulen* ein „Familientheater", und tatsächlich – daß sich zwölf Ehepaare in dieser Zeit hier fanden, von denen elf nach vierzig

Jahren noch beisammen sind, ist das demografisch nachweisbare Ergebnis des familiären Geistes, der im Ensemble herrschte.

Viele bereiteten sich inzwischen auf ein Rigorosum oder auf die Staatsprüfung vor. Manche schrieben nachts, nach der Vorstellung, an ihrer Dissertation. Im fünften Stock des Studentenhauses gab es auch drei oder vier Zimmerchen, wo man primitivst, auf Matratzen, übernachten konnte. Was schadete der Mangel an Komfort, man war ja jung! „Die ganze Atmosphäre war aufbauend und optimistisch."[39]

Ein dramaturgisches Konzept war nicht vorhanden, auch nicht angestrebt. Das Mitspracherecht aller sorgte für Spielplanvorschläge. Friedrich Langer hatte das letzte Wort und traf, mit Mehrheitszustimmung, die Entscheidung über neue Vorhaben, meist bedingt durch die Nachschau der künstlerischen und finanziellen Möglichkeiten. Fast jedem Stück möchte man heute noch den Anreger oder die Anregerin anmerken. Natürlich sollte kein geistloses Unterhaltungstheater gemacht werden und ebensowenig eine Kopie des Burgtheaters. Die Eckpfeiler des Repertoires bildeten: jedes Jahr ein Nestroy, ein Shakespeare und ein Kabarettprogramm. Das konnte so ziemlich durchgehalten werden, bei anfangs drei oder vier Vorstellungen wöchentlich. Die finanzielle Basis bestand darin, daß der Theatersaal kostenlos von der Hochschülerschaft zur Verfügung gestellt wurde und daß für Mieten, Licht und Beheizung, sogar für Schreibmaschine samt Papier nichts zu zahlen war. Auch zeigten sich die Theaterverlage entgegenkommend. Sie rückten zwar nicht immer mit den besten Stücken heraus, stellten aber akzeptable Bedingungen. Subventionen gab es überhaupt nicht. Das machte erfinderisch. Alfons Hackl hatte die Idee, als eine Art öffentlicher Discjockey *American Music*, in Wien kaum bekannte Hits der dreißiger Jahre, auf alten Schellackplatten zu präsentieren, was dringend benötigtes Geld hereinbrachte.

Von Anfang an interessierte sich die Volksbildung für die Aufführung von Stücken in ihren Zweigstellen: in der Galileigasse, in der Urania, in der Stöbergasse, am Ludo-Hartmann-Platz. Die Bedeutung dieser Einrichtung für die Förderung junger Theatergruppen insgesamt, nicht nur des *Studios der Hochschulen*, ist eigentlich nie entsprechend beachtet worden. Schon wegen der fixen Honorare waren solche Einladungen jederzeit willkommen. Dazu gab es noch das alljährliche Kabarett, das immer lukrativ war. So ließ sich in den ersten zwei Jahren ausgeglichen bilanzieren. 1948 kam schon ein kleines Defizit zustande. „Mich ärgert's heute noch", sagt Friedrich Langer, „daß wir die ersten großen Einnahmen, die wir dadurch hatten, daß prominente Künstler sich kostenlos zu Lesungen im Auditorium maximum für den Wiederaufbau der Universität zur Verfügung stellten ... daß wir dieses Geld dem Rektor gegeben haben, statt es für unseren Betrieb zu verwenden. Es wären uns viele Sorgen erspart geblieben."[40]

Gewirtschaftet wurde sparsamst. Kostüme und Dekorationen waren sehr mager dotiert, die Ausstattung infolgedessen von extremer Einfachheit. Wolfram Skalicki war der erste „Ausstattungschef", zunächst noch Schüler bei Emil Pirchan. Für den *Sommernachtstraum* schuf er ein Bühnenbild nur aus einer Mondsichel, einigen Zweigen und riesigen silbernen Blättern, alles von bläulichem Licht übergossen. Der Phantasie der Zuschauer gestand Skalicki große Freiheit zu. Durch Beschränkung auf einige wenige typische Einzelheiten lenkte er die Aufmerksamkeit auf Wesentliches. Das waren geradezu umwälzende ästhetische Neuerungen für eine Generation, die nach der nationalsozialistischen Kunstauffassung an naturalistische Detailtreue oder heroisches Pathos gewöhnt worden war. Bei Goethes *Urfaust* griff Skalicki Ideenskizzen von Oskar Strnad auf und entwickelte daraus eine sehr persönliche überzeugende Lösung: Ein einzelner Torbogen deutete einmal die Kirchentür an, mit abwärts zur Straße führenden Stufen; einmal das Fenster der Studierstube, durch welches fahl das Mondlicht fällt; dann wieder, durch bloßes Einfügen einer Gittertür, den Eingang in die hoffnungslose Abgeschlossenheit des Kerkers.

Mit ähnlich schlichter Kargheit gestaltete auch Alice M. Schlesinger ihre Dekorationsentwürfe. Noch heute sind sich die *Studio*-Leute jedenfalls darin einig, daß die wirklich unbestreitbaren Aktivposten die Zaubereien waren, welche diese beiden Bühnenbildner vollbrachten.

Gagen für die Darsteller existierten im eigentlichen Sinn des Wortes nicht. „Fahrkostenvergütung" hieß die bescheidene Entschädigung. „Oder wir unternahmen Tourneen ins Burgenland, ins Salzkammergut – dort haben wir uns ang'fressen, auf deutsch g'sagt ... das waren die Gagen."[41]

Dazu kamen die vielen Auslandsgastspiele, wofür das Unterrichtsministerium Reisekostenzuschüsse gewährte. Denn sehr früh langten Einladungen von Studentenorganisationen zu Vorstellungen in der Schweiz, in Italien, in England, in Holland ein. In diesen Jahren neu eingekleidet und mit ein paar Tafeln Schokolade aus der Schweiz heimzukommen, das war mehr als Gage! Meist wurden die jungen Schauspieler dort privat bei vermögenden Leuten einquartiert, die ihre bedürftigen Gäste gleich von Kopf bis Fuß ausstaffierten. Genau wurde festgehalten, wer auf Tournee ging und wer nicht, um bei nächster Gelegenheit auch andere nach gerechtem Schlüssel dieser „Entwicklungshilfe" teilhaftig werden zu lassen. Über allem stand nämlich der Ensemblegedanke. Jeder einzelne trug zum Gelingen bei, auch die kleinste Aufgabe mußte gewissenhaft erfüllt werden. Schritt für Schritt war der Weg zu durchlaufen, Souffleure und Vorhangzieher waren ebenso nötig wie die Darsteller kleinerer Rollen. Die starken Begabungen setzten sich ohnehin rasch durch.

Hilde Weinberger veranstaltete Kurse in Sprecherziehung und mimische Übungen, die als Grundlage für die schauspielerische Tätigkeit ganz nützlich waren. (In späteren Zeiten war dies bei viel professionelleren und längst auch schon anerkannten Kellertheatern nicht mehr üblich!) Ein wesentlicher Anstoß für eine Weiterentwicklung kam von außen. Die Sektion Bühne des Österreichischen Gewerkschaftsbundes, und speziell deren Sekretär Leopold Kopka, sah nämlich im öffentlichen Auftreten der studentischen Laienschauspieler eine Konkurrenz für die Berufsschauspieler. In einer Zeitungspolemik erfuhr die staunende Leserschaft, daß die ungesetzliche Berufsausübung ungeschulter und ungeprüfter Dilettanten die Existenz so und so vieler professioneller Theater gefährde. Schließlich durfte, unter Berufung auf das Wiener Theatergesetz, § ... ff, die studentische Bühne für ihre Vorstellungen keine Werbung durch Plakate mehr betreiben, da sie sich auf akademischen Boden zu beschränken habe. In einer Gegenpolemik ergriff Hans Weigel vehement Partei für die Jugend: „(...) Die Schauspielergewerkschaft macht, böswillig und verblendet, Schwierigkeiten und verbietet der Bühne das Plakatieren – als ob dadurch ein schlechtes konzessioniertes Theater besser besucht sein, als ob sonst eine gute Aufführung anderswo nicht ausverkauft sein würde ..."[42] Die Mundpropaganda konnte aber nicht verboten werden, und diese setzte sich entscheidend für das *Studio* ein. Plötzlich begriffen auch bisher Abseitsstehende unter den Studenten, daß etwas sie selbst Betreffendes, ihnen Gehörendes behindert werden sollte. War also die Gefährdung in diesem Punkt glücklich abgewendet, wurde nun von den hartnäckigen Widersachern die grundsätzliche Frage aufgeworfen, ob Darstellern ohne Bühnenreifeprüfung eine permanente schauspielerische Tätigkeit überhaupt erlaubt sein könne. Wieder uferte die Diskussion in komplizierte Auseinandersetzungen mit Leopold Kopka aus, der zäh an seiner pragmatischen Position festhielt. Da entschloß sich ein Großteil der Darstellerinnen und Darsteller, zur besagten Bühnenreifeprüfung anzutreten. Selbstlose (und natürlich kostenlose!) vorbereitende Hilfe kam im wesentlichen von vier anerkannten Künstlern: Leopold Rudolf und Fritz Lehmann unterrichteten schauspielerische Grundtechniken; Richard Eybner nahm sich vor allem der Nestroy-Darsteller an und betreute sachkundig den Komplex der Altwiener Volkskomödie: „Ich hab halt den jungen Leuten ein bissel g'holfen ... die waren ja eh schon fertige Schauspieler!"[43] Dann aber stellte der aus der Schweiz zurückgekehrte Wolfgang Heinz seine reichen Erfahrungen zur Verfügung. Hildegard Sochor, Elfriede Trambauer, Alexander Kerszt und Kurt Radlecker gehörten zu seinen Schülern. Letzterer schildert: »An jedem Wochentag kam er um sieben Uhr früh, hat mit uns gearbeitet, geduldig, aber hart und unnachgiebig, bis um halb neun, dann ist er ins Volkstheater gegangen, wo er die großen Rollen spielte ... König Philipp und so weiter, oder inszenierte (...) Der Gucki Sochor, die damals schon ein bisserl auf ‚Wiener Goscherl' spezialisiert war, hat er die Penthesilea zu studieren gegeben. Sie hat gemeint: ‚Ich weiß net, ob das für mich das richtige Fach ist.' Und Wolfgang Heinz darauf: ‚Drum!' Er war eben ein richtiger Pädagoge, der daran Freude hatte, etwas vermitteln zu dürfen!"[44]

Bei den Prüfungen schnitten alle hervorragend ab und waren nun ausgebildete, mit Zeugnissen versehene Schauspieler. Einzelne starke Individualitäten hatten sich bereits im ersten Spieljahr entfaltet. Allen voran Lona Dubois, eine Schülerin Leopold Rudolfs, die sowohl Oscar Wildes *Salome* als auch das Gretchen im *Urfaust* überzeugend verkörperte: schlank, grazil, fast zerbrechlich, aber willensstark. Eine sehr zeitgemäße Erscheinung von sensibler, auch stark erotischer Ausstrahlung. Daneben vertrat Hildegard Sochor den Typ der bodenständigen, resoluten Weiblichkeit, deren Charme und Lieblichkeit jederzeit in wienerisch hantige Reschheit umkippen kann. Kurt Radlecker schrieb ihr in seinem Spiel *Ich liebe dich ... 100 Jahre* eine Musterrolle, in der sie sich profilierte. Für die weiblichen Nestroy-Rollen war sie schon konstitutionell prädestiniert. Hanns Otto Ball konnte überzeugend elegante, nonchalante Verbindlichkeit ausdrücken, verlieh aber dem Herodes in der *Salome* durchaus auch dämonische Züge. Erich Schenk spielte den Zettel im *Sommernachtstraum*. Gerade weil er künstlerisch keineswegs vollkommen war und an seine Aufgabe völlig unorthodox und überraschend heranging, ganz anders als der vollendete Hermann Thimig im Burgtheater an dieselbe Rolle, erzielte er ganz bezaubernde neue komische Wirkungen. Mit naiven schauspielerischen Mitteln wurde Naivität vorgeführt, in unbeholfener Gestik Unbeholfenheit ausgedrückt. Zwingend wurde die Tragikomödie des scheiternden Künstlers vorgeführt, der die Diskrepanz zwischen Möchten und Können nicht einsieht. Die marionettenhafte Hölzernheit seiner Bewegungen schien sich dem befehlenden Willen entzogen zu haben. Unbewußt war hier verwirklicht, wonach Brecht in seiner praktischen Bühnenarbeit immer wieder verlangte. Ich halte es für bedauerlich, daß dieses Prinzip in späteren Jahren auf allen Wiener Kellerbühnen zugunsten eines perfektionistischen Weges vernachlässigt und nahezu aufgegeben wurde. Mit erfrischender Ausgelassenheit hatte Trude Pöschl in der Ho-

Johann Wolfgang von Goethe: Urfaust
Lona Dubois, Julius Mitterer

senrolle des Christopherl in *Einen Jux will er sich machen* gezeigt, daß man ihr alle Arten von kecken Kammerzöfchen und burschikosen jungen Mädchen würde anvertrauen können.

Die häufigsten Auftritte dürfte wohl Kurt Radlecker gehabt haben, schon deshalb, weil er das eindeutigste Komödiantentemperament besaß. Das konnte er beispielsweise als Nestroyscher Lausbub Willibald in den *Schlimmen Buben in der Schule* beweisen. Im *Sommernachtstraum* wurde seine pantomimische Ausdeutung des schelmischen Puck durch die Enge der Bühne allzusehr behindert. Als aber die Regie von Hilde Weinberger den *Urfaust* auf sparsame Grundgesten reduzierte, fand Radlecker Gelegenheit, Goethes fragmentarischen Mephisto in vielen Nuancen als einen einfältigen Teufel hinzustellen. Eine Interpretation, die dem Autor durchaus nicht widerspricht und mehrere Jahre hindurch den Beifall des Publikums erhielt.

„Wir sahen uns vor kurzem den *Urfaust* auf dieser kleinen Studentenbühne an und waren beglückt ob dieser Demut vor der Sprache. Diese Studenten (...) erfüllen eine bedeutende Funktion im Wiener Kulturleben der Gegenwart", urteilte Friedrich Heer.[45] Und Otto Basil pflichtete ihm bei: „In der Kolingasse zeigen Universitätsstudenten als Schauspieler auf der winzigen Bühne (...) einen jugendlichen Willen, der, an Goethes *Urfaust* gewendet, sogar zu beachtlichem Können reift."[46]

Mit dem ganz einhellig positiv bewerteten *Urfaust* hatte das *Studio* eine Linie eingeschlagen, die im *Wozzek* (sic!), mit Radlecker in der Titelrolle, konsequenterweise fortgesetzt wurde. Franz Tassié vermerkte zustimmend: „Vieles an dieser unkonventionellen Aufführung hat gepackt, der Rest interessierte. Man spielt hier mit der Arroganz des Intellekts, mit der Begeisterung der Jugend und teilweise mit ansehnlichem und bemerkenswertem Talent. An Ursprünglichkeit der Empfindung und an Unmittelbarkeit des Ausdrucks wird jeder Schauspieler, dessen fünfundzwanzigjähriges Bühnenjubiläum mit ein paar gefälligen Phrasen in der Zeitung vermerkt wurde, selbstverständlich weit überboten. Was hier geschieht, geschieht gewissermaßen aus einer seelischen und geistigen Zwangslage. Es vollzieht sich mit der Notwendigkeit und Folgerichtigkeit eines Naturereignisses (...) Hier ist alles Glut, Farbe, Leidenschaft, Bekenntnis, Rücksichtslosigkeit, Geltungsbedürfnis, Hochmut – alle jene hochgewölbten Brücken über dem bunten und tiefen Abgrund der Jugend. Ein unbarmherziger Behauptungswille geht wie ein Schrei durch diese Aufführung. Hier ist alles echt in seiner Unmenschlichkeit und der Finsternis blutigen Geschehens. Mit dem königlichen Mut der Jugend zeigt sich das Raubtier Mensch unverhüllt. Eine große und tiefe Nacht ohne Sterne. Alles, was an Büchner wesentlich ist, wurde hier gezeigt. Das vermittelt den Eindruck, dem man sich nicht entziehen kann und den man nicht so bald vergißt."[47] In ähnlichem Sinne Hans Weigel: „(...) Dabei ist speziell der Büchnerabend der kleinen Bühne in der Kolingasse von fast erschütternder Wirkung und bei allem naturnotwendigen Außenseitertum von unendlich größerer Werknähe, dem Geist der Dramen tausendmal gerechter als der klägliche *Danton* im Ronacher. (...) Hier sind an Regie,

Carl Sternheim: Die Hose
Kurt Radlecker, Alexander Kerszt, Ellen Nowak, Michael Kehlmann

Bühnenbild, Musik und Darstellung Talent und Einfälle, Mut und Selbständigkeit gewendet, die dieser Jugend alle Ehre machen."[48]

So gingen zwei Jahre vorbei, in denen unentwegt geplant, probiert, gespielt, Neues gelesen, ausgewählt und sehr viel diskutiert wurde. Man hatte Aufführungen in englischer und französischer Sprache gegeben, die gut aufgenommen wurden und sehr gefragt waren. Auch ein Versuch auf italienisch glückte. Aber diese Aktivitäten zersplitterten zu sehr die Kräfte und wurden wieder aufgegeben. Man hatte manche Zweifler überzeugen und viele Sympathien sammeln können. Zu Ostern 1947 durfte man „mit Genugtuung feststellen, daß wir einen nicht unbedeutenden Beitrag geliefert haben: Experimentelles Neuland in theatralischer Gestaltung und dramatischem Schaffen, literarisch wertvolle Werke der Weltliteratur und die Stimmen der jungen zeitgenössischen Generation – das sind die bestimmenden Komponenten unseres Spielplans."[49] Man war mit Eifer und Spielfreude bei der Sache, allgemein wurde dem Ensemble Ehrgeiz und Ambition bescheinigt. Ebenso, daß das „Niveau seit langem über das einer Laienspielbühne weit hinausreicht".[50]

1946 hatte Hilde Weinberger noch begeistert schreiben können: „Viele tragen eine heimliche, unerfüllte Sehnsucht mit sich herum. Mag ihnen aus tausend äußerlichen Gründen der Weg zur Bühne verwehrt bleiben – bei uns blühen sie in der Erfüllung dieser verborgenen Kraft auf. (…) Die Sehnsucht nach Gestaltung läßt sich nicht auslöschen. (…) Sie alle verbindet die Liebe zur gemeinsamen Sache."[51] 1947 reichte die heimliche Sehnsucht, das Aufblühen, die bloße Begeisterung schon nicht mehr. Auf die Dauer war das zuwenig.

Neue Ideen wurden dringend gesucht.

Zur rechten Zeit trat Michael Kehlmann ins Ensemble ein und brachte einige wichtige Anregungen. „Mit ihm kam eine andere Note hinein. Warum? Er war der einzige von uns, der damals eine derart humanistische Bildung hatte. Er kannte alle Autoren, die in der Nazizeit verboten waren, und zwar aus seinem Elternhaus. Sein Vater war in der Zwischenkriegszeit Ullstein-Autor gewesen. Als Ministerialrat hatte man ihn zwangspensioniert, weil er sich von seiner jüdischen Frau nicht wollte scheiden lassen … Und nun kam Kehlmann mit Sternheim und Hasenclever und solchen Sachen, die wir gar nicht kannten."[52]

Auch öffnete sich das *Studio der Hochschulen* jetzt mehr dem Nichtstudentischen. Das dilettierende Theaterspielen, zu dem jeder Hochschüler immer noch Zugang hatte, wurde endgültig aufgegeben. Auch kleinere Rollen übernahmen Berufsschauspieler. Amateurhafte Begeisterung genügte nicht mehr.

Hans Weigel vertraute sein – nicht sehr bedeutsames – Stück *Die Erde* dem *Studio* zur Uraufführung an. Das war wohl mehr als symbolischer Akt gedacht, als eine Aufforderung an prominente oder jedenfalls schon bekannte Autoren, seinem Beispiel zu folgen. *Die Erde* brachte es nur auf drei Aufführungen, aber tatsächlich überließ Franz Theodor Csokor 1950 seine *Medea Postbellica* der jungen Truppe zur Wiener Erstaufführung, inszenierte sie auch selbst. Kehlmann ließ sein eigenes Schauspiel *Die entscheidende Stunde* aufführen, allerdings ohne Erfolg. Und dem jungen Rüdiger Schmeidel erging es mit *Homo ex machina* nicht viel besser. Kurt Radlecker, sozusagen schon Hausautor, schrieb *Gegen Agamemnon*, gewiß von den Griechendramen der modernen Franzosen wie Cocteau oder Sartre beeinflußt; später noch *Menschen aus zweiter Hand*, einen Zeitstoff in Form von Gebrauchsdramatik. Große Erfolge waren weiterhin die Kabarettprogramme. Da war Helmut Qualtinger willkommen, sehr jung noch, kaum dem Gymnasiastenalter entwachsen. Aber er hatte schon Karl Kraus gelesen und begeisterte sich für Orson Welles, der in Wien in Carol Reeds *Der dritte Mann* filmte. So geriet schöpferische Unruhe in die Truppe, natürlich auch übers Ziel schießend, aber es war plötzlich wieder etwas los. Die Dreiundzwanzigjährigen galten schon als erfahrene „alte Hasen". Jetzt mußten sie sich von den Neunzehnjährigen ihre antiquierte Trägheit vorwerfen lassen und um ihre bereits als gesichert angesehenen Stellungen im Ensemble ringen.

Friedrich Langer, in der zentralen Position des Kulturreferenten, blieb unangefochten, aber an dem raschen Wechsel seiner Stellvertreter lassen sich die ständigen Veränderungen deutlich ablesen: 1945/46 Alois Haderer, 1946/47 Fritz Werani, 1947/49 Peter Hentschel, 1949/50 Erich Neuberg.

Als Regisseur tauchte bald Kurt Julius Schwarz auf, der in der Geschichte der Kellertheater noch sehr wichtig werden sollte, unter den neuen Schauspielern fielen Fritz Zecha und Peter Weihs, Herbert Wochinz, Annelies Stöckl und die Komiker Walter Langer und Kurt Sobotka auf.

Die wesentlichste und sehr weitreichende Wandlung trat im Herbst 1949 durch die Fusionierung des *Theaters der 49* mit dem *Studio der Hochschulen* ein. Oder sollte man Wiedervereinigung sagen? Doch solche sprachlichen Nuancierungen zielen bei der Unübersichtlichkeit und Verworrenheit der Formierungen in jedem Fall daneben. „Man muß sich im sentimentalen Erinnern allerdings davor hüten, die Versuche dieses Studios und aller gleichartigen Gründungen zu idealisieren", schreibt Hans Weigel als kenntnisreicher Insider. „Es gab Kleinlichkeit, Streit, Unverläßlichkeit, was weiß ich, was es alles gab …" (Nun,

John B. Priestley: Straße in der Wüste
Michael Kehlmann, Josef Schwimann, Hans Horst, Alexander Kerszt, Kurt Julius Schwarz

wenn ich, als ebenso wissender Kenner der Materie, ergänzen darf: Es gab auch Prügel, Ohrfeigen und gelegentlich Fußtritte ... es gab sogar blutende Nasen! Anm. d. Verf.) „... doch vermutlich", setzt Weigel fort, „war all das Chaotische dort in der Kolingasse die richtige Schule, die stimmende Vorbereitung auf ‚das Leben', auf die bevorstehende Begegnung mit etablierter Kleinlichkeit, Streit, Unverläßlichkeit. Es bedürfte komplizierter historischer Studien, um alle Entzweiungen, Gruppierungen und Entwicklungen der zornigen Theater-Avantgarde nachzuerzählen."[53] Sehr wahr! Und wie verwirrend diese vibrierende Geschichte ist, beweist, daß selbst der Insider Hans Weigel meinen kann: „Sie gründeten ein *Studio der Hochschulen* und spielten Theater, Kehlmann, Neuberg, Qualtinger und viele andere, sie spielten Nestroy, Wilde, Horváth, Soyfer und Anouilh."[54] Nein, sie gründeten nicht. Es war schon gegründet. Sie spielten nicht, sondern sie fanden bereits vor. Ihr unbestreitbares Verdienst war, daß sie die Reste von Laienspiel beseitigten und professionelle Methoden einführten. Äußeres Anzeichen dieser Verwandlung war die Umbenennung des Theaters in *Studio in der Kolingasse*. Damit sollte der letzte Geruch von amateurhaftem „Gaudeamus igitur" getilgt werden.

Gespielt wurde nun täglich, siebenmal in der Woche. Diese Reform steigerte die Aufführungszahlen der einzelnen Inszenierungen. Auch war man nicht mehr so sehr von den Hochschulferien abhängig, weil man sich an ein breiteres Publikum wandte. Tatsächlich gelangen einige ganz großartige Vorstellungen: Sternheims *Bürger Schippel* unter der Regie von Michael Kehlmann – damit wurde die höchste Aufführungszahl in der Geschichte des *Studios* erreicht – und eine sehr eigenwillige, provokante und freche Inszenierung, die Hans Madin mit der *Komödie der Irrungen* von Shakespeare, in einer modernen Übersetzung und Bearbeitung von Hans Rothe, lieferte.

Gleich zu Beginn kamen die Komiker und pflanzten ein Schild auf mit dem künstlerischen Credo: „Das Theater ist tot – es lebe das Theater der 49!" So distanzierte man sich bewußt von den herkömmlichen Spielweisen. Bis in die Mitte des Zuschauerraums war aus Brettern und Leisten eine primitive hölzerne Schaubude errichtet, Imitation der altenglischen elisabethanischen Bühne mit einem Fetzenvorhang, herausfordernd und hemdsärmelig.

Jetzt wurde mehr „praktische Forschung" betrieben: Wie verändert sich die Beziehung Zuschauer – Bühne, wenn der Schauspieler durch den Zuschauerraum kommt? Was geschieht psychisch im Publikum, wenn es persönlich angesprochen wird? Ist es verschüchtert? Ist es geschmeichelt? Der junge Bühnenbildner Gerhard Hruby erfand die erstaunlichsten unkonventionellen Lösungen. In den folgenden Jahren lieferte er allen Kellertheatern originelle erneuernde Anregungen. Bei Helmut H. Schwarz' Stück *Ein Mann fällt aus den Wolken* baute er eine Revuetreppe in den Hintergrund des Zuschauerraums, dafür durfte ein Teil des Publikums auf der Bühne sitzen.

Auch der Bildhauer Peter Perz brachte neue Ideen. Für die Aufführung von *Kain* von Anton Wildgans schlug er dem Regisseur Helmut H. Schwarz eine kubistische Bühne mit mehreren verschieden hohen Spielebenen vor.

Und mit Erich Neuberg arbeitete Perz zusammen bei der Inszenierung der *Rechenmaschine* von Elmer Rice. Er schuf eine steil angeordnete Schräge vor der Bühne, auf der ein Chor so effektvoll gruppiert werden konnte, daß diese Szene allein schon jedesmal spontanen Applaus erhielt.

Theaterhistorisch bedeutsam war die Uraufführung von Ödön von Horváths *Die Unbekannte aus der Seine*. Horváths Bruder Lajos, der in Wien lebte, stellte dem *Studio* das Manuskript zur Verfügung. Lona Dubois spielte die Titelrolle und erweckte Aufsehen, weil sie tatsächlich frappierend der bekannten lächelnden Totenmaske des ertrunkenen Mädchens glich. Auf der Suche nach adäquaten Stücken war die Wahl auf Ferdinand Bruckners *Krankheit der Jugend* gefallen, ein Schauspiel, das unter studierenden jungen Menschen spielt und daher besonders überzeugend und rollendeckend besetzt werden konnte. Der Autor schrieb dem Theater in einem Brief, er begrüße es und freue sich besonders, daß eine junge, experimentelle Bühne dieses Werk aus den zwanziger Jahren wieder aufführe. Der Verlag aber, von einem größeren Theater höhere Tantiemeneinnahmen erwartend, verweigerte die Aufführungsrechte. Was sollte nun gelten? Die Zusage des Dichters oder kalkulatorische Überlegungen seiner geschäftlichen Vertreter? Von der Notwendigkeit der Aufführung überzeugt, setzte man sich unbekümmert über alle juristischen Bedenken hinweg und spielte trotz Verbot. In einem ziemlich langwierigen gerichtlichen Nachspiel wurde schließlich zugunsten des Theaters entschieden.

Die immer mehr ansteigende Zahl von Gastspielen machte es notwendig, daß mehrere Ensembles mit verschiedenen Stücken gleichzeitig tätig waren. Im Dezember 1949 etwa fanden innerhalb von drei Wochen drei Premieren statt. Die Beteiligten an den verschiedenen Inszenierungen sahen einander kaum noch, gruppendynamische Cliquenbildung war eine natürliche Folge, der Zusammenhalt in der stets größer werdenden Truppe lockerte sich. Für manche war die Zugehörigkeit von spekulativen Absichten begleitet, die sahen das *Studio* als eine Vorbereitung auf attraktivere Engagements an und trachteten danach, sich entsprechend in den Vordergrund zu drängen. Das gab wieder zu Rivalitäten und Eifersüchteleien Anlaß.

Zudem konnte Friedrich Langer seinen integrativen, ausgleichenden Posten nur noch gewissermaßen im Nebenberuf ausüben. Schon 1948 hatte ihn Stadtrat Dr. Viktor Matejka als Theaterreferenten in das Amt für Kultur und Volksbildung der Stadt Wien geholt. Bis dahin wirkte Hans Horak, der Direktor der *Kammerspiele*, als ehrenamtlicher Berater. Mit zunehmender Bedeutung des Ressorts sollte aber nun eine Planstelle geschaffen werden. Matejka hatte die gute Entwicklung des *Studios* mit aufmerksamem Interesse verfolgt: „Das *Studio der Hochschulen* ist aktivistischer Fortschritt im Kulturleben Wiens. Es ist ein Kind der Freiheit und baut mit an der Demokratisierung unseres Theaters. (...) Nur zu selbstverständlich, daß nicht gleich alle Fachleute und Kompetenzen dafür waren und auch heute noch mit ihrer Sympathie dafür sparsam sind."[55] Daß Matejkas Wahl auf Langer fiel, ist sehr bezeichnend für den Stil seiner Amtsführung: „Ich hab' gesehen: da sind junge Leute, die bringen praktisch mit Nichts was zuwege ... so müßte das in allen Theatern funktionieren. Wer organisiert das? Der Langer – her mit ihm! Daß der bei einer anderen Partei ist, war mir wurscht!"[56]

Nicht wurscht aber war die häufige Abwesenheit Langers in der Kolingasse. Zur Übernahme von Führungsaufgaben wurde zwar ein „Dramaturgischer Ausschuß" gebildet, dem unter anderen Erich Neuberg, Michael Kehlmann und Helmut H. Schwarz angehörten. Weil aber auch da nur selten Einigkeit herrschte, waren die Zügel gelockert, wodurch sich Unsicherheit im Ensemble – oder eigentlich: in den mehreren gleichzeitig nebeneinander bestehenden Ensembles – ausbreitete. Im Inneren war also die Lage gespannt, gerade zu einer Zeit, in der sich das Ansehen nach außen sehr konsolidiert hatte. Das *Studio in der Kolingasse* erschien jetzt auf den täglichen Theaterspielplänen in den Tageszeitungen, und auch die Fachkritik nahm zunehmend Kenntnis von seiner Existenz.

Trotz Verschlechterung des Arbeitsklimas wurde fleißig geprobt, allerdings schon deutlich mehrgleisig. Zentrifugale Tendenzen machten sich bemerkbar. Immer noch

Nikolaj Gogol: Die Brautfahrt zu Petersburg
Elfriede Trambauer, Minna Rohner, Edith Dutzer

konnten Premierentermine pünktlich eingehalten werden. Jede Inszenierung wurde rechtzeitig fertig, niemals mußte etwas abgesagt werden. „Nur auf eine Premiere haben wir kurzfristig ganz verzichtet. Als sich bei der Hauptprobe herausstellte, was das Stück für ein Mist ist, haben wir's abgesetzt. Seither datiert eine gewisse Feindschaft zwischen mir und dem Helmut Qualtinger – das war nämlich der Autor."[57] Das Werk hätte „Reportage" heißen sollen.

Je besser die vielfältigen künstlerischen Leistungen wurden, desto schlechter ging es finanziell. Trotz ausverkaufter Häuser wurde die Lage schwierig. Inzwischen gab es auch schon das *Theater der Courage,* bald das *Experiment im Konzerthaus.* Das verschärfte den Druck. „Ich glaube, für die Funktionäre der Hochschülerschaft wurde dieser laute, nicht auf Kanzleistunden zu fixierende Theaterbetrieb zunehmend suspekt. Die Bürokraten wären sehr gut auch ohne das *Studio* ausgekommen ... und zuletzt haben sie die Ausfallhaftungen verweigert."[58] Das Ende kam tatsächlich sehr plötzlich, eigentlich kurz nach dem Anfang einer hoffnungsreich begonnenen Saison. „Eröffnung der Spielzeit am 19. Oktober 1950 – Schließung des *Studios* infolge Kündigung durch den Hausherrn (Österr. Hochschülerschaft) am 12. November 1950", meldet sachlich das Jahrbuch der Gesellschaft für Wiener Theaterforschung.[59] Dreizehnmal war noch Nestroys *Der Talisman* und elfmal die österreichische Erstaufführung von Günther Weisenborns *Die Illegalen* über die winzige Bühne gegangen.

Bundespräsident Renner, der am Silvestertag 1950 starb, hatte kurz zuvor den „qualvollen Zustand unseres Landes zwischen Krieg und Frieden" beklagt. In diesem Jahr beschloß der Nationalrat das Gesetz zum Schutz der Jugend vor Schmutz und Schund. Und: In Österreich wurde die Todesstrafe abgeschafft.

„Wir sperrten zu mit 15.000 Schilling Schulden", berichtet Friedrich Langer. „Die Hochschülerschaft war nicht mehr imstande, oder wollte auch nicht mehr, einzuspringen. Inzwischen war schon eine ganz neue Generation von Hochschülerschaftsvertretern nachgewachsen, die nicht mehr meine alten Freunde waren. Die hatten andere Interessen. Auch war unser Spielplan vielleicht ... ein bißchen ... das Wort ‚progressiv' ist ein Unsinn ... aber es war ein Spielplan, auch in unserem Kabarett, der ihnen nicht sehr behagt hat. Und so mußten wir zusperren. Es war eigentlich schon höchste Zeit, denn es hat schon so etwas wie Lagerkoller gegeben."[60] Nach siebzig Inszenierungen in fünfeinhalb Jahren waren die allmählichen Verlagerungen, Verschiebungen und Auflösungen unverkennbar.

Es bleibt beeindruckend, wer alles von hier später an die großen Bühnen des In- und Auslandes ging: Hanns Otto Ball, Karl Heinz Böhm, Walter Davy, Lona Dubois, Herta Fauland, Herbert Fuchs, Karl Hackenberg, Trude Hajek, Friedrich Haupt, Michael Kehlmann, Alexander Kersz t, Herta Kravina, Werner Kreindl, Walter Langer, Franz Messner, Peter Minich, Gerhard Mörtl, Kurt Müller, Erich Neuberg, Cornelia Oberkogler, Maria Ott, Helmut Qualtinger, Hilde Rom, Helmut H. Schwarz, Kurt Julius Schwarz, Kurt Sobotka, Hildegard Sochor, Annelies

Stöckl, Joe Trummer, Peter Weihs, Wolfgang Weiser, Robert Werner, Herbert Wochinz, Fritz Zecha, Bibiana Zeller. Die Liste will keinen Anspruch auf Vollständigkeit erheben.

Aber nicht alle gingen zum Theater und wurden Schauspieler, Regisseure, Dramaturgen oder Theaterdirektoren. Es ist eben ein Zeichen eines Theaters der jungen Intellektuellen, daß viele die akademische Laufbahn einschlugen, als Professoren, als Lehrer an Hochschulen und Akademien. Friedrich Langer ist heute Hofrat und Pressereferent des Ministeriums für Wissenschaft und Forschung. Als Professor für Theatergeschichte am Wiener Reinhardtseminar immer noch dem Theater und der Jugend verbunden.

„Ich habe Angst vor einem Zusammentreffen mit den alten Kollegen", sagt er. „Immer wieder wird ein solches angeregt. ‚Mach doch was', heißt es, ‚ruf die Leute zusammen, du hast doch die Möglichkeit!' Ich trau' mich nicht … nicht nur, weil ich mich davor scheue, wie manche sich körperlich verändert haben, sondern auch, weil ich fürchte, daß einige sich auch geistig-seelisch sehr gewandelt haben. Die Erinnerung an die Jugend, die wir damals repräsentiert haben, die will ich behalten, die möchte ich nicht plötzlich verändern müssen. Es bleibt Bitterkeit! Die Ideale, die wir damals aufgebaut haben, sind weg. Obwohl es uns materiell in Österreich viel, viel besser geht, als wir uns jemals haben träumen lassen. Aber der Elan, die Unverfrorenheit, die sind abhanden gekommen."

So endete dieses Kapitel der Wiener Theatergeschichte zwar abrupt und wenig rühmlich, aber für Eingeweihte nicht überraschend. Und es blieb auch keineswegs ohne Folgen. Denn zahlreiche Regisseure und Schauspieler, die sich in der Kolingasse künstlerisch erprobt und entwickelt hatten, sollten sehr bald andernorts die Initiative ergreifen – oder hatten sie sogar schon ergriffen.

Spielpläne des *Studios der Hochschulen*
Eröffnung 7.6.1945

Sommer 1945

7.6.45 *Der Tor und der Tod*, Sp 1 A von Hugo von Hofmannsthal.
R: Hilde Weinberger, B: Willi Bahner, K: Gert Günther.
D: Willy Danek, Hans Rüdgers, Ernst v. Klipstein, Alexander Diersberg, Hilde Jäger.

danach *Die Frau im Fenster* von Hugo von Hofmannsthal.
R: Hilde Weinberger, B: Willi Bahner.
D: Anni Gerstner, Willy Danek, Kurt Radlecker.

14.6.45 U *Othello*, Bieroper von Friedrich Langer und F. Zawodsky.
R: Friedrich Langer, B: Wolfram Skalicki.
D: Friedrich Langer, F. Zawodsky, Hans Skrovanek, Lisl Petrich, Erwin Haumer.

27.6.45 *Anatol*, Einakterzyklus von Arthur Schnitzler.
R: Hilde Weinberger, B u. K: Willi Bahner.
D: Willy Danek, Hans Rüdgers, Ursula Schult, Anni Gerstner, Kurt Radlecker, Hilde Weinberger.

5.7.45 *Märchen*, L 1 A von Curt Goetz.
R: Rudolf Murskovic, B: Wolfram Skalicki.
D: Robert Stern, Rudolf Murskovic, Erich Schenk, Gretl Bauer, Lona Dubois.

danach *Die tote Tante*, L 1 A von Curt Goetz.
R: Rudolf Murskovic, B: Wolfram Skalicki.
D: Charlotte Lerchner, Robert Stern, Rudolf Murskovic, Erich Schenk, Gretl Bauer, Lona Dubois.

13.7.45 *Die schlimmen Buben in der Schule*, Posse mit Gesang 1A von Johann Nestroy.
R: Hilde Weinberger, B: Wolfram Skalicki.
D: Kurt Radlecker, Edith Dutzer, Minni Fellner, Eva Friedländer, Alois Haderer, Friedl Hofbauer, Paula Jirka, Elfriede Moll, Peter Weihs.

1945/46

9.10.45 *Ein Sommernachtstraum*, Kom 5 A von William Shakespeare (Ü: A. W. Schlegel).
R: Hilde Weinberger, B: Wolfram Skalicki, K: Ruth Raffael, M: Eleonore Pollhammer.
D: Alois Haderer, Franz Martin, Alfred Spirek,

Helmut Weihrauch, Robert Stern, Bertl Petrei, Erich Schenk, Helmut Wagner, Lotte Körber, Peter Weihs, Friedl Hofbauer, Lona Dubois, Kurt Radlecker, Konrad Puff, Inge Schenk.

24.10.45 U *Wir sagen uns fast alles*, Kabarettrevue von Skrozopola.
R: Friedrich Langer, B: Wolfram Skalicki, M: Kurt Bogner und Eleonore Pollhammer.
D: Paul Popp, Erwin Haumer, Fritz Schönherr, Hans Skrovanek, Rudi Nemec, Lisl Petrich.

30.11.45 *Riders to the Sea* von John M. Synge (in englischer Sprache).
R: Hilde Weinberger, B: Wolfram Skalicki.
D: Anni Gerstner, Kurt Radlecker, Hilde Weinberger, Hanna Wihan, Ferry Martin.

danach *Un caprice* von Alfred de Musset (in französischer Sprache).
R: Alois Haderer, B: Ruth Raffael.
D: Kurt Radlecker, Hildegard Sochor, Erika v. Sterlini.

8.12.45 *Der Blaufuchs*, L 4 A von Ferenc Herczeg.
R: Kurt Radlecker, B: Wolfram Skalicki, K: Ruth Raffael.
D: Hanns Otto Ball, Edith Dutzer, Charlotte Lerchner, Alois Haderer, Kurt Radlecker.

18.12.45 *Das Apostelspiel* von Max Mell.
R: Fritz Lehmann, B: Wolfram Skalicki.
D: Erich Schenk, Ellen Ullrich, Ferry Martin, Fritz Schönherr.

20.12.45 U *Ich liebe dich ... 100 Jahre* von Kurt Radlecker.
R: Hilde Weinberger, B: Wolfram Skalicki, K: Ruth Raffael.
D: Hildegard Sochor, Kurt Radlecker.

31.1.46 *I due pani* von F. M. Martini (in italienischer Sprache).
R: Bertl Petrei.
D: Bertl Petrei, Esther Hamberger, Oskar Viktora, Ilse Leinwarther.

8.2.46 *Das Konzert*, L 3 A von Hermann Bahr.
R: Hilde Weinberger, B: Wolfram Skalicki, K: Ruth Raffael.
D: Hilde Weinberger, Hanns Otto Ball, Edith Dutzer, Kurt Radlecker, Charlotte Lerchner, Hans Skrovanek, Hildegard Sochor, Anni Gerstner.

24.2.46 *Salome*, Tr 1 A von Oscar Wilde.
R: Helmut Wagner, B: Wolfram Skalicki, K: Ruth Raffael.
D: Lona Dubois, Hanns Otto Ball, Minna Rohner, Josef Schwimann, Heinz Meyer, Ferry Martin, Leopold Rosemayr, Bertl Petrei, Oskar Viktora.

15.3.46 *Der Strom*, Sch 5 A von Max Halbe.
R: Bertl Petrei, B: Wolfram Skalicki.
D: Kurt Radlecker, Josef Schwimann, Gretl Metz, Edith Bastl-Földy, Ilse Leinwarther, Heinz Meyer, Bertl Petrei.

30.3.46 *Candida*, Kom 5 A von G. B. Shaw (in englischer Sprache).
R: Hilde Weinberger, B u. K: Wolfram Skalicki.
D: Franz Martin, Hilde Weinberger, Otto Mang, Gretl Bauer, Heinz Meyer, Robert Stern.

17.4.46 *Urfaust* von Johann Wolfgang von Goethe.
R: Hilde Weinberger, B u. K: Wolfram Skalicki.
D: Julius Mitterer, Kurt Radlecker, Lona Dubois, Elfriede Trambauer, Peter Weihs, Hildegard Sochor, Friedrich Langer, Rüdiger Schmeidel, Cornelia Oberkogler, Helmut Wagner, Paul Popp, Heinz Meyer, Erich Schenk.

5.5.46 *Kindertragödie*, Sch 3 A von Karl Schönherr.
R: Bertl Petrei, B u. K: Gert Günther.
D: Franz Martin, Alfred Spirek, Friedl Hofbauer, Hanna Wihan, Trude Zrinjski.

31.5.46 *Die Brautfahrt zu Petersburg*, Kom 3 A von Nikolai Gogol.
R: Hilde Weinberger, B: Wolfram Skalicki, K: Gert Günther.
D: Edith Dutzer (Herta Fauland), Elfriede Trambauer, Minna Rohner (Ebba Pichler), Kurt Radlecker, Josef Schwimann (Kurt Julius Schwarz), Hans Skrovanek (Alexander Kerszt), Helmut Wagner, Wolfram Skalicki (Michael Kehlmann), Lotte Körber, Max R. Weirich.

2.6.46 *Il faut qu'une porte soit ouverte ou fermée* von Alfred de Musset (in französischer Sprache).
R: Alois Haderer, B u. K: Wolfram Skalicki.
D: Hildegard Sochor, Alois Haderer, Dudi Guntram, Heinz Meyer.

25.6.46 *Der standhafte Prinz*, Sch 3 A von Calderon.
R u. B: Wolfram Skalicki.

D: Heinz Meyer, Trude Zrinjski, Ferry Martin, Otto Mang, Edith Dutzer, Kurt Benesch, Hanns Otto Ball, Leopold Rosemayr.
Weiteraufführungen vom Sommer 1945:
Der Tor und der Tod.

1946/47

27.9.46 *Stella,* Sch von Johann Wolfgang von Goethe.
R: Wolfram Skalicki, B: Alice M. Schlesinger, K: Gert Günther.
D: Elfriede Trambauer, Trude Zrinjski, Ellen Ullrich, Josef Schwimann, Hanna Wihan, Walter Schlager, Kurt Benesch, Max R. Weirich.

12.10.46 *Frühere Verhältnisse,* Posse mit Gesang 1 A von Johann Nestroy.
R: Hilde Weinberger, M: Walter Schlager.
D: Fritz Werani, Lona Dubois, Kurt Radlecker, Annemarie Sand.

20.10.46 *Antonius und Kleopatra,* Tr 5 A von William Shakespeare (Ü: Ludwig Tieck).
R: Helmut Wagner, B: Wolfram Skalicki, K: Gert Günther, M: Harald Hedding.
D: Hanns Otto Ball, Josef Schwimann, Kurt Radlecker, Alexander Kerszt, Wolfgang Weiser, Kurt Benesch, Peter Hentschel, Otto Mang, Werner Kreindl, Ferry Martin, Fritz Werani, Walter Schlager, Otto Stenzel, Max R. Weirich, Elfriede Trambauer, Lona Dubois, Trude Zrinjski.

31.10.46 anläßlich der Feiern „950 Jahre Österreich":
Einen Jux will er sich machen, Posse mit Gesang 4 A von Johann Nestroy.
R: Richard Eybner, B: Wolfram Skalicki, K: Edith Dutzer, M: Walter Schlager.
D: Fritz Schönherr, Kurt Radlecker, Trude Pöschl, Hildegard Sochor, Hans Skrovanek, Ellen Ullrich, Josef Schwimann, Alfred Spirek, Elfriede Trambauer, Hanna Wihan, Otto Stenzel, Friedl Hofbauer, Friedrich Langer, Helmut Wagner.

12.12.46 *Aimée,* Sch 3 A von Paul Géraldy (Ü: Bertha Zukkerkandl).
R: Herbert Rischanek, B: Sophie van der Straaten.
D: Kurt Radlecker, Marina West, Herbert Rischanek.

12.1.47 *Stimmen aus dem Dunkel,* Sch v. H. R. Lenormand.
R: Hilde Weinberger, B: Alice M. Schlesinger, K: Gert Günther.
D: Erich Weinländer, Hannes Kremer, Peter Hentschel, Werner Kreindl, Rudolf Stehlik, Walter Schlager, Max R. Weirich, Fritz Werani, Lona Dubois, Trude Pöschl, Minna Rohner, Elfriede Trambauer, Hanna Wihan, Herta Kravina, Hildegard Sochor, Trude Zrinjski.

11.2.47 U *Die Grimasse,* literarische Kabarettrevue von Rudolf Berger, Wolfgang Gilbert, Michael Kehlmann, Helmut Qualtinger und Rüdiger Schmeidel.
R. Michael Kehlmann, B u. K: Wolfram Skalicki.
D: Helmut Qualtinger, Michael Kehlmann, Hannes Kremer, Fritz Werani, Max R. Weirich, Werner Kreindl, Minna Rohner, Erika Spandl.

24.2.47 *Die versunkene Glocke,* Märchendrama 5 A von Gerhart Hauptmann.
R: Hilde Weinberger, B: Alice M. Schlesinger, K: Gert Günther.
D: Erich Weinländer, Annemarie Sand, Werner Kreindl, Walter Schlager, Hildegard Sochor, Julius Mitterer, Kurt Radlecker, Lona Dubois, Trude Pöschl, Gert Günther.

8.3.47 U *Gegen Agamemnon* von Kurt Radlecker.
R: Kurt Radlecker, B: Wolfram Skalicki.
D: Josef Schwimann, Werner Kreindl, Alexander Kerszt, Alfred Spirek, Fritz Werani, Elfriede Trambauer, Lona Dubois, Kurt Radlecker.

Weiteraufführungen von 1945/46:
Der Tor und der Tod, Brautfahrt zu Petersburg, Das Apostelspiel, Ich liebe dich ... 100 Jahre.

1947/48

5.10.47 *Wozzek* (sic!), ein Fragment von Georg Büchner.
R: Gabriel Skipper (= Helmut Wagner), B: Wolfram Skalicki, K: Alice M. Schlesinger.
D: Kurt Radlecker, Werner Kreindl, Alfred Spirek, Herta Kravina, Hanna Wihan, Alexander Kerszt, Josef Schwimann, Michael Kehlmann, Peter Weihs, Lona Dubois, Fritz Werani.

danach *Leonce und Lena,* L 3 A von Georg Büchner.
R: Gabriel Skipper (= Helmut Wagner), B: Wolf-

ram Skalicki, K: Alice M. Schlesinger, M: Walter Schlager.
D: Josef Schwimann, Rüdiger Schmeidel, Lona Dubois, Michael Kehlmann, Hanna Wihan, Max R. Weirich, Fritz Werani, Trude Pöschl, Hans Skrovanek.

22.10.47 *Ein Wintermärchen*, L 5 A von William Shakespeare (Ü: Ludwig Tieck).
R: Hilde Weinberger, B u. K: Alice M. Schlesinger, M. Walter Schlager.
D: Alexander Kerszt, Trude Pöschl, Michael Kehlmann, Max R. Weirich, Geza Pogany, Peter Hentschel, Rüdiger Schmeidel, Paul Milan, Alfred Spirek, Kurt Radlecker, Werner Kreindl, Fritz Werani, Kurt Benesch, Elfriede Trambauer, Herta Fauland, Herta Kravina, Edith Dutzer, Hanna Wihan, Lona Dubois.

8.11.47 *Freiheit in Krähwinkel*, Posse mit Gesang 3 A von Johann Nestroy.
R: Michael Kehlmann, B: Wolfram Skalicki, K: Traudl Seifert, M: Paul Milan und Kurt Bogner.
D: Fritz Werani, Rüdiger Schmeidel, Hans Skrovanek, Alexander Kerszt, Kurt Radlecker, Hanna Wihan, Werner Kreindl, Alfred Spirek, Peter Weihs, Edith Dutzer, Lona Dubois, Elfriede Trambauer, Herta Kravina, Ellen Ullrich.

17.12.47 *Die Kinder*, L 3 A von Hermann Bahr.
R: Peter Weihs, B: Alice M. Schlesinger.
D: Werner Kreindl, Cornelia Oberkogler, Josef Schwimann, Kurt Radlecker, Rüdiger Schmeidel, Max R. Weirich.

25.1.48 *Hirten um den Wolf* von Ernst Scheibelreiter.
R: Hilde Weinberger, B: Alice M. Schlesinger, K: Traudl Seifert, M: Walter Schlager.
D: Gerold Weißenfels, Josef Schwimann, Minna Rohner, Hanna Wihan, Toni Wartburg, Paul Wimmer, Alexander Kerszt, Elfriede Trambauer, Lona Dubois, Fritz Werani, Kurt Radlecker, Werner Kreindl, Alfred Spirek.

11.2.48 U *Die entscheidende Stunde*, Sch von Michael Kehlmann.
R: Zdenko Kestranek, B: Wolfram Skalicki, M: Walter Schlager.
D: Alfred Spirek, Giselher Guttmann, Kurt Radlecker, Lona Dubois, Zora Zrinjski, Herta Kravina, Elfriede Trambauer, Werner Kreindl, Alexander Kerszt, Otto Stenzel, Walter Schlager, Fritz Werani, Michael Kehlmann.

16.3.48 U *Die Erde*, dramatische Phantasie von Hans Weigel.
R: Michael Kehlmann, B: Alice M. Schlesinger.
D: Raymond Job, Herta Kravina, Max R. Weirich, Michael Kehlmann, Lona Dubois, Alfred Spirek, Otto Stenzel, Fritz Werani, Gerold Weißenfels, Trude Pöschl, Alexander Kerszt.

4.4.48 *Urfaust* von Johann Wolfgang von Goethe (Neuinszenierung und Neueinstudierung).
R: Hilde Weinberger, B: Wolfram Skalicki, K: Alice M. Schlesinger.
D: Alexander Kerszt (Werner Kreindl), Kurt Radlecker (Michael Kehlmann), Hildegard Sochor, Cornelia Oberkogler, Hilde Weinberger (Herta Kravina), Friedrich Langer, Karl Heinz Böhm, Helmut Qualtinger, Michael Kehlmann.

18.4.48 *Chitra* von Rabindranath Tagore.
R: Karl Heinz Böhm.
D: Gerold Weißenfels, Kurt Benesch, Fritz Werani, Herta Fauland.

danach *Das Postamt* von Rabindranath Tagore.
R: Karl Heinz Böhm.
D: Max R. Weirich, Alexander Kerszt, Rudolf Berger, Josef Schwimann.

22.4.48 U *Die 25. Stunde*, Kabarettrevue von Michael Kehlmann und Erich Bertleff (mit Texten von Franz Theodor Csokor, E. Danneberg, Hans Weigel und Erich Kästner).
R: Michael Kehlmann, B: Sully Corth, M: Paul Milan und Fritz Angermayer.
D: Harry Glöckner, Alexander Kerszt, Lona Dubois, Herta Kravina, Hanna Wihan, Herta Fauland, Michael Kehlmann.

12.6.48 U *Wir stellen fest*, Kabarettrevue von Michael Kehlmann und Erich Bertleff.
R: Michael Kehlmann, M: Paul Milan und Fritz Angermayer.
D: Carl Merz, Otto Gutschy, Michael Kehlmann, Herta Fauland, Herta Kravina.

Weiteraufführungen von 1946/47:
Das Apostelspiel.

1948/49

5.10.48 *Straße in der Wüste* (Desert Highway) von John B. Priestley.
R: Rüdiger Schmeidel, B: Richard Weber.
D: Hans Horst, Michael Kehlmann, Josef Schwimann, Kurt Radlecker, Kurt Julius Schwarz, Alexander Kerszt.

18.10.48 *Die Hose*, L 4 A von Carl Sternheim.
R: Michael Kehlmann, B: Wolfram Skalicki, K: Richard Weber.
D: Alexander Kerszt, Ebba Pichler, Elfriede Trambauer, Michael Kehlmann, Kurt Radlecker, Kurt Julius Schwarz.

5.12.48 *Krampus und Kramoplius* von K. Körting.
R: Josef Schwimann, B u. K: Alice M. Schlesinger, M: Walter Schlager.
D: Rudolf M. Stoiber, Ina Peters, Gustl Weishappel, Kurt Benesch, Lilli Schmuck, Evi Kriz.

12.1.49 *Die Freier*, L 3 A von Joseph v. Eichendorff.
R: Helmut Wagner, B u. K: Wolfram Skalicki, M: Walter Schlager.
D: Lucia Scharf, Herta Fauland, Elfriede Trambauer, Kurt Julius Schwarz, Wolfgang Weiser, Michael Kehlmann, Franz Messner, Kurt Radlecker, Alexander Kerszt, Peter Hentschel.

18.1.49 Ö *Krankheit der Jugend*, Sch 3 A von Ferdinand Bruckner.
R: Max Meinecke, B: Otto Güllich.
D: Charlotte Bauer, Annelies Stöckl, Lona Dubois, Michael Kehlmann, Herta Kravina, Rüdiger Schmeidel, Josef Schwimann.

2.2.49 *Der Ruf des Lebens*, Sch 3 A von Arthur Schnitzler.
R: Kurt Julius Schwarz, B: Gerhard Hruby.
D: Erich Schenk, Annelies Stöckl, Elfriede Trambauer, Herta Fauland, Alexander Kerszt, Gerhard Mörtl, Kurt Julius Schwarz, Ebba Pichler, Peter Minich, Friedrich Haupt, Kurt Radlecker.

18.2.49 *Schwanenweiß*, Sch von August Strindberg.
R: Lona Dubois, B u. K: Wolfram Skalicki, M: Harald Hedding.
D: Josef Schwimann, Alexander Kerszt, Hilde Weinberger, Ina Peters, Friedrich Haupt, Ebba Pichler, Herta Fauland, Erna Schmid, Elfriede Trambauer, Kurt Radlecker, Kurt Julius Schwarz.

1.3.49 U *Menschen aus zweiter Hand*, Sch von Kurt Radlecker.
R: Kurt Radlecker, B: Alice M. Schlesinger.
D: Alexander Kerszt, Kurt Radlecker, Ebba Pichler, Herta Fauland.

3.4.49 Ö *Vom Jenseits zurück*, Sch von André Obey.
R: Hilde Weinberger, B: Wolfram Skalicki.
D: Robert Werner, Elfriede Trambauer, Gerhard Mörtl, Friedrich Haupt, Kurt Radlecker, Hermi Niedt, Wilfried Schön.

3.5.49 *Orestes*, Tr von Euripides.
R: Helmut Wagner, B u. K: Wolfram Skalicki.
D: Erich Gsching, Herbert Wochinz, Alexander Kerszt, Trude Zrinjski, Herta Kravina, Herta Fauland, Ljuba Andrej, Kurt Julius Schwarz, Walter Davy.

15.6.49 *Das Mädl aus der Vorstadt*, Posse mit Gesang 3 A von Johann Nestroy.
R: Michael Kehlmann, B u. K: Wolfram Skalicki, M: Paul Milan.
D: Alexander Kerszt, Elfriede Trambauer, Michael Kehlmann, Kurt Radlecker, Josef Schwimann, Elisabeth Rawitz, Herta Kravina, Herta Fauland, Liliane Leisner, Gerda Falk, Ebba Pichler, Gerhard Mörtl.

8.7.49 U *Homo ex machina*, Sch von Rüdiger Schmeidel.
R: Helmut Wagner, B: Alice M. Schlesinger.
D: Julius Mitterer, Ebba Pichler, Herbert Fuchs, Josef Schwimann, Helmut Qualtinger, Alexander Kerszt, Otto Stenzel, Herbert Wochinz, Walter Langer, Kurt Radlecker, Karl Hackenberg.

Weiteraufführungen von 1947/48:
Urfaust, Die Brautfahrt zu Petersburg, Das Apostelspiel, Der standhafte Prinz.

1949/50 *Studio in der Kolingasse*

15.9.49 *Clavigo*, Tr 5 A von Johann Wolfgang von Goethe.
R: Hilde Weinberger, B u. K: Wolfram Skalicki.
D: Michael Kehlmann, Kurt Radlecker, Friedrich Haupt, Lona Dubois, Elfriede Trambauer, Alexander Kerszt, Wolfgang Litschauer, Peter Hentschel.

16.10.49 Dt *Renaud und Armine* von Jean Cocteau (Ü: Alois Haderer und Kurt Radlecker).

R: Helmut Wagner, B: Alice M. Schlesinger, M: Walter Schlager und Hubert Deutsch.
D: Hedy Reichel, Erika Zobetz, Herbert Wochinz, Erich Gsching.

28.10.49 *Kain* von Anton Wildgans.
R: Helmut H. Schwarz, B: Peter Perz, K: Carla Tietz.
D: Theodor Grädler, Anette Schön, Karl Wawra, Erich Gsching.

2.12.49 U *Die Unbekannte aus der Seine,* Kom 3 A u. 1 Epilog von Ödön von Horváth.
R: Kurt Radlecker, B: Wolfram Skalicki, K: Klara Kiss.
D: Lona Dubois, Kurt Radlecker, Hanna Wihan, Herbert Fuchs, Bibiana Zeller, Hermi Niedt, Claus Scholz, Wolfgang Litschauer, Gerhard Mörtl, Friedrich Haupt, Kurt Sobotka, Harry Schröder, Nina Cresaldo, Liliane Leisner, Elisabeth Rawitz.

13.12.49 Ö *Der Dibbuk* von Anski.
R: Walter Davy, B: Wolfram Skalicki, K: Herta Woschtar, M: Gerhard Rühm.
D: Karl Schellenberg, Gerda Falk, Hanna Wihan, Herbert Wochinz, Gerhard Mörtl, Max Straßberg, Walter Ladengast, Gerold Schirmer, Kurt Sobotka, Max Friedmann, Helmut Wagner, Herta Kravina, Herbert Fuchs, Michael Kehlmann, Friedrich Haupt, Auguste Ripper, Elisabeth Rawitz, Lona Dubois, Nina Cresaldo.

21.12.49 *Komödie der Irrungen,* (Comedy of Errors), L 5 A von William Shakespeare (Ü u. Bearb.: Hans Rothe).
R: Hans Madin, B u. K: Gerhard Hruby.
D: Bibiana Zeller, Erich Gsching, Walter Kohut, Kurt Sobotka, Herbert Wochinz, Herbert Fuchs, Friedrich Haupt, Xenia Hagmann, Hedy Reichel, Nina Cresaldo.

18.1.50 *Die Rechenmaschine* (The Adding Machine) von Elmer Rice (Ü: Kathrin Janecke u. Günter Blöcker).
R: Erich Neuberg, B: Peter Perz.
D: Kurt Radlecker, Bibiana Zeller, Hanna Wihan, Walter Kohutek, Erich Alexander, Nina Cresaldo, Hermi Niedt, Herbert Wochinz, Elisabeth Rawitz, Helmut Qualtinger.

14.3.50 *Bürger Schippel,* L von Carl Sternheim.
R: Michael Kehlmann, B: Wolfram Skalicki.
D: Herbert Wochinz, Ernst Seelig, Bibiana Zeller, Helmut Qualtinger, Herbert Fuchs, Kurt Radlecker, Walter Skapa, Harry Schröder.

5.4.50 *Ein Mann fällt aus den Wolken,* Sch von Helmut H. Schwarz.
R: Helmut H. Schwarz, B: Gerhard Hruby, K: Lucia Giebisch.
D: Fritz Zecha, Joe Trummer, Friedrich Haupt, Herbert Fuchs, Otto Kobalek, Luzie Böhmer, Anneliese Tausz, Monika Darlies.

11.5.50 *Medea Postbellica,* St 1 Vorspiel u. 5 A von Franz Theodor Csokor.
R: Franz Theodor Csokor, B: Carry Hauser und Otto Güllich.
D: Otto Gutschy, Herta Kravina, Annemarie Buczkowsky, Hedy Reichel, Herbert Fuchs, Joe Trummer, Maria Kestranek, Walter Skapa.

Weiterauführungen von 1948/49:
Urfaust, Das Apostelspiel.

1950/51

19.10.50 *Der Talisman,* Posse mit Gesang 3 A von Johann Nestroy.
R: Helmut Qualtinger, B: Gerhard Hruby, K: Lucia Giebisch.
D: Kurt Sobotka, Maria Ott, Herta Fauland, Isabella Karsten, Herta Kravina, Walter Pfeil, Herbert Fuchs, Helmut Qualtinger, Walter Grieder, Bibiana Zeller.

2.11.50 Ö *Die Illegalen,* ein deutsches Requiem von Günther Weisenborn.
R: Helmut H. Schwarz, B: Peter Perz, M: Gerhard Rühm.
D: Gertie Tenger, Fritz Zecha, Trude Hajek, Peter Fürdauer, Kurt Müller, Edith Brazda, Walter Grieder, Walter Langer, Helmut Qualtinger, Otto Gutschy, Joe Trummer, Ellen Nowak, Angela Kozlik.

12.11.50 Schließung des *Studios in der Kolingasse.*

Theaterinflation

> *„Ich wünschte sehr der Menge zu behagen.*
> *Besonders weil sie lebt und leben läßt."*
> Johann Wolfgang von Goethe, *Faust*,
> Vorspiel auf dem Theater

Das *Studio der Hochschulen* war nicht die einzige Theaterneugründung nach Kriegsende. Schnell entstanden, einem offensichtlichen Bedürfnis der Bevölkerung folgend, an verschiedenen Punkten der Stadt kleine Theater unterschiedlichster Genres. Franz Hadamowskys Einschätzung: „(...) Vor unseren Augen ersteht eine überraschende Fülle theatralischen Lebens, das (...) Zeugnis für die ungebrochene Spielfreude unseres Volkes ist"[61], dürfte wohl doch etwas zu idealistisch sein. Die meisten dieser flinken Neueröffnungen waren aus rein finanziellen Spekulationen erfolgt und nützten geschickt eine zeitweilige Konjunktur. Vielleicht behinderte und verhinderte die allzu große Zahl dieser – oft auch zweifelhaften – Unternehmungen sogar auch einige ernst zu nehmende Bemühungen. Ich weiß es nicht.

Da jedenfalls die Verkehrsverbindungen in der vom Krieg schwer gezeichneten Stadt noch nicht sehr günstig waren und die Sicherheitsverhältnisse auf den Straßen, namentlich nachts nach den Vorstellungen, zu wünschen übrigließen, scheuten sich viele Bewohner äußerer Bezirke, den umständlichen und gefährlichen Weg zu den zentral gelegenen bestehenden Bühnen anzutreten. Daher begrüßten sie die Etablierung von Spielstätten in der Nähe ihres Wohngebietes und machten von der Möglichkeit eines Theaterbesuches gewissermaßen „um die Ecke" gerne Gebrauch. Zumal sie für ihr Geld ohnehin nichts kaufen konnten. Produktion und Konsum, Handel, Angebot und Einkaufstätigkeit waren noch nicht angekurbelt.

Immerhin gab es unter den zahlreichen Gelegenheits- (manchmal auch Verlegenheits-)Gründungen einige Ansätze, die man zwar noch nicht als Vorläufer der späteren Avantgardebühnen wird ansprechen können, die aber vielleicht schon Hinweise auf die kommende Entwicklung geben. Im Personal dieser vorstädtischen Etablissements tauchen erstmals Akteure auf, die später den Begriff „Wiener Kellertheater" zu prägen mithalfen. An die Existenz dieser – gelegentlich auch obskuren – Bühnen, die da oft an überraschenden Stellen entstanden, erinnern sich heute nur noch wenige, die Namen sind verschollen, die Lokalitäten längst in Waschsalons, Wirtshäuser oder Lagerräume umgewandelt.

Wer weiß etwa noch, daß der siebzehnjährige Helmut Qualtinger, zaundürr, rank und springlebendig, in der *Kleinen Bühne* in der Dieffenbachgasse im April 1946 Nestroys *Einen Jux will er sich machen* in einer sehr auf Lustigkeit abgestimmten, fast tänzerisch zu nennenden Inszenierung herausbrachte? Er selbst spielte darin auch einen schusseligen, quecksilbrigen Weinberl, von dem urkomischen, graziösen, keck bubenhaften Fritz Zecha als Christopherl unterstützt. Waltraut Haas war als schüchterne Liebhaberin und Alfred Böhm in einer winzigen Hausknechtrolle zu sehen. Aber wer erfuhr das schon? Für Propaganda war kaum Geld vorhanden. Die *Kleine Bühne* unter der Leitung von Alois Bednar versuchte sich auch an einigen sehr gewissenhaft und bemüht einstudierten Dramen von Wildgans, später noch am rührseligen *Scampolo* von Dario Nicodemi. Otto Kroneder, Walter Nowotny, Otto Ambros, Ernst Willner, Christl Leiningen und Gerti Rathner waren unter den Darstellern, Karl Eugen Spurny baute mit wenig Material und viel Erfindungsgabe die Bühnenbilder. Aber mit Ende der Saison 1946/47 war das Interesse des Publikums in Fünfhaus offensichtlich erlahmt. Wahrscheinlich war der Theatersaal auch zu abgelegen und in der engen Seitengasse zu versteckt.

Nicht allzuweit entfernt davon, im selben Bezirk, im Saal des Kalasantinerklosters, begann die katholische Spielschar der *Stephansspieler* vielversprechend mit einem christlichen Konzept, dem später eine ausführlichere Betrachtung gewidmet werden muß, weil es die Wurzeln einer längerfristigen Entwicklung andernorts bilden sollte.

Auch hinter dem *Jungen Theater in der Kleinen Akademie* steckte, trotz seines barock umständlichen Namens, eine Gruppe junger Leute, die unter schwierigsten Verhältnissen und mit bescheidensten finanziellen Mitteln draußen in Ober-St. Veit ihre Ideen von einem zeitgenössischen Theater verwirklichen wollten. Weil ihnen neue Stücke, etwa von Autoren wie Sartre, Priestley oder Cocteau, infolge ihres permanenten Geldmangels nicht zugänglich waren, spielten sie Klassiker in moderner Interpretation wie die gelungene Eröffnungsinszenierung von Shakespeares *Der Widerspenstigen Zähmung* ab 19. September 1946 oder Gozzis *Turandot* in Schillers Fassung. Auch *Ein Heiratsantrag* von Anton Tschechow und Nestroys *Mädl aus der Vorstadt* wiesen in diese Richtung. Daneben sollten Stücke unbekannter junger Autoren, zum Teil auch eigene Texte, Themen der Zeit aufgreifen. *Drunter und drüber* von Otto Schröder (hinter diesem Pseudonym verbarg sich der Direktor der Bühne Rolf Kunowski), *Jahrmarktsvölkchen* von dem Ensemblemitglied Grete Welzl, *Liebe unmodern* von Steck, *Bagatellen* von Willy Grub hießen solche begabten Versuche. Aber die völlige Kapitallosigkeit war verhängnisvoll. Während der kalten Jahreszeit von Anfang Jänner bis in den März mußte das unbeheizbare Theaterchen geschlossen bleiben, wodurch die dringend benötigten Einnahmen wegfielen; zuletzt beschleunigte der totale Durchfall einer Inszenierung von Eichendorffs *Die Freier* das Ende. Dieses Beispiel zeigt die später noch oft anzutreffende Tatsache, daß schon ein einziger Mißerfolg für so eine kleine Bühne letal sein konnte. Dem sympathischen Ensemble hatten unter anderen Hilde Antensteiner, Anny Schönhuber, Peter Pichler, Gustav Schlegel-Schreyvogel und Herbert Hauk angehört.

Im Varieté *Triumph*, Annagasse 3, gründete Anna Hartmann im November 1946 die *Künstlerspiele in der Annagasse*. Josef Meinrad, Peter Hill, Gerhard Kittler, Polly Kügler und die Direktorin selbst spielten das Lustspiel *Potpourri* von Sauvajon und Bost, Otto Löwe führte Regie. Willi Bahner stattete die Bühne aus. Trotz dieser sehr profimäßigen Aufführung kam es nicht mehr zu einer zweiten Inszenierung. Aber Anna Hartmann gab nicht auf. Sie übersiedelte in die Praterstraße 60.

Dort hatte Direktor Erwin Waldmann in der Saison 1946/47 in seinem *Theater am Praterstern* mit jungen Darstellern wie Beatrix Kadla, Ilse Schram, Anneliese Tausz, Fritz Walden, Claus Scholz, Alexander Taghoff, Carl Vogt, Hans Donnerbauer, Wolfgang Dörich und Gustl Weishappel neben Belanglosigkeiten auch Gogols *Hochzeit* und *Die heilige Flamme* von Somerset Maugham aufgeführt, jedoch mit Ende der Spielzeit schließen müssen. Anna Hartmann übernahm den Betrieb und eröffnete ihn wieder nach Umbenennung in *Intimes Theater* im Oktober 1947. In dem ziemlich großen Ensemble finden wir Hilde Antensteiner, Joseph Hendrichs, Ellen Hutter, Otto Ambros, Kurt Bülau, Manfred Schuster, Franz Steinberg und Gustl Weishappel. Die österreichischen Erstaufführungen zweier Einakter von Egon Erwin Kisch, *Die Affäre Redl* und *Die Galgentoni*, sowie die Uraufführung eines Schauspiels von Erwin Zeiß, *Die Brücke hängt ins Leere –*, ragen aus einem kunterbunten Spielplan heraus, der keine rechte Linie erkennen läßt. Das *Intime Theater* vermochte sich infolgedessen auch nur bis Ende Februar 1949 zu halten. Das war vor allem deshalb bedauerlich, weil ihm eine *Avantgarde des Intimen Theaters* angegliedert war, die unter der Regie von Ernst Ludwig Matter und Otto Kadletz mit den österreichischen Erstaufführungen von Sartres *Bei geschlossenen Türen* (Huis clos) und von O'Callagans *Seele zu verkaufen* (Selling my Soul) einen guten Anfang genommen und etliche Experimente geplant hatte; zwar nicht die Spielweise, aber die Thematik betreffend.

Für das Scheitern des *Intimen Theaters* mag unter anderem auch die unmittelbare topographische Nähe des *Wiener Künstlertheaters*, Praterstraße 25, ein Grund gewesen sein. Direktor Fritz Eckhardt begann dort 1945, in den

Räumen der ehemaligen Exl-Bühne, unterstützt von guten Schauspielern wie Friedl Hofmann, Mimi Shorp, Siegfried Breuer, Harry Fuß, Ursula Lingen, Anni Maier, Rudolf Wessely, Carl W. Fernbach, Lola Urban-Kneidinger, Hanns Dressler, Fritz Widhalm-Windegg, Fritz Grieb mit einem interessanten Spielplan. Das Zeitstück *Das andere Gesicht*, das er selbst mit Carl Merz gemeinsam geschrieben hatte, oder *Kolportage* von Georg Kaiser waren verheißungsvolle Ansätze. Doch schwenkte Eckhardt bei zunehmenden geldlichen Schwierigkeiten bald auf musikalische Lustspiele und kleine Operetten um, die mit Avantgarde wirklich nichts mehr zu tun hatten.

Auch die *Österreichische Heimatbühne* wäre in einer Aufzählung von Vorläufern der Wiener Kellerbühnen gewiß fehl am Platz. Ich erwähne sie nur deshalb, weil der an ihr besonders gut zu verfolgende häufige Wechsel der Spielorte symptomatisch ist für die fluktuierende Unruhe und Unsicherheit aller späterer kleiner Theater: In den vier Jahren ihres Bestehens wechselte sie von der Dornbacher Straße in die Kalvarienberggasse, beide in Hernals, dann in die Laxenburger Straße (damals Tolbuchinstraße) in Favoriten, zuletzt in die Anton-Bosch-Gasse in der Brigittenau. Dem Ensemble gehörten, neben Jodlerinnen und Zitherspielern, anfangs Hildegard Sochor, Trude Sekler und Karl Krittl an.

Reinste idealistische Avantgarde war hingegen *Orion, Theater der 49* in der Fuhrmannsgasse in der Josefstadt. Dessen Leiter Hans Lipa ließ sein eigenes Drama *Apokalypse* in Form eines heutigen Mysterienspiels aufführen. Die Darsteller agierten in Pullovern, Tennisschuhen und ungebügelten Straßenanzügen diese dreiaktigen Stationen der Endzeit. Doch solche gutgemeinten Mahnrufe erreichten ein Nachkriegspublikum nicht, kamen vielleicht auch zu früh. Nach nur vier Aufführungen mußte Lipa seinen Versuch aufgeben.

Ernsthafte künstlerische Aufbauarbeit leistete Hans Georg Marek in seinen *Zeitspielen*. Der Name sollte zugleich Programm sein. Der Truppe, der im Laufe von mehr als sechs Jahren Walter Davy, Walter Konstantin, Ernst Willner, Elfriede Rammer, Hanna Bergmann, Herbert Lenobel, Walter Sofka, Gerti Rathner, Gerda Falk, Maria Bruckner, Otto Kroneder, Walter Simmerl, als Gäste auch die Tänzerin Hanna Berger, Alfred Jerger, Felix Steinböck, Ferdinand Onno und Reinhold Siegert angehörten, gelang es leider nie, eine eigene Bühne zu beziehen. Sie war deshalb auf die Möglichkeit von Gastspielen in anderen Theatern wie der *Kleinen Bühne*, dem *Theater am Schönbrunner Tor*, dem *Wielandtheater*, dem *Wiener Künstlertheater* und die Säle der *Wiener Volksbildungshäuser* angewiesen, was natürlich die kontinuierliche Tätigkeit sehr erschwerte. Marek nahm sich im besonderen der Pflege des dramatischen Werkes von Anton Wildgans an. In respektablen Inszenierungen brachte er *Liebe, Dies irae, Armut* und *In Ewigkeit Amen* heraus. Die österreichische Erstaufführung von A. M. Afinogenews *Maschenka* machte mit zeitgenössischer sowjetischer Dramatik bekannt. Mit den Uraufführungen von *Erni Behaim* von Frank Raymond und *Ehe im Sturm* von Krenn versuchte man neue österreichische Autoren für das Repertoire zu gewinnen. *Iphigenie auf Tauris* und ein Abend mit zwei Goethe-Einaktern zielten wohl in Richtung Bildungstheater und gelangen weniger. Aber mit *Fenster* von John Galsworthy, *Hedda Gabler* und *Nora* von Ibsen kamen packende, abgerundete Vorstellungen zustande, welche Probleme der Zeit in älteren Stücken herausarbeiteten. Ibsen war überhaupt ein weiterer Schwerpunkt des Repertoires. Man wagte sich sogar an den schwer realisierbaren *Klein-Eyolf*, was freilich nicht ganz glückte. Mit der Inszenierung von Csokors *3. November 1918*, bereits im Mai 1947, waren die *Zeitspiele* dem *Theater in der Josefstadt* gleich um zwei Jahre zuvorgekommen. Leider verhinderte das Fehlen eines festen bleibenden Standortes letztendlich eine Weiterentwicklung. Nach der erfolgreichen österreichischen Erstaufführung von Priestleys *Der Erste und der Letzte* am 29. April 1951 mußte Hans Georg Marek sein ambitioniertes Ensemble auflösen.

Ohne Wirkung blieb Renato Bleibtreus *Zimmerbühne*, Am Hof 11, zunächst nach großer Ankündigung mit der Prosafassung von Goethes *Iphigenie auf Tauris* spektakulär eröffnet. Der erwartete Erfolg stellte sich nicht ein, obwohl Edith Mill in der Titelrolle durch eine sehr persönliche, moderne Auffassung äußerst positive Kritiken erhielt. Auch die vielgespielte *Straßenmusik* von Paul Schurek, womit schon zuvor das *Intime Theater* in der Praterstraße sich zu retten versucht hatte, überzeugte nicht. Bleibtreus Konzept einer Raumbühne war nicht konsequent genug. Nur sechs Wochen konnte er sein Unternehmen durchhalten. Karl Augustin, Trude Sekler, Ingeborg Weirich, Otto Heydusek, Kurt Bülau, Wilfried Schön und Axel Skumanz hatten das Ensemble gebildet.

Herbert Rischanek, Absolvent des Reinhardtseminars, als eine ganz große Regiehoffnung geltend, betrieb in der Saison 1947/48 im Figarosaal das Palais Palffy auf dem Josefsplatz praktische Jugendförderung mit den *Matineen junger Nachwuchsschauspieler*. *Häuptling Abendwind* von Johann Nestroy und *Die Gouvernante* von Theodor Körner waren, neben anderen, Standardstücke. Erstaunlich die Namen der Mitwirkenden: Eva Kerbler, Ebba Pichler, Hermi Niedt, Fritz Grieb, Walter Kohutek, Ernst Meister, Ilse Overhoff, Karl Mittner, Inge Rosenberg, Peter Alexander, Heinz Röttinger, Ernst Stankovski.

Wenig Glück hatten jugendliche Theaterbestrebungen in Simmering. In der *Simmeringer Volksbühne*, Kardinal-Piffl-Saal in der Simmeringer Hauptstraße, fanden sich 1949/50 Mitglieder verschiedener Wiener Studios zu einer Spielgemeinschaft zusammen, die sich jedoch nach wenigen Vorstellungen wieder auflöste. Unter der Leitung von Robert Werner wagten sich Bibiana Zeller, Friederike Bödendorfer, Walter Nowotny, Matthias Vereno und Gustl Weishappel an Schnitzlers *Liebelei,* die zur selben Zeit auch im Repertoire des Burgtheaters im Ronacher stand.

Auch das *Kleine Theater Der Bogen,* Simmeringer Hauptstraße 150, konnte wenig später nicht reüssieren. Es bestand nur drei Wochen. Die Gruppe war ursprünglich aus einer Spielschar der Pfadfinder hervorgegangen, die sich mit jungen angehenden Berufsschauspielern verbunden hatte. Nun versuchte sie sich in Simmering unter Irimbert Gansers Regie mit dem Schauspiel *Der Wetterwinkel* von Max Szerkan und einem Nestroy-Tschechow-Einakterabend zu emanzipieren. Hauptdarsteller war Herbert Probst.

Das *Wielandtheater* im benachbarten Favoriten, Wielandgasse 2–4 erlebte seit seiner Eröffnung 1946 sehr wechselnde Schicksale unter wechselnden Direktionen. Ab 1. April 1950 führte Gottfried Treuberg den Betrieb als *Treubergs Gratisbühne*. Bei Marktständen, in Milchgeschäften und Greißlereien in der Umgebung konnte sich jeder Interessierte kostenlos Platzkarten sichern. Eintrittspreise wurden nicht verlangt, jedoch in der großen Pause freiwillige Spenden gesammelt, wovon die Betriebskosten gedeckt und bescheidene Gagen bezahlt wurden. Durch originelle, sehr populäre Werbemethoden und einen abwechslungsreichen Spielplan gelang es Treuberg, einen besonders weiten Zuschauerkreis anzusprechen, der voll Lokalstolz die Bühne zu seiner eigenen machte. So vermochte man immer wieder auch „schwerere Kost" schmackhaft zu machen. Anzengrubers *Pfarrer von Kirchfeld,* Hofmannsthals *Jedermann, Der Traum ein Leben* und *Die Ahnfrau* von Grillparzer, Raimunds *Verschwender,* Nestroys *Lumpazivagabundus* wurden da einem voraussetzungslosen, daher aber auch unverbildeten Publikum vorgestellt. Doch selbst vor Goethes *Faust I,* vor Schillers *Don Karlos* und *Kabale und Liebe,* Shakespeares *Julius Cäsar,* vor dem *Wunder um Verdun* von Hans von Chlumberg und *Der Vater* von Strindberg schreckte der theaterbesessene Treuberg nicht zurück. Als eine „europäische Sensation in Favoriten" qualifizierte die seriöse Fachkritik die Aufführung von *Kabale und Liebe*.[62] Aus der sehr langen Liste der Mitwirkenden dieses unorthodoxen Unternehmens seien nur Friederike Dorff, Peter Pichler, Leo Selenko, Traute Svanhold, Willy Kralik, Fritz Puchstein, Robert Werner, Johannes Neuhauser, Walter Eder, Peter Hill und Otto Kroneder herausgegriffen.

Ein junges Ensemble mit Traudl Aumüller, Hella Berg, Lizzi Steiner, Ruth Wilhelm, Gerd Hofer und Erich Steinböck scharte sich um den eigenwilligen Fred Cisar und gründete das *Kleine Wiener Schauspielstudio,* Hietzinger Hauptstraße 71, wo eine Zeitlang talentvoll Komödien aufgeführt wurden.

Das *Wiener Künstlerstudio,* Wiedner Hauptstraße 130, mit Darstellern wie Irene Gorwin, Claus Scholz, Fred Weis und Robert Werner, stand unter der Leitung der

Hofschauspielerin Gisela Wilke. Die jungen Leute konnten aber keine eigene Linie finden und schwankten zwischen Kriminalstücken und Lustspielen hin und her. Sogar Herczegs *Blaufuchs* tauchte wieder auf und beschleunigte wohl das Ende nach knapp zweijährigem Bestehen.

August Riegers Versuch eines *Theaters für Jedermann* in der Urania war schon vom Titel her verunglückt. Für „jedermann" kann man nicht Theater machen, das muß zur Unverbindlichkeit führen. Die Premiere von Shakespeares *Viel Lärm um nichts* fand keinerlei Widerhall, und nach wenigen Tagen erwies sich alle Mühe als vergebens, obwohl ambitionierte Leute wie Herbert Rischanek, Volker Krystoph, Peter Hill, Fritz Hönigschmid, Hilde Antensteiner, Erika Rautenberg und Karl Stejskal beteiligt waren. Auch war wohl Rieger, der mit der Inszenierung von Problem- und Zeitstücken Vorbildliches leistete, kein Regisseur für Shakespearesche Lustspiele.

Von längerem Bestand war das *Studio Die Tribüne*, ein ehrgeiziges Projekt des künstlerisch gewissenhaften und unermüdlichen Walter Konstantin, der im Volksbildungshaus Margareten, Stöbergasse 11–15, ein Stammhaus mit geeigneten Probenräumen gefunden hatte. In seinem recht harmonischen Ensemble finden wir Walter Nowotny, Herbert Lenobel und Mario Turra als Regisseure; Christl Leiningen, Ilse Schaffer, Else Anton, Lona Chernel, Anny Schönhuber, Ilse Schram, Jenny Lattermann, Beatrice Ferolli, Harald Stephenson, Wolfgang Birk, Rudolf Dürr, Fritz Grieb, Walter Eder, Hans Laurer, Friedrich Haupt, Kurt Sobotka und Claus Logau als Schauspieler. Konstantin strebte eine Erneuerung der darstellerischen Form vom Wort her an und bemühte sich, viele Uraufführungen von neuen, die aktuelle Gegenwart behandelnden Stücken herauszubringen: *Vor Gericht* von Stephan Lackner, *Der Geliebte meiner Frau* von Amas Sten Fühler, *Aus dem Regen in die Traufe* von Richard Plattensteiner, *Narr und Welt* von Reinhard Federmann, *Denn bleiben ist nirgends ...* von Frank Zwillinger. Aus Konstantins eigener Feder stammten *Am Anfang* und *Zum Kap der Zukunft*. Mit Zähigkeit und Ausdauer hielt Konstantin an seinem Studio fest, beteiligte sich nach dessen lang hinausgezögerter, aber dann unvermeidlicher Schließung später nochmals an einer Theatergründung, gab jedoch endgültig auf und ging in die Film- und Fotobranche. Einer der zahlreichen Fälle einer unerfüllt gebliebenen starken Theaterbegabung.

Freilich wurden die Bedingungen für die Außenseiterbühnen bei zunehmender Konsolidierung der Lebensumstände immer schlechter. „Mit der Währungsreform im November 1947 und der damit einsetzenden Geldverknappung war es mit dem Ansturm auf die Theater fast schlagartig aus. Als sich die wirtschaftlichen Verhältnisse besserten und es ein wachsendes Warenangebot gab, folgten für die Theater schwierige Zeiten, und eine Reihe von Wiener Bühnen mußte schließen."[63]

Vom künstlerischen Standpunkt war's um die meisten ohnehin nicht schade. Sie hatten Planlosigkeit mit Vielfalt verwechselt und bis zum jähen Schluß geglaubt, sich durch Senkung des Niveaus in die geänderten Zeiten hinüberschwindeln zu können. Und selbst die anspruchsvolleren unter ihnen, wo meist junge, nachdrängende Talente wirkten und nach Entwicklung suchten, hatten oft zuwenig eigenes Profil gezeigt.

Das Studio des Theaters in der Josefstadt

> „Für das Theater kann es gerade in Zeiten schweren Existenzkampfes gar nicht genug Quellen geben, aus denen es gespeist wird."
> Alfred Ibach

Nach diesem kleinen Exkurs über die zwar peripheren, aber entwicklungsgeschichtlich zum Thema gehörenden theatralischen Erscheinungen der unmittelbaren Nachkriegszeit kommen wir zu einem ganz wichtigen Kapitel, möglicherweise dem entscheidendsten überhaupt. Das *Theater in der Josefstadt*, vorerst von neuem, vorwärtsstrebendem Geist beseelt, beschloß die Einrichtung einer Experimentierbühne und mietete zu diesem Zweck die soeben von der *Literatur im Moulin Rouge* aufgegebenen Räume in der Liliengasse 3. Dieses *Studio des Theaters in der Josefstadt* ist in erster Linie die Schöpfung von Alfred Ibach. Er war während des Krieges als Dramaturg die rechte Hand von Heinz Hilpert gewesen. Ein Mann vom Bau. Ein gebürtiger Deutscher. Nach dem Krieg blieb er in Wien und wirkte auch unter der Direktion Rudolf Steinboecks als der leitende Mann im Hintergrund. Solche kompetenten Gastarbeiter sind immer willkommen. Ihm ist die endgültige Durchsetzung Ödön von Horváths zu verdanken. Er brachte Priestleys *Die Conways und die Zeit* und *Seit Adam und Eva*, Saroyans *Einmal im Leben*, Thornton Wilders *Unsere kleine Stadt* und *Wir sind noch einmal davongekommen* in die Josefstadt.

Im Gegensatz zu den Jungen, die in den allmählich entstehenden Studios erst ihre praktischen Erfahrungen sammeln mußten, besaß Ibach als Professional die nötigen Verbindungen zu den wesentlichen Verlagen und wußte kenntnisreich die Kräfte – Schauspieler, Regisseure und Bühnenbildner – wirkungsvoll einzusetzen. Das *Studio* in der Liliengasse war, um es einmal so auszudrücken, von Anfang an eine „reife" Bühne. Manche der angehenden jungen Theaterleute mögen hier, sei's aktiv als Darsteller kleiner Rollen oder als Regieassistenten, sei's als Zuschauer, ihr theatralisches Schlüsselerlebnis gehabt haben. „Wir alle waren, ob innerlich widerstrebend oder aufgeschlossen, in den Schulen des Dritten Reiches erzogen worden, mit dem Ideal einer epigonenhaften, klassizistischen Literatur vor Augen, die, wie wir jetzt erfuhren, höchst langweilig, unwahr und pseudohaft gewesen war."[64] Nun wehte freilich ein anderer Wind. Die offene Dramaturgie Wilders oder Priestleys, die mit dem Aussprechen eines einzigen Wortes über Jahre und Jahrzehnte hinwegsprang, die mit der bloßen Geste eines Schauspielers räumliche Distanzen überwand, bildete eine sensationelle, bisher unbekannte Neuerung. Die Einführung des fiktiven „Was wäre, wenn ...?", worauf sich ganze fünfaktige Schauspiele aufbauen ließen; die Transferierung von Begebenheiten aus den altgriechischen Dramen in die Gegenwart, etwa bei Anouilh, die auf völlig plausible Weise den wohlvertrauten Handlungen überraschend neue und heutige Bedeutungen gab; die Verwandlung, Decouvrierung, Enthüllung von Menschen und Situationen bei hellem Scheinwerferlicht auf offener Bühne, ohne komödiantische Tricks, nur auf Grund psychologischer Erkenntnisse, die man uns sieben Jahre lang vorenthalten hatte – das waren geistige Abenteuer vollkommen neuer Art.

Das Studio des *Theates in der Josefstadt* wollte von all dem zumindest einen Vorgeschmack liefern. Ein Artikel auf dem ersten Programmzettel, wegen Papierknappheit auf ein einziges Blatt beschränkt, deutete die Richtung an:

„Zum Begriff *Studio*

Studiotheater unterscheidet sich von dem gewöhnlichen Theater durch die Erwartungen, die dem Publikum nahegelegt sind. Während der Besucher der gewöhnlichen Theatervorstellungen mit seinem Billett einen Anspruch auf Kunstgenuß oder auf Spannung und Unterhaltung erwirbt, erwirbt der Studiobesucher einen Anspruch auf aktive Mitentscheidung. Er erwartet, daß von ihm ein Ja oder Nein zu keineswegs von vornherein gesicherten Darbietungen abverlangt wird. Er ist Partner und Schiedsrichter in einer Art Experimentalvorstellung, die sich vorgenommen hat, zur Lösung von Problemen des Geistes oder der Form dadurch beizutragen, daß sie sie zunächst einmal stellt. So ist Studio immer auch eine Sache der Jugend. Auf beiden Seiten der Rampe heißt seine Devise: entdecken oder entscheiden! Gerade in der Unentschiedenheit des Ausganges liegt die wesentliche, die geistige Spannung für den Besucher."[65]

Der kurze Aufsatz ist nicht namentlich gezeichnet, spricht aber Ibachs Sprache und dürfte von ihm selbst stammen, zumindest von ihm inspiriert sein. Der Mut, sich selbst in Frage zu stellen, ein ungewisses Risiko einzugehen, mußte in seiner Beispielhaftigkeit damals Faszination ausüben.

Man eröffnete am 28. Januar 1946 mit Hans Weigels tragischer Revue *Barabbas oder Der 50. Geburtstag*, der ersten wesentlichen Uraufführung eines österreichischen Autors nach dem Krieg überhaupt. Es war das Jedermann-Thema: der erfolgreiche Geschäftemacher, der in der Nacht vor seinem 50. Geburtstag, von einem Alptraum gequält, sein Leben rückschauend nachvollzieht. Die arme Jugendgeliebte hat er verlassen, um eine reiche Frau zu heiraten, die immer deutlicher das Wesen seiner herrschsüchtigen Mutter annimmt; den Freund hat er verraten; mit Schwindeleien und kleinen Vergehen hat er es zu etwas gebracht. Die anklagende innere Stimme bringt er zum Schweigen: Ich habe nichts getan! Sein ganzes Dasein enthüllt sich als von Egoismus und Gefühlskälte geprägt, in der Realität verfehlt und unkorrigierbar. Aber der Autor spricht den Schuldner frei und läßt ihn die schwer lastende Schuld abwälzen.

Weigels Spiel war nicht vorwärtsweisend. Es reflektierte den seelischen Niedergang und Zerfall einer Schicht, die sich in diesen Zeiten ihres eigenen Schiffbruchs noch nicht wieder artikulierte. Es fällte einen allzu leichten Freispruch mit einem verallgemeinernden Achselzucken: So sind halt die Menschen, da kann man nix machen! Das war zu einfach, denn nicht die Menschen sind so, sondern die Spießbürger. Die Aussage war freilich, wie sich herausstellen sollte, geradezu prophetisch. Erlösung, Versöhnung und Kompromißbereitschaft, auch wo sie unangebracht und geradezu schädlich waren, sollten sehr bald wieder bestimmend werden. Und für die kommenden Managergenerationen war *Barabbas* der Prototyp schlechthin.

Bei aller Ernsthaftigkeit war das Stück zu „kabarettistisch". Dem erwähnten: Ich habe nichts getan! folgt der Verweis: Viel war zu tun, und du hast nichts getan! Auf der Mehrdeutigkeit des vielfach verwendbaren Verbums *tun* basiert das Wortspiel. Daraus läßt sich zwar ein geistreicher Witz ableiten, aber noch keine moralische Aussage.

Dramaturgisch formal jedoch war das Stück sehr wichtig. Wie da durch Spiel im Spiel Traum und Wirklichkeit ineinander übergingen, das war überzeugend gestaltet und außerdem für die Schauspieler ergiebig. Für die Titelrolle borgte man sich Wilhelm Heim vom *Burgtheater* aus, der seinem Barabbas robuste, auftrumpfende Haltung verlieh, auch in den Augenblicken der Defensive noch rechthaberisch und nicht zu bekehren. Später übernahm Leopold Rudolf den Part und stattete ihn mit der nervösen Fahrigkeit schlechten Gewissens, mit Hektik und Getriebenheit aus. Beide Auffassungen waren möglich. Grete Zimmer, Aglaja Schmid, Helly Servi, Evi Servaes und Gandolf Buschbeck waren die übrigen Darsteller. Franz Pfaudler führte behutsam, unaufdringlich Regie. Lajos von Horváth gestaltete das sparsam andeutende Bühnenbild.

Die Wirkung des *Barabbas*, trotz aller vorgebrachten Einschränkungen, kann gar nicht hoch genug eingeschätzt werden. Die Inszenierung wurde in die nächste Spielzeit hinübergenommen, sogar im wesentlich größeren Stammhaus in der Josefstadt gespielt und auch außerhalb Wiens gastweise gezeigt. Sie war ein guter und verheißungsvoller Auftakt.

Kaum zwei Monate später folgte die Uraufführung des

Schauspiels *Der Maler Vincent* von dem Grafiker und Maler Franz Hrastnik, der selbst auch die Bühnenbilder schuf. Fünf Stationen begleiteten das erschütternde Leben Vincent van Goghs bis zum tragischen Ende. Leopold Rudolf in der Titelrolle hatte erstmals Gelegenheit, die genialische Fähigkeit zu zeigen, mit der er seelisch gefährdete, schwierige, kontaktscheue Charaktere in allen komplizierten Nuancen wahrheitsgetreu vorzuführen verstand.

Nach abermals zwei Monaten gab es mit der Tragödie *Flieder* von Heinrich Carwin wieder eine Uraufführung. Diesmal wurde ein Thema aus allerjüngster Vergangenheit angerissen. Der fünfzehnjährige Hitlerjunge, der einen desertierten Soldaten kaltblütig niederschießt, weil er nur gelernt hat, Befehle auszuführen; der zynische Geheimpolizist; das Liebespaar, das in der Kriegsatmosphäre von Heimlichkeit und Spitzelei zugrunde geht – das waren Figuren, die noch vor kurzem die Straßen bevölkert hatten. Es war kein sehr bedeutsames Stück mit konstruierten Konflikten, aber es war ehrlich in seinem Bemühen, Probleme auszusprechen, die noch auf Bereinigung warteten.

So war das *Studio* schon nach einem halben Jahr die interessanteste, anregendste Bühne Wiens, die Fragen aufwarf, neue Theaterformen erprobte und neue Stücke zur Diskussion stellte. Und weil die Verbindung mit dem Haupthaus erstklassige Regisseure und Darsteller garantierte, schien hier eine zukunftweisende Art des experimentellen Theaters gefunden zu sein.

Die folgende Saison brachte gleich zwei österreichische Erstaufführungen von Werken Ödön von Horváths. Zunächst *Hin und her* in einer kundigen Bühnenbearbeitung Hans Weigels. Die Hauptfigur, der ohne gültigen Paß auf einer schmalen Grenzbrücke hin und her pendelnde Heimatlose, der nirgendwo Aufnahme findet, war eine geradezu atembeklemmend aktuelle Gestalt in jener Zeit der D. P.s (Displaced persons), der staatenlosen Flüchtlinge und Vertriebenen. Daß die Aufführung dennoch nicht ganz den Erwartungen entsprach, mag vielleicht daran gelegen haben, daß der Komiker Ernst Waldbrunn der Führung des Regisseurs Christian Moeller entglitten war und die verzweifelte Lage des unbehaust Irrenden zu sehr ins Heitere bloßer Situationskomik verkehrte.

Franz Hrastnik: Der Maler Vincent
Leopold Rudolf

Dadurch gewitzigt, inszenierte Alfred Ibach *Figaro läßt sich scheiden* selbst, wobei er die bittere Paraphrase über Beaumarchais' und Mozarts Helden als einen Abstieg ins banale Alltagsleben herausarbeitete. In der Mitte der Spielzeit wurde Anouilhs *Eurydice* in Österreich erstmals gezeigt. Orpheus als einen Wandermusikanten, Eurydike als unbedeutende Provinzschauspielerin, den Tod in der Gestalt des Monsieur Henri, eines Reisenden, vorgestellt zu bekommen, war damals noch erregend und befremdlich zugleich.

Zu Beginn der Spielzeit 1947/48 leistete man sich, zur Füllung der Kasse, ein Kabarettprogramm und nannte es – schuldbewußt? – *Seitensprünge*. Hans Weigel hatte die hervorragenden Texte geschrieben, gipfelnd in einer Szene, worin Kaiser Karl der Fünfte und Karl der Gruber (Österreichs damaliger Außenminister) einander gegenübertreten: In meinem Reich geht die Sonne nicht unter! – Meinem Land geht die Sonne nicht auf!, eine deutliche Anspielung auf die zunehmenden wirtschaftlichen Schwierigkeiten Österreichs und die Unentschiedenheit der Alliierten über das weitere Schicksal des besetzten Landes. Das war ein Volltreffer, der 218 volle Häuser bescherte. Danach erreichte Priestleys *Seit Adam und Eva*, in geistreich witziger Weise, von Musik aufgelockert, das uralte Menschheitsthema abhandelnd, ebenfalls hohe Aufführungszahlen. Die Situation des *Studios* war zufriedenstellend. Man hatte nicht ohne Resonanz mit einem altchinesischen Spiel experimentiert, hatte sich an Molière und Plautus erprobt, die ironisch-satirische Darstellung vorangetrieben. Vor allem die Regisseure Franz Pfaudler und Josef Zechell leisteten aufbauende Pionierarbeit.

Am 16. Juni 1948 starb Alfred Ibach.

Die Saison 1948/49 brachte drei kabarettistische Programme, dazwischen Anouilhs plautinische Komödie *Einladung aufs Schloß*, die so harmlos war, daß sie getrost ins Haupthaus übernommen werden konnte. Ziemlich plötzlich wurde der Ausdruck „Studio" aus dem Namen entfernt und zum unverbindlichen *Kleines Haus des Theaters in der Josefstadt* umstilisiert.

1949/50 folgten schon wieder drei – immer flüchtiger gearbeitete – Kabarettrevuen, dazu eine schwankhafte Nichtigkeit von Roussin, im April als Tiefpunkt *Meine Frau Jacqueline* von Létraz; die Komik bestand darin, daß ein Mann in Damenkleidern auftrat – haha! Wiewohl Harry Fuß von umwerfend erheiternder Wirkung war, blieb es ein schwacher Aufguß von *Charley's Tante*. Und damit war es vorbei.

Am 21. Mai 1950 beendete das *Theater in der Josefstadt* seinen Spielbetrieb in der Liliengasse. Was so hoffnungsvoll erneuernd begonnen hatte, endete mit der Abgeschmacktheit eines Transvestitenschwankes. Seit 1949 bespielte die *Josefstadt* nämlich bereits mit Boulevardstücken die *Kammerspiele*, wo Direktor Horak seine Versuche mit Steinbeck, Werfel, Sartre, Kleist, Lernet-Holenia und Elmer Rice aufgegeben hatte. Das dortige Publikum erwartete sich Unterhaltung, nicht Auseinandersetzung. Die Zeiten hatten sich gründlich geändert. Man war wieder satt und wollte sich nach der Anstrengung der florierenden Geschäfte im Theater zerstreuen.

Oder sollte der Tod Alfred Ibachs auf die Leitung des Theaters eine so einschneidende Wirkung gehabt haben? Sollten alle ernsthaften geistigen und literarischen Bestrebungen von einem einzigen Mann abhängig gewesen sein?

Fast lassen die Entwicklungen und personellen Gruppierungen der Folgezeit diesen Schluß zu.

1952 nahm die durch künstlerische Enttäuschung und Unzufriedenheit verursachte Aufsässigkeit und Konversion der jungen Ensemblemitglieder solche Heftigkeit an, daß ihnen gestattet werden mußte, eine *Junge Bühne des Theaters in der Josefstadt* zu etablieren. Am 21. Juni 1952 spielten sie unter Otto A. Eders Regie in den *Kammerspielen* Sartres *Tote ohne Begräbnis*. Bibiana Zeller, Kurt Jaggberg, Franz Messner, Herbert Probst, Gerhard Riedmann, Kurt Sowinetz, Ernst Stankovski und Michael Toost waren die Darsteller. Es blieb bei dieser einzigen Vorstellung. Der ungünstige Zeitpunkt zu Saisonende und die mangelnde Unterstützung bei der technischen Vorbereitung entmutigten die jungen Leute. Bei einer weiteren Inszenierung, Kafkas *Das Schloß* im *Theater in der Josefstadt*, wurde ihnen bereits die Initiative aus den Händen genommen. Von einer *Jungen Bühne* hat man danach nie wieder etwas gehört.

Spielpläne des *Studios des Theaters in der Josefstadt*
Eröffnung 28.1.1946

1945/46

28.1.46　U *Barabbas*, tragische Revue von Hans Weigel.
R: Franz Pfaudler, B: Lajos von Horváth.
D: Wilhelm Heim (Leopold Rudolf), Grete Zimmer, Aglaja Schmid, Leopold Rudolf (Gandolf Buschbeck), Helly Servi, Evi Servaes, Gandolf Buschbeck, Walter Gnilka.

15.2.46　Übernahme vom *Theater in der Josefstadt: Unsere kleine Stadt* (Our Town) von Thornton Wilder (Ü: Wilfried Scheitlin).
R: Hans Thimig.
D: Alfred Neugebauer, Aglaja Schmid, Gandolf Buschbeck, Josef Zechell, Melanie Horeschovsky, Hans Ziegler, Dagny Servaes, Theodor Danegger, Karl Böhm, Gisa Wurzel, Ernst Waldbrunn, Karl Kyser, Ludmilla Hell, Heribert Aichinger, Bertl Halovanic.

21.3.46 U *Der Maler Vincent*, fünf Stationen eines Lebens von Franz Hrastnik.
R: Josef Zechell, B: Franz Hrastnik.
D: Leopold Rudolf, Hermann Glaser, Grete Kaiser, Erich Nikowitz, Maria Schanda, Mimi Schwarz, Gisa Wurzel, Herta Dobnikar, Evi Servaes, Renate Zartos, Karl Kyser, Alfred Neugebauer.

28.5.46 U *Flieder*, Tr 3 A (12 B) von Heinrich Carwin.
R: Josef Zechell, B: Otto Niedermoser.
D: Gandolf Buschbeck, Gertrud Ramlo, Otto Woegerer, Christian Moeller, Hermann Erhardt, Kurt Müller, Karl Böhm, Franz Böheim, Peter Sturm, Fritz Strobl, Hermann Glaser, Hans Normann.

1946/47

5.9.46 Ö *Hin und her* von Ödön von Horváth, Liedtexte: Hans Weigel, M: Hans Lang.
R: Christian Moeller, B: Eftimias Eftimiades.
D: Ernst Waldbrunn, Hermann Erhardt, Franz Böheim, Karl Kalwoda, Christl Räntz, Rudolf Krismanek, Bertl Halovanic, Hans Ziegler, Karl Kyser, Gisa Wurzel, Julius Brandt.

25.10.46 Ö *Pedro, Pablo und die Gerechtigkeit* von E. F. Burian und Emil Frāntisek (Ü: H. Hofrichter und L. Orel).
R: Josef Zechell, B: Herbert Ploberger, M: E. F. Burian.
D: Erna Mangold, Gisa Wurm, Hans Ziegler, Gerhard Riedmann, Eva Simmell.

29.11.46 Ö *Die köstliche Quelle*, altchinesisches Sp, erneuert von S. I. Hsiung (Ü: Ernestine Costa).
R: Franz Pfaudler, B: Eftimias Eftimiades, M: Ludwig Zenk.
D: Grete Zimmer, Hans Ziegler, Gisa Wurm, Erik Frey, Fritz Gehlen, Helly Servi, Harry Fuß, Ernst Stankovski, Gerhard Riedmann, Max Brebeck, Otto Kerry, Paul Ohlmühl, Eduard Benoni.

31.12.46 U *Allotria*, ein bunter Reigen. Silvester-Kabarett.

31.1.47 Ö *Eurydice* von Jean Anouilh (Ü: Helma Flessa).
R: Franz Pfaudler, B: Herbert Ploberger.
D: Leopold Rudolf, Julius Brandt, Grete Zimmer, Dagny Servaes, Fritz Gehlen, Heinrich Ortmayr, Heribert Aichinger, Gertrud Ramlo, Erik Frey, Hans Ziegler, Karl Böhm, Kurt Sowinetz, Peter Sturm, Herta Kravina.

25.2.47 *Hauptmann Großmaul* von Plautus (Bearb: Jakob Michael Reinhold Lenz).
R: Josef Zechell, B: Max Meinecke.
D: Fritz Gehlen, Max Brebeck, Franz Böheim, Karl Böhm, Hans Ziegler, Herbert Alda, Kurt Sowinetz, Peter Sturm, Grete Zimmer, Christl Räntz, Helly Servi.

danach *Georges Dandin* von Molière (Ü: Ludwig Fulda).
R: Josef Zechell, B: Max Meinecke.
D: Paul Kemp, Maria Andergast, Heinrich Ortmayr, Grete Bukovics, Erik Frey, Erna Mangold, Franz Böheim, Hans Normann.

29.4.47 Ö *Figaro läßt sich scheiden*, Kom 3 A von Ödön von Horváth.
R: Alfred Ibach, B: Herbert Ploberger, M: Ludwig Zenk.
D: Carl Günther, Dagny Servaes, Harry Fuß, Maria Andergast, Karl Böhm, Heribert Aichinger, Max Brebeck, Fritz Strobl, Fritz Gehlen, Gisa Wurm, Paul Ohlmühl, Julius Brandt, Helly Servi, Franz Böheim, Curt Eilers, Klaus Löwitsch.

20.6.47 U *Die Stadt ist voller Geheimnisse* von Curt J. Braun.
R: Rudolf Steinboeck, B: Herbert Ploberger.
D: Karl Kyser, Hans Ziegler, Leopold Rudolf, Fritz Gehlen, Harry Fuß, Gertrud Ramlo, Christl Räntz, Aglaja Schmid, Melanie Horeschovsky, Inge Egger, Ludmilla Hell, Erik Frey, Heinrich Ortmayr, Hermann Glaser, Susi Witt.

1947/48

8.9.47 U *Seitensprünge*, Kabarettrevue von Hans Weigel.
R: Peter Preses, B: Hilde Polsterer, M: Alexander Steinbrecher.
D: Leopold Rudolf, Franz Böheim, Karl Böhm, Ernst Waldbrunn, Helly Servi, Evi Servaes, Gisa Wurm, Theo Prokopp, Gandolf Buschbeck, Kurt Sowinetz, Erna Mangold.

9.3.48 *Seit Adam und Eva* (Ever since Paradise) von John B. Priestley.
R: Hans Holt, B: Herta Hareiter, M: Dennis Arundell.
D: Jane Tilden, Robert Lindner, Hans Holt, Lisl Kienast, Edith Mill, Hans Hagen.

9.6.48 *Souper d'amour*, drei Einakter von Jacques Offenbach (Bearb: Hans Effenberger).

	Unter einem Dach von Paris
	D: Gretl Schörg, Hans Holt, Peter Preses, Julius Brandt, Edith Berger, Rudolf Weitlaner.
danach	*Souper bei Sacher*
	D: Gretl Schörg, Lotte Lang, Hans Holt, Theo Prokopp.
danach	*Salon Pitzelberger*
	D: Karl Böhm, Gretl Schörg, Hans Holt, Ernst Waldbrunn, Theo Prokopp, Edith Berger, Susi Witt, Gandolf Buschbeck, Inge Egger, Rudolf Weitlaner.
	R: Peter Preses, B: Herta Hareiter, Ch: Grete Wiesenthal.

1948/49

17.9.48 *Wie werde ich reich und glücklich?* von Felix Joachimson.
R: Erik Frey, B: Herta Hareiter, M: Mischa Spolianski, Ch: Dia Luca.
D: Robert Lindner, Gaby Philipp, Hans Ziegler, Maria Andergast, Ernst Waldbrunn, Ludwig Blaha, Peter Sturm, Kurt Sowinetz, Inge Egger, Franz Böheim, Karl Böhm, Fritz Strobl.

15.11.48 U *Es schlägt zwölf, Herr Doktor,* nach Busquet-Falk von Hans Adler und Hans Lang.
R: Peter Preses, B u. K: Herta Hareiter.
D: Maria Andergast, Siegfried Breuer, Susi Witt, Ludwig Blaha, Gaby Philipp, Lotte Lang, Edith Berger, Nadja Tiller, Erna Mangold, Hans Ziegler, Hannerl Matz, Ernst Waldbrunn.

7.1.49 U *Entweder – oder,* Operette 15 B von Hans Weigel und Alexander Steinbrecher.
R: Peter Preses, B u. K: Herta Hareiter.
D: Eddy Urban, Hans Holt, Franz Böheim, Ludwig Blaha, Karl Böhm, Hermann Glaser, Heinrich Ortmayr, Edith Berger, Rudolf Krismanek, Helly Servi, Erna Mangold, Josef Zechell, Peter Preses.

4.3.49 Ö *Einladung aufs Schloß* von Jean Anouilh (Ü: D. MacClenahan).
R: Hans Holt, B: Herta Hareiter, M: Francis Poulenc.
D: Erik Frey, Elisabeth Markus, Edith Berger, Hans Ziegler, Grete Zimmer, Rudolf Krismanek, Josef Zechell, Brigitte Ratz, Melanie Horeschovsky, Susi Witt, Heribert Aichinger.

8.4.49 U *Wir sind so frei,* Kabarettrevue von Rolf Olsen und Aldo von Pinelli.
R: Rolf Olsen, B: Herta Hareiter, M: Gustav Zelibor.
D: Ludwig Blaha, Gaby Philipp, Kurt Sowinetz, Rolf Olsen, Karl Böhm, Ernst Waldbrunn, Nadja Tiller, Evi Servaes, Hugo Gottschlich, Leopold Rudolf, Christl Räntz, Erna Mangold.

1949/50

7.9.49 U *Abziehbilder,* ein österreichisches Wunschtraumbüchl in 16 Kapiteln für sich von Ernst Hagen, Gottfried Haindl, Hermann Kind, Rudolf Spitz und Hans Weigel.
R: Ernst Waldbrunn, B: Herta Hareiter, M: Karl Wimmer.
D: Kurt Sowinetz, Karl Böhm, Rolf Olsen, Harry Fuß, Ernst Waldbrunn, Gaby Philipp, Evi Servaes, Gisa Wurm, Erika Berghöfer, Walter Kohutek.

3.11.49 U *Wigl-Wagl,* wienerische Indiskretionen in 28 B von Rolf Olsen und Aldo von Pinelli.
R: Rolf Olsen, B: Ferry Windberger, M: Gustav Zelibor, Ch: Dia Luca.
D: Rolf Olsen, Ernst Waldbrunn, Karl Böhm, Karl Ebner, Evi Servaes, Erika Berghöfer, Kurt Sowinetz, Nadja Tiller, Theo Prokopp, Helly Servi.

23.12.49 Ö *Die kleine Hütte* von André Roussin.
R: Peter Preses, B u. K: Herta Hareiter.
D: Lotte Lang, Hans Holt, Edith Berger, Erna Mangold, Theo Prokopp, Heribert Aichinger.

3.3.50 U *Wir werden 's überstehen,* Kabarettrevue von Christl Räntz, Toni Hott, Fritz und Hans Feldner.
R: Ernst Waldbrunn, B u. K: Herta Hareiter, M: Hans Knaflitsch.
D: Christl Räntz, Ernst Waldbrunn, Karl Böhm, Gaby Philipp, Hermann Glaser.

22.4.50 Ö *Meine Frau Jacqueline,* L 3 A von Jean de Létraz (Ü: Charles Regnier).
R: Wilhelm Hufnagl, B: Felix Smetana.
D: Harry Fuß, Ernst Waldbrunn, Peter Gerhard, Gaby Philipp, Wilhelm Hufnagl, Edritta Ragetté, Erika Berghöfer.

21.5.50 Ende des Spielbetriebes des *Theaters in der Josefstadt* in der Liliengasse. Ab 9.3.1949 bespielte das *Theater in der Josefstadt* auch die *Kammerspiele.*

Die Stephansspieler

*„Fragt Gott nicht,
fragt das eigne Herz,
das bitter euch verklagt."*
Reinhold Schneider

Das christlichkatholische Schauspiel hat in Wien eine lange Tradition, angefangen bei den mittelalterlichen Karfreitags-, Passions- und Mysterienspielen. Vor allem zur Zeit der Gegenreformation wußte das Jesuitentheater um die erzieherisch-bekehrende Wirkung der szenischen Präsentation, die sich bis zu Hofmannsthals *Jedermann* fortsetzen sollte. Nicht verwunderlich also, daß unmittelbar nach Beendigung der nationalsozialistischen Repressionen gegen die Kirche Wiederbelebungsversuche des katholischen Theaters einsetzten, zumal in der eindeutig areligiösen Haltung der sowjetischen Besatzungsmacht neue Gefährdung für den Glauben und dessen ungehinderte Ausübung gewittert werden konnte. Diese Bestrebungen kamen aber nicht von der Kirche selbst, sondern von privater Seite. Emmi Sehr, eine vermögende Frau und mehrfache reiche Erbin, plante in missionarischem Eifer, jedoch ohne spezielle Vorkenntnisse, die Gründung einer Spielgemeinschaft religiöser Art. „Sie war von dieser Idee des christlichen Theaters geradezu besessen", schildert es Heinz Röttinger, der als junger Schauspieler an dem Projekt beteiligt war.[66] In Heribert Kuchenbuch wurde der Organisator und Theaterleiter gefunden.

Am 4. Oktober 1946 konnte das *Theater der Stephansspieler* im Saal des Kalasantinerordens, XV., Dingelstedtgasse 9, eröffnet werden. Die Schauspieler waren mit fixen Verträgen zu tarifvertraglichen Bedingungen engagiert, worin sich die *Stephansspieler* von allen späteren Kellerbühnen unterschieden. Zu dem ziemlich großen Ensemble von Berufsschauspielern zählten erfahrene Künstler wie Maria Lussnigg, Vilma Aknay, Klaramaria Skala, Renata Koerber-Straub, Arthur Popp, Hugo Riedl, Curt Eilers, Heinz Grohmann, Walter Simmerl, Klaus Veith, Walter Eder und Heinz Röttinger, später Ingeborg Weirich, Eduard Kautzner, Hintz Fabricius, Inge Brücklmeier, Martha Hartmann, Willy Schützner, Ilse Schram, Margarethe Lendi, Joseph Hendrichs, Josef Krastel, Otto Löwe, Elisabeth Stiepl und Wolfgang Dörich. Ein hauseigenes Kammerorchester musizierte unter Josef Laska. Ellinor Tordis wirkte als Choreographin.

Als programmatisches Eröffnungsstück war Emmet Lavérys *Die erste Legion* ausgewählt worden, ein Standarddrama des christlichen Theaters um den Fall einer angezweifelten Wunderheilung, als reines Männerstück unter Jesuiten spielend; weltweit unzählige Male erprobt und in Wien von einer Aufführung im *Theater in der Josefstadt* in Erinnerung, in der Albert Bassermann den Pater Oberen gespielt hatte. Direktor Kuchenbuch setzte auf Bewährtes. Seine Geldgeberin hatte von der einzuschlagenden Richtung nur sehr beiläufige Vorstellungen: Claudel war für sie das äußerste noch Denkbare, Giraudoux' *Sodom und Gomorrha* lag weit jenseits des Akzeptablen. So entstand ein enger, etwas weltfremder Spielplan von zunächst sehr strenger Linie: *Der Londoner verlorene Sohn* von Kamnitzer, nach einem fälschlich Shakespeare zugeschriebenen altenglischen Drama, *Der Fremde* von Jerome K. Jerome, ein *Alpenländisches Weihnachtsspiel*, Calderons *Wundertätiger Magus*, zwei geistliche Spiele von Rudolf Henz.

Trotz intensiver Werbekampagnen in den Kirchen Wiens blieben die Reaktionen des Publikums weit unter den Erwartungen. Kuchenbuch geriet in finanzielle Bedrängnis und trat Ende März 1947 zurück. Der realistische

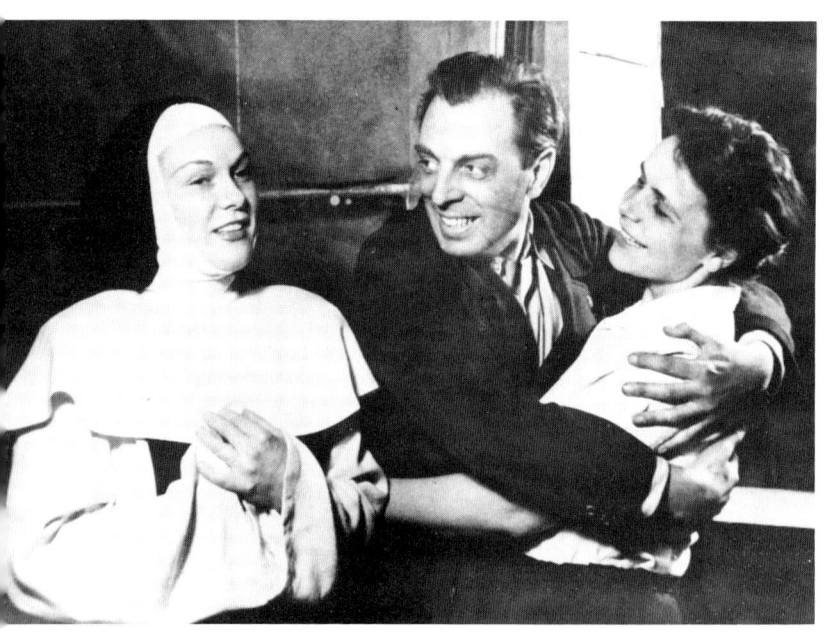

Hans Naderer: Das unheilige Haus
Klaramaria Skala, Heinz Grohmann, Maria Lussnigg

Praktiker Karl Schwetter wurde sein Nachfolger und hatte sofort mit Hans Naderers Reißer *Das unheilige Haus* einen sensationellen Erfolg. Das Stück war allerdings noch von seinem glücklosen Vorgänger zur Uraufführung angenommen worden. Geschickt verstand Naderer seine dramatische Fabel zu knüpfen: Durch die von Wohnungsnot bedingte Zwangseinweisung eines egoistischen Atheisten (samt zerrütteter Familie) in ein von Nonnen geleitetes Institut prallen Weltlichkeit und Geistlichkeit aufeinander. Der brutalen Roheit des Eindringlings hält die Priorin die Milde ihrer Gläubigkeit entgegen und wandelt zuletzt die Härte des Irrenden. Das war allerdings nicht traktätchenhaft, sondern in spannenden Szenen und geschickten Dialogen zu handfestem Theater verarbeitet. Die Regie von Jo Fürst betonte die Realistik der Vorlage und hob die Gegensätzlichkeit der Standpunke hervor. In der weiblichen Hauptrolle feierte Klaramaria Skala beim gläubigen Publikum wahre Triumphe. Arthur Popp als ihr verstockter Gegenspieler sowie Hugo Riedl und Maria Lussnigg trugen durch seriöse Charakterzeichnungen zum Erfolg bei, der sich in fast hundert Aufführungen dokumentierte.

Die Pressestimmen, zumindest in den bürgerlichen Zeitungen, waren zustimmend: „Naderers *Das unheilige Haus* kommt aus reinem Herzen und das ist heutzutage von Wert."[67] Man fand, das Stück sei „belebt von starker, sicherer Theaterbegabung"[68] und bescheinigte Naderer, er gestalte „mit der für ihn charakteristischen soliden Beherrschung des dramatischen Handwerks in gediegener Charakterzeichnung und treffsicherer Milieuschilderung den Zusammenprall zweier Welten".[69]

Dennoch stand es um die Finanzen der Bühne nicht zum besten. Karl Schwetter, der ein regelmäßig erscheinendes Theater-Nachrichtenblatt in Zeitungsform herausgab, klagte darin: „Die *Stephansspieler* hatten im abgelaufenen Arbeitsjahr mit großen Schwierigkeiten materieller Art zu kämpfen." Eine Auflockerung des Spielplans sollte Abhilfe schaffen: „Wir wollen mit dem uns zur Verfügung stehenden ausgezeichneten Berufsspielerensemble gutes, volkstümliches Theater auf christlicher Grundlage spielen. Probleme des heutigen Lebens sollen angeschnitten werden."[70] Sehr verwaschen klang die Ankündigung eines „Theaters der Ergriffenheiten". Auch wurde versprochen, Freude und Frohsinn zu bringen durch „das heitere Wiener Volksstück", ohne allerdings näher zu erläutern, was unter diesem vieldeutigen Ausdruck konkret gemeint sei. Bald wußte man es aber: Hans Naderer ließ sein Wiener Lustspiel *Eine Frau mit Grundsätzen* aufführen, Unterhaltungstheater mittlerer Sorte. Als Vorzug des Schauspiels *Seil zwischen Wolken* von Rudolf Körner pries die Vorankündigung: „Geht jeder Denkspielerei aus dem Wege!" Kurz, man paßte sich den naiven Wünschen eines Publikums an, das für geistige Herausforderungen oder gar Provokation im Theater gar kein Bedürfnis verspürte. *Der verkaufte Großvater* erschien im Repertoire, dann *Kabinettskrise in Ischl*, worin Kaiser Franz Josef persönlich auftritt und alle Schwank-Verwicklungen löst. Schließlich sollte sogar der Sketch *Es geht um die Hos'n* den zunehmenden Besucherschwund aufhalten.

Daß Kardinal Innitzer dem Ensemble noch am Anfang dieser Saison „Zum Geleit" attestiert hatte: „Seit fast einem Jahr erfreuen uns in Wien die *Stephans-Spieler* durch ihre ernste, edle Schauspielkunst"[71], wirkte nun fast wie ein Hohn. „Die *Stephansspieler* haben ihr feierliches Habit abgelegt", stellte eine Kritik fest.[72] Und Herbert Mühlbauer resümierte: „Das *Theater der Stephansspieler*, bei seiner Gründung als Bühne für die ‚Darstellung seelischer, religiöser Problematik' gedacht, hat dieses Programm nicht aufrechterhalten können. Problematik, welche auch immer, ist kein gefragter Artikel beim Theaterpublikum, am wenigsten jene, die unserer Zeit entstammt. Dem hat das Theater in der Dingelstedtgasse Rechnung getragen."[73] Es war nicht gelungen, ein aufgeschlossenes Publikum anzusprechen. So blieben die lieben alten Weiberln, die nur kamen, weil es der Herr Pfarrer von der Kanzel herab so nachdrücklich empfahl. Für sie bildete die eigentliche Attraktion der *Stephansspieler* die Ankündigung: „Unser Theater ist geheizt! Wir haben eine neue Heizanlage eingebaut, entsprechend dem Einlangen des zugesagten Heizmaterials wird täglich geheizt!"

Viele hielten die Truppe auch immer noch für ein Laienensemble. Von katholischer Seite kam die Anregung, das Theater *Österreichische Volksbühne* zu nennen, da man von *Stephansspielern* ausschließlich religiöse Thematik und Mysterienspiele erwarte. In der folgenden Saison wurde ein Abonnement für fünf Aufführungen angeboten zu sechzig, fünfzig, vierzig und dreißig Schilling, was für damalige Einkommensverhältnisse ziemlich teuer war und demzufolge kaum Abnehmer fand. Emmi Sehr beschloß, nochmals tief in die Tasche zu greifen. Heinz Röttinger kommentiert drastisch: „Im Laufe dieser Jahre hat sie wahrscheinlich zwei Eckhäuser hineininvestiert."[74]

Auch aus modernen Kreisen der Kirche kam Widerstand gegen die Substanzlosigkeit des Spielplans. Noch einmal sollte das Niveau gehoben werden. Im Februar 1948 fand unter dem Vorsitz von Kardinal Innitzer die Gründungssitzung einer „Gesellschaft zur Förderung christlicher Bühnenkunst" statt. Als Zweck wurde die Unterstützung katholischer Theaterunternehmungen in Wien und den Landeshauptstädten mit besonderer Berücksich-

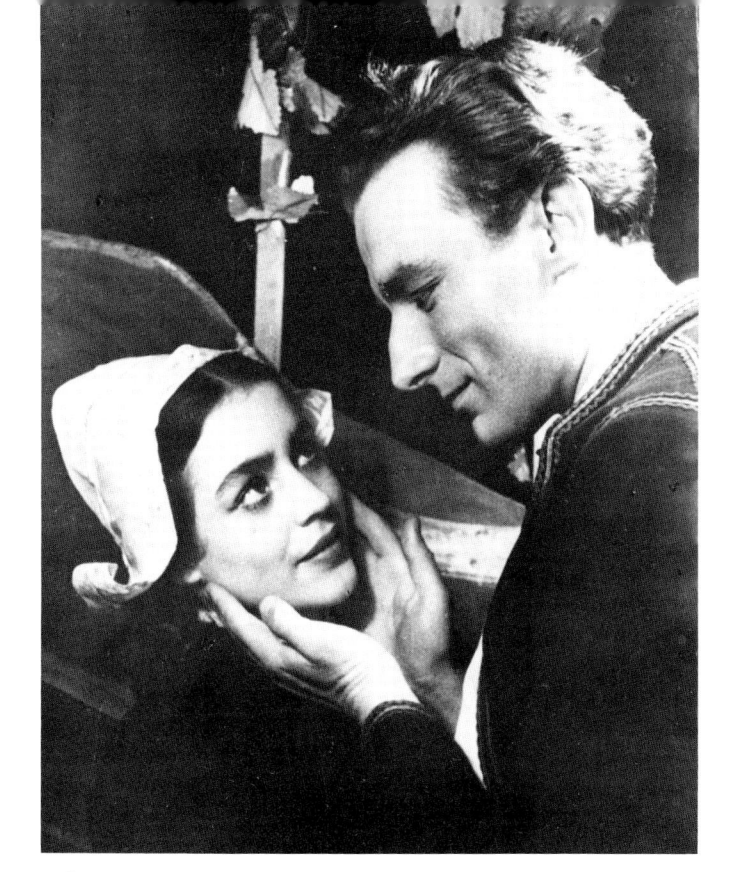

Felix Timmermans: Der Pfarrer vom blühenden Weinberg
Ina Peters, Romuald Pekny

tigung des *Theates der Stephansspieler* genannt. Die Einsetzung eines wirtschaftlichen und künstlerischen Beirates; der Erwerb eines größeren zentral gelegenen Theaters in Wien; Preisausschreiben für junge Autoren, um „die bisher völlig unzulängliche Produktion an gesinnungsmäßig einwandfreien und zugleich dramatisch hochwertigen Bühnenwerken zu fördern"[75]; Durchführung von Festspielen – das waren die hauptsächlichen Ziele der Gesellschaft. Kardinal Innitzer und der Bundesminister für Unterricht Felix Hurdes wurden zu Ehrenpräsidenten gewählt. Allgemein erwartete man sich den Aufbau einer großen Theatergemeinde.

Mit neuem Schwung ging man an die Arbeit. Hans Kugelgruber inszenierte Felix Timmermans' Schauspiel *Der*

Pfarrer vom blühenden Weinberg und brachte damit „die bisher beste Aufführung der *Stephansspieler*"[76] zustande. „Es ist ein sehr schönes und tiefes Stück", urteilte Herbert Mühlbauer, „dessen Konflikt nicht auf der Bühne, sondern in den Herzen und im Geist seiner Figuren und der Zuschauer ausgetragen wird."[77] Aber wahrscheinlich waren diese Probleme zu subtil in einer Zeit, in der man „nach und nach wieder etwas zu kaufen bekommt", wie es im Nachrichtenblatt des Theaters hieß. Die Direktion strebte „eine mittlere Linie" an und wollte „neben religiösen bzw. ethisch hochwertigen ab und zu auch heitere Stücke einschieben". Allerdings betonte sie, daß „ein gewisses Niveau" gewahrt bleiben müsse. Von „Zeitverhältnissen" war in dem Artikel die Rede, von Geldknappheit und von „allgemeiner Theatermüdigkeit", was zu der Klage Anlaß gab: „Der Besuch ließ in den letzten Monaten zu wünschen übrig", und mit dem Aufruf endete: „Christliches Volk! Fördere dein Theater! Besuche das *Theater der Stephansspieler!*"[78] Der Appell nützte nichts.

Selbst eine sehr dichte, schöne Aufführung von Lavérys *Monsignores große Stunde* fand nicht die nötige Beachtung. Dabei war, in der Zeit der sich versteifenden Positionen im kalten Krieg, der Aufführungstermin günstig gewählt für dieses Stück. Darin begegnet ein schlichter amerikanischer Pfarrer bei einer Romreise zufällig dem Papst, ohne ihn zu erkennen, und spricht ihm eindringlich von den Sorgen der kleinen Leute über die Bedrohung durch einen neuen Krieg. Vor allem Hugo Riedls wahrhafte Zeichnung des einfachen Geistlichen überzeugte völlig; „in seiner tiefsten, letzten Ausschöpfung ergreifend und erhebend nach Geist und Gefühl, meisterhaft im Technischen (…)", nannte es Rudolf Holzer.[79]

An der tristen Situation des Theaters änderte das nichts. Nach weiteren zwei erfolglosen Inszenierungen kam das Ende. Am 10. Mai 1948 wurde das *Theater der Stephansspieler* in der Dingelstedtgasse geschlossen.

Allerdings fanden nun die Aktivitäten der „Gesell-

Jochen Huth: Die vier Gesellen
Romuald Pekny, Inge Brücklmeier

schaft zur Förderung christlicher Bühnenkunst" vorübergehend Wirksamkeit. Mit bedeutend mehr Personal, auch in technischer und administrativer Hinsicht, traten die *Stephansspieler im Stadttheater*, 8. Bezirk, Skodagasse 20, am 3. März 1949 an die Öffentlichkeit. Der schwerfällige Apparat mit seiner unproportioniert aufgeblähten Organisation hielt nur ganze drei Monate durch, dann mußte auch das *Stadttheater* zugesperrt werden. „Inzwischen dürfte auch das dritte Eckhaus schon weggewesen sein."[80] Was nicht verwundert, wenn beispielsweise *Die Erlösung*, ein Passionsspiel von Rudolf Henz, fünfzig Schauspieler in vierundneunzig Rollen beschäftigte.

Aber das gehört nun wirklich nicht mehr zur Geschichte der Wiener Kleinbühnen.

Spielpläne des *Theaters der Stephansspieler*
Eröffnung 4.10.1946

1946/47

4.10.46   *Die erste Legion* Sch von Emmet Lavéry.
R: Heribert Kuchenbuch, B: Rolf G. Thomasberger.
D: Hintz Fabricius, Walter Simmerl, Friedrich Schillburg, Klaus Veith, Harry Kalenberg, Curt Eilers, Heinz Grohmann, Arthur Popp, Hugo Riedl, Ina Peters.

26.10.46   *Der Londoner verlorene Sohn* von Shakespeare (?) (Bearb: Kamnitzer).
R: Heribert Kuchenbuch, B: Rolf G. Thomasberger.
D: Klaus Veith, Curt Eilers, Heinz Grohmann, Arthur Popp, Hildegard Jodt, Julia Thomas, Ina Peters, Werner Kitzinger, Walter Simmerl, Hugo Riedl, Rudolf M. Stoiber, Harry Kalenberg, Friedrich Schillburg, Theo Winkler.

11.12.46 Ö   *Der Fremde* (The Passing of the Third Floor Back) von Jerome K. Jerome.
R: Heribert Kuchenbuch, B: Madeleine Coreth.
D: Heinz Grohmann, Harry Kalenberg, Walter Simmerl, Maria Rieder, Elfriede Caspis, Hugo Riedl, Rudolf M. Stoiber, Renata Koerber-Straub, Hildegard Jodt, Vilma Aknay, Lydia Czerwenka, Klaus Veith.

22.12.46   *Alpenländisches Weihnachtsspiel* von Neumair.
R: Maria Lussnigg, B: Madeleine Coreth.
D: Lydia Czerwenka, Hildegard Jodt, Isabella Ott, Ingeborg Weirich, Walter Eder, Heinz Grohmann, Harry Kalenberg, Rudolf M. Stoiber, Walter Simmerl, Arthur Popp, Hugo Riedl, Ludwig Gaider, Fritz Sedlon.

26.1.47   *Der wundertätige Magus*, Sch 3 A von Calderon (Ü: Gries).
R: Heribert Kuchenbuch, B: Hans Robitschek, K: Christiane Reuther, M: Carl Ernst Hoffmann.
D: Klaus Veith, Arthur Popp, Walter Simmerl, Julia Thomas, Karl Ranninger, Heinz Grohmann, Harry Kalenberg, Margarethe Puhlmann, Rudolf M. Stoiber, Georg H. Ott, Friedrich Schillburg, Walter Eder, Fritz Sedlon.

2.2.47   *Die Gänsehirtin am Brunnen*, Märchen von Wehe nach den Brüdern Grimm.
R: Walter Simmerl.
D: Ina Peters, Walter Eder, Eduard Kautzner, Isabella Ott.

1.3.47 U   *Ananias und Saphira*, Sch von Rudolf Henz.
R: Heribert Kuchenbuch, B: Hans Robitschek, K: Christiane Reuther.
D: Hugo Riedl, Vilma Aknay.

danach   *Das Wächterspiel*, Sch von Rudolf Henz.
R: Heribert Kuchenbuch, B: Hans Robitschek, K: Christiane Reuther.
D: Ingeborg Weirich, Karl Ranninger, Rudolf M. Stoiber, Hildegard Jodt, Heinz Grohmann.

8.4.47   *Der Neffe als Onkel*, L aus dem Französischen des Picard von Schiller.
R: Heinz Grohmann, B: Hans Sobotka, K: Madeleine Coreth.
D: Romuald Pekny, Heinz Grohmann, Ingeborg Weirich, Walter Eder, Renata Koerber-Straub.

2.5.47 U   *Das unheilige Haus*, Sch 6 B von Hans Naderer.
R: Jo Fürst, K: Christiane Reuther.
D: Arthur Popp, Maria Lussnigg, Maria Günther, Klaramaria Skala (Trude Burgstaller), Hildegard Jodt, Elfriede Sklusal, Poldi Preu, Ingeborg Weirich, Heinz Röttinger, Eduard Kautzner, Walter Eder.

10.5.47   *Der kleine Muck*, Märchen von Grete Simmetinger nach Wilhelm Hauff.
R: Walter Simmerl, B: Hans Sobotka, K: Christiane Reuther.
D: Heinz Grohmann, Ingeborg Weirich, Hildegard Jodt, Eduard Kautzner, Walter Eder, Heinz Röttinger, Maria Günther.

11.7.47   *Der verkaufte Großvater*, Bäuerliche Groteske 3 A von Anton Hamik.
R: Hans Kugelgruber, B: Romedeo Miller-Aichholz, K: Christiane Reuther.
D: Klaus Veith, Hugo Riedl, Elisabeth Stiepl, Maria Lussnigg, Eduard Kautzner, Ingeborg Weirich, Heinz Röttinger.

1947/48

17.9.47   *Rotkäppchen*, Märchen von Robert Bürkner nach den Brüdern Grimm.
R: Walter Simmerl, B: Johannes Peter Wiegang,

	K: Christiane Reuther. D: Maria Lussnigg, Maria Günther, Walter Eder, Romuald Pekny, Heinz Grohmann, Eduard Kautzner, Poldi Preu, Heinz Röttinger.
23.9.47	*Seil zwischen Wolken*, Sch 3 A von Rudolf Körner. R: Jo Fürst, B: Romedeo Miller-Aichholz. D: Klaramaria Skala, Arthur Popp, Heinz Grohmann, Elisabeth Stiepl, Poldi Preu, Romuald Pekny, Hugo Riedl, Walter Eder, Eduard Kautzner.
15.10.47 U	*Eine Frau mit Grundsätzen*, ein Wiener Stück 3 A von Hans Naderer. R: Karl Schwetter, B: Romedeo Miller-Aichholz. D: Arthur Popp, Klaramaria Skala, Karl Schwetter, Hans Kugelgruber, Elisabeth Stiepl, Romuald Pekny, Hugo Riedl, Poldi Preu, Maria Lussnigg, Walter Eder, Heinz Röttinger, Eduard Kautzner.
29.10.47 U	*Der gestiefelte Kater*, Märchen 4 A von Wilhelm Pribil. R: Hans Kugelgruber, B: Romedeo Miller-Aichholz, K: Christiane Reuther. D: Heinz Grohmann, Ingeborg Weirich, Heinz Röttinger, Romuald Pekny, Elisabeth Stiepl, Eduard Kautzner, Christl Leiningen, Walter Eder.
12.11.47	*Tobias Wunderlich*, Dramatische Legende 10 B von Hermann H. Ortner. R: Hermann H. Ortner, B: Romedeo Miller-Aichholz, K: Christiane Reuther. D: Klaramaria Skala, Arthur Popp, Walter Simmerl, Hugo Riedl, Eduard Kautzner, Romuald Pekny, Heinz Röttinger, Karl Schwetter, Hans Kugelgruber, Heinz Grohmann, Ingeborg Weirich, Theo Winkler.
9.12.47	*Marienspiel*, Weihnachtsspiel nach alten Motiven mit Musik und Gesang von A. Miller. R: Gemeinschaftsarbeit. D: Hildegard Jodt, Maria Lussnigg, Ina Peters, Klaramaria Skala, Ingeborg Weirich, Viktor Bürger, Walter Eder, Heinz Grohmann, Eduard Kautzner, Heinz Röttinger, Walter Simmerl, Romuald Pekny, Arthur Popp, Eduard Raab, Hugo Riedl.
31.12.47	*Humor – nicht abgewertet* Kabarettrevue mit Texten von Ludwig Thoma, Anton Wildgans u. a. R: Ernst Waldbrunn, B u. K: H. Tamare. D: Heinz Röttinger, Hugo Riedl, Martha Hartmann, Ingeborg Weirich, Maria Lussnigg, Karl Schwetter, Poldi Preu, Klaramaria Skala, Romuald Pekny.
7.1.48	*Dornröschen*, Märchen von Robert Bürkner nach den Brüdern Grimm. R: Walter Simmerl, B u. K: H. Tamare. D: Hugo Riedl, Martha Hartmann, Ina Peters, Romuald Pekny, Heinz Röttinger, Hansi Enk, Ingeborg Weirich, Eduard Raab.
9.1.48	*Heimlichkeiten*, L von Justus Scheu und Peter Stiller. R: Jo Fürst. D: Karl Schwetter, Romuald Pekny, Ingeborg Weirich, Elisabeth Stiepl.
31.1.48	*Kabinettskrise in Ischl*, L 3 A von Zdenko Kraft. R: Karl Schwetter, B u. K: H. Tamare. D: Martha Hartmann, Josef Krastel, Karl Ehmann, Vera Oelmann, Heinz Röttinger, Wolfgang Dörich, Hugo Riedl, Romuald Pekny, Ingeborg Weirich.
24.2.48	*Der Pfarrer vom blühenden Weinberg*, Sch von Felix Timmermans. R: Hans Kugelgruber. D: Ina Peters, Hugo Riedl, Romuald Pekny (Heinz Röttinger), Arthur Popp, Maria Lussnigg, Heinz Grohmann.
6.3 48	*Der falsche Prinz*, Märchen von Grete Meise. R: Walter Simmerl. D: Romuald Pekny, Maria Lussnigg, Ingeborg Weirich, Heinz Röttinger.
24.3.48	*Eine Nacht im trojanischen Krieg*, Sch 1 A von Drinkwater (Ü: Georg Herbert). R: Hans Kugelgruber, B u. K: H. Tamare. D: Romuald Pekny, Heinz Röttinger, Heinz Grohmann, Walter Eder.
danach	*Monsignores große Stunde*, Sch 1 A von Emmet Lavéry. R: Hans Kugelgruber, B u. K: H. Tamare. D: Eduard Kautzner, Maria Lussnigg, Hildegard Jodt, Walter Eder, Heinz Grohmann, Lydia Czerwenka, Heinz Röttinger, Ingeborg Weirich, Hugo Riedl, Romuald Pekny, Walter Simmerl, Arthur Popp, Hintz Fabricius.

10.4.48	*Aschenbrödel,* Märchen von Robert Bürkner. R: Walter Simmerl, B u. K: H. Tamare. D: Ina Peters, Arthur Popp, Walter Eder, Hugo Riedl, Hildegard Jodt, Ingeborg Weirich.
17.4.48	U *Hans Puxbaum,* Sch 7 B von Karl Peduzzi. R: Hans Kugelgruber, B u. K: H. Tamare. D: Margarethe Lendi, Arthur Popp, Karl Koll, Romuald Pekny, Hugo Riedl, Maria Lussnigg.
11.5.48	*Die vier Gesellen,* L 5 B von Jochen Huth. R: Karl Schwetter, B u. K: H. Tamare. D: Inge Brücklmeier, Ebba Pichler, Ilse Schram, Ditha Brosch, Romuald Pekny, Arthur Popp, Karl Schwetter, Erich Lakits, Marianne Vincent.
30.5.48	Ende der Spieltätigkeit in der Dingelstedtgasse.

Courage

*„Gutes Benehmen
war niemals unser Brauch,
doch wenn ihr erfreut seid,
dann freuen wir uns auch."*
Aus dem
Lieben-Augustin-Marsch

Im Souterrain des Café Prückel auf dem Stubenring, Eingang Biberstraße 2, gab es schon seit 1931 eine Bühne. Auf ihr wurde damals noch nicht Theater gespielt, sondern Kabarett. Die junge Schauspielerin Stella Kadmon hatte dort, von Werner Fincks *Katakombe* in Berlin und Helmut Käutners *Vier Nachrichter* in München angeregt, ihren *Lieben Augustin* gegründet. Es traten Diseusen, Pianisten, Tänzerinnen und Stegreifparodisten auf. „Das war Kleinkunst im gefälligen Sinn."[81] Nach ein paar Jahren wandelte sich die Linie. Scharfzüngige satirische Szenen rückten den *Lieben Augustin* mehr in Theaternähe, sogar die *Lysistrata* und *Reineke Fuchs* in Kleinbühnenfassung bewährten sich.

Überhaupt sind ja die Grenzen zwischen Theater und Kabarett in den Wiener Kleinbühnen immer fließend gewesen. Ihrer ausgezeichneten Dissertation hat Inge Reisner zu Recht den Titel *Kabarett als Werkstatt des Theaters* gegeben.[82] Wesentliche Elemente des Kabaretts sind in vielen Aufführungen der Studios wirksam geworden. Die improvisatorische Atmosphäre ist beiden Genres eigen. Junge Bühnenbildner der Theater erlernten von den Kabaretts die szenische Verknappung, den Stil des pars pro toto. Zudem hatten fast alle Kellertheater zu irgendeiner Zeit ihres Bestehens eigene Kabarettprogramme im Repertoire. Insbesondere am *Theater der Courage* ist das gut zu verfolgen. Andererseits spielte Rolf Olsen in seinem *Kleinen Brettl* auch Nestroys *Judith und Holofernes*, und im *Lieben Augustin* ließ Carl Merz 1946 Hugo Gottschlich im *Häuptling Abendwind* auftreten.

1938 mußte Stella Kadmon ihre Kabarettbühne schließen und Österreich verlassen. Aber nach dem Krieg war sie mit erster sich bietender Gelegenheit 1947 wieder in ihrer Heimatstadt. Hier hatte schon am 1. Juni 1945 Fritz Eckhardt den *Lieben Augustin* wieder eröffnet, von Carl Merz im September 1946 in der Direktion abgelöst. Jetzt trat Stella Kadmon sofort wieder die Leitung der von ihr gegründeten Bühne an. „Ich wollte dort anfangen, wo ich am 10. März 1938 aufgehört habe", sagte sie.[83] Aber die Umstände waren verändert; im gleichen Stil wie vor dem Krieg weiterzumachen war unmöglich. Vier Kabarettprogramme fanden nicht genügend Publikum. Stella Kadmon war entschlossen, ganz aufzuhören und wieder aus Wien wegzuziehen. Sie wollte nur noch die Tür mit lautem Knall hinter sich zuschlagen. Als endgültigen Abschied für den *Lieben Augustin* sollte Bertolt Brechts *Furcht und Elend des Dritten Reiches* am 15. April 1948 einen Paukenschlag setzen. Stella Kadmon hatte keine Aufführungsrechte und wußte nicht einmal, welcher Verlag zuständig war; sie glaubte ohnehin, daß es nicht mehr als eine Aufführung geben werde, und rechnete mit einem Skandal. Als Regisseur wünschte sie sich Karl Paryla, der während des Krieges in Zürich in drei Stücken Brechts gespielt hatte. Doch der lehnte ab. Seine damalige Begründung ist bemerkenswert: „Furcht und Elend haben die Menschen selber alle erlebt. Jetzt nicht in die Vergangenheit schauen. Diese Unglücklichen muß man aufbauen, die Zukunft ist jetzt die Hauptsache."[84] Paryla erinnert sich nach fast vierzig Jahren der Sache nicht mehr. „Aber diese Meinung wurde ja damals, besonders auch von den Linken, häufig vertreten", bekennt er. „Wenn das so gewesen ist, hatte ich natürlich unrecht. Die Vergangenheit darf man nicht vergessen."[85]

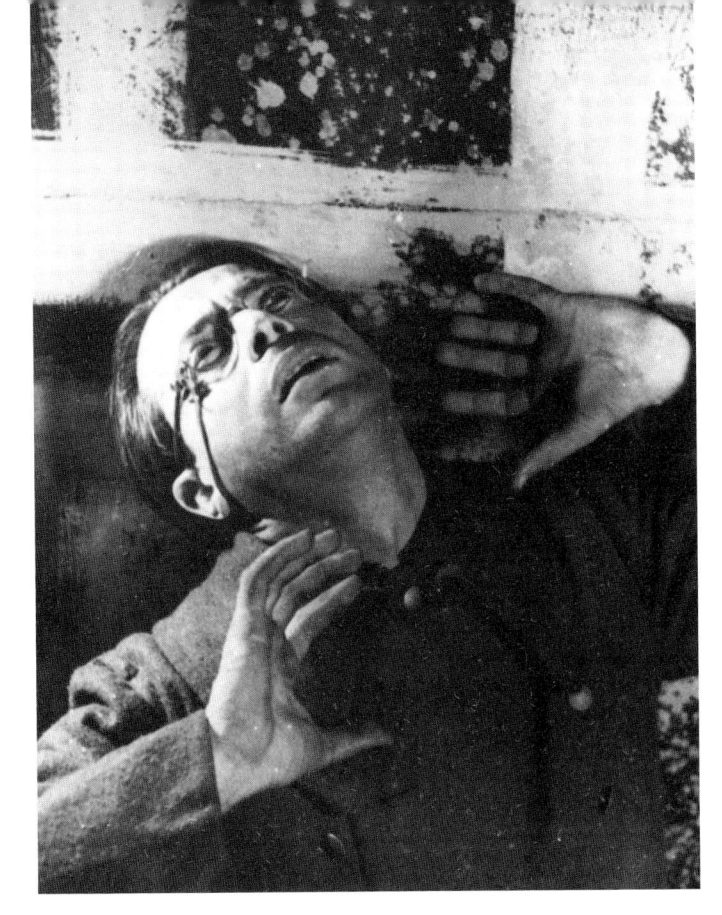

Wolfgang Borchert: Draußen vor der Tür
Joseph Hendriks

August Rieger, als Regisseur eines der Kabarettprogramme schon mit den Bühnenverhältnissen im Café Prückel vertraut, inszenierte schließlich das provozierende Stück, und zwar als Schocker unter dem unverfänglichen Titel *Schaut her!* Von den vierundzwanzig Szenen der Brechtschen Vorlage ließ er acht spielen: *Die Stunde des Arbeiters, Der Spitzel, Die Berufskrankheit, Winterhilfe, Das Kreidekreuz, Rechtsfindung, Die jüdische Frau* und *Arbeitsbeschaffung*. Rieger gestand mir in einem Gespräch, gute fünf Jahre danach, er habe damals nur sehr ungenaue Vorstellungen von Brecht gehabt. Seine Absicht sei es gewesen, die Aktualität der Geschehnisse, auch noch drei Jahre nach dem Krieg, zu betonen durch eine sehr demonstrative, plakative Spielweise , „was ich mir halt so unter ‚links' vorgestellt habe".[86] Seine Regie war sehr wirkungsvoll: Gleich zu Beginn marschierten die Darsteller durch den dunklen Saal, plötzlich flammten Lichter auf, Hakenkreuzfahnen wehten, SA-Uniformen wurden sichtbar. Publikum und Presse waren stark beeindruckt, als sich beim scharfen Getrampel der Stiefel das beklemmende Angstgefühl der nahen Vergangenheit wieder einstellte, deren „Grauen bis in unsere Gegenwart greift und das nie mehr Zukunft werden darf. Deswegen sind diese Stücke auch und gerade für Österreich von so erschütternder Aktualität."[87] Die *Österreichische Zeitung* beklagte im Zusammenhang damit „den feigen Boykott gegen das politische Zeitthema, der das Wiener Theater auf den Hund zu bringen droht".[88] Die Zeitbezüge wurden deutlich hervorgehoben: „Die Erinnerung an diese Zeit scheint heute, drei Jahre nach dem Zusammenbruch des Tausendjährigen Reiches, angebracht, um für alle Zukunft einem Regime ‚Wer nicht mit uns ist, ist gegen uns' den Wind aus den Segeln zu nehmen."[89] Felix Hubalek aber beendete seine freudig zustimmende Kritik in der *Arbeiterzeitung:* „(...) so könnte aus dem *Lieben Augustin* ein Theater der Courage werden."[90] „Das *Theater der Courage* war geboren! Natürlich dachte Stella Kadmon nach diesem sensationellen Erfolg nicht mehr daran aufzuhören, im Gegenteil, jetzt wollte sie erst richtig anfangen, und sie entschloß sich vom Genre der Kleinkunst ins Genre des Theaters zu wechseln."[91]

Stella Kadmon kommentiert: „Ich hab' das gespielt zum Aufhören – und es war ein Anfang!"[92] Mit Beginn der Spielzeit 1948/49 wurde der Name tatsächlich geändert. „Die Theaterkrise, die nicht allein auf wirtschaftliche Gründe zurückgeht, hat auch vor den Kleinkunstbühnen nicht haltgemacht, denen es immer schwerer fiel, die Tradition, die gerade Wien auf diesem Gebiet besaß, in neuen Formen mit neuem Inhalt zu erfüllen und einer ‚Kleinkunstdämmerung' zu entgehen. Nun hat sich Stella Kadmon, die Gründerin und Leiterin der ältesten Kleinkunstbühne, des *Lieben Augustin*, entschlossen, den Charakter ihres kleinen Theaters (...) zu ändern und zugleich mit dem neuen Programm der Bühne auch einen neuen Namen zu geben. *Theater der Courage* wird in Hinkunft der Name der Bühne sein, die sich mutig zu den großen Idealen der Menschheit bekennen und vor allem für Humanität, Pazifismus und gegenseitiges Verständnis eintreten will."[93]

Damit waren die neuen Intentionen exakt ausgesprochen: Das humanistische Tendenzstück sollte im Mittelpunkt stehen. August Rieger, der nach seinem unbestreitbaren Erfolg mit der Brechtschen Szenenfolge für lange Zeit als Regisseur und dramaturgischer Berater Stella Kadmons das Gesicht des *Theaters der Courage* prägte, wollte kein Theater mit politischer Tendenz machen, sondern Theater mit gesinnungsmäßiger Tendenz: für Frieden, gegen Krieg, für Menschlichkeit und Toleranz. Dazu, zur „finanziellen Erholung", Kabarettprogramme und niveauvolle Komödien. Darin wußte er sich mit seiner Direktorin einig, die sich entschieden hatte, zeitkritische und gesellschaftskritische Stücke zu spielen, junge begabte österreichische Autoren zu fördern und deren Werke dem Publikum vorzustellen.

Mit der Uraufführung von Siegfried Freibergs *Das kleine Weltwirtshaus* begann die Saison 1948/49 und zugleich auch die neue Ära. In der folgenden Inszenierung August Riegers aber wurde das wichtigste Werk der deutschsprachigen Nachkriegs- und Heimkehrerliteratur, Wolfgang Borcherts *Draußen vor der Tür*, für Österreich entdeckt, ein Stück, „das kein Theater spielen und kein Publikum sehen will", wie es der Autor selbst bezeichnete. Eindringlich wurde die Unmenschlichkeit des Krieges angeprangert, der Soldaten nicht nur auf dem Schlachtfeld tötet, sondern auch denjenigen vernichtet, der ihn überlebt und, in die Heimat wiederkehrend, überall „draußen vor der Tür" steht. Joseph Hendrichs stellte den Heimkehrer Beckmann mit minuziösem Realismus dar, was freilich in seiner mahnenden Schonungslosigkeit vielfach als unangenehm empfunden wurde. Das Stück sei eben „mit einer glühenden Unbedenklichkeit geschrieben".[94] Vorwurfsvoll hieß es: „Wildester Sturm und Drang."[95] Die *Wiener Zeitung* mäkelte gar: „Es ist ein wenig ersprießliches Stück (...) eine einzige negative Aussage, der außerdem die Überzeugungskraft fehlt, und darum qualvoll vom Anfang bis zum Ende."[96] Andererseits wurde aber doch auch erstmals ausgesprochen, daß der Mut des kleinen Theaters bewundernswert sei, und den „Großen" vorgeworfen, daß sie das Stück nicht zu bringen wagten.

Mut war auch tatsächlich nötig, um durchzuhalten. „Wir haben einmal *Draußen vor der Tür* vor zwei Personen gespielt", berichtet Stella Kadmon, „was sollten wir machen, es hat geheißen: Die Leit' woll'n loch'n."[97]

Um finanziell durchzustehen, mußte der Spielplan mit Kabarett und Lustspielen aufgelockert werden, natürlich nicht mit Boulevard. Sofort klagten nun diejenigen, denen Brecht und Borchert zu düster erschienen waren, das Theater wende sich belangloser Gefälligkeit zu und vernachlässige sein anfängliches Vorhaben. Stella Kadmon ging unbeirrt ihren Weg. Sie balancierte, fast vierzig Jahre lang, sehr klug. So konnten viele Krisen überstanden werden, die es zwangsläufig geben mußte. Bis zum Jahr 1950 erhielten die kleinen Theater überhaupt keine Subvention aus öffentlicher Hand. Um zu überleben, mußten gewisse Zugeständnisse an den Publikumsgeschmack gemacht werden. Es kam nur darauf an, wie viele! Die *Stephansspieler*, wie wir sahen, sind an diesen Konzessionen zugrunde gegangen. Stella Kadmon hat ihr eigentliches Ziel nie aus den Augen verloren. Courage besteht ja nicht in Tollkühnheit. Vorsicht war einer der Wesenszüge ihrer Direktionsführung, trotz allen Wagemutes. Als beim zweiten Dramatikerwettbewerb der *Courage* die Jury dem Kulturredakteur der kommunistischen *Volksstimme* Arthur West den ersten Preis zuerkannte, war Stella Kadmons spontane Reaktion: „Ein wunderbares Stück – aber was wird der Torberg sagen!"[98] Friedrich Torberg war zu jener Zeit ein publizistischer Verfechter eines extremen Antikommunismus, geistiger Urheber des jahrelangen Boykotts von Brechts Stücken in Österreich und als Herausgeber der Zeitschrift *Forum* ein kulturpolitisch sehr einflußreicher Mann.

Die ausgleichende Funktion, die Stella Kadmon jederzeit im Ensemble ihres Theaters und zwischen ihren wechselnden Regisseuren ausübte, bleibt ihr großes Verdienst. Ihre integrative Fähigkeit überwand alle Schwierigkeiten.

Georg Kaiser: Das Floß der Medusa
Trude Hajek (3. v. rechts), Fritz Zecha (ganz rechts)

Bedachtsam war sie auch in finanziellen Fragen. „Nur nichts Kostspieliges investieren", war ihr Prinzip. „Kreditwürdig sind wir ohnehin nicht, also können wir keine Schulden machen und nie pleite gehen!" Aber über allem anderen hatte Stella Kadmons Wendung von der brettlartigen Kleinkunst zum Theater beispielhafte Signalwirkung. Sie zeigte uns damals, daß es also möglich war, in einem Kaffeehaussaal, vor Leuten, die ihren kleinen Braunen umrührten oder an ihrem Wermut nippten, auch „ernsthaftes" Theater zu spielen; daß auch Brecht und Borchert dort nichts von ihrer Wirkung genommen wurde. Diese täglich erfahrbare Tatsache sollte bald in einigen Kellertheatergründungen Folgen zeitigen.

Der bedeutendste Erfolg der zu Ende gehenden vierziger Jahre war Georg Kaisers *Floß der Medusa:* Zwölf Kinder retten sich aus einem torpedierten Flüchtlingsschiff in ein Boot und treiben eine Woche lang auf offener See, von Panik, Hysterie und Ängsten entzweit. Regisseur August Rieger sah in dieser Situation ein Abbild des menschlichen Lebens überhaupt. Für die zwei wesentlichsten Rollen standen ihm in Fritz Zecha und Trude Hajek ganz hervorragende junge Darsteller zur Verfügung. Felix Smetana stellte das gefährdete Boot beklemmend echt auf die winzige Bühne. So geriet die Inszenierung zu einer „Geschlossenheit und Vollendung, an der sich so ziemlich alle Wiener Theater ein Beispiel nehmen könnten".[99] Der damals als rigoros streng gefürchtete Kritiker Franz Tassié fand die Aufführung „von hohem künstlerischem Ernst getragen".[100]

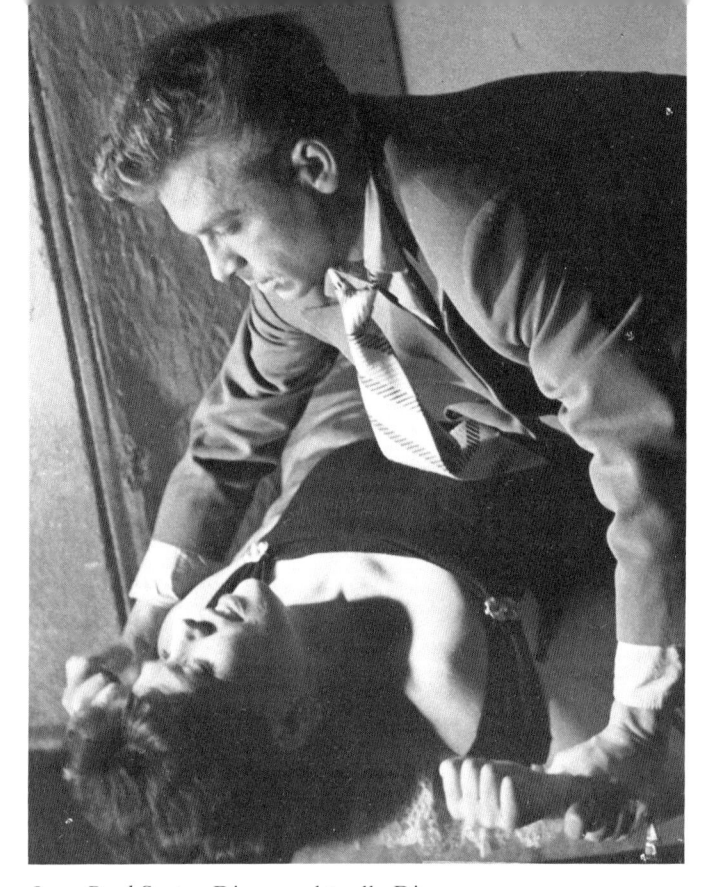

Jean-Paul Sartre: Die respektvolle Dirne
Elisabeth Stemberger, Fritz Zecha

August Rieger war ein improvisierender Regisseur. Seine Einfälle entsprangen intuitiv dem Augenblick auf der Probe. Niemals brachte er ein fertig eingerichtetes Regiebuch mit. Auf diese Weise gelang ihm die Erzeugung dichter Atmosphäre. Seine Stärke war die Herausarbeitung dramatisch zugespitzter Konflikte und fataler Situationen. Daher mußte ihm Sartres *Die ehrbare Dirne* besonders gut gelingen, worin er Klaramaria Skala ein robustes Weibsstück von lasziver Dümmlichkeit spielen ließ. Günther Weisenborns *Die Ballade vom Eulenspiegel* wurde klar antikapitalistisch und freiheitskämpferisch dargestellt und fand einhellige Zustimmung wegen der idealistischen Einsatzfreude aller Beteiligten.

Courage gehörte zweifellos dazu, *Simone und der Friede* von Georges Roland (hinter diesem Pseudonym verbarg sich Adolf Schütz) aufzuführen, obwohl das Stück von der alliierten Zensur verboten war. Die Besatzungsmächte fühlten sich darin verunglimpft und lächerlich gemacht. 1947 wurde das Lustspiel kurz vor der Premiere in den Kammerspielen, als das Publikum schon versammelt war, gesperrt. 1951 schmuggelten es August Rieger und Stella Kadmon ins Repertoire der *Courage* unter dem Namen *Titel zensuriert!* Natürlich kam der Schwindel auf, aber nach vielen Verhandlungen mit ebenso vielen Verhaftungsandrohungen gaben die Zensoren das – im Grunde harmlose und gar nicht anzügliche – Spielchen frei.

In der Zeit des Brecht-Boykotts in Österreich wagte allerdings Stella Kadmon nicht, ein Stück von Brecht aufzuführen, obwohl gerade *Furcht und Elend des Dritten Reiches* den Schritt vom *Lieben Augustin* zum *Theater der Courage* bewirkt hatte.

Die ersten einundzwanzig Inszenierungen im Theaterkeller des Café Prückel stammten ausschließlich von Rieger – ein unvorstellbares Arbeitspensum. Mit seinem vorläufigen Abgang, Ende 1951, geriet die Bühne in ihre erste größere Krise. Zwar gelang mit der Uraufführung von *Die enge Gasse* unter der Regie von Raoul Martinée die Präsentation eines neuen österreichischen Autors: Franz Hiesel. „Diese eminente Talententdeckung war eine sehr dankenswerte Tat."[101] Hiesel war ein wirklicher Arbeiterdichter, Straßenbahnbediensteter, den man nach dem Erfolg seines Erstlings in den Wiener städtischen Büchereien anstellte, damit er sich weiterbilden konnte. Schließlich wurde er Leiter der Literaturabteilung von Radio Wien. Auch dies ist letztlich ein Verdienst des *Theaters der Courage*.

Der Ball der Diebe, dieses Ballett für Schauspieler von Anouilh, fiel eindeutig durch, und bald konnte man von einer „Stückwahlkrise des *Theaters der Courage*" lesen.[102] Karl Maria Grimme fragte: „Gibt es niemand, der dieses Theater berät?"[103] Und Peter Loos lehnte es ab, daß die Kellertheater „sich ein altes und bewährtes Lustspiel aussuchen und damit versuchen, irgendeine Konjunktur auszunützen".[104]

Als mit dem Jahr 1950 nicht mehr allein die großen, sondern in bescheidenem Maß auch die kleinen Theater subventioniert wurden, gewöhnten sich die Kulturjournalisten sofort an, eine Art Wächterfunktion auszuüben und argwöhnisch auf die sinngemäße Verwendung der Steuergelder zu achten. Das *Theater der Courage* bekam zu diesem Zeitpunkt monatlich 5000 Schilling aus Mitteln des Kulturgroschens, was natürlich zur Deckung mancher Spesen sehr willkommen war, aber ein unbekümmertes Drauflosexperimentieren, wie es von einigen Kritikern erwartet wurde, nicht ermöglichte. Der Vorwurf, „das *Theater der Courage*, das seinerzeit unzweifelhaft mit guten Absichten begann und dem ambitionierte, zum Teil hochbegabte Schauspieler angehören, verliert allmählich jede Orientierung und paßt sich immer mehr dem Geschmack eines versnobten bourgeoisen Publikums an"[105], traf gewiß nur teilweise zu. Schließlich hatte Stella Kadmon inzwischen auch für Künstlerexistenzen Verantwortung zu tragen.

Außerdem darf man nicht vergessen, daß die Konkurrenzsituation sich merklich verschärft hatte. Im Konzerthauskeller und im Café Parkring waren ernst zu nehmende Kleinbühnen entstanden, die sich eifrig an dem Wettlauf um die rarer werdenden neuen und brauchbaren Stücke beteiligten. Die Verlage konnten die Aufführungsrechte wählerischer vergeben. Auch hatte sich die Praxis der Karenzfristen eingebürgert, um den großen, bedeutendere Tantiemen abwerfenden Bühnen immer noch die Möglichkeit einzuräumen, sich für ein Stück zu entscheiden, so daß die Neuerscheinungen immer erst mit reichlicher Verspätung an die „Kleinen" freigegeben wurden.

Stella Kadmon steuerte ihr Theaterchen, alles in allem, ganz geschickt durch diese schwierige Zeit. Sie spielte drei unbekannte, bereits 1911/12 geschriebene Einakter von Anton Wildgans, „ein furchtbarer Kitsch", wie sie heute selbst eingesteht[106], was ihr aber das Lob der österreichischen Patrioten einbrachte. Bei der Stückwahl zeigte sie insgesamt ein gewisses Faible für „Kriminalistisches", für ein „verruchtes" Halbweltmilieu, was wohl ein wenig mit einer Stilisierung als Bürgerschreck spekulierte. Der fähige junge Regisseur Edwin Zbonek leitete mit seiner

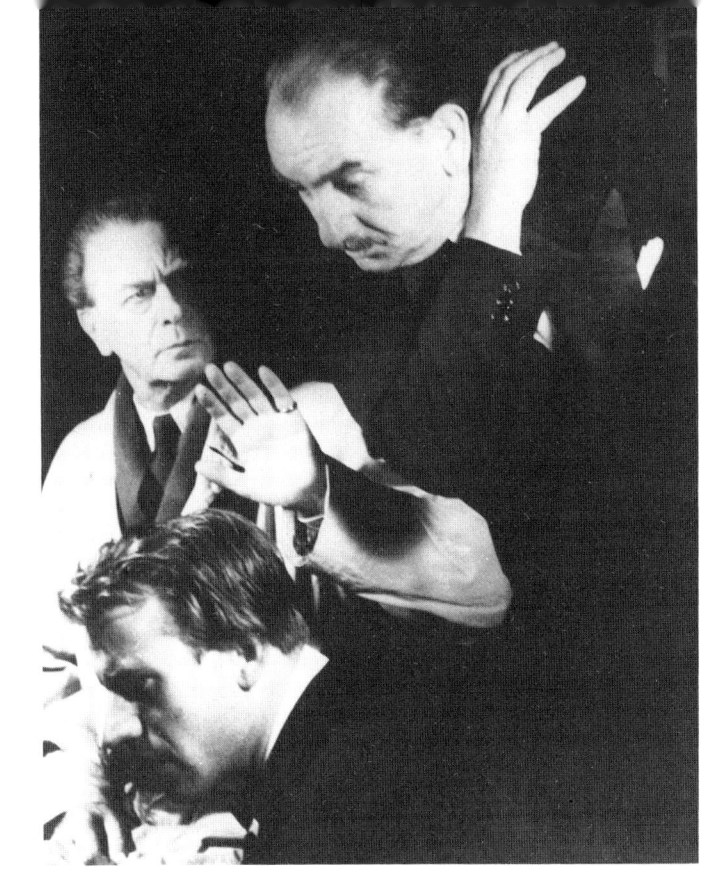

John B. Priestley: Ein Inspektor kommt
Fritz Holzer, Hintz Fabricius, Hanns Dressler

sorgfältigen und exakten Arbeit eine neue Phase der Aufwärtsentwicklung ein und bestimmte in den nächsten zwei Jahren das Niveau des Theaters. Schon seine erste Inszenierung wurde als „sehr konzentrierte und subjektive Gestaltung"[107] gelobt, die „der Aussage des Stückes zum Durchbruch verholfen" habe.[108] Dieses Stück, *Einer von dem Schweden Ruhnbro*, schilderte die Vereinsamung eines jungen Mannes, der alle Schuld an seinen Schwierigkeiten der Mitwelt zuschiebt. Ebenso gelang Zbonek mit Sartres *Im Räderwerk* eine zwingende, präzise Aufführung, der „echteste, beste der selten gewordenen Kellerqualitäten"[109] nachgerühmt wurden: gedämpfte Nuancen, Zwischentöne und Atmosphäre. Zbonek leitete auch die späte Uraufführung von Ödön von Horváths *Don Juan kommt zurück*, woran die repräsentativen Bühnen wieder einmal vorbeigegangen waren. Doch konnte er dafür nicht die entsprechende Besetzung aufbieten. Überhaupt machten sich durch den Abgang wichtiger Schauspieler oder deren Übergang zu anderen Bühnen gewisse Schwächen im Ensemble bemerkbar, „(...) in manchen Fällen tritt nicht nur Mangel an Persönlichkeit, sondern krasser Dilettantismus zutage".[110]

Das Alarmierende der Situation wurde offenbar, als Kurt Julius Schwarz, der mit den Proben zu Fritz Habecks François-Villon-Drama *Der Floh und die Jungfrau* begonnen hatte, wegen interner Differenzen mit dem Stück samt Hauptdarstellern ins *Theater am Parkring* überwechselte und seine Inszenierung dort zu Ende brachte und aufführte. Stella Kadmons Theater, plötzlich ohne Repertoire und ohne Schauspieler, war dem Zusammenbruch nahe. Aber nun bewährte sich die Solidarität der Anfangsjahre: August Rieger inszenierte in aller Eile nochmals den einstigen Serienerfolg *Die respektvolle Dirne*, wie sie jetzt zutreffender hieß. (Hans Weigel hatte auf diese Übersetzungsungenauigkeit hingewiesen.) Diesmal spielte Elisabeth Stemberger die Titelrolle, beinahe katzenhaft, auch wendiger und schlauer. Für den Joe hatte man einen wirklichen Schwarzen zur Verfügung, was in dieser Zeit noch eine Besonderheit bedeutete. Die Aufführung lief zwei Monate vor ausverkauften Häusern. Hierauf wurde, mit ebensolchem Erfolg, Ladislaus Fodors *Gericht bei Nacht* herausgebracht. Regie führte Helmut H. Schwarz, der, sozusagen im Austausch für seinen Namensvetter Kurt Julius, vom *Theater am Parkring* in die *Courage* übersiedelt war. Er inszenierte später noch ganz bemerkenswert Salacrous *Nächte des Zorns*, ein Drama um die französische Résistance, ein echtes *Courage*-Stück in einer dichten Aufführung von großem künstlerischem Ernst; dann Graham Greenes *Die Kraft und die Herrlichkeit* und *Das Mädchen vom Lande* von Clifford Odets. Gerade letzteres wurde einhellig in den höchsten Tönen gelobt als „eine regelrechte Sensation".[111] „Die Aufführung ist so groß, daß sie niemand versäumen sollte."[112] Mit Peter Weihs und Ellen Umlauf waren die beiden Hauptrollen erstklassig besetzt.

Und wieder einmal hatte Stella Kadmon von der Verschlafenheit der großen Theater profitieren können, die dieses Stück nicht beachtet hatten. Wie etwa auch *Komm wieder, kleine Sheba* von William Inge, das Drama der kleinstädtischen geistigen Enge des amerikanischen Mittelstandes: „Es ist kaum zu glauben, welche Bühnenwerke bei uns im Keller landen, obwohl in den Dramaturgien ‚höheren Orts' ständig über quälenden Stückmangel geklagt wird."[113]

Helmut H. Schwarz verlieh dem Spielplan des *Theaters der Courage* mit seinen fein durchdachten, ausgewogenen Inszenierungen sehr wesentliche Akzente. Besonders durch das Wagnis, Strindbergs *Vater*, den zu dieser Zeit Fritz Kortner in seiner eigenen Bearbeitung im Schillertheater in Berlin spielte, auf die kleine Bühne im Souterrain des Café Prückel zu bringen. Damit bewies er schlüssig, daß der schwierig zu realisierende skandinavische Dramatiker auch als Autor für die Kellertheater fruchtbar werden konnte.

Ein anderer zu Hoffnungen berechtigender junger Regisseur war Horst Kepka, der eine besonders lockere Hand für hintergründige, gehaltreiche Komödien zeigte. Er ging aber bald an große Bühnen des In- und des Auslandes.

Helmut Wagner, der schon im *Studio der Hochschulen* seine eminente, phantasievolle Regiebegabung bewiesen hatte, inszenierte so Divergierendes wie Pirandello, Edgar Wallace, Ugo Betti und die *Antigone* des Sophokles. Letztere mit der immer wieder von den Großtheatern übergangenen, verkannten und kraß unterschätzten, starken Schauspielerinnenpersönlichkeit Luise Prasser. John Steinbecks *Von Menschen und Mäusen*, das im *Theater in der Josefstadt* von den konservativen Zuschauern boykottiert worden war und dort nur sieben Aufführungen erreichte, machte Wagners subtile Regie zu einem großen Erfolg, der das *Courage*-Publikum begeisterte. Das Prinzip, bereits von großen Bühnen gegebene Stücke nachzuspielen, schien sich zu bewähren. Wagner versuchte es auch an Priestleys *Gefährliche Wahrheit*, die schon am *Volkstheater* zu sehen gewesen war, mußte sich jedoch, trotz gelungener Aufführung, warnen lassen, daß „bei dieser derzeit besten Kellerbühne (...) aus dem Spielplan nicht ein Nachspielplan wird".[114] Auch Peter Loos schrieb von einem „aufgewärmten Erfolg" und fragte: „Ist das der Sinn der Kellerbühnen? Volkstheater- und Josefstadtstükke nachzuspielen? Vorspielen müssen sie!"[115] Nun, sie taten es, indem Helmut Wagner *Durst vor dem Kampf* inszenierte, das Drama eines Berufsboxerschicksals von dem erst neunzehnjährigen Adolf Opel. Ein echtes Theatertalent war damit entdeckt: „Einen wirklich großen Abend hatte die *Courage* mit dieser Uraufführung."[116] Leider war der feinsinnige Helmut Wagner den Reibereien und Querelen nicht gewachsen, die jeder Bühnenbetrieb unausweichlich mit sich bringt. Er zog sich schließlich ganz aus der künstlerischen Tätigkeit zurück – zweifellos zum Schaden des österreichischen Theaterwesens.

August Rieger versuchte bei einer seiner letzten Regiearbeiten für das *Theater der Courage*, provokant *Romeo und Jeanette* von Anouilh nachzuspielen, das im Akademietheater schon 1947 in Herbert Wanieks Inszenierung glatt durchgefallen war. Aber trotz ausgezeichneter Besetzung mit Elisabeth Stemberger, Erna Perger, Josef Krastel, Fritz Zecha und Peter Weihs blieb es bei einem Achtungserfolg. Das Stück wurde abgelehnt: „Es ist eine Tragödie bürgerlicher Dekadenz, kein gesellschaftskritisches, sondern ein gesellschaftstötendes Stück."[117]

Von 1955 bis 1957 gehörte Herbert Wochinz als Schauspieler und Regisseur dem Ensemble an. Mit Genets *Die Dienstboten* (Les bonnes) gab er seine Visitenkarte ab als Regisseur der neuesten avantgardistischen französischen Dramatik, die bereits weit über Anouilh oder Sartre hinauswies. Weder seine fein ziselierende, das Stück förmlich zergrübelnde Arbeit noch das Drama selbst wurden aber anerkannt und als „Unsinn aus der Senkgrube" abqualifiziert.[118] Wahrscheinlich kam diese Konfrontation mit Genet für Wien zu früh.

Rüdiger Schmeidel, der im *Studio der Hochschulen* schon mit Michael Kehlmann zusammengearbeitet hatte, gelang eine hübsche, sehr treffend stilisierende Inszenierung von Sternheims *Der Nebbich*, hier *Die Rakete* betitelt, mit der großartigen Salondame Friederike Dorff, dem grotesken Walter Langer, Herbert Wochinz als herrlich dekadentem Adeligen und Kurt Müller als dem kleinen Handelsreisenden, der sich abstrampelt, um in die „besseren Kreise" aufzusteigen. Die Foxtrott- und Shimmy-Stimmung der zwanziger Jahre wurde heraufbeschworen, die Hohlheit des Bürgertums decouvriert und das Treibgut einer sich auflösenden Gesellschaft vorgeführt. Auf dem Franz-Josefs-Kai hatte später ebenso Sternheims *Kassette* großen Erfolg. So hatten Anregungen aus der Kolingasse auch anderswo Auswirkungen.

Dem steten Auf und Ab, dem Wechsel von Zustimmung und Ablehnung entsprach auch ein Kommen und Gehen der Schauspieler und Regisseure. August Rieger wanderte zum Film ab, später auch Edwin Zbonek. Wochinz machte sein eigenes *Theater am Fleischmarkt* auf. Als die Stammschauspieler der ersten Aufführungen Elisabeth Stemberger, Joseph Hendrichs, Günther Tabor, Rudolf Rösner, Volker Krystoph, Karl Mittner, Michael Toost u. a. an die großen Theater geholt wurden oder zu anderen Kellerbühnen wechselten, kamen für sie Henriette Hieß, Jolanthe Wührer, Luise Prasser, Ellen Umlauf, Kurt Mejstrik, Walter Langer, Fritz Holzer, Walter Scheuer, Wolfgang Gasser, Kurt Sobotka; zeitweise Friederike Dorff, Rüdiger Schmeidel, Georg Hartmann, Veit Relin. Auch für bereits renommierte Darsteller wie Erna Korhel, Hintz Fabricius, Karl Fochler oder Anton Gaugl war die *Courage* längst attraktiv geworden. Die Subventionierung hatte es ermöglicht, von der Teilung der Abendeinnahmen, der Gepflogenheit aus den Anfangsjahren, zu festen Abendgagen überzugehen. Ältere Rollen konnten jetzt mit adäquaten Darstellern besetzt werden. Blutjunge Leute mußten sich nicht mehr, wie dies in der Kolingasse üblich gewesen war, hinter grauen Bärten verstecken. Manche Schauspieler, etwa Kurt Radlecker und Peter Weihs, spielten an allen Kellertheatern abwechselnd, also auch hier. Dann kam schon die nächste Generation mit Margret Fuchs, Margot Philipp, Hans Joachim Schmiedel, Georg Lhotzky und löste die Vorrückenden ab.

Stella Kadmon, die in *Furcht und Elend des Dritten Reiches* natürlich auf der Bühne mitgewirkt hatte, trat später nur noch selten auf. Die Direktionsgeschäfte nahmen ihre Zeit reichlich in Anspruch. Neue Sorgen stellten sich ein. Der Besitzer des Café Prückel starb, seine Frau dachte daran, das Lokal zu verkaufen. Die Verlängerung des Mietvertrages lag ganz im ungewissen, und die Zukunft des Theaters schien – wieder einmal – gefährdet. In nicht zu großer Entfernung des bisherigen Standortes, Franz-Josefs-Kai 29, fand Stella Kadmon ein geeignetes Lokal, zentral gelegen, geräumig und ausbaufähig. Sie bereitete die Übersiedlung vor.

Der letzten Saison in der Biberstraße, 1959/60, gab ein großer Dramatikerwettbewerb noch besondere Bedeutung. Zugelassen war jedes neue Stück eines österreichischen Autors, welches im weitesten Sinn ein Minderheitenproblem behandelte. Unter fünfunddreißig Einsendungen erhielt Lida Winiewicz den ersten Preis. Ihr Schauspiel *Das Leben meines Bruders* wurde unter der Regie von Wolf Harnisch uraufgeführt, „die gehaltvollste aller Neuheiten des ganzen Spieljahres".[119] Das Stück zeigt drei weiße amerikanische Studenten, die gemeinsam in einem Wohnwagen leben. Als ein vierter, ein Farbiger, einzieht, beginnen konfliktreiche Diskussionen über Rassentrennung und friedliches Zusammenleben – Rassenprobleme in den USA. So blieb Stella Kadmon auch mit diesem Werk ihren Intentionen der Toleranz und der Verständigung treu.

Das *Theater der Courage* spielte immer einen realistischen Stil, kaum gab es formale Experimente. Die Strömungen der „instrumentalen" Stilisierung oder des Absurden fanden keinen Eingang. Schon Genets *Die Dienstboten* war hier als einigermaßen unpassend empfunden worden.

Die Umstände des Theateralltags zwangen Stella Kadmon manchmal, gegen ihre Überzeugung zu handeln. 1954 sagte sie in einem Interview: „Ich habe einen Eid geschworen: Nie mehr in meinem Leben wird in meinem Theater ein Lustspiel aufgeführt! Vierzig Premieren hatten wir seit der Wiedereröffnung; davon waren nur sechs Lustspielen gewidmet. Alle sechs waren Durchfälle. Nach dem letzten habe ich jetzt endgültig genug!"[120] Aber wenige Monate danach eröffnete sie die neue Saison mit der Uraufführung der Burleske mit Musik *Frauendiktatur (Weibervolksver-*

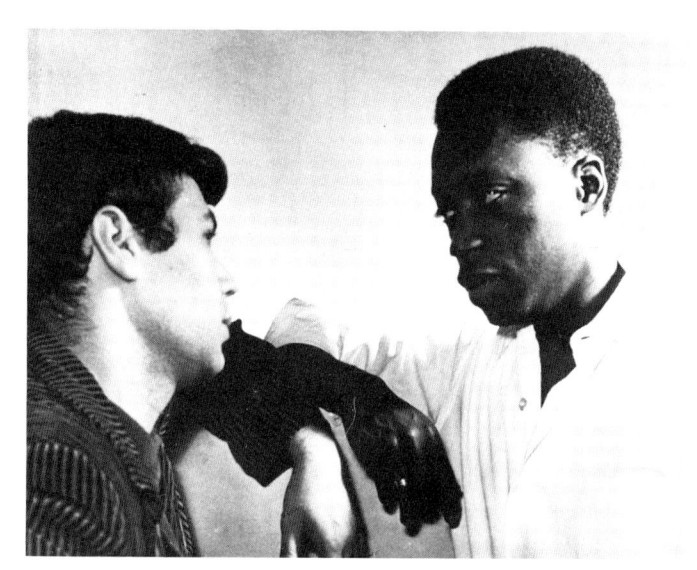

Lida Winiewicz: Das Leben meines Bruders
Antonis Lepeniotis, Charles E. Johnson

sammlung) von Carl Merz nach Aristophanes. Es wurde ein Mißerfolg. Dem Autor warf man Saft- und Kraftlosigkeit vor, „eine solche Ansammlung von Plattheiten und Geschmacklosigkeiten bei solchem Mangel an Witz ist beispiellos".[121] Der Ausfall einiger Schauspieler, das nicht rechtzeitige Eintreffen eines angeforderten Manuskriptes, hatten die Aufführung des erfolglosen Stückes, gegen besseres Wissen, notwendig gemacht. Mit diesen Zufälligkeiten und Abhängigkeiten mußte man in den Wiener Kellertheatern jederzeit leben. Stella Kadmon lebte damit – beinahe vierzig Jahre!

Sie bezog ein größeres Theater mit nunmehr fixem Budget, rettete viel von ihrem persönlichen Pioniergeist hinüber, aber es war nicht mehr Kellertheater im Sinne der Nachkriegsjahre. Ein wohlwollender Freund äußerte besorgt: „Jetzt wird sie zu Tode subventioniert!"

Die Publizisten haben sie ehrend die „Mutter Courage des Wiener Theaters" genannt. Bei der Eröffnung des neuen Hauses auf dem Franz-Josefs-Kai im Oktober 1960 bezeichnete sie Hans Mandl, der damalige Vizebürgermeister und Kulturstadtrat, als „(...) mit ständiger Aufopferung jahrzehntelang erfolgreich". Bald danach hatte sie dort eine Palastrevolution dreier begabter junger Umstürzler abzuwehren, die meinten, sie habe nun lange genug regiert. Zuletzt löste sie auch selbst auf plausible Weise die dringend gewordene Nachfolgefrage 1982 mit glücklicher Hand. Viele zeitbedingte Wandlungen hat ihr Theater vollführt, ist aber eines geblieben: die *Courage*.

Spielpläne des *Theates der Courage*
Gegründet als *Lieber Augustin* von Stella Kadmon 1931, zwangsweise geschlossen am 11. März 1938. Wiedereröffnet am 1. Juni 1945 unter der Direktion von Fritz Eckhardt, seit September 1946 von Carl Merz, seit Oktober 1947 von Stella Kadmon.

1948
15.4.48 Ö *Furcht und Elend des Dritten Reiches* von Bertolt Brecht.
R: August Rieger, B: Rudi Faschingbauer.
D: Günther Tabor (Rudolf Rösner), Karl Mittner, Joseph Hendrichs, Ellen Hutter, Walter Hortig, Erika Rautenberg, Stella Kadmon, Hilde Antensteiner.

1948/49 nach Umbenennung in *Theater der Courage*
15.10.48 U *Das kleine Weltwirtshaus*, Sch von Siegfried Freiberg.
R: August Rieger, B: Rudi Faschingbauer.
D: Gustav Schlegel-Schreyvogel, Elisabeth Stemberger, Alfred Cerny, Karl Mittner, Rosa Heyl, Joseph Hendrichs, Hans Pfeiffer, Ellen Hutter, Ernst Adamek, Walter Hortig, Rudolf Rösner, Otto Stenzel.

3.12.48 Ö *Draußen vor der Tür* von Wolfgang Borchert.
R: August Rieger, B: Max Meinecke.
D: Joseph Hendrichs, Elisabeth Stemberger, Volker Krystoph, Walter Hortig, Rosa Heyl, Ellen Hutter, Peter Hill, Otto Stenzel, Rudolf Rösner.

25.12.48 U *Hinter den Kulissen*, ein Kabarettprogramm von Wilhelm Pribil.
R: August Rieger, B: Lu Rybiczka, M: Walter Schlager.
D: Josef Schwimann, Rudolf Rösner, Erika Rautenberg, Elisabeth Stemberger, Karl Stejskal, Ellen Hutter, Ernst Adamek, Walter Hortig, Stella Kadmon.

23.2.49 Ö *Das unterschlug Homer*, Kom 3 A von Horst Lommer.
R: August Rieger, B: Lu Rybiczka, K: Gertrud Stemberger.
D: Rudolf Rösner, Ellen Hutter, Gustav Schlegel-Schreyvogel, Volker Krystoph, Elisabeth Stemberger, Otto Stenzel, Walter Hortig.

23.3.49 Ö *Bis der Schnee schmilzt* von Herrmann Mostar.
R: August Rieger, B u. K: Alice M. Schlesinger.
D: Erika Rautenberg, Ilse Kipper, Elisabeth Stemberger, Stella Kadmon, Alfred Cerny, Gustav Schlegel-Schreyvogel, Rudolf Rösner, Volker Krystoph, Karl Mittner, Walter Hortig.

1949/50
8.10.49 U *Die Patrouille*, Sch von Wilhelm Steiner.
R: August Rieger, B: Gerhard Hruby, K: Alice M. Schlesinger.
D: Walter Hortig, Rudolf Dürr, Michael Toost, Otto Stenzel, Rudolf Rösner, Volker Krystoph, Ernst Meister, Erika Rautenberg, Trude Sekler.

danach Ö *Das Zeichen des Jona*, Sp von Günther Rutenborn.
R: August Rieger, B: Gerhard Hruby, K: Alice M. Schlesinger.
D: Rudolf Dürr, Charlotte Bauer, Erna Geisler, Trude Sekler, Rudolf Rösner, Olga Togni, Ernst Meister, Auguste Welten, Otto Stenzel, Erika Rautenberg.

12.11.49 Ö *Das Floß der Medusa*, Vsp, sieben Tage, Nsp von Georg Kaiser.
R: August Rieger, B: Felix Smetana.
D: Charlotte Bauer, Trude Hajek, Elisabeth Konodi, Elfriede Rosenberg, Sissy Schiller, Lilli Schmuck, Alfred Cerny, Percy Dreger, Kurt Rainer, Leo Selenko, Josef Zaussinger, Fritz Zecha.

25.12.49 U *Wir schwimmen*, Kabarettrevue von Wilhelm Pribil.
R: August Rieger, M: Walter Schlager.
D: Rudolf Rösner, Walter Hortig, Otto Stenzel, Michael Toost, Percy Dreger, Elfriede Rosenberg, Mara Ghosta, Erna Geisler, Trude Sekler.

15.1.50 Ö *Die ehrbare Dirne* (La puce respectueuse), Sch 2 A von Jean-Paul Sartre.
R: August Rieger, B: Felix Smetana.
D: Klaramaria Skala, Michael Toost, Walter Hortig, Rudolf Rösner, Otto Stenzel, Percy Dreger.

danach Dt *Wiegenlied im 20. Jahrhundert,* Sz von Cedric Mount.
R: August Rieger, B: Felix Smetana.
D: Klaramaria Skala, Otto Stenzel, Michael Toost, Percy Dreger, Rudolf Rösner, Elfriede Rosenberg, Walter Hortig, Erna Geisler.

21.3.50 *Altes Neues vom Kabarett,* Chansonabend Stella Kadmon. Am Flügel: Walter Schlager.

10.4.50 Ö *Die chinesische Mauer,* Farce von Max Frisch.
R: August Rieger, B: Felix Smetana, K: Charlotte Bauer.
D: Jan Steinberg, Walter Hortig, Klaramaria Skala, Michael Toost, Otto Stenzel, Elfriede Rosenberg, Trude Sekler, Auguste Welten, Rudolf Rösner, Ernst Paudler, Charlotte Bauer, Ludwig Drexler, Erna Geisler, Peter Hill.

12.5.50 U *Couragiertes Brettl,* Kleinkunstrevue von Wilhelm Pribil.
R: August Rieger, B: Felix Smetana, M: Walter Schlager.
D: Otto Stenzel, Michael Toost, Percy Dreger, Trude Sekler, Elfriede Rosenberg, Walter Hortig, Erna Geisler, Mara Ghosta, Rudolf Rösner, Stella Kadmon.

1950/51

17.10.50 Ö *Die Ballade vom Eulenspiegel* von Günther Weisenborn.
R: August Rieger, B: Harry Glück, K: Carla Tietz, M: Walter Schlager.
D: Leonhard Horak, Elisabeth Stemberger, Erika Zobetz, Martin Hirthe, Percy Dreger, Gustav Schlegel-Schreyvogel, Otto Stenzel, Michael Toost, Hilde Rom, Rudolf Rösner, Ernst Seelig, Otto Strauß.

25.12.50 U *Der dritte Jedermann,* Kabarettrevue von Wilhelm Pribil, Gerhard Bronner und Ruth Raffael.
R: August Rieger, B: Wolfgang Müller-Karbach, M: Walter Schlager und Gerhard Bronner.
D: Ingold Platzer, Walter Langer, Michael Toost, Elisabeth Stemberger, Hilde Rom, Leonhard Horak, Otto Stenzel, Rudolf Rösner, Stella Kadmon.

26.1.51 U *Simone und der Friede,* L 3 A von Georges Roland.
R: August Rieger, B: Felix Smetana.
D: Elisabeth Stemberger, Hilde Rom, Martin Hirthe, Michael Toost, Alexander Taghoff, Leonhard Horak, Rudolf Rösner, Otto Stenzel.

26.4.51 Ö *Die schrecklichen Eltern,* Trkom 3 A von Jean Cocteau.
R: August Rieger, B: Felix Smetana.
D: Trixi Wirth, Ursula Claren, Elisabeth Stemberger, Rudolf Rösner, Helmut Wlasak.

29.4.51 U *Drei unbekannte Einakter* von Anton Wildgans: 1. *Freunde,* 2. *Der Löwe,* 3. *Das Inserat.*
R: August Rieger, B: Felix Smetana.
D: Alexander Taghoff, Otto Stenzel, Ursula Claren, Ingold Platzer, Martin Hirthe, Leonhard Horak, Rudolf Rösner.

1951/52

10.10.51 Ö *Die Spieldose,* Kom von Georg Kaiser.
R: August Rieger, B: Felix Smetana, K: Carla Tietz.
D: Rolf Wanka, Elisabeth Stemberger, Claus Logau, Ernst Gegenbauer.

11.11.51 Ö *Die Rassen,* Sch 3 A von Ferdinand Bruckner.
R: August Rieger, B: Felix Smetana.
D: Rolf Wanka, Ernst Gegenbauer, Claus Logau, Rudolf Rösner, Eduard Kliemstein, Stella Kadmon, Kurt Rainer, Walter Grieder.

25.12.51 Ö *Der Ball der Diebe,* Ballett für Schauspieler von Jean Anouilh.
R: Theodor Grädler, B: Hans Ockermüller.
D: Walter Simmerl, Claus Logau, Alexander Taghoff, Albert Parsen, Nada Obereigner, Aimée Stadler, Grit Hohensinn, Karl Augustin, Josef Hellmut, Walter Teltsch, Paul Konno.

1.2.52 Ö *Die Wandlung des Sebastian,* Kriminalstück von Henri Troyat.
R: August Rieger, B: Gustav Axel Bergmann.
D: Otto Stenzel, Helene Croy, Ilse Peternell, Herbert Rottmann, Rolf Wanka, Ursula Claren, Anja Orlowska.

24.3.52 U *Die enge Gasse,* Sch von Franz Hiesel.
R: Raoul Martinée, B: Felix Smetana.
D: Gertrud Kirchsteiger, Maria Urban, Auguste

Welten, Kurt Bülau, Rudolf Dürr, Josef Gmeinder, Josef Hellmut, Josef Klose, Kurt Müller-Böck, Anton Rudolph.

20.5.52 Ö *Die Narbe*, Sch von André Birabeau.
R: Otto Löwe, B: Willy Pfeiffer.
D: Gerhard Klingenberg, Christine Storm, Kitty Oertl.

1952/53

3.10.52 Ö *Die Neuberin* von Günther Weisenborn.
R: Wilhelm Hufnagl, B: E. Hilger.
D: Jolanthe Wührer, Wilhelm Hufnagl, Kurt Bülau, Karl Baumgarten, Elfriede Rammer, Viktor Gschmeidler, Helly Kreuzer, Walter Scheuer, Leo Selenko.

10.10.52 U *Einer*, Sch von Rune Ruhnbro.
R: Edwin Zbonek, B: Willy Pfeiffer, M: Hugo Lindh, Hilding Rosenberg und Alson-Ewe.
D: Eduard Loibner, Kitty Oertl, Christine Storm, Anton Rudolph, Fritz Holzer, Franz Hawelka, Anny Schönhuber, Friedrich Kallina, Susanne Schönwiese.

11.11.52 U *Don Juan kommt zurück*, Sch 3 A von Ödön von Horváth.
R: Edwin Zbonek, B: Willy Pfeiffer.
D: Robert Werner, Grete Söhren, Eva Roberts, Anny Schönhuber, Anna Herburger-Anzengruber, Kitty Oertl, Helly Kreuzer, Elfriede Rammer, Susanne Schönwiese, Jolanthe Wührer.

3.12.52 *Der Trommelbub*, dramatische Ballade von Traugott Krischke.
R: Ernst Hilger, B: Lorenz Withalm, M: Heinz Horak.
D: Leo Selenko, Elfriede Rammer, Fritz Holzer, Karl Baumgarten, Walter Scheuer, Rudolf Kautek, Hans Lechleitner-Nießler.

25.12.52 Ö *Morgen ist auch ein Tag*, L 3 A von Heinz Coubier.
R: Walter Gynt, B: Lorenz Withalm.
D: Gottfried Pfeiffer, Kitty Oertl, Luise Prasser, Karl Baumgarten, Gerhard Wahl, Traute Kraus, Johannes Ferigo, Jolanthe Wührer, Elfriede Rammer, Walter Scheuer.

18.2.53 *Die respektvolle Dirne* (La puce respectueuse), Sch 2 A von Jean-Paul Sartre.
R: August Rieger, B: Lorenz Withalm.
D: Elisabeth Stemberger, Fritz Zecha, Josef Krastel (Johannes Ferigo), Sam Roberts, Hans Weiler, Franz Schafranek, Helmuth Matiasek.

24.2.53 Ö *Die Auferweckung des Lazarus*, Sch von Charles Wilson.
R: Polly Kügler, B: Lorenz Withalm.
D: Johannes Ferigo, Jolanthe Wührer, Eddy Brosch-Shorp, Peter Versten, Joe List, Hanns Dressler, Hermann Giese.

23.3.53 Ö *Gericht bei Nacht*, Sch von Ladislaus Fodor.
R: Helmut H. Schwarz, B: Lorenz Withalm.
D: Fred Grundei, Walter Sofka, Hintz Fabricius, Gerhard Mörtl, Otto Gutschy, Johannes Ferigo, Stella Kadmon, Willy Scherdeck, Josef Hübner, Kurt Sobotka, Kitty Oertl, Lotte Tobisch, Lois Pollinger.

13.5.53 *Romeo und Jeanette*, Sch 4 A von Jean Anouilh (Ü: Fritz Habeck, für das Avantgardetheater neubearb. von August Rieger).
R: August Rieger, B: Lorenz Withalm, K: Marcel André, M: Paul Kont.
D: Josef Krastel, Elisabeth Stemberger, Erna Perger, Peter Weihs, Fritz Zecha, Marianne Lozal, Franz Schafranek.

5.6.53 U *Ein Boot will nach Abaduna*, St 2 T von Kurt Benesch.
R: Edwin Zbonek, B: Lorenz Withalm.
D: Peter Wimmer, Alfred Heger, Fritz Holzer, Kurt Bauer, Maria Rieder, Elisabeth Gruber, Joe List, Walter Sofka, Helmuth Matiasek, Charlotte Weninger, Gerhard Mörtl, Kurt Hradek, Herbert Kersten.

1953/54

16.9.53 *Der Vater*, Dr 3 A von August Strindberg.
R: Helmut H. Schwarz, B: Lorenz Withalm.
D: Hintz Fabricius, Erna Korhel (Luise Prasser), Christl Erber, Walter Sofka, Josef Hübner, Toni Bukovics, Harald Kunz.

16.10.53 *Nachtschatten*, drei angelsächsische Einakter:
Dt *Verzeihung falsch verbunden* von Lucille Fletcher (Ü und Bearb: Manfred Vogel).
D: Stella Kadmon, Ettore Gaipa, Kurt Radlecker, Evelyn Tippell, Grete Söhren, Fritz Widhalm-Windegg, Peter Ertelt.
Ö *Porträt einer Jungfrau* von Tennessee Williams (Ü: Florian Kalbeck).

D: Elisabeth Epp, Fritz Hofbauer (Josef Hübner), Peter Ertelt, Ettore Gaipa, Grete Söhren, Fritz Widhalm-Windegg.
Dt *Bedtime Story,* Burleske von Sean O'Casey (Ü: Elisabeth Freundlich).
D: Evelyn Tippell, Kurt Radlecker, Peter Ertelt, Grete Söhren.
R: Edwin Zbonek, B: Lorenz Withalm.

2.12.53 *Ein Inspektor kommt,* Sch 3 A von John B. Priestley.
R: Edwin Zbonek, B: Lorenz Withalm.
D: Walter Simmerl, Hanns Dressler, Lola Urban-Kneidinger, Susanne Schönwiese, Fritz Holzer, Herbert Kersten, Gertrude Uhlir.

31.12.53 U *Einmal reißt der Faden,* L von Otto Ambros.
R: Otto Ambros, B: Lorenz Withalm.
D: Elisabeth Stemberger, Otto Ambros, Susanne Schönwiese, Loek Huisman, Emmy Rügenau, Karl Böhm, Julius Filip, E. A. Georges.

29.1.54 Dt *Der Himmel kommt später* von Surrey Smith.
R: Polly Kügler, B: Lorenz Withalm.
D: Walter Gynt, Ellen Umlauf, Albert Rueprecht, Hugo Riedl, Rose Renée Roth, Hans Lazarowitsch, Ingold Platzer, Egbert Greifeneder.

24.2.54 Ö *Don Juans Erwachen,* Sch von Michel Aucouturier.
R: August Rieger, B: Lorenz Withalm, M: Walter Schlager.
D: Elisabeth Stemberger, Ellen Nowak, Ingold Platzer, Elfriede Rosenberg, Edith Jarno, Roswitha Brix, Maria Kilga, Walter Sofka, Loek Huisman, Hans Lazarowitsch, Franz Schafranek, Herbert Kersten.

25.3.54 Dt *Die wilde Flamme,* Sch von John Steinbeck.
R: Ettore Gaipa, B: Lorenz Withalm.
D: Ellen Umlauf, Hanns Dressler, Walter Sofka, Hannes Siegl.

28.4.54 Dt *Unser geliebtes Theater,* Kom von Robert Morley.
R: Edwin Zbonek, B: Lorenz Withalm.
D: Susanne Schönwiese, Ingold Platzer, Fritz Holzer, Lola Urban-Kneidinger, Fritz Widhalm-Windegg, Hans Lazarowitsch.

14.5.54 *Thérèse Raquin,* Sch von Emile Zola.
R: Edwin Zbonek, B: Lorenz Withalm.
D: Ellen Umlauf, Maria Rieder, Kurt Radlecker, Hannes Siegl, Fritz Widhalm-Windegg, Albert Parsen, Christl Erber.

1954/55

30.9.54 U *Frauendiktatur,* Mus Kom von Carl Merz.
R: Carl Merz, B: Lorenz Withalm, K: Carla Tietz, M: Alf May.
D: Otto Zokan, Ellen Umlauf, Alfred Böhm, Kurt Radlecker, Hilde Rom, Ellen Nowak, Karl Mittner, Hanna Wihan, Erika Zobetz.

13.11.54 Ö *Im Räderwerk* von Jean-Paul Sartre.
R: Edwin Zbonek, B: Helmut Wagner.
D: Curt Eilers, Karl Mittner, Kurt Radlecker, Fritz Holzer, Albert Parsen, Walter Langer, Alfred Böhm, Walter Janata, Kurt Mejstrik, Alfred Walchensteiner, Jolanthe Wührer, Peter Müller.

29.11.54 *Antigone,* Tr von Sophokles
R: Helmut Wagner, B: Carla Tietz.
D: Luise Prasser, Steffi Freund, Rudolf Bary, Walter Gerhardt, Fritz Holzer, Kurt Mejstrik, Georg Hartmann, Walter Langer, Jolanthe Wührer, Volker Krystoph, Norbert Kammil, Kurt Radlecker.

29.1.55 *Sonkin und der Haupttreffer,* Trkom 3 A von Semjon Juschkewitsch.
R: Bruno Dallansky, B u. K: Wolfgang Moser.
D: Kurt Radlecker, Ellen Nowak, Christine Storm, Walter Langer, Kurt Mejstrik, Armand Ozory, Hans Normann, Martha Strohschneider.

15.2.55 Ö *Nächte des Zorns,* St 2 T von Armand Salacrou (Ü: Paul Mochmann).
R: Helmut H. Schwarz, B: Wolfgang Moser, M: Felix Schleiffelder.
D: Maria Urban, Peter Weihs, Ellen Nowak, Kurt Radlecker, Kurt Müller, Kurt Mejstrik, Walter Langer, Kurt Sobotka.

19.3.55 Dt *Abrechnung* von Marc Gilbert Sauvajon.
R: Edwin Zbonek, B: Carla Tietz.
D: Franz Pfaudler, Walter Simmerl, Gerhart Wilhelm, Margreth Löw, Walter Langer, Lydia Weiss, Grete Bukovics, Erna Korhel, Hans Borsody, Karl Fochler, Friedl Irrall, Elfie Harbich.

13.4.55 Dt *Der Spieler,* Dr von Ugo Betti.
R: Helmut Wagner, B: Wolfgang Moser.
D: Georg Hartmann, Steffi Freund, Luise Prasser, Maria Menzel, Kurt Radlecker, Walter Langer,

	Kurt Mejstrik.
3.6.55	U *Das Blaue vom Himmel* von Edmund Wolf. R: Edwin Zbonek, B: Lorenz Withalm. D: Jeff Palme, Karl Mittner, Michael Toost, Friedl Irrall, Walter Langer, Leopold Hainisch, Elfie Harbich, Peter Müller.
17.6.55	U *Durst vor dem Kampf* von Adolf Opel. R: Helmut Wagner, B: Wolfgang Moser. D: Walter Scheuer, Steffi Freund, Rüdiger Schmeidel, Georg Hartmann, Kurt Radlecker, Friederike Weber, Walter Langer, Maria Menzel, Kurt Mejstrik.

1955/56

13.10.55	*Gefährliche Wahrheit* (Dangerous Corner), Sp 3 A von John B. Priestley. R: Helmut Wagner, B: Kurt Kaiser. D: Georg Hartmann, Erna Korhel, Walter Scheuer, Steffi Freund, Franziska Kalmar, Herbert Wochinz, Grete Söhren.
18.11.55	Ö *Die Kraft und die Herrlichkeit* von Graham Greene (für die Bühne bearb. von Dennis Cannen und Pierre Bost, Ü: Axel Cornelius). R: Helmut H. Schwarz, B: Gerhard Hruby und Friedrich Schimek. D: Karl Fochler, Herbert Wochinz, Georg Hartmann, Walter Scheuer, Werner Wöss, Anneliese Tausz, Edith Wöber, Walter Janata, Armand Ozory, Auguste Welten, Kurt Müller-Reitzner, Josef Ettlinger, Peter Dux, Johannes Ferigo, Kurt Radlecker, Joe Trummer, Steffi Freund.
30.12.55	Ö *Die Rakete* (Der Nebbich), L von Carl Sternheim. R: Rüdiger Schmeidel, B: Kurt Kaiser. D: Friederike Dorff, Kurt Müller, Stefan Stefanowicz, Kurt Sobotka, Herbert Wochinz, Walter Langer, Kurt Mejstrik, Steffi Freund, Hans Raimund Richter, Werner Richards, Ernst Suchanek, Olga Suchy.
15.2.56	Dt *Die Dienstboten* (Les Bonnes) von Jean Genet. D: Luise Prasser, Friederike Dorff, Erna Korhel.
danach	Dt *Die sanften Geständnisse* von Georges Arnaud. D: Kurt Müller-Reitzner, Herbert Wochinz, Walter Langer, Gitta Köhler, Kurt Mejstrik. R: Herbert Wochinz, B u K: Hubert Aratym.
28.3.56	*Musik oder Der Fluch der Lächerlichkeit*, Sittengemälde 4 B von Frank Wedekind. R: Hans Winge, B: Helmuth Wokaun und Moshé Ekstermann. D: Herbert Wochinz, Irma Brama, Friederike Dorff, Walter Langer, Kurt Mejstrik, Auguste Welten, Kurt Radlecker, Marga König, Carl Heinz Friese.
28.4.56	Dt *Straße ohne Bäume* St 3 A von Ted Willis (Ü: Dorothea Gotfurt). R: Helmut Wagner, B: Joannis Silveris. D: Gretl Elb, Brigitte Köhler, Kurt Mejstrik, Walter Langer, Gerhard Klingenberg, Friederike Dorff, Norbert Schrey, Eugen Soukup.
14.6.56	U *Das Leben nebenan* (Die Tochter – Die Aktentasche), 2 A von Ruth Kerry. R: Helmut Wagner, B: Moshé Ekstermann. D: Luise Prasser, Susi Exl, Edith Horvay, Brigitte Köhler, Walter Langer, Kurt Mejstrik, Walter Scheuer, Eugen Soukup, Norbert Schrey.

1956/57

5.10.56	Ö *Der schwarze Mönch*, Kriminalstück von Edgar Wallace. R: Helmut Wagner, B: Moshé Ekstermann. D: Eugen Marion, Johannes Ferigo, Gottfried Pfeiffer, Walter Scheuer, Walter Langer, Walter Simmerl, Luise Prasser, Friederike Dorff, Brigitte Köhler, Herbert Wochinz, Herbert Fux, Kurt Mejstrik.
15.11.56	Dt *Die Karabinieri* von Benjamino Joppolo. R: Herbert Wochinz, B: Moshé Ekstermann. D: Auguste Welten, Luise Prasser, Walter Scheuer, Kurt Mejstrik, Walter Langer, Karl Schellenberg.
20.12.56	Ö *Dreizehn bei Tisch* von Marc Gilbert Sauvajon. R: Adolf Böhmer, B: Moshé Ekstermann. D: Brigitte Köhler, Friederike Dorff, Rosemarie Strahal, Walter Langer, Ludwig Hillinger, Herbert Wochinz, Walter Scheuer, Kurt Mejstrik.
24.2.57	*Von Menschen und Mäusen*, Sch 6 B von John Steinbeck. R: Helmut Wagner, B: Matthias Kralj. D: Kurt Mejstrik, Walter Scheuer, Walter Langer, Ludwig Hillinger, Willy Schäfer, Ingold Platzer, Herbert Wochinz, Hans Eybl, Otto Gassner, Wolfgang Bekh.
25.4.57	*Die Husaren kommen* von P. A. Breal.

R: Herbert Wochinz, B: Matthias Kralj, K: Lisl Hatina.
D: Walter Langer, Elfriede Harbich, Auguste Welten, Walter Scheuer, Kurt Mejstrik, Ingold Platzer, Toni Kern, Illa Kovarik, Jürgen Strasser, Otto Gassner, Herbert Wochinz, Hans Eybl.

5.6.57 Ö *Die Nackten kleiden,* Sch von Luigi Pirandello.
R: Helmut Wagner, B: Matthias Kralj.
D: Brigitte Brion, Kurt Mejstrik, Walter Scheuer, Herbert Wochinz, Walter Langer, Elfie Harbich.

1957/58

28.9.57 Ö *Philemon und Baukis,* Sch von Leopold Ahlsen.
R: Fritz Zecha, B: Ferdinand Friedl.
D: Anton Gaugl (Gustav Dieffenbacher), Auguste Ripper, Hanns Obonja, Otto Gassner, Walter Langer, Kurt Mejstrik, Walter Sider, Maria Walenta, Tom Krinzinger, Kurt Sobotka, Wolfgang Gasser.

7.11.57 Ö *Komm wieder, kleine Sheba,* Sch 2 A von William Inge (Ü: Leo Mittler).
R: Horst Kepka, B: Claus Pack.
D: Karl Schmucker, Elfie Haas, Marianne Kober, Walter Scheuer, Berthold Sene (Gerhart Wilhelm), Elfie Harbich, Otto Gassner, Kurt Mejstrik, Walter Langer, Wolfgang Gasser.

20.12.57 Ö *Straußeneier,* L von André Roussin.
R: Wilhelm Hufnagl, B: Wolfgang Moser und Ferdinand Friedl.
D: Tino Schubert, Horst Fitzthum, Rosl Dorena, Gustaf Dennert, Susanne Polsterer, Elfie Harbich.

10.2.58 Ö *Der versteinerte Wald* (The Petrified Forest), Sch 2 A von Robert E. Sherwood (Ü: Peter Sandberg).
R: Edwin Zbonek, B: Ferdinand Friedl.
D: Franz Mössmer, Viktor Kreisl, Walter Scheuer, Karl Augustin (Gerhart Wilhelm), Felix Pflichter, Henriette Hieß, Peter Weihs, Gustaf Dennert, Helen Arcon, Kurt Sobotka, Karl Spanner, Kurt Mejstrik, Gerhart Wilhelm (Berthold Sene).

20.3.58 Ö *Die Königin und die Rebellen,* Sch von Ugo Betti.
R: Gandolf Buschbeck, B: Ferdinand Friedl.
D: Elsa Moltzer, Petra Hold, Tino Schubert, Lois Pollinger, Kurt Mejstrik, Anton Rudolph, Peter Fritsch, Kurt Sobotka, Viktor Kreisl, Erika Fischer.

24.4.58 Ö *Tugend um jeden Preis,* Sch von Armand Salacrou.
R: Robert Horky, B: Felix Smetana.
D: Robert Werner, Ruth Winter, Carl Heinz Friese, Paula Brosig-Hell, Kurt Mejstrik, Karl Spanner, Inge Toifl, Elfie Harbich.

5.6.58 U *Verdunkelung,* Sch von Erika Mitterer.
R: Edwin Zbonek, B: Sylvia Strahammer.
D: Franz Haas, Roswitha Posselt, Gudrun Erfurth, Kurt Mejstrik, Peter Kraus, Raimund Kuchar, Elfie Harbich, Christine Storm.

1958/59

16.10.58 *Das Schweigen,* Dr von Roman Brandstätter.
R: Wolf Harnisch, B: Helmut Doyscher.
D: Wolf Harnisch, Ilse Lafka, Gudrun Erfurth, Richard Eggartner, Andrea Ronai, Alfons Bertoldi.

4.12.58 *Mademoiselle,* L von Jacques Duval.
R: Horst Kepka, B: Claus Pack, K: Gerdago.
D: Wolf Harnisch, Kurt Mejstrik, Thomas Brehm, Kurt Radlecker, Marianne Kober, Stella Kadmon, Eva Iro, Irene Hammer, Edith Wöber.

13.2.59 Dt *Der Immoralist,* Sch von Ruth und August Goetz nach André Gide.
R: Wolf Harnisch, B: Veit Relin.
D: Veit Relin, Henriette Hieß, Wolfgang Gasser, Karl Augustin, Richard Eggartner, Wolf Harnisch, Antonis Lepeniotis, Steffi Thaller.

11.3.59 Ö *Das Fräulein und der Zufall,* Sch 3 A von Auguste Defresne.
R: Horst Kepka, B: Helmut Barr.
D: Marianne Kober, Kurt Radlecker, Thomas Brehm, Irene Hammer, Edith Hieronimus, Georg Lhotzky, Kurt Mejstrik, Emil Feldmar, Franz Haas.

28.4.59 Ö *Leidenschaften,* drei Einakter von Eugene O'Neill.
R: Edwin Zbonek, B: Jules Borsody.
In der Zone (Ü: Rita Matthias)
D: Kurt Mejstrik, Wolfgang Gasser, Kurt Sobotka, Karl Kelle Riedl, Werner Pochlatko.
Der Strick (Ü: Marianne Wentzel)
D: Kurt Mejstrik, Wolfgang Gasser, Marianne Kober, Franz Zellhausen, Edith Wöber.
Tran (Ü: Marianne Wentzel)

5.6.59	D: Wolfgang Gasser, Elisabeth Orth, Kurt Sobotka, Thomas Brehm, Werner Pochlatko. Ö *Die Schreibmaschine,* St 3 A von Jean Cocteau (Ü: Boris von Borresholm). R: Wolf Harnisch, B: Veit Relin. D: Erich Padalewsky, Michael Rabanus, Elisabeth Woska, Elsa Moltzer, Walter Langer, Margret Fuchs.

1959/60

14.10.59	*Die Braut von Messina* oder *Die feindlichen Brüder,* Tr mit Chören von Friedrich von Schiller. R u B: Veit Relin. D: Roswitha Posselt, Walter Regelsberger, Adolf Wessely, Margret Fuchs, Wolf Harnisch, Hans Christian, Francis Kristian, Hans Joachim Schmiedel.
4.12.59	Ö *Die Türen knallen* (Les portes claquent), Kom 3 A von Michel Fermand (Ü: Ernst Sander). R: Wolf Harnisch, B: Alix Basch. D: Ernst Gegenbauer, Stella Kadmon, Wolf Harnisch, Brigitte Antonius, Jürg Holl, Margot Philipp, Tua Sigmund-Paller, Rose Renée Roth, Elke Claudius, Hans Joachim Schmiedel, Julius Kövary.
11.2.60	Ö *Die Tabakstraße,* Sch von Erskine Caldwell. R: Edwin Zbonek, B: Lorenz Withalm. D: Peter Weihs, Helga Dohrn, Elisabeth Roth, Walter Vogel, Friederike Dorff, Adolf Wessely, Julius Kövary, Kurt Sobotka, Felix Pflichter.
18.3.60	Ö *Das Mädchen vom Lande* (Country Girl), Sch von Clifford Odets. R: Helmut H. Schwarz, B: Rudolf Schneider Manns-Au. D: Peter Weihs, Ellen Umlauf, Georg Hartmann, Kurt Büscher, Kurt Radlecker, Adolf Wessely, Margot Philipp.
26.5.60	U *Das Leben meines Bruders,* Sch von Lida Winiewicz. R: Wolf Harnisch, B: Antonis Lepeniotis. D: Hans Joachim Schmiedel, Georg Lhotzky, Heinz Payer, Charles E. Johnson, Henriette Hieß, Kurt Büscher. Beendigung des Spielbetriebes im Café Prückel, Umzug auf den Franz-Josefs-Kai 29.

Es gärt!
Studio junger Schauspieler – Szene 48 – Theater der 49

„Solch junges Volk ist nicht bestrebt,
sich an reiferen Geistern zu bilden."
Christopher Fry,
The Lady's not for Burning, 2. Akt

Bei Verfolgung der Geschicke des *Theaters der Courage* bis zum Jahr 1960 habe ich bereits einige reife Inszenierungen von Helmut H. Schwarz erwähnt. Jetzt muß ich wieder ins Jahr 1948 zurückkehren und Schwarz als an seinem Anfang stehenden Regisseur vorstellen. Dieses Hin- und Herspringen in der Chronologie ist unvermeidlich, weil ja die Entwicklung der einzelnen Bühnen im linearen Ablauf dargestellt werden soll, wodurch sich Überkreuzungen, zeitliche Überschneidungen und personelle Verflechtungen ergeben. Aber dieser scheinbare Wirrwarr macht mir nichts aus. Er ist sehr sinnvoll und typisch, da er ja nur die Verworrenheit der Verhältnisse widerspiegelt.

Eine Schar angehender Schauspieler, die sich im Konservatorium der Stadt Wien auf ihren Beruf vorbereiteten, wollte aus der Schulenge heraustreten und in den Wiener Volksbildungshäusern ein Stück aufführen. Die Wahl fiel auf Hans Weigels *Barabbas*, dessen Aufführung im – inzwischen schon verflachenden – *Studio des Theaters in der Josefstadt* einen bleibenden tiefen Eindruck hinterlassen hatte. Das Stück erforderte wenig Personal, benötigte weder Kostüme noch Dekorationen und war von jungen Leuten zu bewältigen. So entstand eine ambulante Gruppe, die sich zunächst *Studio junger Schauspieler* nannte und von einem vierköpfigen Regiekollegium geleitet wurde: Helmut H. Schwarz, Erich Neuberg, Peter Frimmel und Karl Stejskal. Schwarz, Schüler der Regieklasse von Walter Firner, war als erster Regisseur vorgesehen.

Die Proben mußten unter denkbar ungünstigen Bedingungen abgehalten werden. Am 25. Jänner 1948 fand die Premiere in der Volkshochschule Alsergrund statt, deren behelfsmäßige Bühne nur von einer Seite zu betreten war.

Die unzulängliche Beleuchtungsanlage verstärkten die findigen jungen Theaterbegeisterten durch einen Schmalfilmprojektor, woraus sich auch gleich einige Inszenierungsgags erzielen ließen. Requisiten und Versatzstücke waren von allen gemeinsam selbst gebastelt. Trotz aller Erschwernisse wurde die Aufführung ein Erfolg, der zum Weitermachen ermutigte. *Barabbas* konnte zehnmal in anderen Volksbildungshäusern und in Klostersälen wiederholt werden. Als nächstes Programm schlossen sich Jura Soyfers *Der Lechner Edi schaut ins Paradies* und *Weltuntergang* an. Diese bewährten Kleinbühnenerfolge der dreißiger Jahre waren glücklicherweise greifbar in einer von Otto Tausig eben herausgegebenen Auswahl.

Nun erhob sich die große Frage, mit welchem Stück man fortsetzen sollte. Was erwartete man von dem neuen Ensemble? Neue Literatur! Aber die Bühnenverlage mißtrauten noch der Tragfähigkeit des jungen Unternehmens und rückten unaufgeführte Stücke ungern heraus. In dieser mißlichen Situation riet Hans Weigel, der Förderer jugendlicher Kunstbestrebungen: „Schreibt euch doch eure Stücke selbst!"

Der Aufforderung kam Helmut H. Schwarz prompt nach und entwarf in wenigen Wochen das Szenario eines Problemstückes: *Das sind wir*, das sich mit der sozialen Lage der Heimkehrer und der Nachkriegsjugend auseinandersetzte. Inzwischen hatten sich freundschaftliche Verbindungen zum *Studio der Hochschulen* herstellen lassen, über dessen Bühne als Gastspiel die Uraufführung gehen konnte. Mit geteilter, doch überwiegend zustimmender Aufnahme. Jedenfalls war so, aus der Praxis und in ständiger Zusammenarbeit mit den Darstellern, ein Zeitstück entstanden und ein Autor geboren, von dem noch vieles erwartet werden durfte.

Was wollten nun diese jungen Leute mit ihrem Theaterspiel? Viele betrachteten die ersten Bühnenschritte gewiß nur als Beginn einer Karriere, die möglichst schnell an die großen Theater führen sollte. Sie zogen auch bald von einer der entstehenden Kleinbühnen zur anderen und liefen einfach den guten Rollen nach. Andere aber waren ernsthaft Suchende, die sich ihrer Stellung in dieser Nachkriegszeit bewußt zu werden versuchten. Ihre aufgeschreckte Betroffenheit wollten sie in einer neuen Form von Theater artikulieren. Sie suchten ungestüm nach geistiger Orientierung. Was sie bezweckten, war: „Theater als Aussage zur Zeit!" Helmut H. Schwarz und Erich Neuberg zählten zu den wichtigsten Exponenten dieser Gruppe. „Als Kunst des ‚luftleeren' Raumes, zu ‚genießen' im Plüschfauteuil, Theater, publikumsfremd in Gestalt und Gehalt, wird abgelehnt. (...) Illusionstheater wäre billige Lüge, Rückfall in eine bequeme Scheuklappenorientierung nach einer Zeit nackten Grauens. (...) Schauspielen bedeutet uns Manifestierung unserer persönlichen Umweltsbeziehungen. Zuschauen soll sein: gemeinsame geistige Auseinandersetzung zur Lösung aller uns berührenden Fragen, niemals nur ‚zuschauen'. Theater ist nur eine besondere Form menschlich-problematischer Austragungen, einzig aufrüttelnd und nachhaltig als Erlebnis. Was soll uns ein Theater ohne Beziehung zu unser aller gemeinsamen Problemen? Die erlebte Relativität aller Begriffe hat uns eine neue Wertung der Kunst gelehrt. Diese aber ist niemals: aus dem Leben fliehen, unecht sein! Was dagegen sein muß inmitten verwirrender Erschütterungen: zusammen einen Anfang zu setzen!"[122]

Mit diesen Vorsätzen ging man also in die neue Saison 1948/49. Man fusionierte sich mit einer anderen Gruppe von begabten Bühnenneulingen, die sich um Walter Davy geschart hatte, und gründete gleich wieder ein neues Theater namens *Szene 48*, die Jahreszahl markierend. Auch die Zusammensetzung der Leitung war schon wieder verändert: Walter Davy, Erich Neuberg und Robert Werner waren jetzt die Regisseure, es gab keinen nominellen Direktor, und Helmut H. Schwarz zog sich vorübergehend von der praktischen Arbeit zurück, um seine theaterwissenschaftliche Dissertation über „Gestaltung und Gestalter des modernen Bühnenbildes: Judtmann, Manker, Meinecke" zu schreiben. Zwei Tschechow-Einaktern und Sartres *Huis clos*, hier unter dem deutschen Titel *Die Abwesenden*, folgte die Uraufführung von Milo Dors *Der vergessene Bahnhof*, einem düsteren Drama über das vergebliche Opfer von Freiheitskämpfern und Idealisten; danach Clavels *Die Brandstifter*. „Zeitnähe" lautete das Programm: Dramen, die die jüngste Vergangenheit zum Thema hatten, Krieg und unmittelbare Nachkriegszeit. Es sollte weniger die literarische Qualität gelten als die Umsetzung der Wirklichkeit in Bühnengeschehen; eigentlich das, was man viel später das „dokumentarische Theater" nennen sollte.

Darstellerisch formal gesehen hieß das: ins Publikum hinein zu spielen, die unten Sitzenden verbal zu attackieren, um sie aus der Passivität zu reißen. „Darstellung, Bühnenbild und Thematik der Stücke fordern Geist und Phantasie des Zuschauers zu aktivem Mitspiel und Diskussion auf. (...) *Szene* bedeutet uns kultisches Gemeinschaftserleben des Theaters im Sinne der Griechen. *48* bezeichnet als Jahreszahl die jeweilige Situation. (...) Nicht nur durch uneigennützige Mitwirkung aller Beteiligten unterscheidet sie sich grundsätzlich von den großen Theaterunternehmungen. Unser Wollen ist ein anderes: denn Theater bedeutet uns nicht weniger als aktive Stellungnahme zu den Problemen der Gegenwart, unser Publikum jeder, dem Mitgestaltung einer besseren Zukunft am Herzen liegt.

Spielplan und Stil eines solchermaßen jungen Unternehmens sind von vornherein eindeutig. Entscheidend für die Aufführung eines Stückes erscheint uns, neben der selbstverständlichen künstlerischen Reife, der ethisch-geistige Anruf seines Autors und die Ehrlichkeit seiner Gesinnung. Daß hierbei jungen Autoren ein großer Platz zugestanden werden muß, ist selbstverständlich. *Szene 48* will eines der wenigen wirklichen Theater des Publikums sein. Es schätzt dieses zur ‚Mitwirkung' aufgerufene Publikum höher ein als sämtliche Kulturinstitute, die ihrer Theatergemeinde bestenfalls unverpflichtendes ‚gutes'

Theater bieten und sich auf eine leere Tradition berufen, die Krieg und Bomben doch längst unterhöhlt haben."[123]

Man merkt die starke geistige Aggressivität an der vom Moralischen getragenen, fast expressionistisch hervorgestoßenen Pathetik. Die ehrlich gemeinte Berufung auf Gesinnung kann aber nicht darüber hinwegtäuschen, daß über den Weg zu dieser sogenannten „besseren Zukunft" nichts ausgesagt wurde und das „kultische Gemeinschaftserleben" eben doch nur ein gutgemeintes Schlagwort war.

Kontinuierlich zu spielen vermochte die *Szene 48* noch nicht, jede Inszenierung konnte nur etwa fünf- bis zehnmal gegeben werden. Daher ließen sich auch unleugbare Erfolge nicht entsprechend auswerten. Außerdem litt das künstlerische Niveau der Vorstellungen durch den ununterbrochenen Ortswechsel. Endlich, mit Jahresbeginn 1949, gelang es der herumziehenden Truppe, sich seßhaft zu machen. Im Café Dobner, 6. Bezirk, Linke Wienzeile 4, wurde Quartier bezogen, und zwar nicht in jenem Lokal, in dem einst die *Literatur am Naschmarkt* gewesen war und später das *Kaleidoskop* bzw. das *Ateliertheater* spielten, sondern in einem zum Getreidemarkt zu situierten größeren Saal im höher gelegenen Zwischengeschoß.

Schon wieder änderte die *Szene 48* ihren Namen: *Theater der 49* – diesmal nicht nach der Jahreszahl, sondern nach der Anzahl der Sitzplätze. Nach dem Veranstaltungsgesetz nämlich ... aber es sei mir erlaubt, mich einmal selbst zu zitieren: „Das gegenwärtig geltende Wiener Theatergesetz stammt aus den Zeiten Kaiser Franz Josefs. In seiner heutigen Fassung wurde es am 8. April 1930 neu verlautbart. Hier wird im I. Teil, § 2./2./a) bestimmt, daß Aufführungen von Bühnenwerken keiner ‚behördlichen Bewilligung‘, sondern der ‚bloßen Anmeldung beim Magistrat‘ bedürfen, ‚wenn die Anlage einen Fassungsraum von weniger als 50 Personen besitzt.‘ Ein Fassungsraum von weniger als fünfzig Personen für ein Theater war natürlich im neunzehnten Jahrhundert eine willkürlich festgesetzte Zahl. Es sollte einfach eine Minimalgrenze gezogen werden. Diese Bestimmung gibt es übrigens in keiner anderen Stadt der Welt als nur Wien, auch in Österreich sonst nirgends, da die Theatergesetzgebung Landessache ist und die Gesetze sämtlicher anderen Bundesländer eine solche Regelung nicht vorsehen. Lange hatte dieser Gesetzesparagraph auch keinerlei praktische Bedeutung. Aber zur Zeit der Weltwirtschaftskrise in den zwanziger und dreißiger Jahren unseres Jahrhunderts, als es viele arbeitslose Schauspieler gab und die Besucherzahlen ohnehin die magische Neunundvierzig kaum erreichten, zog man daraus Nutzen und ersparte sich nicht nur die Konzessionsgebühren samt der zu hinterlegenden Kaution, sondern auch noch die Gewerbesteuer. Derartige Kleintheater gab es damals unter anderem in der Neubaugasse, im Hotel de France auf dem Schottenring und im Palais Erzherzog Eugen auf dem Parkring."[124]

Ein derartiges Theaterchen mit neunundvierzig Plätzen entstand nun unter der alleinigen künstlerischen Gesamtleitung von Helmut H. Schwarz. Sämtliche notwendigen Adaptionen geschahen natürlich in Gemeinschaftsarbeit. Weil Werkstätten fehlten, mußte der Bühnenbildner – selbstverständlich eigenhändig – alle Dekorationen auf der Bühne oder gar im Zuschauerraum herstellen. Souffleure, Inspizienten, Bühnentechniker und Requisiteure gab es nicht. Übrigens galt dies für alle Wiener Kellertheater bis tief in die sechziger Jahre hinein. Während der Vorstellung sorgte ein einziger Mann (manchmal auch eine Frau) für die Bühnenbeleuchtung, das Öffnen und Schließen des Vorhanges, die Musikeinsätze und die Umbauten. Behinderungen der Proben durch verschiedene Störungen und Außengeräusche wurden als etwas Alltägliches hingenommen. Sämtliche Darsteller eines Stückes an einem bestimmten Termin zusammenzuholen war fast unmöglich. Nachtproben blieben der einzige Ausweg. Hektik und Nervosität begleiteten alle Vorbereitungen bis zur Premiere. Was den Vorteil hatte, daß für Lampenfieber keine Zeit übrig war.

Das *Theater der 49* spielte fünfmal in der Woche. Mittwoch und Freitag war der Saal schon fest an andere Untermieter vergeben. In den ersten Wochen geschah es allerdings zweimal, daß die Vorstellung gar nicht stattfinden konnte – weil nämlich kein einziger Besucher gekommen war. Immerhin hatte zur Eröffnung am 25. Jänner 1949 Reinhard Federmanns Widerstandsdrama *Der Weg zum*

Frieden seine Uraufführung, Upton Sinclairs pessimistische Atombomben-Vision *A Giant's Strength* wurde erstmals in deutscher Sprache gespielt, und Helmut H. Schwarz zeigte sein neues Stück, *Ein Mann fällt aus den Wolken*. Das waren alles Beschwörungen der Apokalypse, die für den, der es sehen wollte, die Stimmung der intellektuellen Jugend des Jahres 1949 spiegelten.

Kurt Julius Schwarz inszenierte Anouilhs *Medea*, sogar noch ehe sie in Paris aufgeführt wurde, und erzielte einen Publikumserfolg. Die junge Herta Kravina hatte damit ihren entscheidenden Durchbruch, nicht minder Alexander Kerszt, den man sich vom *Studio der Hochschulen* geholt hatte, als Jason. Die Zuschauer drängten sich zu dieser modernen Version des durch Euripides und Grillparzer wohlbekannten Stoffes, in welcher Medea nach der Tötung ihrer Kinder – die Neuerung des französischen Autors – Selbstmord begeht. Ob dieser Zustrom literarischem Interesse entsprang oder nur einer Sensationslust, läßt sich kaum sagen. Anouilh war jedenfalls zu dieser Zeit der unangefochtene Beherrscher der Wiener Theaterspielpläne.

Die Komödie *Napoleon muß nach Nürnberg* von Kurt Marwitz stellte die fiktive Frage, wie sich Bonaparte vor einem internationalen Kriegsverbrechertribunal wegen seiner Okkupationskriege verantwortet hätte. Übrigens einer der wenigen Fälle, wo ein ernstes Zeitthema, wie hier der Nürnberger Prozeß, in Form einer Komödie angepackt wurde. Erich Kästners These von der „einäugigen Literatur" bestätigte sich nach dem Zweiten Weltkrieg erschreckend aufs neue. Indem er die Humorlosigkeit beklagte, stellte er um diese Zeit fest: „(...) Und in der deutschen Literaturgeschichte ist man darauf stolz. (...) Die deutsche Literatur ist einäugig. Das lachende Auge fehlt. Oder hält sie es nur krampfhaft zugekniffen?"[125] Um so erstaunlicher und verdienstvoller, daß die sehr brauchbare Komödie von Marwitz vor der pessimistischen Ernsthaftigkeit der jungen Theaterleute Gnade fand.

Ständige Mitglieder des Ensembles waren Anneliese Tausz, Bibiana Zeller, Friedrich Haupt, Robert Werner, Uwe Oschanitzky (der sich später Edgar Kelling nannte), Otto Stark, Herbert Fuchs und Rudolf M. Stoiber. Viele andere schnupperten nur für eine Rolle herein, weil die Unternehmung in den Kreisen der jungen Schauspieler Interesse und Neugierde erweckte: Hermi Niedt, Maria Ott, Annelies Stöckl, Joe Trummer, Kurt Sobotka, Fritz Zecha, Erich Schenk, Hans Krendlesberger. Besonders aufschlußreich mag sein, daß sich darunter mit Herbert Lenobel, Walter Konstantin und Otto Kroneder gleich drei nachmalige Theatergründer und -direktoren befanden.

Ehe noch die erste Aufbauphase abgeschlossen war, kam ein jähes Ende. Der Verkauf des Kaffeehauses löste die Gültigkeit des Mietvertrages auf und machte das sich eben erst entfaltende *Theater der 49* im Juni 1949 obdachlos. Die folgenschwere Banalität dieses Vorganges wiederholte sich in der Geschichte der Wiener Kellertheater wie ein Couplet-Refrain: Das *Theater am Parkring* ging ebenso zugrunde; die *Courage* flüchtete wegen drohender Delogierung aus seiner unwiederholbaren Atmosphäre im Café Prückel; die *Tribüne* im Café Landtmann lebte jahrelang in der Gefahr, plötzlich zusperren zu müssen und ihr Lokal zu verlieren, das sie zudem mit dem „Magischen Zirkel" zeitweilig teilen mußte; das *Ateliertheater am Naschmarkt* entging beim Besitzerwechsel des Kaffeehauses nur nach mühevollen Verhandlungen der Schließung. So harmonisch sich die Symbiose zwischen Bühne und Café immer anlassen mag, irgend einmal kommen Differenzen, und das Theater bleibt stets der störende Außenseiter. Diese üblen Erfahrungen bestimmten mich, bei der Gründung meines eigenen Theaters solche Abhängigkeiten von vornherein zu vermeiden. Das nebenbei.

Gerne schlüpften die Dobner-Leute bei den gastlichen Hochschülern unter. Durch die Zusammenlegung der beiden Ensembles entstand das *Studio in der Kolingasse*, mit allen schon geschilderten Verbesserungen und Niveausteigerungen. Die Hochschülerschaft mit ihrer großen Organisation war freilich auch ein finanzieller Rückhalt. In dem halben Jahr seines Bestehens hatte nämlich das *Theater der 49* keinem einzigen der Mitwirkenden auch nur einen Groschen Gage zahlen können. Das rief abermals die Bühnengewerkschaft auf den Plan. Vom pragmatischen Standpunkt aus hatte sie sogar recht, wenn sie es jedem Schauspieler übelnahm, der seine Arbeit zu Bedingungen verrichtete, die nicht dem Tarifvertrag entsprachen, und außerdem weder Beiträge zur Kranken- noch zur Arbeitslosenversicherung leistete. Andererseits berücksichtigten die Gewerkschaftsfunktionäre nicht, wie wesentlich es für einen jungen Künstler sein mußte, auftreten zu können, sich dem Publikum und der Kritik zu stellen. Die Frage war nur: Wer konnte sich den Luxus leisten, monatelang umsonst zu spielen? Hauptsächlich Leute, die im Elternhaus kostenlos wohnen und essen durften. So ergab sich ganz „zwanglos" – aber durchaus nicht „natürlich" – eine Auslese sozialer Art. Viele Kollegen, die auf einen Verdienst angewiesen waren, mußten früher oder später in ihre erlernten, meist handwerklichen, Berufe zurückkehren – als Tapezierer, Köche, Buchdrucker und Fernmeldetechniker. Die Bürgerlichkeit des Theaters, auch des sogenannten jungen und revoltierenden, schleuderte sie weg. Da half alle Begabung und Theaterbesessenheit nichts. Übrigblieb, wer durchhalten konnte.

Die ungebärdige Aufsässigkeit der jugendlichen Kampfhähne glich eben doch der Wut der Hinausgesperrten, die draußen trampelten und tobten. Sobald ihnen die Türen aufgetan wurden, waren sie schon wieder brav und machten angepaßte Karrieren. Helmut H. Schwarz sah es realistisch: „Indessen bewahrte uns alle unser Wiener Temperament davor, allzu (...) rigoros vorzugehen, so daß wir letztlich eben doch nicht auf den Barrikaden, sondern beim Berufstheater gelandet sind."[126] Die weiteren Biographien der anfangs „kultisch" gesonnenen Freunde bestätigten das. „Wir sind mit 22 Jahren den konsequenteren Weg gegangen – mit 26 den erfolgreicheren."[127]

Spielpläne des *Studios junger Schauspieler*
(25.1.1948–12.6.1948)

25.1.48 (VHS Alsergrund): *Barabbas*, tragische Revue von Hans Weigel.
R: Helmut H. Schwarz, B: Alfred Jungnickel.
D: Uwe Oschanitzky, Hans Sachsel, Karl Stejskal, Susanne Renz, Bibiana Zeller, Gertrude Kalmar, Erika Meisels, Hans Peter Link, Rudolf M. Stoiber.

3.4.48 (VH Ottakring): *Der Lechner Edi schaut ins Paradies* von Jura Soyfer.
R: Peter Frimmel, B: Alfred Jungnickel, M: A. M. Haber.
D: Karl Stejskal, Bibiana Zeller, Herbert Fuchs, Helmut H. Schwarz, Gerhard Richter, Rudolf M. Stoiber, Johann Schlögl.

danach *Weltuntergang* von Jura Soyfer.
R: Erich Neuberg, B: Alfred Jungnickel, M: A. M. Haber.
D: Lisl Hawlik, Karl Stejskal, Johann Schlögl, Herbert Fuchs, Susanne Renz, Rudolf M. Stoiber, Hans Sachsel, Gertrude Kalmar, Bibiana Zeller.

18.4.48 (VBH Margareten): *Glückliche Reise* von Thornton Wilder. Leseaufführung.
R: Helmut H. Schwarz.
D: Karl Stejskal, Anneliese Tausz, Rudolf M. Stoiber, Gertrude Kalmar, Susanne Renz, Herbert Fuchs.

25.4.48 (Studio der Hochschulen): *Glückliche Reise* von Thornton Wilder.
R: Helmut H. Schwarz, B: Alfred Jungnickel.
D: Karl Stejskal, Anneliese Tausz, Rudolf M. Stoiber, Gertrude Kalmar, Susanne Renz, Herbert Fuchs.

danach *Weltuntergang* von Jura Soyfer.
R: Erich Neuberg, B: Alfred Jungnickel.
D: Anneliese Tausz, Karl Stejskal, Johann Schlögl, Herbert Fuchs, Susanne Renz, Rudolf M. Stoiber, Hans Sachsel, Gertrude Kalmar, Bibiana Zeller.

13.5.48 U (Studio der Hochschulen): *Das sind wir*, Zeitrevue in 15 B von Helmut H. Schwarz.
R: Uwe Oschanitzky, B: Gerhard Hruby, M: A. M. Haber.
D: Erika Uhl, Friedrich Haupt, Rudolf M. Stoiber, Franz Rehak, Karl Stejskal, Hans Peter Link, Uwe Oschanitzky, Kurt Sobotka, Hans Krendlesberger, Josef Zaussinger, Anneliese Tausz.

Spielpläne der *Szene 48*
(28.9.1948–23.12.1948)

28.9.48 (VHS Alsergrund): *Der Bär*, Kom 1 A von Anton Tschechow.

	R: Günther Tabor, B: Gerhard Hruby.
	D: Kurt Julius Schwarz, Bibiana Zeller.
danach	*Ein Heiratsantrag,* Kom 1 A von Anton Tschechow.
	R: Günther Tabor, B: Gerhard Hruby.
	D: Fritz Zecha, Otto Stark, Bibiana Zeller.
2.10.48	(VHS Alsergrund): *Die Abwesenden* (Huis clos), Sch 2 A von Jean-Paul Sartre.
	R: Walter Davy, B: Gerhard Hruby.
	D: Robert Werner, Friederike Bödendorfer, Gerda Falk, Carl Feldl (Matthias Vereno).
14.10.48 U	(Urania): *Der vergessene Bahnhof,* Sch von Milo Dor, Liedtexte: Hans Heinz Hahnl.
	R: Helmut H. Schwarz, B: Gerhard Hruby, M: Norbert Rohringer.
	D: Anneliese Tausz, Hans Peter Link, Lona Chernel, Walter Davy, Otto Stark, Norbert Rohringer, Karl Stejskal, Walter Skapa.
19.11.48 Ö	(VH Ottakring): *Die Brandstifter* (Les incendairs) von Maurice Clavel (Ü: Milo Dor und Reinhard Federmann).
	R: Erich Neuberg, B: Kurt Ekelhart.
	D: Erika Meisels, Uwe Oschanitzky, Otto Stark, Walter Davy.
20.12.48 Ö	(Studio der Hochschulen): *Eine Geschichte zum Lachen* (Une histoire de rire) von Armand Salacrou.
	R: Robert Werner, R: Gerhard Hruby.
	D: Matthias Vereno, Elfriede Sklusal, Walter Eder, Friederike Bödendorfer, Robert Werner, Otto Stark, Ilse Wecker.

Spielpläne des *Theaters der 49* im Café Dobner
(24.1.1949 – ?.6.1949)

24.1.49 U	*Der Weg zum Frieden,* Dr von Reinhard Federmann.
	R: Helmut H. Schwarz, B: Kurt Ekelhart.
	D: Kurt Müller-Böck, Robert Werner, Otto Stark, Fritz Zecha, Walter Nowotny, Else Hübl.
22.2.49 Dt	*Die Atombombe* (A Giant's Strength) von Upton Sinclair.
	R: Walter Nowotny, B: Kurt Ekelhart.
	D: Herbert Lenobel, Walter Nowotny, Friedrich Haupt, Otto Stark, Uwe Oschanitzky, Erich Schenk, Hans Peter Link, Hans Melton, Anneliese Tausz, Hermine Heller, Hermi Niedt.
13.3.49 Ö	*Napoleon muß nach Nürnberg,* Kom von Kurt Marwitz.
	R: Uwe Oschanitzky, B: Harry Glück.
	D: Otto Stark, Erich Schenk, Johannes Hoflehner, Rudolf M. Stoiber, Uwe Oschanitzky, Friedrich Haupt, Josef Zaussinger, Hilde Rom, Gerda Falk, Anneliese Tausz, Bibiana Zeller, Hermi Niedt.
10.4.49 Ö	*Medea* (Medée), Tr von Jean Anouilh.
	R: Kurt Julius Schwarz, B: Gerhard Hruby.
	D: Herta Kravina, Alexander Kerszt, Otto Stark, Maria Ott, Johannes Hoflehner, Kurt Julius Schwarz.
10.5.49 U	*Traumschatten,* Sch von Edgar Ruth.
	R: Walter Nowotny, B: Karl Eugen Spurny.
	D: Herbert Lenobel, Walter Nowotny, Otto Stark, Hermine Heller, Annelies Stöckl.
4.6.49 U	*Ein Mann fällt aus den Wolken,* Sch von Helmut H. Schwarz.
	R: Kurt Julius Schwarz, B: Karl Eugen Spurny.
	D: Josef Schwimann, Joe Trummer, Friedrich Haupt, Otto Stark, Otto Kobalek, Ebba Pichler, Anneliese Tausz, Hanna Bergmann.
?.6.49	Ende des Spielbetriebes im Café Dobner; Vereinigung des *Theaters der 49* mit dem *Studio der Hochschulen.*

Zwischen den Stühlen

„... die Zukunft, die wir hatten,
die hieß Vergangenheit."
Karl Paryla, *Lied zur Gitarre*

„Der Faschismus, das ist meine Auffassung, hat die Kultur überhaupt erschlagen ... da konnte man sich nicht in die Kunst ‚retten', es war ja ein kultureller Kahlschlag. Wie konnte man 1945 die Kontinuität wahren? Wir hatten in Zürich Aufbaupläne für das österreichische Theater ausgearbeitet. Wenn man das heute liest ... wird man ein bißchen traurig ... da stehen zu schöne Sachen drin!" So sieht Karl Paryla die hoffnungsvolle Nachkriegsphase.[128]

Tatsächlich, im Jahr 1949 war die Situation längst nicht mehr so wie 1945. Die Jugend empfand das deutlicher und schmerzlicher als alle anderen. Je mehr sich die Verhältnisse äußerlich scheinbar beruhigten, desto größer wurde die Unruhe unter den Jungen. Ich gehörte zu ihnen.

1945 hatten wir gehofft, jetzt komme etwas ganz Neues, etwas Besseres. Kinderlandverschickung und Bombenangriffe, Luftwaffenhelfer und Volkssturm blieben Erinnerungen an den Krieg, den wir nicht verursacht hatten. Es war der Krieg der Vätergeneration. Aber diese Generation rechtfertigte sich nicht. Sie schwieg. Sie bekannte sich nicht zu ihren Verfehlungen. Sie deutete die Geschehnisse um. Sie verdrängte.

Nach dem Ersten Weltkrieg gab Arnolt Bronnen mit seinem *Vatermord* der Stimmung der damals Jungen Ausdruck. In den Jahren von 1945 bis 1949 mordete die junge Generation ihre Väter nicht, sie brach einfach den Kontakt zu ihnen ab. Wir redeten nicht mit ihnen, weil es sich in unseren Augen nicht lohnte. Wer Stalingrad, Auschwitz und Dresden herbeigeführt oder auch nur zugelassen hatte, der hatte alle Autorität verloren. Alexander Mitscherlich definierte uns diese „Vaterlosigkeit" unserer Gesellschaft.[129]

Den schuldig gewordenen Vätern kam die neue Polarisierung der Weltlage zustatten. Wenn Churchill gleich nach Kriegsende äußerte: „Wir haben das falsche Schwein geschlachtet", so konnten sie das ja fast schon als Rechtfertigung für ihre Fehler auffassen. Der kalte Krieg förderte ihre Haltung. Und sie waren sehr tüchtig beim wirtschaftlichen Wiederaufbau. Mehrung des Wohlstandes hatte Vorrang. Das Geistige mußte, wieder einmal, zurückstehen. Wie schon 1918 war auch 1945 die Kultur nicht revolutioniert worden. Die Theaterspielpläne sind ein gutes Beweismittel dafür. Man spielte zwar wieder Lessings *Nathan*, aber man interpretierte insgeheim das Hohelied der Toleranz als eine Aufforderung, auch die Naziverbrechen zu vergeben. „Niemals vergessen!" hieß 1946 eine erschütternde Ausstellung im Künstlerhaus. Drei Jahre später war dieser Ruf von der realen Entwicklung schon überrollt. Zu den zweiten Nationalratswahlen, 1949, waren nämlich die „Ehemaligen" wieder zugelassen, und die etablierten Großparteien umwarben mit Versöhnungsworten die immerhin 500 000 Wählerstimmen.

Zwischen den neuen Frontbildungen stand die Jugend. Ungehört, nicht zur Kenntnis genommen, im Stich gelassen. Denn die Skepsis, welche die Jugend den Älteren entgegenbrachte, wurde erwidert. Wo man als Junger hinkam, spürte man merkbare Ablehnung. „Verschwörung des Schweigens" nannte einmal Jörg Mauthe diese Einstellung. „Jede Gesellschaft hat ihr Lieblingsalter. Auch bei den Künstlern", erklärt Hans Heinz Hahnl das Phänomen. „Die Jugend begegnete nach 1945 größtem Mißtrauen. Und wenn man sie zur Kenntnis nahm, dann unter falschen Voraussetzungen. Man forderte von ihr große politische Abrechnung. Aber der Erlebnishorizont reichte nicht (...) Was die Jugend beitragen konnte, war ihr befreiter Individualismus."[130] Gertrude Stein hatte die Nachkriegsjugend der zwanziger Jahre als eine „verlorene Generation" bedauert, nun konnte man von einer „mißachteten Generation" sprechen. „Die Verbannten" bezeichnete sie ein Betroffener, Jahre später, in einem Erinnerungsbuch.

Die meisten jungen Schauspieler waren unpolitisch. Sie wollten spielen. Aber den angehenden Regisseuren, Dramaturgen, Bühnenleitern und Theatertheoretikern bereiteten die politischen Entwicklungen Sorge. Unter den jungen Theaterwissenschaftlern an der Universität Wien organisierte Peter Rubel eine Demonstration: „Kindermann – nie wieder!" Es waren nämlich Gerüchte über eine Wiederberufung von Professor Dr. Heinz Kindermann, dem ehemaligen nationalsozialistischen Institutsleiter, laut geworden. Dekan und Rektor gelang es, die Empörung der Studenten zu beschwichtigen: Eine Rückkehr Kindermanns sei undenkbar. 1954, als die Demonstranten längst ihr Studium abgeschlossen oder angewidert abgebrochen hatten, war er wieder Ordinarius.

Professor Kindermann ist eine Schlüsselfigur in den allerorten einsetzenden Restaurationsbestrebungen, die im Antikommunismus des kalten Krieges eine Stütze fanden: Er hatte 1943 als ein „Wortführer" der nationalsozialistischen Literaturwissenschaft[131] im Auftrag der Nazibehörden in Berlin an der Universität Wien das Zentralinstitut für Theaterwissenschaft gegründet. Reichsdramaturg Schlösser begrüßte ihn als einen „Mann mit (...) glücklicher Fühlung nach der nationalsozialistischen Theaterpolitik hin".[132] Kindermann veröffentlichte in der Nazizeit als der „meistpublizierende deutsche Literaturhistoriker"[133] an die vierzig wissenschaftliche Werke, worin er eine rassistische Ideologie des „Völkischen" vertrat. Er ist übrigens nie davon abgerückt, denn noch 1952 schrieb er: „Die Südafrikanische Union als Vorposten europäischer Bildung im dunklen Kontinent anerkennt mit Dankbarkeit die große und bleibende Bereicherung unseres gemeinschaftlichen westlichen Kulturbesitzes durch Goethe (...)."[134] Sein bekenntnishaftes Buch „Dichtung und Volkheit"[135] wurde zum programmatischen Standardwerk völkischer Literaturwissenschaft, mit der ausdrücklichen Forderung der Ausgliederung alles Jüdischen! Unübertrefflich aber Kindermanns wissenschaftliche Erkenntnis: „(...) mit der Heimkehr der Ostmark und des Sudetenlandes ins Großdeutsche Reich erfüllte sich ein Jahrtausendgesetz deutschen Blutes (...) Es bedurfte freilich erst der Leistung des Führers, um die Sünden vieler Generationen am Reichsideal wiedergutzumachen."[136]

In seinem Buch „Das Burgtheater. Erbe und Sendung eines Nationaltheaters"[137], einem unqualifizierbar lächerlichen Geschwätz, setzte er „deutsches Gefühl" in Gegensatz zu Schnitzlers „jüdischem Sentiment"[138], giftete sich über die „jüdischen Totengräber" und ihre „angemaßte Fremdherrschaft über deutsche Kunst und Kultur"[139] und verdammte das „Reinhardt-Projekt", nämlich den Plan, Max Reinhardt statt Wildgans als Direktor ans Burgtheater zu holen, als eine „Degradierung des Burgtheaters".[140] Ähnliche Zitate ließen sich auf jeder Seite dieses opportunistischen Machwerkes finden. Es ist erstaunlich, wie sehr ein Mann mit solchen Anschauungen und der Neuamerikaner Ernst Haeusserman, der sich gerne einen Reinhardt-Schüler nannte, harmonisierten. Das Burgtheaterbuch stand übrigens noch 1949 unter der Katalognummer 736.017-B in der Theatersammlung der Österreichischen Nationalbibliothek, als beispielsweise von den Theatertheorien Antonin Artauds oder Wsewolod Meierholds an Österreichs Hochschulen noch nichts zu hören war. Kindermann kam trotz aller Proteste wieder und lehrte noch zwölf Jahre lang, allerdings nun nicht mehr eine „Theatergeschichte (...), die von den Grundwerten: Rasse, Volk, Reich ausgeht".[141] Seine Schüler entließ er in alle Welt, aber „(...) so groß seine akademische Familie ist, er überblickt sie jederzeit".[142]

Der Fall Kindermann ist symptomatisch, lehrreich und erinnerswert, bevor alles verweht ...

Junge Regisseure und Schauspieler begannen sich um diese Zeit für Sartre, Camus, Anouilh, Salacrou zu interessieren. Der Existentialismus war die Moderichtung der ersten Nachkriegsjahre. Man bereitete sich auf die Inszenierung von Werken Schnitzlers, O'Neills oder Tennessee

Williams' vor, welche tiefenpsychologische Einsichten verarbeiteten. Wo holte man sich das wissenschaftliche Rüstzeug hierfür? Ich weiß es nicht. Wahrscheinlich jeder einzelne für sich in Bibliotheken und dann in kleinen Gruppen in nächtelangen Diskussionen. Bestimmt nicht an den Hochschulen. Allenfalls konnte man dort noch etwas über Heidegger erfahren. (Ingeborg Bachmann hat sogar über ihn ihre Dissertation geschrieben.) Aber die modernen, die zeitgenössischen französischen Philosophen wurden nur im Einführungsvortrag irgendeines Assistenten erwähnt.

In der psychologischen Hauptvorlesung kam der Name Sigmund Freud überhaupt nicht vor. Als ich durch Filmkomparserie ein bißchen Geld verdient hatte, kaufte ich von den ersten Ersparnissen die „Traumdeutung", die soeben in einer Neuausgabe erschienen war. Einige erfahrene ältere Semester warnten mich, das Buch nur ja in der Tasche zu behalten und es Herrn Professor Rohracher, den Ordinarius für Psychologie, nicht sehen zu lassen. Ich begriff sehr bald, warum. Rohracher, der 1943 an die Wiener Universität berufen worden war, lehnte Freuds Lehre ab. Er, der nach dem Krieg vorschlug, an der Universität die Aufschrift „Die Wissenschaft und die Lehre ist frei" anzubringen, achtete auf die konsequente Aussperrung der Psychoanalyse. Daß gewissermaßen unser ganzes Menschenbild durch Freud verändert worden ist, nahm er nicht zur Kenntnis. Er betrachtete das Unbewußte als eine überflüssige und unbeweisbare Hypothese. Für ihn als Naturwissenschaftler gab es einfach Erregungsprozesse im Gehirn, die noch dazu durch Einatmen von ein paar Tropfen Äther verschwanden. Wo blieben dann „die unbewußten psychischen Erscheinungen"? „Sie stellen eine äußerst bequeme und praktische Annahme dar, mit der man sehr viel erklären kann; aber man findet auch ohne sie das Auslangen (...).“[143] So einfach war das. In Rohrachers Lehrbuch der Psychologie, mit seinen 582 Seiten, kam Freud nur auf vier Seiten vor. Wo die jungen Schnitzler-Regisseure genauere theoretische Kenntnisse hernehmen sollten über komplizierte Seelenvorgänge, die noch dazu relativ selten durch Äther betäubt werden, das interessierte beim Lehrstuhl für Psychologie nicht.

Über Erscheinungen des Surrealen und Übernatürlichen informierten wir uns am besten in Filmen wie *What Happened Tomorrow*, *I Married a Witch* oder *Blithe Spirit*. Die waren außerdem noch amüsant und lustig. Im übrigen hat sich der französische (elsäßische) Maler Edgar Jené, der zeitweise in Wien ein Atelier hatte, unsterbliche Verdienste erworben um unsere erste Bekanntschaft mit der surrealistischen Richtung.

Den Studenten der Theaterwissenschaft wurde die von ihnen als notwendig vorgeschlagene und geforderte Übungsbühne für praktische regie- und bühnenkundliche Experimente – gewissermaßen ein Theaterlaboratorium – verweigert. Die Universität, hieß es in der Begründung, sei kein Ort für eine praktische Berufsausbildung. An ihr könne man alles lernen, sogar das Kochen, aber auf wissenschaftlicher Basis. Köche würden hier nicht ausgebildet. Das amerikanische System der Universitätstheater sei für Österreich nicht anzustreben. (Das *Studio der Hochschulen* war ja eine privatrechtliche Einrichtung der Studentenvertretung und stand nicht in Verbindung mit einem Universitätsinstitut.)

Die großen Theater schienen auf Nachwuchs gar keinen Wert zu legen. Glaubten die damals Prominenten nicht an einen Weiterbestand ihrer Institute? Manchmal hatte es den Anschein, als dächten sie niemals an die Zukunft, die von einer neuen Generation hätte getragen werden müssen.

Zunächst stellte sich das Problem freilich noch nicht. Es gab genügend junge Kräfte, die eben noch vor 1944 zu spielen begonnen hatten, also nicht mehr als völlige Anfänger gelten durften. Oskar Werner war so ein Musterbeispiel. Außerdem hatte es vor der totalen Schließung aller Theater achtundzwanzig – zum Teil sehr große und renommierte – deutschsprachige Bühnen im Gebiet der Tschechoslowakei gegeben: Prag, Mährisch Ostrau, Brünn ... Deren Mitglieder wandten sich zum Großteil nach Österreich, natürlich vor allem nach Wien. Ausgezeichnete Darsteller boten sofort nach Kriegsende ihre Dienste an: Harry Fuß, Oskar Willner, Marianne Gerzner, Hilde Berndt, Fritz Widhalm-Windegg, Hanns Krassnitzer, Klaus Veith, Gertrud Bechmann, Fritz Klingenbeck, Curt Eilers, Theo Frisch-Gerlach, Arthur Popp, Josef Hübner, Willy Schützner, Rosa Dybal-Kadlé, Dolores Hubert, Kurt Prade, Richard Wegeler, Rudolf Ott, Karl Bosse, Willy Danek, Hubert Chaudoir, Camillo Kossuth, Trude Sommer, Peter Gerhard, Hannes Schiel, Ludwig Blaha, Eduard Kautzner, Hans Ziegler, Wolfgang Dörich, Hans Rüdgers, Louis Soldan, Walter Stummvoll, Gretl Elb, Susi Peter, Nina Sandt. Aus dem deutschen Theater in Metz kamen Josef Meinrad, Hugo Gottschlich, Alfred Huttig, Bädy Gabler, Mimi Schwarz, Hilde Jäger, Otto Kerry, Tonio Riedl, Barbara Gallauner, Theodor Grieg, Axel Skumanz, Hanns Starkmann. Leopold Rudolf kam aus Münster. Wer dachte da an Nachwuchspflege? Kurt Radlecker, einer der an dieser Misere Leidenden, sagt: „Unser Pech war das Überangebot an Schauspielern!"[144] ... und der Konservativismus der Prominenten, der keine Risikobereitschaft aufkommen ließ, füge ich hinzu.

Eine Szene ist charakteristisch: „Bei einer Lesung österreichischer Autoren im amerikanischen Kosmos-Theater, einer an sich höchst begrüßenswerten Veranstaltung, beschimpfte der junge Graphiker Kurt Moldovan den Burgschauspieler Raoul Aslan, nachdem dieser ein großes Gedicht von Herbert Eisenreich gelesen hatte. Man fragte mich nachher: Was wollte er? Und ich konnte es nicht recht formulieren, aber ich verstand ihn. Es war vermutlich das erstemal innerhalb vieler Nachkriegsjahre, daß Aslan der lebendigen Literatur seiner Zeit begegnet war. Nicht daß er Eisenreich vorlas, sondern daß er bisher nichts Derartiges getan hatte, war das Empörende."[145]

Aslan wußte sicher gar nicht, was man von ihm verlangte. Und was junge Kollegen eigentlich bezweckten, wenn sie in obskuren Kellerlokalen sich selbst ihre Podien zusammennagelten und eigenhändig Lichtleitungen legten, nur um sich darstellerisch äußern zu können, das hat er nie begriffen. Wahrscheinlich hätte er sie auch nie als Kollegen angesehen. Aslan war nur einer von vielen, von den meisten, der „Großen", die keinerlei Kontakt zu den neuen theatralischen Bestrebungen hatten. Auch Gustaf Gründgens in Deutschland lehnte ja die Versuche der Neuen ab, indem er sich mokierte: „Man kann aus der Not vielleicht eine Tugend machen, aber keinen Stil."

Weil aber Aslan eine für das Wiener Theaterleben dieses Jahrhunderts so kennzeichnende Gestalt war, möchte ich diese generell ablehnende Haltung das „Aslan-Syndrom" nennen: das völlig verständnislose Desinteresse der Repräsentanten eines in Trümmern liegenden epigonalen Luxustheaters für die dringlichen, oft wild um sich schlagenden, fehlerhaft vorgebrachten, aber berechtigten Anliegen wertvollster Vertreter der avantgardistischen Jugend.

Als der junge Regisseur Michael Kehlmann im *Kleinen Theater im Konzerthaus* das Schauspiel *Er ging an meiner Seite* (Home of the Braves) inszenierte, benötigte er amerikanische Militäruniformen und -ausrüstungsgegenstände. Er wandte sich an Ernst Haeusserman, der damals als US-Kulturoffizier fungierte. Der Bitte war aus den Depots der Besatzungsstreitkräfte leicht nachzukommen. Aber das Stück, das von Konflikten unter amerikanischen Soldaten handelt, hat sich der amerikanische Soldat Haeusserman nicht angesehen. In ein gesellschaftlich noch wenig renommiertes Kellertheater hinunterzusteigen wäre ihm suspekt gewesen.[146]

Als der junge Regisseur Walter Davy am Burgtheater Sophokles inszenierte, kam es sofort zu Differenzen in grundsätzlichen Fragen mit seinem Hauptdarsteller Aslan. Dieser prägte souverän das Bonmot: „Wir verstehen einander nicht: ich spreche von Michelangelo – und Sie meinen das Luegerdenkmal!" Aber vielleicht hatte Davy gar nicht an das Luegerdenkmal gedacht, sondern an eine Figur Fritz Wotrubas. Für Aslan war das wohl ein und dasselbe. Er rechnete in Kategorien von Jahrhunderten – allerdings von zurückliegenden. Wer vorausschaute, fand keine Gesprächsbasis. Daß Wotruba lange danach doch noch als Bühnenbildner ins Burgtheater einzog, hat Aslan nicht mehr erlebt. Er hätte darüber vermutlich nur das Haupt geschüttelt. Dieser Sarastro des Weihekults der Schauspielkunst, der Hohepriester des Theaters, welches man als mönchischen Orden aufzufassen hatte, gewährte Eintritt in den hehren Tempel nur nach strenger Feuer- und Wasserprobe. Das Vorurteil blühte, genährt von der Ungleichheit des sozialen Prestiges. Oben saßen die Prominenten, die Bewährten – unten krabbelten die Namenlosen, die sich erst hinaufkämpfen mußten. Aber das System war wenig durchlässig. Man kann das beobachten an der Häufigkeit, mit der Schauspieler wie Kurt Sowinetz oder Fritz Holzer nach einem Erfolg oben, bei den „Großen", sofort wieder zurückkehren mußten in den Keller. Zwei Namen für viele.

Bei uns hatte die kritische Aufsässigkeit keine Tradition. Die Neinsager wurden grundsätzlich als negativ eingestuft, weil sie vielleicht eine „Ordnung" gefährden konnten, an die hier noch geglaubt wurde. Der beargwöhnten Jugend wurden keine Aufgaben gestellt, also drohte sie zuletzt in jene resignierende Passivität zu verfallen, die von der Soziopsychologie als „atrophisches Siechtum" definiert wird.[147] Ausweg war die Selbsthilfe, etwa durch Gründung von Kellertheatern. Wir Jungen hatten wißbegierig gefragt. Niemand hatte geantwortet. Niemand hatte geholfen.

Es gab einige wenige rühmliche Ausnahmen. Um die jungen Schreibenden kümmerten sich Otto Basil, Hermann Hakel, Rudolf Felmayer und vor allem Hans Weigel. Für die nachdrängenden Maler und Bildhauer setzten sich Albert Paris Gütersloh und Fritz Wotruba ein. Aber für die sich selbst überlassenen jungen Theaterleute war die Lage besonders arg. Allenfalls konnten sie sich im Studio des 1948 gegründeten *Neuen Theaters in der Scala* theoretisch weiterbilden. Dort hatte Wolfgang Heinz eine freie Arbeitsgruppe angeregt, die auch allen Nichtmitgliedern des *Scala*-Ensembles offenstand. Hauptpunkt war die Erforschung des Schauspielsystems von Stanislawskij. Ansonsten zeigten vielleicht noch Wilhelm Heim, Franz Pfaudler und Leopold Rudolf Interesse an der Arbeit der Jugend, später Harry Fuß und Gustav Manker. Günther Haenel und Oskar Wegrostek kooperierten. Aber das war auch schon alles. Andernorts wurden Talente nicht gefördert, blieben unbetreut und unbeachtet. Und das Reinhardtseminar züchtete immer noch einen unangebrachten Standesdünkel, statt den Absolventen neue Darstellungsweisen beizubringen. Immer noch: „Wie spiele ich einen edlen römischen Feldherrn?", statt die Probleme eines Heimkehrers von 1945 zu untersuchen.

Die restaurativen Kräfte erstarkten sichtbar. Überall machte sich Konservativismus breit. Alle ursprünglich spontanen Bewegungen wurden schleppend und zäh. Kulturelles Sumpertum beherrschte die wichtigsten Stellen. „Gallertige Nachkriegsstumpfheit"[148] zerstörte Hoffnungen. In der nüchternen Sprache des Wissenschaftlers stellte Franz Hadamowsky fest: „(...) die meisten neugegründeten Theater waren verschwunden, die meisten der seit Jahrzehnten bestehenden hatten das Feld behauptet."[149] Ein Ton der Befriedigung über den Fortbestand des Jahrzehntealten ist hinter der Sachlichkeit nicht zu überhören. Bertolt Brecht schrieb im Frühjahr 1949 aus Berlin (Ost) an Berthold Viertel: „Noch ist viel im Fluß, aber viel beginnt sich schon zu verhärten. Produktionsstätten werden zu Posten und Positionen. Risse vertiefen sich, Skepsis wird Verdacht, Vorurteile zementieren sich ein, kleine Leute beziehen große Stellungen und formieren zähe Cliquen (...)."[150] Ähnliches hätte er aus Wien zu berichten gehabt. Der Wagemut der ersten Jahre war dahin. „Nur nichts riskieren!" schien oberstes Gebot. Ich war Zeuge, als ein junger Regisseur bei Leon Epp, der nach dem Zusammenbruch seines mutigen *Theaters Die Insel* das Volkstheater übernommen hatte, sich nachdrücklich um eine Regieaufgabe bewarb. „Inszenieren Sie weiter am Kellertheater", riet Epp, „dort steht nicht so viel auf dem Spiel!" Das war richtig: es stand eigentlich nur die materielle Existenz dieses hochbegabten Jungen auf dem Spiel. Und so dachte Epp! Einer der fortschrittlichsten und einsichtigsten Direktoren, der vor dem Krieg selbst alle Sorgen und Nöte eines Kleinbühnenleiters durchgemacht hatte. Stücke von Vercors, Genet, Weisenborn und Ionesco getraute er sich dem Publikum jetzt nur unter der Marke „Konfrontation" vorzusetzen, wo sie vier oder fünf Aufführungen erreichten.

Franz Theodor Csokors Heimkehrerstück im verfremdenden altgriechischen Gewand, *Kalypso*, brachte es im *Burgtheater im Ronacher* auf nur sechs Vorstellungen. Selbst die Besetzung mit Maria Eis, Ewald Balser, Fred Liewehr, Hans Marr, Sylvia Devez und Oskar Werner lockte in der sogenannten Schauspielerstadt Wien nicht. Das stockkonservative Publikum ließ das unerfreuliche Drama einfach „abstinken". Über ein anderes Problemstück im Akademietheater äußerte sich ein konservativer Kritiker: „Jedenfalls haben wir am Schluß (…) das Gefühl gehabt, ein Schaff Abwaschwasser schluckweise ausgetrunken zu haben."[151]

Unter derartigen Voraussetzungen, für ein solches Publikum, baute man mit großen finanziellen Opfern das Burgtheater wieder auf. Gottfried Sempers Entwürfe aus den siebziger Jahren des vorigen Jahrhunderts hatten schon ein Amphitheater vorgesehen, was dann durch Interventionen und Intrigen der Hofleute verhindert worden war. Jetzt nahm das niemand zur Kenntnis, moderne Theaterleute wurden ohnehin nicht gefragt, und so entstand ein republikanisches Hoftheater mit Logen, an welchem ganz folgerichtig die Marmortafel „K.u.K. Hofburgtheater" wieder befestigt wurde. Aber auch das System der Obersthofmeister-Intendanz hatte ja nie jemand wirklich abgeschafft.

Bald nach Eröffnung des neuen Prunkbaues im alten Geist wurde Heinrich Drimmel der für Kultur zuständige Minister. Er hatte schon 1945 die Verrohung der Sitten durch das Eindringen amerikanischer Vier-Buchstaben-Wörter beklagt: „Ich ahnte noch nicht, daß all das zu einer neuen Kultursprache gehören sollte, die ich später oft als Ausdrucksweise prominenter zeitgenössischer Film- und Fernsehautoren und auch von der Bühne herunter hörte; bis mich der Verlust meines Amtes vom Besuch solcher Bühnendarbietungen befreite."[152] Dabei waren die verbalen Ausdrucksformen in dieser politisch-moralisch aus den Fugen geratenen Zeit keineswegs wüst und rauh. Ich erinnere mich einer Inszenierung von *Der Lügner und die Nonne* von Curt Goetz im Ronacher, die sensationslüsterne Scharen anzog wegen einer Dialogstelle im Vorspiel:

„Dichter: Wird in meinem Stück wenigstens hin und wieder das Wörtchen Scheiße fallen?
Hellseher: Nein.
Dichter: Also literarisch wird's auch nicht!"[153]

Das nicht salonfähige Wörtchen von Burgschauspielern gesprochen zu hören, war eine besondere Pikanterie. So harmlos war eine Generation, die die zynische Frivolität des totalen Krieges, die Obszönitäten von KZ und Flächenluftangriffen erlebt hatte. Heinrich Drimmels diesbezügliche Konsternation war unbegründet. Viel bestürzender war es, daß die Mediokren fest auf ihren Stühlen saßen und daß ihre Zahl ständig zunahm. Auch in den Theatern.

Als man die Jungen, die endlos hingehalten worden waren, schließlich doch brauchte und allenthalben in wichtige Positionen rücken ließ, waren viele unter ihnen vom langen Warten schon zermürbt und korrumpiert. (Oder vielleicht wurden sie eben deshalb gerufen?) Sie paßten sich Bedingungen an, die sie etliche Jahre zuvor voll berechtigten Ekels angeprangert und verspottet hatten. Ihre heranwachsenden Schüler hatten 1968 allen Grund, ihnen das vorzuwerfen.

Theater im Konzerthauskeller

„Fort mit dem alten Repertoirestaub!"
Ferdinand Kürnberger

Gerade als die Leute des *Theaters der 49* um Walter Davy, Erich Neuberg und Helmut H. Schwarz ins *Studio in der Kolingasse* einzogen, zog eine andere Gruppe dort aus, gewissermaßen Platz machend. Dieser Exodus geschah jedoch nicht, weil sich Rivalitäten ergeben hätten. (Obwohl solche natürlich immer ein bißchen mit im Spiel waren.) Etliche der sensiblen Schauspielerinnen und Schauspieler hatten schon zuvor deutlich registriert, daß das *Studio* nicht mehr jahrelang werde weiterexistieren können, und wollten rechtzeitig umsteigen. Längst war es daher beschlossen, daß Trude Pöschl mit ungefähr einem Dutzend Darstellern des bisherigen *Hochschul*-Ensembles, zu denen sich noch einmal so viele andere gesellen sollten, ein neues Theater einrichten würde.

„Wir wollten etwas Neues auf die Beine bringen, ohne sofort nach einem Verdienst zu schielen", sagt Trude Pöschl.[154] Zum Glück war sie mit einem wohlhabenden Mann verheiratet, der sich als ungemein großzügig erwies und künstlerischen Angelegenheiten viel Verständnis entgegenbrachte. Kurt Julius Schwarz als künstlerischer Leiter und Dramaturg und Frank Zeska als Theatersekretär standen an der Spitze der Neugründung. Trude Pöschl, auf deren Namen die Konzession ausgestellt wurde, war die nominelle Direktorin. Im Keller des Konzerthauses hatte sie eine Rumpelkammer entdeckt, die zwar von Grund auf adaptiert werden mußte; aber die Lage war sehr günstig, mitten in einem kulturellen Zentrum, im selben Häuserblock wie das Akademietheater.

Am 24. Oktober 1949 war es soweit. Trude Pöschl eröffnete *Das Experiment, Theater der 49 im Konzerthaus*, 3. Bezirk, Lothringerstraße 20. Die Ausstattung der Räume bewies zurückhaltende Schlichtheit, dennoch sprachen die avantgardistischen Künstler schon von „Vornehmheit". Vielleicht war auch Trude Pöschls ordnende Hand zu spüren, welche dem dunkelgrün bespannten Zuschauerraum eine gedämpfte Atmosphäre der Intimität zu geben verstand. Natürlich mußte wieder vieles in Eigenarbeit geschehen. Der graue Bühnenvorhang wurde selbst genäht. „Ich seh' heute noch die Annelies Stöckl da sitzen ... mit der Nadel in der Hand ... und säumen ..., und Helmut Wagner, dieser wunderbare Regisseur, hat jedesmal vor einer Premiere den Bühnenboden selbst aufgewaschen."[155]

Die Eröffnung wurde eine Katastrophe. Kurt Julius Schwarz hatte aus unerfindlichen Gründen hierfür die österreichische Erstaufführung von *Die Liebe und der Tod* von Wolfgang M. Scheder gewählt, ein mäßig interessantes Stück, melodramatisch und mystisch, mit komplizierten, für das kleine Theater viel zu schwierigen Beleuchtungseffekten. Vielleicht wollte er als Regisseur seine Beherrschung der Bühnenmittel vorführen, was jedenfalls gründlich mißlang. Kurz vor der Premiere fand der vorgesehene Beleuchter einen besseren Posten, wie das eben bei Kellertheatern zum Alltag gehörte. Der eilig eingesprungene Ersatz war den Aufregungen nicht gewachsen und richtete ein Licht-Chaos an. Befremdet sprach die Kritik von „untauglichen Mitteln" und stellte die Frage: „Was für Dilettanten sind hier eigentlich am Werk?" Peter Minich, damals noch nicht Sänger, sondern Schauspieler, spielte die Hauptrolle, weil man entdeckt hatte, daß er einige Liedchen nett trällern konnte, was in dem Stück erforderlich war.

Kurt Julius Schwarz' Leitung zeigte sich noch tastend und erprobend, ganz dem Namen der Bühne entsprechend. Immerhin brachte er als zweites Stück bereits *Himmelwärts* von Ödön von Horváth, der für das *Konzerthaus-Theater* bald bestimmend werden sollte. Wieder tauchte ein Grundproblem der Kellertheater auf: Die Verlage wollten die guten Stücke nicht hergeben. „Es war schwierig. Wir mußten uns überlegen: Was ist für uns machbar. Um Aufführungsrechte mußten wir kämpfen ... wir mußten sie den Verlagen aus dem Steiß reißen!"[156] Aber Horváth war jedenfalls zu bekommen!

Die Schändung der Lucretia von Obey wurde dann einstimmig gelobt und fand viel Anerkennung. Die begabte Herta Kravina in der Titelrolle fiel, nach ihrer Medea im *Theater der 49*, nun zum zweitenmal allgemein auf. Bald sollte sie, weil die Wiener Direktoren nichts merkten, in Berlin ihre Karriere fortsetzen. Kurt Julius Schwarz gelangen als Regisseur einige überzeugende feine Leistungen, als künstlerischer Leiter war er jedoch offensichtlich zu zerfahren und nervös. Er ging dann ans *Theater am Parkring*, nahm ein Angebot aus Münster an und wurde später für mehrere Jahre Intendant des *Deutschen Theaters* in Buenos Aires. Gleichzeitig ging Frank Zeska an die *Hamburger Kammerspiele*.

So war der Platz frei für Michael Kehlmann. Er benannte das *Experiment* um in *Kleines Theater im Konzerthaus* und kam mit einem wirklichen Programm: „Zuerst mußten die Stücke da sein, das Geistige ... dann konnten wir vom Theater etwas daraus machen."[157]

Michael Kehlmann begann seine leitende Tätigkeit im Oktober 1950 gleich mit einer Aufführung von Horváths *Kasimir und Karoline*. Das Ehepaar Wolf Neuber und Susi Peter spielte die beiden Titelfiguren. Regisseur Kehlmann arbeitete gewissenhaft. Zur Vorbereitung fuhr das ganze Ensemble in den Prater, um die Volksfeststimmung des Stückes, Menschentypen und Milieu zu studieren. Lajos von Horváth, der Bühnenbildner, holte sich dort Anregungen für seine Dekorationen. Schon die Proben waren getränkt mit Atmosphäre. Es wurde eine prächtige Aufführung, eine der besten Horváth-Inszenierungen, die je zustande kamen. Da stimmte einfach alles, und die Be-

Ödön von Horváth: Kasimir und Karoline
Nina Cresaldo, Kurt Radlecker, Louise Martini

geisterung und Einsatzfreude der Schauspieler waren groß.

Kehlmann forcierte in seinem Konzept die Aufführung von Stücken Horváths. Die von Alfred Ibach seinerzeit eingeleitete Horváth-Renaissance fand nun hier eine konsequente Fortsetzung. Ödön von Horváth ging damit für viele Jahre in den festen Bestand der Kellerbühnen über. Das *Kleine Theater* brachte 1952 die Uraufführung von *Glaube, Liebe, Hoffnung* (Inszenierung: Michael Kehlmann) und bereits 1953 eine Neuinszenierung von *Himmelwärts*, diesmal unter Harry Glücks Regie, mit Hugo Gottschlich, Kurt Sowinetz und Kurt Radlecker. Die in der Kolingasse uraufgeführte *Unbekannte aus der Seine* ging ins Repertoire des *Theaters am Parkring* über. Das *Theater der Courage* brachte *Don Juan kommt zurück* erstmals auf die Bühne. Auch die etwas später gegründete *Tribüne* im Café Landtmann beteiligte sich 1959 mit der Uraufführung von *Pompeij* an dieser großen Entdeckungsaktion. Erst in den sechziger und siebziger Jahren besannen sich die großen Theater ihrer verpflichtenden Aufgabe und brachten Ödön von Horváths Stücke in gültigen Inszenierungen.

Michael Kehlmanns Herkunft vom *Studio der Hochschulen* war nicht zu übersehen. Er setzte *Krankheit der Jugend* von Ferdinand Bruckner in Szene, und er ließ, wie schon in der Kolingasse, Sternheims *Die Hose* spielen, was seine starke Affinität zu diesem deutschen Autor bewies – schon zu einer Zeit, als noch keine der großen Bühnen an dessen Stücke zu denken schien. Obwohl ja auch die *Courage* bald danach mit Sternheim ausgezeichnete Erfahrungen gesammelt hatte. Ähnliches geschah auch den zeitgemäßen Dramen Jean-Paul Sartres, der zunächst nur mit einer eher konventionellen Aufführung der *Fliegen* in den Kammerspielen vorgestellt worden war. Nun spielten im *Kleinen Theater* Elfe Gerhart, Kurt Jaggberg und Elisabeth Stemberger in beklemmender Dichte *Bei geschlossenen Türen* (Huis clos). Neben August Riegers wichtiger Inszenierung der *Ehrbaren Dirne* in der *Courage* war es gerade diese Produktion im Konzerthauskeller, die den französischen Philosophen und Dramatiker in Wien weiteren Kreisen bekannt machte. Das war die Berechtigung und die große Chance der damaligen Kellertheater. „Die großen Bühnen wußten, daß sie ihrem vom Nazitum angehauchten Publikum viele der neuen Stücke nicht zumuten konnten. Daher blieb für uns manches übrig."[158]

Trotz all dieser unbestreitbaren Verdienste war es aber etwas völlig anderes, was schließlich zum unverwechselbaren Kennzeichen des *Kleinen Theaters* unter der Direktion Trude Pöschls werden sollte. Schon zu Weihnachten 1950 wagte Kehlmann zusammen mit Carl Merz und Helmut Qualtinger, nach gemeinsamen Erfahrungen in der Kolingasse, einen neuen Versuch mit einer Kabarettrevue: *Blitzlichter*. Die Sache geriet sehr nett, stellenweise wirklich komisch, aber der zündende Funke fehlte. Nur siebzehn Vorstellungen kamen zustande. Die richtige Mischung war noch nicht gefunden. Vielleicht mangelte es auch an einer passenden Musik. Die lieferte für die nächste Produktion dieses Genres Gerhard Bronner, und diesmal schien alles übereinzustimmen. Das Programm hieß *Reigen 51* und wirbelte von vornherein viel Staub auf, weil Arthur Schnitzlers Erben intervenierten. Doch die Autoren Michael Kehlmann, Carl Merz und Helmut Qualtinger hatten von Schnitzlers Stück außer dem Titel nur das Handlungsgerüst entlehnt und ihre sehr freie Bearbeitung ins gegenwärtige Wien mit seinen heutigen Menschen verlegt. Eine gerichtliche Klage wirkte eher als zusätzliche Propaganda. Die Gerichtssachverständigen kamen zu dem Ergebnis, es handle sich bei der vorliegenden Fassung gar nicht mehr um ein Werk Arthur Schnitzlers, da nur dessen Dramaturgie der wechselnden Partner als Anregung gedient habe. Auch ein Plagiat liege nicht vor. Das Theater gewann den Prozeß eindeutig und verbuchte bei der langen Aufführungsserie von *Reigen 51* erfreulich hohe Besucherzahlen. Dabei war alles noch überschaubar. Es gab bescheidene, aber sichere Gagen, wovon die Schauspieler zwar keine Existenz gründen, aber einigermaßen leben konnten.

Nach dem außergewöhnlichen Erfolg des stark von kabarettistischen Elementen getragenen *Reigen 51* blieben Merz-Qualtinger-Kehlmann-Bronner unter dem sportlichen Slogan „Never change a winning team" beisammen und kreierten mit dem *Brettl vor dem Kopf* 1952 ihren eigenen Stil, der nicht mehr dem Theater angehörte, sondern eine glanzvolle neue Periode des Wiener Kabaretts einleitete. Es war eine ironisch-freche Attacke auf Mißstände der Zeit. Gerhard Bronner und Kurt Reiter saßen an zwei Klavieren vor der Bühne und machten Musik. *Jean Schmockteau, Besatzungssender Rott-Rott-Rott* oder *G'schupfter Ferdl* hießen einige der treffenden Schlagernummern. Jetzt konnten an die Protagonisten Abendgagen von über 100 Schilling gezahlt werden.

Mehr als hundert ausverkaufte Vorstellungen, dazu die dringenden Forderungen der kartenlos gebliebenen Ausgesperrten und Ratschläge der Kollegen legten den Gedanken an eine Übersiedlung in ein größeres Lokal nahe. Das ist eben das ewige Dilemma kleiner Theater: „Der Vorteil, der den intimen Kammerspielbühnen daraus erwächst, daß sie bloß wenige Schauspieler beschäftigen und daß die Kosten für Miete und Licht verhältnismäßig gering

Ödön von Horváth: Himmelwärts
Hugo Gottschlich, Kurt Radlecker

Kenneth Horne: Unsere Frau Lucretia
Wolf Neuber, Elisabeth Stemberger, Otto Ambros

sind, birgt wieder einen großen Nachteil in sich. Denn selbst wenn das Haus ausverkauft ist, bleibt der Reingewinn niedrig, da die Bühnen wenig Plätze bieten."[159]

In der Liliengasse, wo *Wiener Werkel, Literatur im Moulin Rouge* und *Studio des Theaters in der Josefstadt* tätig gewesen waren, fand Trude Pöschl ihr neues Quartier. Aber wie immer rächte sich die Expansion: Das eingespielte Team löste sich während der Umzugsphase auf, folgte einzeln anderen Angeboten. Als die *Kleine Komödie* in der Liliengasse schließlich unter Trude Pöschls Leitung eröffnen konnte, hatte sich das Publikum verlaufen. Ein neues Kabarettensemble fand nicht entsprechend Anklang, man versuchte es mit Komödien und Boulevardstücken wie *Der Prinz und die Tänzerin* oder *Bitte um Diskretion!* Doch selbst Stargastspiele von Dieter Borsche oder Gisela Uhlen konnten den rapiden Niedergang nicht

verhindern. Das von den Zuschauern geschätzte Aroma des Konzerthauskellers war nicht zu transferieren.

Erst vier Jahre später fand sich das *Brettl-vor-dem-Kopf*-Ensemble unter Gerhard Bronners Direktion in der Liliengasse wieder zusammen. Statt Michael Kehlmann, der sich endgültig fürs „seriöse" Theater entschieden hatte, stieß Georg Kreisler zu der erfolgreichen Gruppe.

Die Räume im Konzerthaus standen ungefähr ein halbes Jahr leer. Ende 1953 trat dann Friedrich Kallina dort die Direktion an. Sein Konzept war niemals jugendlich-aggressiv. Eine temperierte Ausgewogenheit zwischen Komödien – von Goldoni bis Molnár und Achard –, literarischen Kostbarkeiten von Thornton Wilder, Julien Green, Pirandello und Stefan Zweig, dazu publikumswirksamen Zeitstücken wie Kaisers *Soldat Tanaka*, Raimund Bergers schon erprobten *Helden von Albeville* oder

Zusaneks *Mutter Europa* kennzeichnete die eher vorsichtige Linie. Das schauspielerische Niveau war beachtlich. Kallina leistete sich zeitweise Schauspieler wie Fritz Muliar, die inzwischen am Burgtheater reüssierende Elisabeth Stemberger, Erna Korhel oder Klaus Kinski. Ältere Rollen wurden adäquat besetzt mit arrivierten Darstellern, etwa Eva Sandor, Martin Costa, Karl Augustin, Karl Blühm, Ernst Nadherny, Fritz Widhalm-Windegg. Den verläßlichen Stamm bildeten Helly Kreuzer, Walter Hirt, Karl Mittner, Fritz Hönigschmid und Wolf Neuber. In Eduard Loibner jun. fand Kallina einen kabaretterfahrenen Nestroy-Bearbeiter und -Darsteller. Zweimal spielte Loibner, verschmitzt, schusselig und kauzig, die großen Nestroy-Rollen: 1953 in *Liebesgeschichten und Heiratssachen* und 1954 in der selten gespielten Posse *Lady und Schneider*. Heinz Horak schrieb dazu eine entsprechende Musik und spielte sie selbst am Flügel. Somit wurde Nestroy gewissermaßen „kellerfähig". Friedrich Langers Grundsatz im *Studio der Hochschulen:* jährlich ein Nestroy! trug nun erfreulichste Früchte. Was in der Kolingasse 1945 mit den *Schlimmen Buben in der Schule,* 1946 mit den *Früheren Verhältnissen* und *Einen Jux will er sich machen,* 1947 mit *Freiheit in Krähwinkel,* 1949 mit *Das Mädl aus der Vorstadt* bis zum Ende 1950 mit *Der Talisman* konsequent durchgehalten worden war, führten nach dem *Kleinen Theater* das *Theater am Parkring* 1955 mit *Frühere Verhältnisse* und 1956 mit *Eisenbahnheiraten* und schließlich das *Theater Kaleidoskop* 1955 mit *Das Gewürzkrämerkleeblatt* und 1957 mit *Heimliches Geld – heimliche Liebe* weiter. Die große Tradition des Wiener Volkstheaters konnte derart auch in den avantgardistischen Kleinbühnen, zum Teil experimentierend, fortgesetzt werden. Denn unter den dreiundachtzig Stücken Nestroys blieben immer noch genügend von den großen Theatern unbeachtet, weil sie nicht von vornherein sichere Erfolge versprachen.

Abgesehen von Loibners unzimperlicher, gelegentlich kräftig outrierender Possen-Komödiantik, war der Schauspiel-Stil in Friedrich Kallinas *Kleinem Theater* dezent und gedämpft, fast schon jenem einst vielgerühmten Konversationston der *Josefstadt* angenähert. Kallina, der im Laufe der Jahre zunehmend häufiger selbst Regie führte, tendierte in diese Richtung und hat sich, gewiß für niemanden überraschend, zuletzt mit dem großen Vorbild arrangiert.

Die Regisseure Otto Ambros, Harry Fuß, Otto A. Eder und Gandolf Buschbeck inszenierten ebenfalls eher maßvoll und moderat. Man darf auch nicht vergessen, daß inzwischen längst der vom Film beeinflußte Stil des amerikanisch-angelsächsischen Understatement ins europäische Theater eingebrochen war, über dessen „Ausdrucksanämie" Fritz Kortner klagte: „Die englischen Schauspieler unterspielen. Ausdrucksstärke gilt als schmierenhafte Übertreibung."[160] Die Darstellungsart des unauffälligen Fallenlassens, der leisen Töne und des beiläufigen Andeutens praktizierte sich auf einer kleinen Bühne mit extremer Nähe des Publikums besonders gut.

Kallina legte auch – ein Sonderfall unter den Kellertheatern – ein Abonnement auf. Ein Stammpublikum im eigentlichen Sinn hat es für die Avantgarde nie gegeben. Die treuen Anhänger einer ganz bestimmten Kleinbühne bildeten eine bescheidene Schar. Meist zogen die interessierten Leute von einer bemerkenswerten Aufführung zur anderen. Mundpropaganda bewirkte viel. Der Ort, an dem das Ereignis sich begab, war egal: ob in der Biberstraße, am Parkring oder im Konzerthaus. Als sich in den fünfziger Jahren das sogenannte „österreichische Wirtschaftswunder" einstellte, war das kein Wunder, sondern das ganz natürliche Ergebnis des Fleißes und der Tatkraft vieler hart arbeitender Menschen. Für etliche von ihnen war das schlichte, sogar karge Erscheinungsbild einer Kellerbühne, ihre Stückwahl und Problemstellung, das vielleicht nicht perfekte, aber ehrliche und überzeugte Spiel etwas ihnen Gemäßes, mit dem sie sich identifizieren konnten. Auch ohne durch ein Abonnement verpflichtet zu sein. Mit seinem Stammsitzsystem spekulierte das *Kleine Theater,* sehr zu Recht, auf ein „gesetzteres" Publikum. Daher mußte es, ganz zwangsläufig, zur „Kellerbühne mit dem exaktesten Fahrplan"[161] werden. Es fragt sich, ob man das unbedingt als Lob auffassen darf. Alles wurde kalkulierbar und vorhersehbar. Überraschungen, positiver wie negativer Art, fanden nicht mehr statt.

Gleich in der ersten Spielzeit Kallinas spielte Bruno

Dallansky zwei wesentliche Rollen. Zuerst ein böhmakelndes, frostbeulenbehaftetes Monstrum von einem Kalfaktor namens Modlizki in dem hintergründig-bösen Schwank *Die Gartenlaube* von Hermann Ungar. Eine großartige Komikerleistung. Danach Georg Kaisers *Soldat Tanaka*, der nichts getan hat, als seinem Herrscher zu dienen und zu gehorchen, und der eben dadurch schuldig wurde. „Auf ins *Kleine Theater*", schrieb Hans Weigel, „wo wieder einmal der Keller die höheren Orte beschämt! Sie spielen dort unten mit unterschiedlichem Gelingen und gelegentlich stehen sie neben dem Stück. Dies ist zu äußerlich und jenes zu krampfhaft geraten, aber sie geben, nehmt alles nur in allem, dem Kaiser, was des Kaisers ist, ernsthaft und strebend bemüht. Da ist vor allem Bruno Dallansky (,Ich weiß selbst am besten, was ich dem Kaiser schuldig bin', sagt er selbst), und da ist ein dritter Akt, der in seiner monumentalen Unerbittlichkeit dem Zuschauer den Atem nimmt – auch dort unten. Wir wollen es diese Kleinen nicht entgelten lassen, daß *Der Soldat Tanaka* von den Großen verurteilt wurde; wer darum die Leerziele der Theater erster Klasse erreicht und überwunden hat, ist reif, in den Konzerthauskeller aufzusteigen."[162]

Das war ein Höhepunkt, weil die vorhandenen Mittel nach Gegebenheit richtig eingesetzt wurden. Sonst aber gelang allzu vieles nicht, so daß Peter Weiser schon nach zwei Jahren anmerken durfte: „Das *Kleine Theater im Konzerthaus*, vor einigen Jahren noch Anlaß zu manchmal beglückenden, immer interessanten Begegnungen mit neuen Stücken, neuen Schauspielern und neuen Regisseuren ist zu künstlerischer Bedeutungslosigkeit herabgesunken. Sein Leiter (Friedrich Kallina) versucht seit zwei Jahren vergebens, dem Beispiel seines Vorgängers (Michael Kehlmann) zu folgen und scheinbar nebensächliche Werke moderner Autoren aufzuführen: er führt deren wirklich nebensächliche Werke auf, und zu allem Übel betrachten manche an dieser Bühne beschäftigten Regisseure die Aufgaben der Theaterregie als willkommene Ablenkung von ihrem Tagesberuf. Diese unglückliche Praxis hat dazu geführt, daß alle Vorstellungen (…), die in dieser Saison im *Kleinen Theater im Konzerthaus* zu sehen waren, (…) als unerheblich abgetan werden müssen."[163]

Zum Teil lag dieses Versagen wohl an der Wahl der Stücke: *Der lasterhafte Herr Tschu*, ein verstaubtes altchinesisches Spiel voller Langeweile; psychologische Thriller wie *Böses kommt geritten;* ein zahmes Atomstück *Die Welt hat keinen Wartesaal* fanden kein Publikum. *Thymian und Drachentod*, merkwürdigerweise in Deutschland preisgekrönt, erwies sich ebenfalls als Fehlspekulation.

Oder aber die Interpretation wich bei aussagekräftigen Werken scharfen Konturen aus: *Barabbas* des als Enfant terrible verschrieenen Michel de Ghelderode, ein Stück voll von dichterisch eruptivem Nihilismus, mit Bildern wie von Hieronymus Bosch, wurde in Watte gepackt – Jesu Jünger gingen in modischen Regenmänteln. Otto Ambros' Pirandello-Regie litt an der Behutsamkeit, mit welcher der Riß zwischen Schein und Wirklichkeit, eben Pirandellos klassisches Problem, nur angedeutet, im übrigen aber durch lustige Gags entschärft wurde.

Das alles waren Schritte auf dem Weg zur *Josefstadt*. Und so war es eigentlich nur konsequent, daß Kallina mit Ende der Saison 1957/58 seine Bühne den Josefstädtern abtrat, überantwortete, verscherbelte … ich weiß nicht, wie man das ausdrücken soll. So entstand das *Kleine Theater der Josefstadt im Konzerthaus*. Friedrich Kallina aber zog in die Josefstädter Dramaturgie ein und wurde bald ein waschechter Josefstädter Regisseur, der die Ansicht vertrat, es verbiete sich von selbst, „das Publikum zu schokkieren oder zu dupieren (…) Genau genommen ist es für mich eigentlich etwas sehr Schönes, Regisseur in der Josefstadt zu sein. (…) Man führt hier vorzugsweise Regie, indem man mit der stimmenden Auswahl der Besetzung bereits die halbe Regiearbeit geleistet hat und dann den Rest mit den Damen und Herren Schauspielern bespricht."[164]

Die *Josefstadt* ließ ihre Studiobühne von Professor Otto Niedermoser neu gestalten, vornehm und gediegen. Hundert Personen fanden jetzt in dem geschmackvollen Zuschauerraum Platz. Hinfort sprachen alle nur noch vom „Nobelkeller". Direktor Stoß bot auf dieser zweiten Ablegerbühne nach den *Kammerspielen* seine erste Schauspielergarnitur auf. Helene Thimig und Günther Haenel spielten zur Eröffnung faszinierend Ionescos *Stühle*, Ursula Schult, Maria Emo, Hans Holt, Walther Reyer, Leopold

Rudolf, Ernst Waldbrunn traten in Hauptrollen auf. Sie mit Nachwuchsdarstellern vergleichen zu wollen, wäre völlig ungerechtfertigt gewesen.

Erschütternd gestaltete Joseph Hendrichs in *Korczak und die Kinder* die historische Figur des polnischen Pädagogen, der die ihm anvertrauten Zöglinge nicht verlassen will und, statt sich zu retten, mit ihnen freiwillig ins KZ und damit in den Tod geht. Hendrichs' Laufbahn ist besonders bezeichnend. Nach seinem sensationellen Erfolg als Beckmann in *Draußen vor der Tür*, 1948 im *Courage-Keller*, ging er als Hamlet nach Salzburg, kam zurück nach Wien ans *Volkstheater*, dann an die *Josefstadt* – nach zehn Jahren sah er sich wieder in einem Keller, welcher allerdings von einem Architekten eingerichtet war, der daneben auch die Interieurs der protzigen Herzeige-Villen der Neureichen entwarf.

Von „Schmutzkonkurrenz" sprach die Kritik, als im *Kleinen Theater der Josefstadt im Konzerthaus* in Felicien Marceaus Farce *Das Ei* Heinz Conrads zu sehen war, „dessen Popularität in Wien nur noch mit der des Praters oder des Wiener Walzers zu vergleichen ist".[165]

Dies entzieht sich bereits einem Bericht über avantgardistische Theater in Wien ...

Spielpläne des *Experiment – Theater der 49 im Konzerthaus*
Eröffnung 24.10.1949

1949/50

24.10.49 Ö *Die Liebe und der Tod* von Wolfgang M. Scheder.
R: Kurt Julius Schwarz, B: Wolfram Skalicki, K: Carla Tietz, M: Walter Schlager.
D: Annelies Stöckl, Karl Stejskal, Peter Minich, Maria Ott, Evelyn Müller, Edgar Wenzel, Liselotte Mrasek, Helmut Randers, Joe Trummer.

1.1.50 *Himmelwärts,* ein Märchen in 2 T von Ödön von Horváth.
R: Jane Maria Talmar, B u. K: Klara Kiss, M: J. C. Knaflitsch.
D: Julius Mitterer, Hanna Wihan, Ebba Pichler, Joe Trummer, Hans Peter Link, Thomas Vallon, Frank Zeska, Fritz Grieb, Herta Risavy, Karl Stejskal, Maria Ott, Peter Trenk.

9.1.50 U *Der Steinbruch,* Sch 5 B von Hans Friedrich Kühnelt.
R u. B: Hans Friedrich Kühnelt.
D: Karl Stejskal, Karl Mittner, Anneliese Tausz, Julius Mitterer.

20.1.50 Ö *Glück in Hollywood* (Boy Meets Girl) von Bella und Samuel Spewark (Ü: Maria Teichs).
R: Frank Zeska, B u. K: Klara Kiss, M: Paul Milan.
D: Peter Pichler, Julius Mitterer, Frank Zeska, Joe Trummer, Herta Risavy, Hans Peter Link, Fritz Grieb, Herta Fauland, Evelyn Müller, Gerhard Wahl, Fred Hart.

14.2.50 Ö *Die Schändung der Lucretia* (Le viole de Lucrèce) nach Shakespeare von André Obey (Ü: Franz Geiger).
R: Kurt Julius Schwarz, B: Axel Bleibtreu, K: Lucia Giebisch.
D: Herta Kravina, Trude Pöschl, Herta Fauland, Herta Risavy, Karl Stejskal, Peter Pichler, Thomas Vallon, Alfred Cerny, Joe Trummer, Axel Bleibtreu, Maria Ott, Peter Trenk.

?.3.50 *Der Scheiterhaufen,* Kammersp 3 A von August Strindberg.
R: Rudolf Wessely, B: Richard Weber, M: Gerhard Rühm.
D: Maria Ott, Peter Weihs, Evelyn Müller, Theodor Grädler, Henny Inger.

5.4.50 Ö *Marlborough zieht in den Krieg,* Kom 3 A von Marcel Achard.
R: Peter Pichler, B: Richard Weber, K: Lucia Giebisch, M: Paul Milan.
D: Peter Trenk, Hans Peter Link, Thomas Vallon, Karl Mittner, Karl Stejskal, Fritz Grieb, Roman Hofbauer, Frank Zeska, Maria Kestranek, Herta Kravina, Trude Pöschl.

2.5.50 *Tragödie der sechs Matrosen von S 4,* Sch von Günther Weisenborn.
R: Kurt Julius Schwarz, B: Wolfram Skalicki, M: Paul Milan.
D: Jenny Lattermann, Hardo Friemel, Peter Weihs, Julius Mitterer, Karl Stejskal, Karl Mittner, Volker Krystoph, Peter Trenk.

7.6.50 *Don Juan,* L 5 A von Molière.
R: Theodor Grädler, B: Wolfram Skalicki.
D: Hardo Friemel, Fritz Grieb, Lisa Esterle, Karl

	Mittner, Peter Pichler, Karl Stejskal, Herta Fauland, Herta Risavy, Frank Zeska.
24.–28.4.50	*Nachtasyl*, Szenen aus der Tiefe 4 A von Maxim Gorki (Ü: August v. Scholz). Gastspiel von Mitgliedern des Stadttheaters St. Pölten.
1950/51	nach Umbenennung in *Kleines Theater im Konzerthaus*
12.10.50	*Kasimir und Karoline*, Volksstück von Ödön von Horváth. R: Michael Kehlmann, B: Lajos von Horváth. D: Wolf Neuber, Susi Peter, Kurt Radlecker, Claus Scholz, Peter Pichler, Ferdinand Umschaden, Karl Mittner, Harry Glöckner, Trude Pöschl, Louise Martini, Nina Cresaldo, Hanna Wihan, Walter Skapa, Franz Hawelka, Friedrich Jores.
15.11.50	Ö *Jossip und Joana*, Sch von Rüdiger von Syberberg. R: Walter Davy, B: Wolfram Skalicki, K: Liselotte Ludwig. D: Eduard Fuchs, Erich Gsching, Geraldine Katt, Evamaria Lubusch, Franz Hawelka.
26.12.50	U *Blitzlichter*, Kabarettrevue von Michael Kehlmann, Carl Merz und Helmut Qualtinger. R: Michael Kehlmann, B: Florenz Nordhoff, M: Kurt Radlecker und Florenz Nordhoff. D: Michael Kehlmann, Florenz Nordhoff, Carl Merz, Peter Pichler, Hans Papuscheck, Helmut Qualtinger, Lona Dubois, Louise Martini, Kurt Radlecker, Hanna Wihan.
2.3.51	*Krankheit der Jugend*, Sch 3 A von Ferdinand Bruckner. R: Michael Kehlmann, B: Walter Lothka. D: Grete Metz, Lona Dubois, Louise Martini, Werner Kreindl, Karl Mittner, Peter Pichler, Trude Pöschl.
12.4.51	Ö *Der Fall A. D.*, eine Verhandlung vor dem Jugendgericht von Hans Tiemeyer (Ü: Inca Lindt). R: Helmut H. Schwarz, B: Edith Almoslino. D: Hintz Fabricius, Martha Dangl, Anton Rudolph, Auguste Welten, Trude Hajek, Kurt Radlecker, Karl Mittner, Joe Trummer, Lotte Neumayer, Franz Hawelka.
19.6.51	*Bei geschlossenen Türen* (Huis clos), Sch 1 A von Jean-Paul Sartre. R: Peter Weihs, B: Harry Glück. D: Elfe Gerhart, Kurt Jaggberg, Elisabeth Stemberger, Peter Weihs.
1951/52	
28.9.51	U *Reigen 51*, Variationen über ein Thema von Arthur Schnitzler von Michael Kehlmann, Carl Merz und Helmut Qualtinger, Musik von Gerhard Bronner. R: Michael Kehlmann, B: Harry Glück. D: Gerhard Bronner, Kurt Radlecker, Helmut Qualtinger, Hintz Fabricius, Hanni Schall, Trude Pöschl, Erich Margo, Kurt Jaggberg, Ilka Windisch, Olga Togni, Alexander Kerszt, Ellen Nowak, Michael Kehlmann, Karl Mittner, Maria Urban.
?.2.52	Ö *Er ging an meiner Seite* (Home of the Braves), Sch 3 A von Arthur Laurents (Ü: Carl Merz). R: Michael Kehlmann, B: Harry Glück. D: Peter Brand, Kurt Jaggberg, Ernst Meister, Carl Merz, Alexander Kerszt, Erich Margo.
21.3.52	*Die Hose*, L 4 A von Carl Sternheim. R: Michael Kehlmann, B: Harry Glück. D: Alexander Kerszt, Ellen Nowak, Hanna Wihan, Michael Kehlmann, Kurt Radlecker, Helmut Qualtinger.
22.4.52	Ö *Der Purpurstreifen* von André Lem. R: Walter Davy, B: Harry Glück. D: Erika Juster, Matthias Vereno.
29.5.52	*Glaube, Liebe, Hoffnung*, ein kleiner Totentanz 5 B von Ödön von Horváth. R: Michael Kehlmann, B: Harry Glück. D: Trude Pöschl, Harry Glöckner, Kurt Radlecker, Carl Merz, Rudolf Rösner, Claus Scholz, Lotte Neumayer, Toni Bukovics, Josef Gmeinder, Anton Rudolph, Elfriede Trambauer, Karl Mittner, Maria Urban, Rudolf Schönwald, Alexander Kerszt, Wolfgang Litschauer, Fritz Kuntz, Erich Margo, Walter Weber.
25.4.–19.5.52	Gastspiel in der *Revuebühne Casanova*, Wien I., mit *Reigen 51*.
1952/53	
1.10.52	Ö *Das Weib Jesabel*, Sch von Jean Anouilh (Ü: Jean Salvar). R u. B: Harry Glück. D: Erwin Strahl, Margit Weiler, Peter Gerhard, Carl Merz, Edith Prager, Franziska Kalmar, Erika Juster, Elli Vrubl.

12.11.52 U *Brettl vor dem Kopf,* Kabarettrevue von Gerhard Bronner, Michael Kehlmann, Carl Merz und Helmut Qualtinger.
R: Michael Kehlmann, B: Harry Glück, M: Gerhard Bronner.
D: Florenz Nordhoff, Gerhard Bronner, Michael Kehlmann, Carl Merz, Helmut Qualtinger, Trude Pöschl, Herta Dolezal.

12.2.53 Dt *Piratenblut und Ritterglut* (La belle Rombière), Kom 3 A von Jean Clevers und Guillaume Hanoteau (Ü: J. S. Taf).
R: Michael Kehlmann, B u. K: Walter Lothka, M: Gerhard Wünsch.
D: Herta Dolezal, Karl Schellenberg, Karl Hackenberg, Kurt Radlecker, Rudolf Rösner, Claus Scholz, Hilde Jäger, Oskar Hugelmann, Robert Werner, Otto Zokan, Ferdinand Umschaden, Alexander Kerszt, Walter Weber, Walter Gnan.

9.4.53 *Himmelwärts,* ein Märchen in 2 T von Ödön von Horváth (Neuinszenierung).
R u. B: Harry Glück.
D: Karl Ehmann, Toni Bukovics, Trude Pöschl, Anton Rudolph, Kurt Sowinetz, Michael Kehlmann, Hugo Gottschlich, Kurt Radlecker, Oskar Hugelmann, Elisabeth Rawitz.

6.53 Ende der Direktion Trude Pöschl.

1953/54 Wiedereröffnung unter der Direktion Friedrich Kallina.

21.12.53 *Liebesgeschichten und Heiratssachen,* Posse mit Gesang 3 A von Johann Nestroy (Bearb: Eduard Loibner, Liedertexte: Kurt Nachmann).
R: Gandolf Buschbeck, B: Gerhard Hruby, M: Heinz Horak.
D: Eduard Loibner, Ernst Nadherny, Lona Dubois, Evi Servaes, Johann Sklenka, Rolf Truxa, Camillo Kossuth, Fritz Widhalm-Windegg, Fritz Herbst.

7.2.53 *Ein anständiger Mensch,* unmoralische Kom 3 A von Georg Fraser.
R u. B: Gandolf Buschbeck.
D: Eduard Loibner, Johann Sklenka, Rolf Truxa, Camillo Kossuth, Ernst Nadherny, Lona Dubois, Fritz Widhalm-Windegg, Evi Servaes, Fritz Herbst.

12.3.53 Ö *Die Gartenlaube,* Kom 3 A von Hermann Ungar.
R: Harry Fuß, B: Robert Hofer-Ach.
D: Karl Schellenberg, Augusta Ripper, Luzi Neudecker, Fritz Widhalm-Windegg, Wolf Neuber, Bruno Dallansky, Friedl Hofmann.

5.5.53 *Der Soldat Tanaka,* Sch 3 A von Georg Kaiser.
R: Friedrich Kallina, B: Robert Hofer-Ach.
D: Bruno Dallansky, Helly Kreuzer, Camillo Kossuth, Johann Sklenka, Auguste Welten, Kurt Mejstrik, Walter Letsch, Erna Gottwald, Karl Schellenberg, Maria Groihs, Rosemarie Strahal, Teddy Podgorski, Alexander Taghoff, Ernst Strupp, Bernhard Ingrisch.

2.6.53 Ö *Das unbewohnte Eiland,* Sch 3 A von Auguste Defresne (Ü: Marc Doswald).
R u. B: Gandolf Buschbeck.
D: Hans Kammauf, Maria Waldner, Luzi Neudecker, Bruno Dallansky, Cornelia Oberkogler, Herbert Kersten, Karl Schellenberg.

1954/55

23.9.54 *Die Helden von Albeville* (Zeitgenossen), Kom 3 A von Raimund Berger.
R: Friedrich Kallina, B: Gandolf Buschbeck.
D: Herbert Kersten, Maria Groihs, Peter Ertelt, Helly Kreuzer, Hans Kammauf, Mario Turra, Josef Hübner, Johann Sklenka, Walter Hirt.

21.10.54 Dt *Des Großen Däumlings Komödie* von Claude André Puget.
R. u. B: Gandolf Buschbeck.
D: Erich Padalewsky, Hans Kammauf, Fritz Widhalm-Windegg, Camillo Kossuth, Al James, Trude Kügler, Ellen Umlauf, Helly Kreuzer, Elisabeth Ettl.

25.11.54 *Der lasterhafte Herr Tschu,* Sp mit Körpern und Seelen in 5 A nach chinesischen Motiven von J. Berstel.
R: Friedrich Kallina, B: Robert Hofer-Ach.
D: Josef Hübner, Johann Sklenka, Karl Schellenberg, Alexander Taghoff, Walter Hirt, Mario Turra, Erna Gottwald, Walter Letsch, Teddy Podgorski, Maria Groihs, Helly Kreuzer, Auguste Welten, Anton Mitterwurzer.

23.12.54 *Lady und Schneider,* Posse mit Gesang 2 A von Johann Nestroy (Bearb: Eduard Loibner, Liedtexte: Kurt Nachmann).

R: Otto Ambros, B: Rudolf Hofer-Ach, M: Heinz Horak.
D: E. A. Georges, Eduard Loibner, Otto Ambros, Carl Heinz Friese, Franziska Kalmar, Hans Harapat, F. F. M. Sauer, Erna Gottwald, Beatrice Sand, Maxi Kilga, Fritz Widhalm-Windegg, Hedwig Trottmann.

1.55 *Glückliche Reise,* 4 Einakter von Thornton Wilder.
1. *Königinnen von Frankreich*
R u. B: Gandolf Buschbeck.
D: Franziska Kalmar, Fritz Widhalm-Windegg, Maria Groihs, Emmy Rügenau.
2. *Liebe – und wie man sie heilt*
R u. B: Gandolf Buschbeck.
D: Dely Drexler, Hedwig Trottmann, Fritz Widhalm-Windegg, Karl Mittner.
3. *Das lange Weihnachtsessen*
R: Friedrich Kallina, B: Gandolf Buschbeck.
D: Franziska Kalmar, Herbert Kersten, Dely Drexler, Fritz Widhalm-Windegg, Karl Mittner, Elisabeth Reichmann, Helly Kreuzer, Emmy Rügenau, Hedwig Trottmann, Helmut Jessernigg.
4. *Glückliche Reise*
R: Otto Ambros, B: Gandolf Buschbeck.
D: Herbert Kersten, Sylvia Medwed, Helly Kreuzer, Hedwig Trottmann, Elisabeth Reichmann, Karl Mittner.

18.2.55 *Mutter Europa,* Sch von Harald Zusanek.
R: Otto A. Eder, B: Robert Hofer-Ach, M: Herwig Knaus.
D: Erna Korhel, Herbert Kersten, Karl Mittner, Ernst Nadherny, Otto Ambros, Franziska Kalmar, Kurt Rainer, Kurt Mejstrik, Auguste Welten, Gottfried Pfeiffer, Fritz Widhalm-Windegg.

17.3.55 Ö *Barabbas,* St 3 A von Michel de Ghelderode (Ü: Fritz Montfort).
R: Friedrich Kallina, B: Robert Hofer-Ach.
D: Kurt Jaggberg, Hans Raimund Richter, Friedrich Jores, Otto Ambros, Herbert Kersten, Maria Groihs, Franziska Kalmar, Walter Hirt, Fritz Widhalm-Windegg, Joe Trummer, Fred Grundei, Kurt Rainer, Helmut Zeidler.

29.4.55 *Die Zwillinge aus Venedig,* Kom von Carlo Goldoni (Bearb: Heubel).
R: Otto A. Eder, B: Robert Hofer-Ach, M: Herwig Knaus.
D: Hans Raimund Richter, Franziska Kalmar, Herbert Kersten, Kurt Jaggberg, Kurt Bülau, Maria Groihs, Trude Ackermann, Egbert Greifeneder, Helly Kreuzer, Joe Trummer, Helmut Jessernigg, Kurt Rainer.

8.6.55 Ö *Der Mann der Dame Jesabel,* Kom 4 A von Robert Nath.
R: Otto Ambros, B: Robert Hofer-Ach.
D: Peter Gerhard, Elisabeth Stemberger, Evi Servaes, Hans Raimund Richter, Evi Panzner, Editha Ragetté, Walter Hirt, Kurt Rainer, Carl Heinz Friese, Joe Trummer, Helly Kreuzer.

1955/56
20.9.55 *Die Laune des Verliebten,* ein Schäfersp in Versen und 1 A von Johann Wolfgang von Goethe.
R: Friedrich Kallina, B: Robert Hofer-Ach.
D: Helly Kreuzer, Trude Ackermann, Karl Mittner, Walter Hirt.

danach Ö *Freundinnen,* von Marjean Perry (Ü: Mimi Zoff).
R u. B: Gandolf Buschbeck.
D: Cornelia Oberkogler, Evi Servaes, Trude Ackermann, Karl Mittner.

danach *Die Fahrt mit dem Dampfwagen,* Vorsp in 1 A von Johann Nestroy.
R: Otto Ambros, B: Robert Hofer-Ach.
D: Fritz Muliar, Johann Sklenka, Trude Ackermann, Walter Hirt, Stefan Stefanowics, Kurt Rainer.

7.10.55 *Die schwarze Dame der Sonette,* ein Zwischenspiel von G. B. Shaw.
R: Otto Ambros, B: Robert Hofer-Ach.
D: Elisabeth Stemberger, Peter Gerhard, Helly Kreuzer, Fritz Muliar.

danach *Der verwandelte Komödiant,* Sp aus dem deutschen Rokoko von Stefan Zweig.
R: Friedrich Kallina, B: Robert Hofer-Ach.
D: Elisabeth Stemberger, Karl Mittner, Carl Heinz Friese, Walter Hirt, Maria Groihs.

danach *Das Veilchen,* aus dem Einakterzyklus *Theater* von Ferenc Molnár.
R: Otto Ambros, B: Robert Hofer-Ach.
D: Carl Heinz Friese, Karl Mittner, Helly Kreu-

		zer, Maria Groihs, Traute Servi, Elisabeth Stemberger, Flora Ringl, Johann Sklenka.
26.10.55	Ö	*Der vergessene Himmel* von John van Druten (Ü: Marianne de Barde). R: Friedrich Kallina, B: Robert Hofer-Ach. D: Hilde Nerber, Fritz Hönigschmid, Maria Groihs, Walter Hirt, Toni Bukovics, Paul Barnay.
22.11.55		*Die Wollust der Anständigkeit,* Kom von Luigi Pirandello (Ü: Georg Richert). R: Otto Ambros, B: Robert Hofer-Ach. D: Walter Hirt, Elisabeth Stemberger, Augusta Ripper, Fritz Hönigschmid, Karl Mittner, Karl Augustin.
20.12.55		*Der 35. Mai,* Märchen in 7 B nach Erich Kästner für die Bühne bearb. von Christof Schulz-Gellen. R: Gandolf Buschbeck, B: Gandolf Buschbeck und Robert Hofer-Ach. D: Peter Czeike, Fritz Widhalm-Windegg, Karl Mittner, Traute Servi, Helly Kreuzer, Franz Waldeck, Fritz Hönigschmid, Walter Hirt, Kurt Rainer, Christian Krafft, Maria Groihs.
17.1.45		*Darf ich mitspielen?,* Kom von Marcel Achard (Ü: Lore Kornell). R: Otto A. Eder, B: Robert Hofer-Ach, K: Inge Brauner, M: Harald Hedding. D: Helly Kreuzer, Karl Mittner, Wolf Neuber, Franz Steinberg.
30.10.56	Ö	*Othello von Salerno,* St 2 T von Milo Dor und Reinhard Federmann. R: Friedrich Kallina, B: Robert Hofer-Ach, K: Inge Brauner. D: Wolf Neuber, Gregory Simms, Fritz Hönigschmid, Franz Steinberg, Anneliese Tausz, Friedrich Jores, Maria Groihs.
23.11.56	Ö	*Böses kommt geritten* (The May's Mischief), St 2 A von Lesley Storm (Ü: Marianne Wentzel). R: Otto Ambros, B: Robert Hofer-Ach. D: Karl Blühm, Otto Ambros, Rosl Sladek-Dressler, Roswitha Posselt, Eva Sandor, Bibiana Zeller.
18.1.56	Ö	*Das dritte Wort* (La tercera palabra), Kom 3 A von Alejandro Casona (Ü: Hans Schlegel). R: Friedrich Kallina, B: Robert Hofer-Ach, K: Inge Brauner. D: Dietlind Haug, Rudolf Walter, Eva Sandor, Alfons Breithen, Editha Ragetté, Johannes Ferigo.
22.1.57	Ö	*Der Kinderdieb* (Le voleur d'enfants), Kom 3 A von Jules Supervielle (Ü: Pinkas Braun). R: Friedrich Kallina, B: Robert Hofer-Ach, K: Inge Brauner. D: Peter Gerhard, Rudolf Walter, Rosl Sladek-Dressler, Toni Bukovics, Helly Kreuzer, Fritz Widhalm-Windegg.
21.2.57	Ö	*Unsere Frau Lucretia* (Trial and Error), Kom 3 A von Kenneth Horne (Ü u. Bearb: Franz Gribitz). R: Otto Ambros, B: Robert Hofer-Ach. D: Elisabeth Stemberger, Eva Sandor, Wolf Neuber, Otto Ambros.
31.3.57	Ö	*Thymian und Drachentod,* St 2 T von Richard Hey. R: Friedrich Kallina, B: Robert Hofer-Ach. D: Peter Weihs, Herbert Kersten, Ernst Nadherny, Helly Kreuzer, Ernst Zeller, Fritz Hönigschmid, Hanns Henning Heer, Peter Brand.
12.5.57	Ö	*Fortsetzung auf Seite 2,* Sch von Michael Clayton Hutton (Ü: Robert R. Schnorr). R: Friedrich Kallina, B: Robert Hofer-Ach, K: Inge Brauner. D: Klaus Kinski, Elisabeth Stemberger, Herbert Kersten, Irina David, Fritz Hönigschmid.
17.5.57	Ö	*Die Welt hat keinen Wartesaal,* Sch 3 A von Maurits Dekker (Ü: P. Walter Jacob). R: Otto Ambros, B: Robert Hofer-Ach, K: Inge Brauner. D: Erich Gabriel, Martin Costa, Hilde Nerber, Fritz Hönigschmid, Herbert Kersten. Ende der Direktion Friedrich Kallina.
1957/58		Wiedereröffnung als *Kleines Theater der Josefstadt im Konzerthaus*
21.12.57	U	*Laß wehen die Zeit* von Rudolf Bayr. R: Hermann Kutscher, B: Rudolf Hoflehner, K: Edith Almoslino, M: Gerhard Rühm. D: Maria Emo, Klaus Löwitsch, Elisabeth Markus, Emil Feldmar.
danach	Ö	*Die Stühle* (Les chaises), tragische Farce von Eugène Ionesco (Ü: Jacqueline und Ulrich Seelmann-Eggbert).

R: Erich Neuberg, B: Robert Posik, K: Edith Almoslino.
D: Günther Haenel, Helene Thimig, Walter Ladengast.

1.2.58 Ö *Das Ei* (L'Œuf), St 2 A von Felicien Marceau (Ü: Lore Kornell).
R: Heinrich Schnitzler, B u. K: Robert Hofer-Ach.
D: Heinz Conrads, Elisabeth Stemberger, Evi Servaes, Louis Soldan, Melanie Horeschovsky, Martin Costa, Bibiana Zeller, Wolf Neuber, Otto Ambros, Heribert Aichinger, Augusta Ripper, Max Brebeck, Edith Elmay.

1.3.58 *Vinzenz und die Freundin bedeutender Männer*, burleske Kom 3 A von Robert Musil.
R: Hans Jungbauer, B: Robert Hofer-Ach, K: Herta Neuffer.
D: Susanne Lynker, Romuald Pekny, Evi Servaes, Peter Preses, Guido Wieland, Martin Costa, Heribert Aichinger, Max Brebeck, Klaus Knuth.

1.4.58 Dt *Es regnet in mein Haus* (Il pleut dans ma maison), St 3 A von Paul Willems (Ü: Maria Sommer).
R: Hermann Kutscher, B: Fred Weiner, K: Inge Fiedler.
D: Elisabeth Stemberger, Michael Heltau, Karl Ehmann, Melanie Horeschovsky, Gerlinde Locker, Franz Messner, Klaus Löwitsch, Hermann Glaser, Greta Putz.

1.5.58 *Kennen Sie die Milchstraße?*, Kom von Karl Wittlinger.
R: Otto Schenk, B: Gerhard Hruby.
D: Jochen Brockmann, Franz Messner.

31.5.58 U *Justus Alva*, St 10 B von Julius Kretschmer.
R: Friedrich Kallina, B: Robert Hofer-Ach, K: Inge Brauner.
D: Walther Reyer, Friedrich Lobe, Karl Fochler, Erich Nikowitz, Erica Vaal, Elisabeth Markus, Herbert Kersten, Dietlind Haug, Heribert Aichinger, Martin Costa, Karl Ehmann, Otto Ambros, Fritz Hönigschmid, Klaus Knuth.

1958/59

1.10.58 Ö *Korczak und die Kinder* von Erwin Sylvanus.
R: Otto Schenk, B: Gerhard Hruby.
D: Joseph Hendrichs, Hans Jungbauer, Christian Moeller, Win Kristin, Heinz Czeike.

danach Ö *Nächtliches Gespräch mit einem verachteten Menschen*, ein Kurs für Zeitgenossen von Friedrich Dürrenmatt.
R: Otto Schenk, B: Gerhard Hruby.
D: Hans Jungbauer, Ludwig Hillinger.

31.10.58 Dt *Karriere* (Career), St 3 A (17 B) von James Lee (Ü: Oskar Willner).
R: Heinrich Schnitzler, B: Robert Hofer-Ach, K: Inge Fiedler.
D: Romuald Pekny, Helly Servi, Wolf Neuber, Gretl Elb, Elisabeth Stemberger, Ludwig Hillinger, Robert Werner, Max Brebeck.

1.12.58 Ö *Miniaturen*, 8 Etuden für Schauspieler von Jean Tardieu (Ü: Manfred Fusten).
R: Werner Kraut, B u. K: Armin F. Akermann.
D: Heinz Conrads, Helly Servi, Elisabeth Stemberger, Karl Bosse, Klaus Löwitsch, Wolf Neuber, Elisabeth Terval, Kurt Sobotka.

1.1.59 *Das wissen die Götter*, Kom 3 A von Hans Weigel.
R: Friedrich Kallina, B u. K: Inge Fiedler.
D: Ernst Waldbrunn, Ursula Schult, Hans Jungbauer, Luzi Neudecker, Michael Heltau, Franz Messner.

30.1.59 Ö *Of und der Mond* (Of et la lune), St 3 A (6 B) von Paul Willems (Ü: Maria Sommer).
R: Werner Kraut, B u. K: Inge Fiedler.
D: Franz Messner, Walther Reyer, Maria Emo, Bruno Dallansky, Melanie Horeschovsky, Hermann Glaser, Christl Erber, Heinrich Eis.

1.3.59 Ö *Epitaph für George Dillon*, St 3 A von John Osborne und Anthony Creighton (Ü: Hans Sahl).
R: Hermann Kutscher, B: Claus Pack.
D: Peter Weck, Ursula Schult, Maria Emo, Erna Korhel, Otto Ambros, Heribert Aichinger, Peter Preses.

1.4.59 U *Das kleine Weltkabarett*, 13 Sz von Kurt Klinger.
R u. B: Friedrich Kallina, M: Gustav Zelibor.
D: Leopold Rudolf, Bruno Dallansky, Elisabeth Stemberger, Mirjam Horwitz-Ziegel, Grete Zimmer.

1.5.59 Ö *Der Himmel der Besiegten*, utopische Kom 2 T von Karl Wittlinger.
R: Werner Kraut, B u. K: Armin F. Akermann.
D: Guido Wieland, Franz Messner, Elisabeth Stemberger.

1.6.59 U *Eusebius und die Nachtigall,* Kom 3 A von Hans Friedrich Kühnelt.
R: Hermann Kutscher, B: Claus Pack, K: Inge Fiedler.
D: Bruno Dallansky, Luzi Neudecker, Elisabeth Orth, Elisabeth Markus, Peter Schratt, Karl Ehmann, Sylvia Medwed, Alexander Wagner.

1959/60

1.10.59 *Frauen,* Variationen über ein Thema.
R: Heinrich Schnitzler, B: Robert Hofer-Ach, K: Eva Sylt.

Ö 1. *Vor dem Frühstück* (Before Breakfast) von Eugene O'Neill (Ü: Konrad Maril).
D: Gretl Elb.

2. *Die Stärkere* (Den Starkare) von August Strindberg (Ü: Emil Schering).
D: Helly Servi, Luzi Neudecker.

3. *Die geliebte Stimme* (La Voix humaine) von Jean Cocteau (Ü: Hans Feist).
D: Grete Zimmer.

4. *Lord Byrons Liebesbriefe* (Lord Byrons Love Letter) von Tennessee Williams (Ü: Hans Sahl).
D: Gretl Elb, Helly Servi, Hilde Pfaudler.

Dt 5. *Die Hexe* (Asszonyok egymasközt) von Ferenc Molnár (Ü: Gustav Kropatschek).
D: Grete Zimmer, Luzi Neudecker.

31.10.59 *Die Holzschüssel* (The Wooden Dish), St 4 A von Edmund Morris (Ü: Peter Johannsen).
R: Friedrich Kallina, B u. K: Inge Fiedler.
D: Hans Ziegler, Grete Zimmer, Joseph Hendrichs, Elfriede Irrall, Wolfgang Hebenstreith, Bruno Dallansky, Hermann Glaser, Gretl Elb, Peter Preses.

30.11.59 Ö *Hebt den Stein ab,* Kom um die letzten Dinge 3 A von Franz Theodor Csokor.
R: Hermann Kutscher, B: Claus Pack, K: Edith Almoslino.
D: Romuald Pekny, Vilma Degischer, Fritz Imhoff, Karl Ehmann, Peter Preses, Peter Weihs, Elisabeth Stemberger, Elisabeth Berzobohaty, Hans Brand, Karl Fochler.

Theater am Parkring

"... aber Regisseure unter fünfzig waren in Wien nicht gefragt."
Hans Weigel

Im Herbst 1951 organisierte Rudolf Haybach in der Secession eine Ausstellung „Theater in Wien 1945–1951", die einen Querschnitt durch die Bühnenereignisse der Nachkriegsjahre geben sollte. Max Meinecke übernahm kundig Planung und Gestaltung. So verdienstvoll dieser Überblick auch war, unter hundertachtunddreißig Ausstellungsobjekten (Fotos, Skizzen, Szenenentwürfen) waren sämtliche alternativen Bestrebungen nur ein einziges Mal vertreten: mit dem Bühnenmodell Felix Smetanas zu Georg Kaisers *Floß der Medusa* in der *Courage*. Dies beweist, daß alles, was außerhalb der repräsentativen Theater geschah, noch nicht zur Kenntnis genommen wurde, vielmehr nicht für vollwertig galt. Selbst die Wohlwollenden verhielten sich abwartend.

Trotzdem ließ sich eine zielstrebige junge Truppe nicht davon abhalten, in jenem Herbst 1951 ein neues Theater zu gründen, das eine jähe Blütezeit erleben und ein paar Jahre den ersten Platz unter den Kleinbühnen Wiens einnehmen sollte.

Nach der plötzlichen Schließung des *Studios in der Kolingasse* lagen wertvollste schöpferische Kräfte brach. Wer nicht rechtzeitig mit Trude Pöschl ins Konzerthaus übersiedelt war, suchte nach neuer Betätigung. Ein Lokal war leicht gefunden, denn soeben hatte Eduard Loibner sein Kabarett *Krokodil* im Souterrain des Café Parkring, 1. Bezirk, Weihburggasse 28, nach wenigen Wochen des Bestehens schließen müssen. Harry Fuß war dort unter anderem in einer fulminanten clownesken *Hamlet*-Parodie aufgetreten.

„Ein Gespräch (...) mit dem Generalsekretär des ‚Österreichischen Studentenhilfswerks', Wilhelm Paul Wondruschka, der sich an einem (Theater-)Projekt innerhalb dieser Organisation interessiert zeigte, leitete alles ein", berichtet Helmut H. Schwarz, einer der Initiatoren der Neugründung, in solchen Angelegenheiten längst erfahren durch das *Studio junger Schauspieler,* die *Szene 48* und das *Theater der 49* im Café Dobner. „Die ‚Österreichische Studentenhilfswerk-Gesellschaft für soziale Nothilfe' war aus privater Initiative entstanden und verfolgte den Zweck, mittellosen Studenten eine Beschäftigung zu vermitteln und ihnen dadurch materiell weiterzuhelfen. Auch junge Schauspieler, ohnehin meist Absolventen des Reinhardtseminars, konnten nun mit einigem Recht als Studenten gezählt werden, und über ihre materielle Notlage berichteten beinahe täglich die Zeitungen. Der Gedanke, es mit einem kleinen Theater zu versuchen, dadurch jungen Schauspielern eine Berufsmöglichkeit – freilich nur gegen ein Stipendium – zu verschaffen, war also gewiß nicht so abwegig. (...) Allerdings – Adaptierungen waren notwendig, man mußte um eine Konzession ansuchen, Steuerkautionen erlegen, kurz 20.000 Schilling Investitionskapital war unerläßlich. Dieses Kapital aus eigenen Mitteln zu erlegen, schien dem Studentenhilfswerk untragbar – schon deshalb, weil es ja als tote Anlage für immer einem nützlichen Umlauf entzogen sein würde. Da half uns eine Idee: wir wollten ein großes Programmheft auflegen und durch Inserate, die dem Studentenhilfswerk zugleich als Spenden zugedacht waren, die notwendigen Mittel aufzubringen trachten. So zogen wir denn, Herbert Fuchs, Peter Fürdauer und ich, also drei Mann hoch, zwei Monate lang als Inseratenwerber kreuz und quer durch Wien, bis die Firmenaufträge tatsächlich eine Höhe von

15.000 Schilling ausmachten. Den Rest schoß jetzt der Verein zu, und die Arbeit konnte beginnen."[166]

Helmut H. Schwarz wurde künstlerischer Leiter, aber zunächst ging es an die handwerkliche Tätigkeit. Wieder einmal errichteten die Akteure selbst ihre praktikable Bühne, der arrivierte Bühnenbildner und Architekt Max Meinecke half kostenlos beim Entwerfen des Zuschauerraumes: Ganz in kargem Schwarz gehalten, bekam dieser ein strenges Aussehen. Ein die Längswand beherrschender riesiger Koksofen trieb mit seinem beißenden Qualm auch bei den heitersten Szenen dem Publikum die Tränen in die Augen. Niemand nahm daran Anstoß – es war ja ein Kellertheater! Die Namen bedeutender Regisseure: Brahm, Antoine, Copeau, Stanislawskij, Jouvet, Reinhardt, Tairow, auf dunklem Grund weiß dicht unter dem Plafond appliziert, verkündeten schon ein Programm. Hier sollte der Regiekunst besonderes Augenmerk geschenkt werden.

„Zwei Tage vor der Premiere wurden die Scheinwerfer und die vollständige Beleuchtungsanlage montiert. Immer schon waren die technischen Proben in den Kleinbühnen wahre Nervenproben gewesen. Denn meistens erforderte die primitive technische Anlage Kabelumlegungen und andere Scheinwerfergruppierungen. (...) Am Abend klappte es dann, o Wunder, doch meistens irgendwie – der Beleuchter allerdings nahm dann gerne zum Kettenrauchen Zuflucht! Diesmal war es nicht viel anders."[167] Diese technischen Schwierigkeiten wurden noch vermehrt durch den Umstand, daß die ehrgeizigen jungen Theaterleute sich in den Kopf gesetzt hatten, vom En-suite-Spielplan abzugehen und zwei Stücke alternierend zu geben. Ein Prinzip, das sich in den Kellertheatern aus organisatorischen Gründen niemals praktizieren ließ und trotz verschiedener Bemühungen stets scheiterte.

Eröffnet wurde komödiantisch und quicklebendig mit Lope de Vegas unverwüstlichem Verwechslungs- und Täuschungslustspiel *Tumult im Narrenhaus*. Peter Fürdauers Regie setzte Tänzer, Taschenspielertricks und ununterbrochene Bewegung ein, was die kleine Bühne fast überquellen ließ. Ein Narrenhaus, tatsächlich, und ein tumultuarisches dazu! Publikum und Presse waren zufrieden. Zwei Tage danach wartete Helmut H. Schwarz mit der düsteren Dumpfheit von Büchners *Wozzeck* (sic!) auf, den Helmut Wagner mit Kurt Radlecker schon 1946 in der Kolingasse zu ersten Nachkriegsehren gebracht hatte. Diesmal war die Inszenierung, die gut geeigneten Raumverhältnisse geschickt ausnützend, noch differenzierter. Otto Schenk spielte seine erste Hauptrolle. Die Reaktionen der Kritik lauteten sehr positiv, aber wie bei jedem neuen Unternehmen war eine Anlaufzeit durchzustehen. Auch konnte erst von den Kasseneingängen ein Schild angeschafft und vierzehn Tage nach der Eröffnung montiert werden. Wie hätten also die Zuschauer sofort den Weg in die Weihburggasse finden sollen?

Mit *Gottes Utopia* von Stefan Andres stellte sich jedoch erstaunlich bald der durchschlagende Erfolg ein. Das Stück war in Deutschland eher zwiespältig beurteilt worden. Im katholischen Österreich löste es lebhafte Diskussionen aus. Alfons Lipp und nach ihm Herbert Probst als dämonisch umgetriebener Ordensflüchtling Paco legten den Grundstein zu ihrer späteren Karriere. Die Aufführung unter der Regie von Herbert Fuchs erntete einstimmiges Lob. „Das kleine Kellertheater auf dem Parkring feierte seinen ersten großen Erfolg."[168] „Wir wissen nicht, was Gründgens auf großer Bühne mit großen Schauspielern bei der Uraufführung daraus gemacht hat, aber wir glauben nicht, daß die große Routine (...) die glühende Innerlichkeit dieser theologischen Dialoge transparenter zeigen konnte, als es gestern mit dem ganzen Zauber der Improvisation geschah."[169] „Wieder haben unsere großen Bühnen versagt, indem sie dieses Stück nicht herausbrachten. Wieder wird der Beweis erbracht, daß es unsere Kleinbühnen sind, an denen die Zukunft unseres Theaters hängt."[170] Und Friedrich Heer bestätigte: „Mit dieser hochbedeutsamen Aufführung hat das *Theater am Parkring* seine Existenzberechtigung erwiesen."[171]

Die Düsterheit des Raumes wurde bald durch eine Bespannung der Wände mit roher Jute etwas gemildert, was ein originelles, beinahe pariserisches Ambiente von Bohème, eine kecke Note schuf. Noch während der ersten Saison ging Helmut H. Schwarz als Dramaturg ans Burgtheater und trat die Leitung an Erich Neuberg ab, der nun zwei Jahre lang die kleine Bühne in der Weihburggasse mit großem Geschick führte. Er war ein ganz anderer Typ, ein geborener Praktiker, niemals Schauspieler, sondern von Anfang an immer Regisseur, mit einem witternden Theaterinstinkt für Möglichkeiten und Machbarkeiten. Schon die Benennung des Theaters war auf sein Konto gegangen, weil er nichts von avantgardistischen Namen, wie etwa *Das Podium, Die Vaganten* oder *Spectaculum*, hielt. Eine sachliche topographische Bezeichnung mußte, seiner Ansicht nach, völlig genügen. *Theater am Gendarmenmarkt* war ihm Vorbild, deshalb hatte er auch *Theater am Parkring* vorgeschlagen. Neuberg wagte auch erstmals, klassische Stücke in radikal modernen Inszenierungen anzusetzen. Molières *Tartüff*, in Szene gesetzt von Herbert Fuchs, wurde der legendäre Prototyp dieser später allenthalben unternommenen Verlegungen in die Gegenwart: moderne Straßenkleidung und neutrale Dekoration. „Junge Wiener Theaterleute beschämen in ihrem Kellertheater am Parkring seit längerer Zeit die großen Brüder und ihre subventionierten Amüsierbetriebe durch Intensität der Arbeit und Aussage. Sie spielen jetzt Molières *Tartüff* auf sonderbar erregende Art, spielen ihn eigentlich zunächst aus Verlegenheit: die Verleger geben der kleinen Bühne nur widerwillig Stücke frei, selbst ältere von Kaiser oder Wedekind. Die Tugend des zeitgenössischen Repertoires stößt sich an der Not an Material und an tausend Schwierigkeiten (die künstlerisch wertvollste Bühne Wiens durfte nur eröffnen, wenn sie sich zum Verzicht auf die Förderung durch den städtischen Kulturfonds verpflichtete), Kostüme und Perücken waren unerschwinglich, wenn also Klassiker, dann in modernem Gewand? Nein, besser gesagt: Klassiker ohne Kostüm! Denn unter Verzicht auf anachronistische Mätzchen spielen die jungen Leute (Regie: Herbert Fuchs) die klassische Komödie in einem stilisierten Raum und in zeitlos heutiger Tracht, nicht snobistisch ‚im Frack', sondern im Pullover. Man vergißt bald die äußerliche Nähe und gewinnt durch sie hindurch die innere, wie sie Fundus und Leihanstalt nie aufkommen ließen. Vers und Reim der virtuosen Fulda-Übersetzung werden nicht naturalistisch verschwindelt, sondern ganz in ihrem Recht belassen. Gerade die Spannung zwischen Kleid und Ent-

William Shakespeare: Komödie der Irrungen
Bruno Dallansky, Ingold Platzer, Elfriede Ott

stehungszeit, zwischen alter Sprache und heutigem Milieu läßt Typen und Situationen weit unmittelbarer wirken als jede konventionell distanzierende und historisierende Inszenierung, läßt auch den Schauspielern alle Chancen des ihnen gemäßen Ausdrucks. Und so ergibt sich erregendes und amüsantes Theater von höchster Lebendigkeit, beispielgebend als Anregung für zeitgemäße Wiederbelebung ewiger Literatur. Der Stückschluß wird zum Höhepunkt: denn in den Triumph des Unrechts kommt als rettende höchste Instanz nicht ein ‚zeitnaher' Bote, der dem Guten zum Sieg verhilft, sondern ein Herr in Kostüm und Perücke, der ‚im Namen des Königs' die Ordnung wiederherstellt. Mit erlaubten Mitteln und den Worten des Dichters ist damit eine vollendete satirische Wirkung erzielt, die allein schon das ganze Beginnen rechtfertigen würde."[172] Dieser Bote firmierte auf dem Besetzungszettel unter J. B. P., nämlich Molières Initialen: Jean Baptiste Poquelin. Ein rührendes Glaubensbekenntnis für das Theater: Molière, der Schauspieler, der Mann der Bühne, verhilft dem Recht zuletzt zum Sieg!

1953 versuchte Herbert Fuchs diese erfolgreiche Art der Modernisierung auch mit Shakespeares *Komödie der Irrungen,* und zwar diesmal im Kostüm der Western-Filme mit eingelegten Songs. Der Glücksfall, daß die beiden Darsteller der Cowboy-Zwillinge, Kurt Jaggberg und Robert Werner, einander auch ohne Maske und Kostüm verblüffend ähnlich sahen, vollendete den Reiz dieser köstlich unorthodoxen Shakespeare-Aufführung, die entsprechend starken Zulauf hatte.

Neuberg nahm besonders viele Komödien in seinen Spielplan auf, weil er das Wiener Publikum kannte. *Das Abgründige in Herrn Gerstenberg* von Axel von Ambesser kam ihm sehr gelegen als ein Stück einer Gattung, die fast keine Autoren mehr fand: kabarettistisch-heiter mit einer stark kritischen, durchaus ernsten, anklagenden Komponente. Als Helmut Qualtinger gegen Ende der ersten Spielzeit Jura Soyfers *Broadwaymelodie 1492* inszenieren und außerdem noch selbst darin als Vendrino und als Portier des Burgtheaters auftreten wollte, war das Neuberg nur willkommen. Mit Valentin Katajews *Ein Strich geht durchs Zimmer,* Awertschenkos Groteske *Die Affäre Kasanzew* und Christopher Frys *Ein Phönix zuviel* landete das *Theater am Parkring* Volltreffer. Ein Schlager, mit dem man auch im heißesten Sommer die Leute in den eher muffigen Keller locken konnte, war Kesselrings *Arsenik und alte Spitzen.* In Elisabeth Neumann und Rose Renée Roth fanden sich zwei köstlich schrullige Darstellerinnen des naiv wohltätigen Mörderinnenpaares. Regisseur Wolfgang Glück hatte die gute Idee, den geisteskranken Neffen, der sich laut Original einbildet, Präsident Theodore Roosevelt zu sein, statt dessen von Napoleon schwärmen zu lassen, was die Sache für europäische Zuschauer viel verständlicher machte.

Joseph Kesselring: Arsenik und alte Spitzen
Kurt Jaggberg, Manfred Inger

Die bedeutendste Leistung Neubergs war es, daß er *Warten auf Godot* für das Kellertheater zur österreichischen Erstaufführung gewann. Die Kritik meinte in seltener Einmütigkeit, dies sei eine Schande für die großen Theater, allerdings ein Glück für Beckett, der von keinem anderen Wiener Theater so richtig und authentisch wiedergegeben worden wäre. Otto Schenk und Kurt Sowinetz als die beiden wartenden Vagabunden, Günther Haenel als Pozzo und Erland Erlandsen als Lucky spielten absurdes Theater in Vollendung. Gerhard Hruby, der in zwei-

Samuel Beckett: Warten auf Godot
Kurt Sowinetz, Günther Haenel, Otto Schenk

Jean-Paul Sartre: Hinter geschlossenen Türen
Kurt Jaggberg, Thea Weis, Elfe Gerhart

einhalb Jahren nicht weniger als fünfzehn komplette Bühnenbilder baute, stellte auf eine kahle Bühne das berühmte zarte Bäumchen, das dann grünend zu sprießen beginnt. Ein wahres Sinnbild aller Kellertheater!

Geradezu diplomatische Fähigkeiten zeigte Neuberg darin, sehr gute Schauspieler als Mitarbeiter zu gewinnen. Peter Gerhard, der bisher bloß ein ausgezeichneter Chargenspieler gewesen war, wuchs mit dem *Tartüff* überraschend ins Charakterfach hinein. Trude Ackermann und Luzi Neudecker, Herbert Probst, Kurt Jaggberg, Joe Trummer, Alfons Lipp und Walter Langer fanden ihnen gemäße Aufgaben und entwickelten sich prächtig. Neuberg verstand sich auch auf taktische Personalfragen. Indem er den einflußreichen Radioregisseur Otto Ambros, der zwar ein mäßiger Schauspieler war, aber sehr gern spielte, als Darsteller kleinerer Rollen im *Theater am Parkring* Auftrittsmöglichkeiten gab, schuf er nützliche Verbindungen zum Rundfunk, was den Kollegen den Zugang zu gut bezahlter Hörspieltätigkeit erleichterte. Als er *Hinter geschlossenen Türen* mit Elfe Gerhart und Kurt

Jaggberg neu inszenierte, holte er ein Erfolgsstück und eine Erfolgsbesetzung vom Konzerthaus an den Parkring, der nun Adresse Nummer eins unter den Kleinbühnen wurde. Selbst die durch August Riegers Abgang geschwächte *Courage* mußte zeitweise zurückstehen.

Erich Neuberg wiederholte seine Inszenierung der *Rechenmaschine* von Elmer Rice aus dem *Studio in der Kolingasse*, wieder mit Kurt Radlecker als Herr Null; außerdem, diesmal unter seiner eigenen Regie, den Erfolg der *Unbekannten aus der Seine*, ebenfalls mit Lona Dubois in der Titelrolle. Das war seine vorletzte Regiearbeit am Parkring, vor *Warten auf Godot*. Zuletzt hat er das Horváth-Stück nochmals im *Akademietheater* inszeniert, doch da war er schon sehr krank und litt unter schweren Depressionen. Er ging viel zu früh aus dem Leben, manche in ihn gesetzte Hoffnungen blieben unerfüllt.

Als mit Ende der Saison 1953/54 Neuberg das *Theater am Parkring* verließ, schien sich die Nachfolgefrage zunächst leichter zu lösen, als man annehmen konnte. Eine doppelte Leitung von Kurt Julius Schwarz und Peter Weihs bot sich an. Beide hatten sich in den Kellertheatern schon profiliert, die Zusammenarbeit funktionierte zuerst ganz gut und gab, wegen der Namen der beiden, zu manchem Späßchen Anlaß: das Schwarzweiß-Theater.

Schwarz war, seit *Medea* im *Theater der 49* und *Lucretia* im *Konzerthaus,* als Spezialist für klassische griechische und römische Stoffe in der Sicht heutiger Dichter eingestuft. (Immer wird man in Wien sofort eingestuft, zugeordnet und in eine einzige Richtung gedrängt.) Er inszenierte also, mit Peter Weihs in der Titelrolle, Camus' *Caligula*, was mit Überlegung und Überlegenheit gelang. Hans Weigel feierte das sensationelle „Weihburgtheater".[173] Camus' absurde Logik überzeugte durch das stetige ironische Lächeln des wahnsinnigen Kaisers.

Die Saison 1954/55, unter der neuen Leitung, begann erst am 27. Oktober. Wieso? Das „Programmheft-Provisorium" der ersten Produktion gab Auskunft: „Liebe Freunde unseres Theaters! Verzeihen Sie uns die etwas verlängerte Sommerpause und freuen Sie sich mit uns! Wir glauben, daß es dafürgestanden ist. Können wir Ihnen doch ein ganz neu ausgestattetes Theater bieten! Die modernste Kleinbühne in unserem Heimatlande! Endlich weg von den Kellerwänden – neun Jahre nach dem Kriegsende ist es doch an der Zeit! Sie werden das Theater sehr verändert finden, aber wir hoffen, daß es auch Ihre Zustimmung findet.

Aus dem primitiven, wenig gemütlichen Kellerlokal ist nach den Plänen des Herrn Architekten Dipl.-Ing. Kurt Zöhrer ein kleines Schmuckkästchen entstanden. Auch er stellte sich freiwillig und unentgeltlich uns zur Verfügung. Unser kleines Theater im jetzigen Zustand kann nunmehr ruhig jeden Vergleich mit den modernsten und geschmackvollsten Kleinbühnen Europas aufnehmen. Diese Verwandlung hat viel Mühe und Arbeit gekostet und Sie werden sicherlich daher die kleine Verspätung dieser Spielzeit verstehen können.

Wir können und wollen an dieser Stelle nur all den Firmen, die dabei mitgeholfen haben, summarisch danken, da auch unser Programm ein richtiggehendes Programmheft in der allernächsten Zeit werden soll. Daß dies heute noch nicht der Fall ist, ist einzig und allein darauf zurückzuführen, daß wir dasselbe aus Arbeitsüberbürdung und Zeitmangel noch nicht bewältigen konnten. Wir wollen ja auch damit etwas Gutes bieten. Daher bitten wir noch um kurze Geduld, und wir werden uns auch mit einem neuen Programmheft präsentieren können.

Das ‚Österreichische Studentenhilfswerk', Gesellschaft für soziale Nothilfe, Wien I., Schottenring 15, als Begründer und Konzessionär dieser Bühne, hat seinen Stolz darein gesetzt, mit diesem kleinen *Theater am Parkring* möglichst beispielgebend sein zu können. Es ist so richtig ein kleines österreichisches Wunder geschehen. Dank der Initiative dieses Konzessionärs haben viele, viele Firmen Wiens und Österreichs alle diese wertvollen Materialien entweder gratis oder zu tiefsten Regiepreisen gerne zur Verfügung gestellt. Ohne diese Hilfsbereitschaft wäre es wohl unmöglich gewesen, ein für die heutige Zeit so großes Werk zu vollenden. Wir erlauben uns, dies als *das moderne neue österreichische Mäzenatentum* zu bezeichnen.

Wir sind uns vollkommen bewußt, daß mit dieser Renovierung nicht alles getan ist. Im Gegenteil! Dieser neue schöne Rahmen unseres Theaters ist für uns alle Verpflichtung zu noch angestrengterer Arbeit und größerer Leistung.

Wir versprechen Ihnen gerne, daß wir uns auch in dieser Hinsicht bemühen werden."[174]

Kurt Julius Schwarz inszenierte, seinem Ruf und seinem Markenzeichen getreu, auch noch den *Ödipus* von André Gide, Sartres *Orestie*-Variation *Die Fliegen* und Obeys *Ein Mädchenleben für Wind*, die Opferung Iphigenies in Aulis behandelnd. Aber seine Inszenierungen verloren zusehends an Frische und entarteten schon zum Klischee. Bei *Ödipus* war auch Peter Weihs, der sich als Besetzung geradezu aufgedrängt hätte, nicht mehr mit von der Partie. Seine und des Regisseurs Ansichten gingen doch zu weit auseinander, wie sich nun in der Praxis zeigte. Kurt Julius Schwarz neigte einem ekstatischen, stark expressiven Stil zu, Weihs hingegen bevorzugte eine mehr besonnene, knapp eindringliche Darstellungsweise. Die allgemeine Krise des Theaterchens in der Weihburggasse, die nicht nur eine Führungskrise war, konnte nicht mehr vertuscht werden. Zwar gelangen immer wieder einzelne prächtige Aufführungen. Zweimal kam Otto Schenk gastweise der Bühne seiner ersten Erfolge zu Hilfe. Er inszenierte im Fasching einen launig-burlesken Einakterabend und erzielte mit *Der gute Wein des Herrn Nuche* von Paul Willems einen ganz außergewöhnlichen Publikumshit. Beide Male setzte er Hilde Nerber und Fritz Holzer in großen Rollen richtig und effektvoll ein. Auch *Die Fliegen* wurden von der Presse als „ein Aufschwung" anerkannt, obwohl sie, wie man ankreidete, noch immer „an der chronischen Krankheit des Parkringes, an gemachtem, aber nicht erlebtem Theater" litten. Veit Relin brachte, wenigstens für diese eine Inszenierung, frischen Wind in die Weihburggasse. Er spielte den Orest und entwarf auch das malerische Bühnenbild.

Bald mußte sich das *Theater am Parkring* auch schon vorwerfen lassen, es sei „an sich schon durch die Ziellosigkeit seiner Programmgestaltung berüchtigt". Völlig abgelehnt wurde das Eheproblemstück des französischen Philosophen Gabriel Marcel, *Das wahre Leben ist nicht gegenwärtig*, als eine „untheatralische Geistigkeit"[175], als „Wichtigtuerei und Geheimniskrämerei"[176] und als „verworrene Diskussion an Stelle eines Theaterstückes".[177] Regisseur Heinz Röttinger, dem man „alle Achtung" für „ernsthafte Arbeit"[178] zubilligte, stand auf verlorenem Posten. Ein totaler Durchfall war *Der Gärtner von Toulouse* von Georg Kaiser. Ein als exzentrisches Talent angekündigter neuer Regisseur hatte völlig versagt. Deshalb ätzte Hans Weigel, als danach eine überraschend gute Aufführung von Wedekinds *Der Liebestrank* ohne Nennung eines Spielleiters zustande kam: „Im *Theater am Parkring* spielen sie diesmal ohne Regisseur. Man könnte sagen: ‚Wie gut wär's erst mit einem Regisseur ausgefallen!', aber nach jüngst vergangenen Erfahrungen ist vielleicht doch dies die bessere Methode."[179]

Kurz nach Beginn der Saison 1955/56 schied Kurt Julius Schwarz ganz plötzlich aus. Konzessionsträger Willy Wondruschka, mit all seiner Bühnenunkenntnis, war gewissermaßen alleiniger Direktor. Kurzzeitig fand sich zwar Dr. Hans Lechleitner, der aus dem Verlagswesen kam, als Dramaturg, gewann aber keinen nennenswerten Einfluß. Das Theater schwankte hin und her wie ein ruderloses Schiff auf offenem Meer. Nirgends eine Spur von Konzept. Das Publikum wurde unsicher, weil es nie wußte, was es bei der nächsten Produktion erwarten durfte, und blieb allmählich weg.

Von allen Seiten kamen jetzt Spielplanvorschläge. Regisseure, die ein Stück zu inszenieren hofften, Schauspieler, die eine Rolle spielen wollten, zuletzt auch schon wildfremde Kaffeehausgäste – alle redeten auf Wondruschka ein. Es wurde üblich, daß jeweils zwei oder drei „Ensembles", um einen Regisseur geschart, der krampfhaft ein Textbuch in der Hand hielt, sich in verschiedenen Ekken des Kaffeehauses versammelten, einander mißtrauisch beäugend und gespannt Wondruschkas Entscheidung erwartend. Man wußte nie – kommt als nächstes ein Lustspiel von Goldoni oder ein Kriminalreißer?

Das Café Parkring sank zu Schäbigkeit herab, wies kaum noch Gäste auf. Es wurde von einer uralten Dame geleitet, die jede Übersicht verloren hatte und keinen Groschen investierte. Die Schauspieler witzelten: In den verschlissenen und verstaubten Polsterungen der Sitzbänke hause der letzte lebende Floh von Wien. Die scheußli-

Ödön von Horváth:
Glaube, Liebe, Hoffnung
Ernst Zeller (M),
Elfriede Rammer

che Kunststoffadaptierung des Zuschauerraumes brachte wichtige und gelungene Inszenierungen um ihre eigentliche Wirkung. Eine hübsche Aufführung von Timmermans' *Mirakel in Flandern,* Ödön von Horváths *Glaube, Liebe, Hoffnung,* eine Neuinszenierung von *Gottes Utopia* – alle litten an der nüchternen Atmosphärelosigkeit. Stefan Andres' Erfolgsstück sollte den Aufschwung von 1951 nach sechs Jahren wiederholen, doch die „langen, unwahrscheinlich affektleeren Erörterungen" ermüdeten und brachten „dieses Übergewicht des Seelischen allerdings nicht voll zur Geltung".[180] „Seltsames Haschen nach Wiederholungen alter Erfolge", konnte sich Rudolf Weys nur wundern.[181] Hans Weigel überließ seine Farce *Der eingebildete Doktor* dem Theater zur Uraufführung. Die Hauptrolle spielte der souveräne Walter Kohut vom *Volkstheater.* Aber es blieb doch nur ein Prominentengastspiel.

Dem Filmregisseur Karl Stanzl gelangen trotz alledem zwei herrliche Inszenierungen: *Peripherie* von František Langer, in Stanzls ganz großartiger Bearbeitung, und das KZ-Drama *Die letzte Station* von Erich Maria Remarque. Aber Stanzl ließ auch ein ganzes Filmteam an Technikern und Beleuchtern aufmarschieren, um seine optischen Wirkungen zu erzielen. Auch Kurt Julius Schwarz, gastweise zurückkehrend, verbuchte einen Erfolg, indem er *Die Villa der Madame Vidac* von Serge Simenois in Szene setzte; denn dies „ist nämlich das Stück eines Könners, der zwei Stunden lang brillant zu unterhalten versteht und überdies erstklassige Rollen gebaut hat. (...) Überdies war die Wiener Aufführung so vorzügliche Maßarbeit, daß man sich auf der ganzen Linie bestens bedient sah."[182]

Erich Maria Remarque:
Die letzte Station
Peter Weihs,
Helmut Janatsch

Freilich: Remarque nach Timmermans, Simenois nach der Altwiener Posse *Der Furchtsame* – wo war da noch eine Linie zu erkennen? Und dazwischen Stücke wie *Bumerang ..., Ein kleiner Engel ohne Bedeutung* oder *Das kleine abc,* die anspruchslosem Boulevard bereits sehr nahe kamen. Das konnte schon als bedenklich gelten, wenn auch noch immer von einer „erfolgreichen Spielzeit"[183] die Rede war. Aber: „Das *Theater am Parkring* ist nicht mehr das Mekka der Theatersnobs, das es einmal war, unterspielt jedoch seine direktorialen Krisen geschickt. (...) es wird in Hinkunft größerer Anstrengungen als bisher bedürfen, um es wieder zum Treffpunkt und zum Asyl der Avantgarde zu machen."[184]

Wo blieben die jungen Dramatiker? Otto Basil rief sie in einem Programmheft des *Theaters am Parkring* auf:

„Erhebt euch, junge Dramatiker, wider die heutige Welt! Tut euer Bestes, sie an allen Ecken und Enden anzuzünden! Träufelt Hirnschmalz und Galle, viel Galle, in eure Sätze, spickt die Szenen mit Dynamit, seid hart und idealisch wie Schiller, degenblitzend wie Kleist, kettenklirrend und -sprengend wie Büchner! Nehmt euch ein Beispiel an Lenz, Grabbe, Hebbel, Hauptmann, Brecht, dem Textdichter Orff! Lernt das Handwerk bei Sardou und Sartre, doch die Gesinnung bei Lessing, Gogol, Karl Kraus! Steht fest auf dem Boden der Szene wie Nestroy, laßt euch aber auch ins Bodenlose fallen wie Strindberg. Seid Schau-Schreiber, nicht Nach-innen-Dichter! Das Private fürs Poesiealbum, das Öffentliche fürs Theater! Nieder mit der Abstraktion, schaut dem Volk aufs Maul, nagelt eure Thesen ans nächstbeste Brettergerüst, das einer Bühne ähnlich sieht! (...) Jede Generation hat einen großen, einen exemplarischen Toten. Der eure heißt Borchert. Wolfgang Borchert wurde vom Chaos verschluckt, ehe er der neue Georg Büchner hätte werden können (der er ganz bestimmt geworden wäre). Macht euch sein großes, reines, verwundetes Herz zu eigen, nicht seinen abgründig verzweifelten Verstand! Wir haben uns über das Jahr Null längst erhoben ... Macht die Augen auf: diese deutsche (und österreichische) Wirtschaftswunderwelt ist voller Probleme, die zum Himmel lodern. Packt sie an, entzündet eure Fackeln daran, werft die Pechkränze in die Häuser der Lauen und Ausgelaugten, die in ihren Träumen Automarken murmeln und Zahlungstermine memorieren!"[185]

Seltsam, wie wenige von den Namen, die da als Vorbilder aufgezählt wurden, im Spielplan des *Theaters am Parkring* aufschienen. Und der leidenschaftliche Appell fand so gut wie kein Echo. Die jungen Schreibenden träumten auch schon von den Automarken, wer wollte es ihnen verdenken, denn das Jahr Null lag tatsächlich weit hinter ihnen.

Das *Theater am Parkring* lebte – noch immer erstaunlich gut – von der Substanz. Sein Abstieg war langsam, schleichend, für alle Beteiligten quälend, weil immer wieder von unvorhersehbaren Glücksfällen aufgehalten. Der junge, begabte Jörg Buttler machte sich als Mädchen für alles sehr nützlich, war Regieassistent, sorgte für den pünktlichen Vorstellungsbeginn, stellte Programmhefte zusammen. Seine Idee war wohl auch die Neuerung, auf dem Theaterzettel mit dem Slogan: „Das Theater unter der Stadt" zu werben. Er avancierte, vielleicht eine Spur zu schnell, zum ersten Hausregisseur. 1957 wurde dem nicht eben florierenden Betrieb auch noch das *Kaleidoskop am Naschmarkt* angegliedert. Diese unnötige Doppelgleisigkeit spaltete und schwächte zusätzlich die künstlerischen Kräfte, die gerade noch vorhanden waren. Otto Schenk kommentierte diese wichtigtuerische Expansion Wondruschka gegenüber ganz trocken: „Willy, du bist a Trottel!"

Weil jetzt Gagen häufig nicht pünktlich gezahlt werden konnten und Wondruschka mit allen nur denkbaren Tricks Aufschub und Vertagung zu erreichen suchte, gingen wichtige Schauspieler verloren. *Theater der Courage* und *Tribüne* waren verläßlicher. Hier hätte ein wirkliches Mäzenatentum segensreich sein können: Wenn sich zum Beispiel einige Firmen, statt überflüssigen geschmäcklerischen Firlefanz zu spendieren, bereit erklärt hätten, monatlich nur je 2000 Schilling zur Verfügung zu stellen. Freilich gab es auch keinen steuerlichen Anreiz, der sie dazu ermuntert hätte. Und das Ministerium, in dessen Ressort die Kellertheater fielen, ignorierte künstlerische Erneuerungen nicht nur, es beobachtete sie sogar mit gehässigem Mißtrauen. Wo aber waren Männer wie Viktor Matejka? Der hatte schon 1949 seinen Stadtratsessel räumen müssen.

In der Weihburggasse versuchte der soeben aus Ungarn emigrierte Andreas Rozgony nochmals eine Wendung herbeizuführen. Er inszenierte authentisch und kenntnisreich zwei kaum bekannte Molnár-Einakter und bekam verdientes Lob, mit der einschränkenden Bemerkung, man sei halt „an diesem Ort ausnahmsweise von der Fee guten Gelingens geküßt worden". Niemand wagte mehr an einen neuen Aufschwung zu glauben.

1960 sollte das Café Parkring an eine Kugellagerfirma verkauft werden. Wondruschka schaltete sich in die Verhandlungen so geschickt ein, daß er das Theater – in die Liliengasse übersiedeln konnte. Aber dieses Unglückshaus, worin das *Studio der Josefstadt* und diverse Kabaretts immer wieder gescheitert waren, brachte auch Wondruschka kein Glück. Unter dem Namen *Theater im Zentrum* sollte etwas „Bedeutendes und Großes mit Institutscharakter" entstehen, nur war die Vorstellung von dieser „Größe" wohl zu vage und nebulos, und nach relativ kurzer Zeit war es mit allen Theaterunternehmungen des „Österreichischen Studentenhilfswerks" endgültig vorbei.

Spielpläne des *Theaters am Parkring*
Eröffnung am 22.11.1951
1951/52

22.11.51 *Tumult im Narrenhaus,* Kom von Lope de Vega (Ü: Hans Schlegel).
R: Peter Fürdauer, B: Max Meinecke, K: Edith Almoslino, Ch: Traute Volkmann, M: Paul Kont.
D: Herbert Probst, Herbert Fuchs, Walter Langer, Charlotte Bauer, Angela Harald, Lotte Ledl, Fritz Palkovits, Gert Ramberg, Mario Turra, Rudolf Lepeska, Gustav Schlegel-Schreyvogel.

24.11.51 *Wozzeck* (sic!), Fragment von Georg Büchner.
R u. Einr: Helmut H. Schwarz, B: Gerhard Hruby, Techn: Mirdita, M: Walter Schlager.
D: Otto Schenk, Fritz Palkovits, Fritz Hönigschmid, Herbert Fuchs, Helge Koblanek, Walter Langer, Joe Trummer, Mario Turra, Charlotte Bauer, Erika Zobetz, Herta Risavy.

18.1.52 Ö *Gottes Utopia,* Sch 5 A von Stefan Andres.
R: Herbert Fuchs, B: Gerhard Hruby.
D: Alfons Lipp (Herbert Probst), Robert Werner, Gert Ramberg, Joe Trummer, Karl Schellenberg, Karl Mittner.

29.1.52 Ö *Das Abgründige in Herrn Gerstenberg,* Spiel 3 A von Axel von Ambesser.
R: Erich Neuberg, B: Gerhard Hruby.
D: Peter Gerhard, Franz Messner (Helmut Wlasak), Mario Turra, Brigitte Ratz, Fred Kurt, Lotte Neumayer, Anneliese Tausz, Karl Mittner, Joe Trummer, Fritz Zecha.

18.4.52 *Tartüff,* Kom 5 A von Molière (Ü: Ludwig Fulda).
R: Herbert Fuchs, B: Gerhard Hruby, K: Edith Almoslino.
D: Grete Karden, Eduard Benoni, Trude Ackermann, Karl Mittner, Herbert Probst, Elfriede Rammer, Mario Turra, Peter Gerhard, Lotte Ledl, Joe Trummer, Lilibeth Ricus, Robert Werner.

22.5.52 U *Make-up,* Kom 11 B von Hans Friedrich Kühnelt.
R: Erich Neuberg, B: Gerhard Hruby, M: Walter Schlager.
D: Peter Gerhard, Trude Ackermann, Otto Ambros, Wilhelm Hoyer, Bibiana Zeller, Herbert Fuchs, Joe Trummer, Maria Ott, Mario Turra, Robert Werner.

9.6.52 *Broadwaymelodie 1492* von Jura Soyfer.
R: Helmut Qualtinger und Helmut H. Schwarz, B: Gerhard Hruby, K: Edith Almoslino, M: Walter Schlager.
D: Herbert Fuchs, Annelies Stöckl, Robert Werner, Wilhelm Hoyer, Walter Langer, Julius Mitterer, Luzie Böhmer, Helmut Qualtinger, Otto Zokan, Herbert Probst, Anneliese Tausz, Maria Urban, Edith Prager, Jazz Trio: Walter Schlager, Ludwig Neumann, Gustav Nutz.

1952/53

20.9.52 *Ein Strich geht durchs Zimmer (Die Quadratur des Zirkels),* Kom 3 A von Valentin Katajew (Ü: Maurice Hirschmann).
R: Herbert Fuchs, B: Gerhard Hruby.
D: Otto Schenk, Alfons Lipp, Luzi Neudecker, Brigitte Köhler, Otto Zokan, Kurt Radlecker, Maria Lona, Karl Mittner, Renate Giela, Gert Ramberg.

6.11.52 *Die Rechenmaschine* (The Adding Machine) von Elmer Rice (Ü: Kathrin Janecke u. Günter Blöcker).
R: Erich Neuberg, B: Peter Perz.
D: Kurt Radlecker, Edith Friedl, Hanna Wihan, Joe Trummer, Alfons Lipp, Brigitte Köhler, Karl Mittner, Maria Lona, Maria Bruckner, Hilde Nerber, Herbert Fuchs, Otto Schenk.

27.11.52 Ö *Die unschuldige Irene,* Sch 3 A von Ugo Betti (Ü: Carl M. Ludwig).
R: Helmut H. Schwarz, B: Wolfgang Müller-Karbach, M: Gerhard Rühm.
D: Margarete Lendi, Viktor Gschmeidler, Maria Ott, Fritz Zecha, Hanns Dressler, Otto Gutschy, Maria Bruckner, Herbert Fuchs, Joe Trummer, Karl Schellenberg.

4.12.52 *Die weiße Weste,* L von Heinrich Spoerl.
R: Erich Neuberg, B: Gerhard Hruby, M: Norbert Pawlicki, am Klavier: Elfriede Butz-Steiner.
D: Rolf Wanka, Peter Gerhard, Karl Mittner, Erne Seder, Kurt Jaggberg, Trude Ackermann, Edith Meinel, Gerhart Wilhelm.

10.12.52 *Die geliebte Stimme* (La Voix humaine), Vorwand für eine Schauspielerin von Jean Cocteau (Ü: Hans Feist).

	R: Erich Neuberg, B: Gerhad Hruby.
	D: Eva Zilcher.
danach	Ö *Ein Phönix zuviel* (A Phoenix too frequent), Sch 1 A von Christopher Fry.
	R: Herbert Fuchs, B: Gerhard Hruby, K: Josefine Scholl.
	D: Eva Zilcher, Sylvia Malin, Christian Moeller.
18.3.53	U *Der Floh und die Jungfrau* (La Puce et la Pucelle), Sch von Fritz Habeck.
	R: Kurt Julius Schwarz, B: Lorenz Withalm, K: Lucia Giebisch, M: Erwin Waldmann.
	D: Maria Ott, Thomas Wolf, Bruno Dallansky, Karl Schellenberg, Kurt Jaggberg, Rudolf Rösner, Hilde Jäger, Alfons Lipp, Trude Ackermann, Joe Trummer.
21.4.53	*Komödie der Irrungen* (Comedy of Errors), L 5 A von William Shakespeare (Ü u. Bearb: Hans Rothe).
	R: Herbert Fuchs, B: Gerhard Hruby, K: Lucia Giebisch, M: Erwin Waldmann.
	D: Kurt Jaggberg, Robert Werner, Fritz Grieb, Bruno Dallansky, Joe Trummer, Karl Schellenberg, Otto Ambros, Elfriede Ott, Ingold Platzer, Trude Ackermann, Hilde Rom.
6.5.53	*Hinter geschlossenen Türen* (Huis clos), Sch 1 A von Jean-Paul Sartre.
	R: Erich Neuberg, B: Wolfgang Müller-Karbach.
	D: Elfe Gerhart, Thea Weis, Kurt Jaggberg, Peter Gerhard.
13.6.53	Ö *Arsenik und alte Spitzen* (Arsenic and Old Laces), L von Joseph Kesselring (Ü: Annemarie Artinger).
	R: Wolfgang Glück, B: Gerhard Hruby, K: Edith Almoslino.
	D: Elisabeth Neumann, Rose Renée Roth, Peter Gerhard, Carl W. Fernbach, Kurt Jaggberg, Fred Kurt, Walter Stummvoll, Alfred Cerny, Thea Weis, Joe Trummer, Manfred Inger, Kurt Sowinetz, Rudolf Rösner, Heinz Altringen.
1953/54	
23.9.53	*Die Affäre Kasanzew*, Groteske 3 A von Arkadij Awertschenko (Ü: Maurice Hirschmann).
	R: Herbert Fuchs, B: Gerhard Hruby, K: Edith Almoslino.
	D: Wolfgang Hebenstreith, Ellen Nowak, Lotte Ledl, Luzi Neudecker, Curth A. Tichy, Kurt Jaggberg, Joe Trummer, Fred Kurt, Erika Zobetz, Hilde Rom, Kurt Radlecker, Armand Ozory.
21.10.53	*Kindertragödie*, Sch 3 A von Karl Schönherr.
	R: Willi Stari, B: Wolfgang Müller-Karbach, K: Edith Almoslino, M: Arthur Honegger.
	D: Luzi Neudecker, Erich Gabriel, Fred Cisar.
14.11.53	*Die Unbekannte aus der Seine*, Kom 3 A u. 1 Epilog von Ödön von Horváth.
	R: Erich Neuberg, B: Gerhard Hruby, K: Edith Almoslino.
	D: Kurt Jaggberg, Fred Kurt, Otto Zokan, Ingold Platzer, Herbert Fuchs, Karl Böhm, Joe Trummer, Lona Dubois, Armand Ozory, Auguste Welten, Hilde Rom, Hans Normann, Anny Arden, Elfriede Luka, Erika Zobetz.
21.12.53	*Zirkus Barlotti's* (Les Pittuitis), Sittenfarce 3 A von Michel Duran.
	R u. B: Willi Stari, K: Edith Almoslino.
	D: Hans Kammauf, Hilde Jäger, Rosemarie Strahal, Willi Stari, Hilde Nerber, Carl Merz, Eva Sandor, Kurt Mejstrik, Luzi Neudecker, Anton Rudolph.
8.4.54	Ö *Warten auf Godot* (En attendant Godot) von Samuel Beckett.
	R: Erich Neuberg, B: Gerhard Hruby, K: Edith Almoslino.
	D: Kurt Sowinetz, Otto Schenk, Günther Haenel, Erland Erlandsen, Peter Dux.
3.5.54	Ö *Caligula* von Albert Camus.
	R: Kurt Julius Schwarz, B u. K: Demetrius Rikakis, M: G. D. Lialios.
	D: Peter Weihs, Erna Korhel, Robert Werner, Herbert Dardel, Karl Walter Dieß, Harald Riffland, Armand Ozory, Walter Hortig, Alfred Cerny.
16.6.54	*Die Nacht wird kommen* (Night Must Fall), Sch 5 B von Emlyn Williams (Ü: Maria Teichs).
	R: Peter Weihs, B: Richard Weber.
	D: Eva Sandor, Alice Zlatnik, Heinz Röttinger, Isolde Kaspar, Ingold Platzer, Kurt Julius Schwarz, Kurt Sowinetz.
6.2.–2.4.54	Gastspiel in der *Kleinen Komödie*: *Bedienung bitte!*, L von John Murray u. Allen Boretz (Ü: P. Sandberg u. A. Bessler).

R: Herbert Fuchs, B: Wolfgang Müller-Karbach, K: Edith Almoslino, M: Gustav Zelibor.
D: Kurt Radlecker, Kurt Jaggberg, Fritz Grieb, Carl W. Fernbach, Walter Hortig, Ilka Windisch, Karl Hackenberg, Helga Schönberg, Carl Merz, Walter Simmerl, Armand Ozory, Karl Augustin, Georg Corten, E. A. Georges.

1954/55

27.10.54 Ö *Drei ehrenwerte Herren,* volkstümliche Kom von Günther Weisenborn.
R: Kurt Julius Schwarz, B: Kurt Zöhrer, K: Klara Kiss, M: Gerhard Rühm.
D: Kurt Sowinetz, Herbert Fux, Joe Trummer, Oskar Wegrostek, Anny Arden, Herta Fauland, Ludwig Hillinger, Erna Schickel, Edith Walter, Anneliese Tausz, Armand Ozory.

10.11.54 *Der Gärtner von Toulouse* von Georg Kaiser.
R: Paul Hengge, B: Lorenz Withalm.
D: Kurt Huemer, Inge Holzleitner, Erna Schickel, Anton Rudolph.

23.11.54 *Lucie und die Zukunft* (Une femme libre), St 3 A von Armand Salacrou.
R: Peter Weihs, B: Fritz Dreher, K: Elisabeth Lorenz-Inger.
D: Traute Wassler, Christa Storm, Eva Sandor, Peter Weihs, Herbert Kersten, Robert Werner, Fritz Holzer.

25.12.54 *Der Liebestrank,* Schwank 3 A von Frank Wedekind.
R: nicht genannt.
D: Norbert Kammil, Susanne Engelhardt, Ilse Erben, Oskar Wanka, Jolanthe Wührer, Robert Werner, Georg Hartmann, Eva Palmer, Erich Schwanda, Franz Eugen Dostal.

11.1.55 Einakterabend: *Verhältnisse*
R: Otto Schenk, B: Wolfgang Moser, K: Edith Almoslino.
1. *Zwei auf einem Sessel,* Groteske von Lew Urwanzow (Ü: Maurice Hirschmann).
D: Helmuth Matiasek, Hilde Nerber.
2. *Ein ruhiges Heim,* Burleske von Georges Courteline.
D: Helmuth Matiasek, Fritz Holzer, Trude Ackermann.
3. *Frühere Verhältnisse,* Posse mit Gesang 1 A von Johann Nestroy.
D: Robert Werner, Trude Ackermann, Fritz Holzer, Hilde Nerber.

16.2.55 Ö *Ödipus* von André Gide.
R: Kurt Julius Schwarz, B: Walter Gerhardt, K: Eva Sturminger, M: Paul Kont.
D: Norbert Kammil, Georg Hartmann, Erika Ziha, Robert Werner, Erich Padalewsky, Fritz Holzer, Maria Menzel, Gisela Hamminger, Dieter Bauer, Hedwig Danneberg, Anneliese Tausz, Toni Wartburg.

26.3.55 U *Kein Gras für Büffel,* Sch von Karl Wiesinger.
R: Kurt Julius Schwarz, Ass: Jörg Buttler, B: Wolfgang Moser.
D: Norbert Kammil, Volker Krystoph, Robert Werner, Fritz Holzer, Georg Hartmann.

9.4.55 Ö *Das wahre Leben ist nicht gegenwärtig,* Sch von Gabriel Marcel.
R: Heinz Röttinger, B: Wolfgang Moser.
D: Anton Mitterwurzer, Anny Arden, Anneliese Tausz, Volker Krystoph, Alice Zlatnik, Greta Schröder-Wegener, Heinz Röttinger, Erich Schwanda, Ingold Platzer, Kurt Müller, Hedwig Danneberg.

26.4.55 *Der gute Wein des Herrn Nuche,* Kom von Paul Willems (Ü: C. Werckshagen).
R: Otto Schenk, B: Wolfgang Moser, K: Edith Almoslino.
D: Kurt Müller, Josef Gmeinder, Rosl Dorena, Hilde Nerber, Fritz Suppan, Robert Werner, Fritz Holzer, Volker Krystoph.

10.6.55 *Eine Dummheit macht auch der Gescheiteste,* Kom 5 A von Alexander Ostrowskij.
R: Kurt Julius Schwarz, B: Wolfgang Moser, K: Edith Almoslino.
D: Kurt Müller, Anny Arden, Josef Gmeinder, Elisabeth Ertl, Karl Augustin, Fritz Holzer, Volker Krystoph, Norbert Kammil, Eva Sandor, Renée Michaelis, Erich Schwanda, Rosl Dorena.

1955/56

12.10.55 Ö *Lionel, der Löwe,* Kom 3 A von Claude Richard Stange.
R: Otto A. Eder, B: Wolfgang Moser.
D: Kurt Müller, Karl Augustin, Erna Perger, Lu-

	zie Böhmer, Johannes Ferigo, Volker Krystoph, Susanne Engelhardt, Annemarie Schmid, Walter Hirt.
5.11.55 Ö	*Der Fall Pinedus,* Sch 2 T von Paolo Levi (Ü: Marianne Wentzel). R: Oskar Willner, B: Wolfgang Moser, K: Inge Brauner. D: Robert Werner, Franz Waldeck, Josef Gmeinder, Hans Raimund Richter, Karl Augustin, Ernst Nadherny, Joe Trummer, Erich Schwanda, Karl Rodeck, Johannes Ferigo, Rose Sladek-Dressler.
12.12.55	*Die Sorina,* Kom von Georg Kaiser. R: Otto A. Eder, B: Wolfgang Moser, K: Inge Brauner. D: Hilde Nerber, Luzie Böhmer, Georg Filser, Volker Krystoph, Joe Trummer, Ernst Zeller, Karl Augustin.
21.12.55 Ö	*Das Mirakel in Flandern oder Das Spiel von den Heiligen Drei Königen,* nach der Weihnachtslegende von Felix Timmermans, für die Bühne bearb. von Eduard Veterman und Felix Timmermans (Ü: Anton Kippenberg). R: Heinz Röttinger, B: Richard Weber, K: Lisl Hatina. D: Herbert Andl, Erich Gabriel, Wolfgang Riemerschmid, F. F. M. Sauer, Rosemarie Strahal, Erna Perger, Anny Arden, Lois Pollinger, Karl Augustin, Oskar Wanka.
29.12.55–1.1.56	Gastspiel des *Cabarets Jolly Joker:* *Neutralitätlichkeiten,* Brettlreminiszenzen 1955 von Kurt Nachmann, Fritz Eckhardt, Helmut Qualtinger und Harry Glöckner, Conférence und am Klavier: Heinz Horak. D: Ditta Dorin, Trude Pöschl, Harry Glöckner, Karl Augustin, Joe Trummer, Robert Werner.
11.1.56	*Peripherie,* Sch 12 B von František Langer. R: Karl Stanzl, B: Franz Szivatz, K: Inge Brauner. D: Karl Böhm, Ingold Platzer, Peter Brand, Joe Trummer, Anton Gaugl, Norbert Kammil, Franz Waldeck, Helga Dohrn, Gitta Köhler, Hans Normann, Hans Raimund Richter, Alexander Wagner, Karl Rodeck, Otto Kamm.
29.2.56	*Eisenbahnheiraten,* Posse mit Gesang 3 A von Johann Nestroy. R: Wolfgang Glück, B: Wolfgang Moser, K: Rita Hay, M: Erich Waglechner. D: Peter Ertelt, Martin Costa, Josef Menschik, Gerhart Wilhelm, Jürgen Strasser, Hedwig Trottmann, Erika Michl, Karl Augustin, Ilse Reitmaier, Martin Obernigg, Rosl Dorena, Franz Tiefenbacher.
29.3.56	*Ein Mann namens Judas,* Sch 3 A von Claude André Puget und Pierre Bost (Ü: Frank Zwillinger). R: Hans Lechleitner, B: Dimitri Rikakis. D: Herbert Kersten, Eva Heide Frick, Georg Hartmann, Kurt Müller, Emil Feldmar.
29.4.56	*Pünktchen und Anton,* Sp 12 B von Erich Kästner. R: Jörg Buttler, B: Walter Lothka. D: Ilse Erben, Claus Helmer, Hermann Faltis, Lizzi Steiner, Rosl Dorena, Josef Gmeinder, Elly Mayen, Adolf Wessely, Theodora Faßbender, Karl Dobravsky.
8.5.56	*Einen Sommer lang,* Kom 4 A von Emil Stürmer. R: Gustav Elger, B: Walter Lothka, K: Lisl Hatina. D: Tiana Schneider, Gustav Elger.
8.6.56	*Die sechste Dimension,* Kom 3 A von Jean Giltène (Ü: Georg Fraser). R: Carl W. Fernbach, B: R. Schmid, K: Lisl Hatina. D: Trude Ackermann, Peter Brand, Kurt Julius Schwarz, Renée Michaelis.
11.7.56 Ö	*Gesellschaft der Gänseblümchen,* Kriminalgroteske 3 A von Heinz Wunderlich. R: Kurt Julius Schwarz, B: Dimitri Rikakis, K: Lisl Hatina. D: Herbert Kersten, Tom Krinzinger, Joe Trummer, Johannes Ferigo, Karl Augustin, Ditta Dorin, Kurt Mejstrik, Ernst Zeller, Brigitte Köhler, Jaromir Borek, Dieter Bauer.
25.8.56	*La Celosa* (Die Eifersüchtige), L 3 A von Tirso de Molina. R: Kurt Julius Schwarz, B: Walter Lothka, K: Lisl Hatina. D: Elfriede Rammer, Axel Fritz, Fritz Holzer, Erika Michl, F. F. M. Sauer, Alfred Walchensteiner, Eva Bernhofer, Karl Augustin, Joe Trummer.

1956/57

29.9.56 *Bitte, bleiben Sie am Apparat!* (Taimyr ruft), Kom 3 A von Konstantin Issajew und Alexander Galitsch (Ü: Richard Hoffmann).
R: Otto Ambros, B: Walter Lothka, K: Lisl Hatina, M: Friedrich Trunkenpolz.
D: Kurt Müller, Robert Werner, Elfriede Rammer, Mario Kranz, Erika Michl, Wolfgang Bekh, Ingold Platzer, Alfred Walchensteiner, F. F. M. Sauer, Hermann Faltis, Joe Trummer, Olly Kert.

3.11.56 U *Der eingebildete Doktor*, Farce 3 A von Hans Weigel.
R: Otto Ambros, B: Robert Hofer-Ach.
D: Walter Kohut (Fritz Holzer), Hilde Nerber, Willi Schumann, Wolfgang Bekh, Theodora Faßbender, Rosl Dorena, Robert Werner.

14.11.56 *Der Lügner*, L 3 A von Carlo Goldoni (Ü: Anton Hamik, Bearb: Wolfgang Bekh).
R: Wolfgang Bekh, B u. K: Peter Gsowsky, M: Giaocchino Rossini, M.L: Gerhard Kramer, Ch: Rosemarie Strahal.
D: Thomas Vallon, Franz Steinberg, Rosemarie Strahal, Hermann Schmid, Alfred Walchensteiner, Peter Michl-Bernhard, Felicitas Ruhm, Evelyn Meisel, Michael Gert, Hermann Faltis.

6.12.56 *Glaube, Liebe Hoffnung*, ein kleiner Totentanz 5 B von Ödön von Horváth.
R: Jörg Buttler, B: Walter Lothka, K: Lisl Hatina.
D: Elfriede Rammer, Ernst Zeller, Fritz Holzer, Ingold Platzer.

29.12.56 *Der Dampfer Tenacity oder Die Reise nach Manitoba*, Sch 4 A von Charles Vildrac (Ü: Johannes Braun).
R: Heinz Röttinger, B: Josef Brun.
D: Trude Ackermann, Anny Arden, Peter Brand, Alexander Wagner, F. F. M. Sauer, Anton Gaugl.

30.1.57 Ö *Die letzte Station*, Sch 2 T von Erich Maria Remarque.
R: Karl Stanzl, B: Walter Lothka, K: Eva Sturminger.
D: Evi Servaes, Peter Weihs, Helmut Janatsch, Elfriede Rammer, Franz Haas, Ernst Zeller, Peter Brand, F. F. M. Sauer, Kurt Sobotka, Egon Peschka.

14.3.57 *Zwischenspiel*, Kom 3 A von Arthur Schnitzler.
R: Wolfgang Glück, B: Walter Lothka, K: Edith Almoslino.
D: Friederike Dorff, Thomas Vallon, Otto Tausig, Anny Schönhuber, Wolfgang Riemerschmid.

10.4.57 Ö *Junge Liebe auf Besuch*, L 3 A von Karl Wittlinger.
R: Jörg Buttler, B: Walter Lothka, K: Lisl Hatina.
D: Trude Ackermann, Adolf Böhmer, Alexander Wagner, Gerti Zens, Margit Wilhelm.

6.5.57 *Gottes Utopia*, Sch 5 A von Stefan Andres (Neuinszenierung).
R: Jörg Buttler, B: Josef Brun.
D: Peter Weihs, Ernst Zeller, Herbert Fux, Joe Trummer, Walter Gynt.

11.6.57 U *Heuchler und Heilige*, 2 Farcen von Adolf Opel.
1. *Hochzeit in Chicago*
2. *Auf dem Wege der Besserung*
R: Peter Weihs, B: Walter Lothka, K: Lisl Hatina.
D: Hedwig Trottmann, Hermann Laforet, Peter Parak, Fritz Holzer, Peter Brand, Ingold Platzer, Susi Waber.

1957/58

26.9.57 *Pierre und Isabelle*, Kom 3 A (4 B) von Marcel Achard (Ü: Ulrich Keyn).
R: Jörg Buttler, B: Walter Lothka, K: Lisl Hatina.
D: Bibiana Zeller, Alexander Wagner, Fritz Rudolf, Herbert Kersten, Luise Prasser, Hedda Zoglauer.

21.11.57 Dt *Die Silberschnur*, Sch 4 A von Sidney Howard (Ü: Rita Matthias).
R: Alexander Wagner, B: Helmut Schmeiser, K: Annemarie Köhler.
D: Irma Brama, Peter Schratt, Ernst Zeller, Brigitte Köhler, Elfriede Rammer, Lilo Freitag.

18.12.57 Ö *Der Fischbecker Wandteppich*, Legendensp 5 B von Manfred Hausmann.
R: Hartmut Rötting.
D: Peter Weihs, Bibiana Zeller, Maria Walenta, Wolfgang Gasser.

3.1.58 *Das kleine abc*, musikalisches L von Wilhelm Semmelroth, Musik von Wilhelm Keiper, für das *Theater am Parkring* eingerichtet von Herbert Prikopa.

R: Jörg Buttler, B: Helmut Schmeiser, K: Lisl Hatina.
D: Alexander Wagner, Georg Corten, Joe Trummer, Helen Arcon, Elfriede Rammer.

8.3.58 Ö *Ein kleiner Engel ohne Bedeutung,* Märchenkom 3 A von Claude André Puget (Ü: Beate von Molo und Grete Rosenthal).
R: Georg Lhotzky, B u. K: Rudolf Schneider Manns-Au, M: Mathias Praml.
D: Lydia Weiss, Kurt Müller, Brigitte Köhler, Fritz Holzer, Dieter Bauer.

16.4.58 Ö *An einem Tag wie jeder andere* (Desperate Hours), Sch 3 A von Joseph Hayes (Ü: Robert Wünschen).
R: Otto A. Eder, B: Robert Hofer-Ach.
D: Wolfgang Gasser, Hans Kammauf, Susanne Polsterer, Brigitte Köhler, Otto Gassner, Walter Scheuer, Kurt Müller, F. F. M. Sauer, Christl Florian.

6.5.58 Ö *Ein Mädchenleben für Wind* (Une fille pour du vent), Sch von André Obey (Ü: Pinkas Braun).
R: Kurt Julius Schwarz, B: Helmut Schmeiser, K: Lisl Hatina.
D: Raimund Kuchar, Peter Schratt, Tino Schubert, Ernst Zeller, Erna Korhel, Elfriede Rammer, Dieter Bauer.

13.6.58 *Ein besserer Herr,* Gaunerkom 2 T von Walter Hasenclever.
R: Kurt Julius Schwarz, B: Walter Lothka, K: Lisl Hatina.
D: Peter Schratt, Henriette Hieß, Tino Schubert, Rita Gallos, Kurt Müller, Joe Trummer, Ingold Platzer, Herbert Fux.

1958/59

7.10.58 *Der Furchtsame,* Altwiener Posse 5 A von Philipp Hafner, in der Neugestaltung von Joseph Gregor.
R: Kurt Julius Schwarz, B: Walter Lothka, K: Lisl Hatina.
D: Willy Schützner, Kurt Müller, Herbert Fux, Margit Gara, Edith Hejduk, Walter Scheuer, Rosl Dorena, Joe Trummer, Anton Rudolph, Helmut Silbergasser, Erich Schwanda.

13.11.58 *Bumerang ..., nur ein* L 3 A (4 B) von Karin Jacobson.
R: Adolf Böhmer, B: Antonis Lepeniotis.
D: Tino Schubert, Beatrice Ferolli, Helen Eckhardt, Carl Heinz Friese, Helen Arcon.

14.12.58 *Die Fliegen,* Dr 4 A von Jean-Paul Sartre.
R: Kurt Julius Schwarz, B: Veit Relin.
D: Veit Relin, Ilse Lafka, Tino Schubert, Roswitha Posselt, Herbert Kersten, Carl Heinz Friese, Margret Fuchs, Dieter Bauer.

28.1.59 *Die Frau des Fotographen oder Die große Liebe,* Kom 4 A von Marcel Pagnol (Ü: Franz Höllering).
R: Max Pfeiler, B: Michael Varga, K: Lisl Hatina.
D: Maria Groihs, Walter Scheuer, Gudrun Erfurth, Joe Trummer, Ingold Platzer, Georg Corten, Rita Gallos, Edith Heyduk, Helmut Jessernigg, Helmut Kolar.

25.2.59 Ö *Soledad,* Sch 3 A von Colette Audry (Ü: Lore Kornell).
R: Tino Schubert, B: Rudolf Schneider Manns-Au, K: Lisl Hatina.
D: Elfriede Rammer, Tino Schubert, Brigitte Köhler, Hans Christian, Kurt Sobotka, Helga Thoma, Robert Newman.

28.3.59 Ö *Die Villa der Madame Vidac* von Serge Simenois (Ü und Bearb: Franz Spencer-Schulz).
R: Kurt Julius Schwarz, B: Rudolf Schneider Manns-Au.
D: Herbert Kersten, Hans Christian, Gerti Rathner, Henriette Ahlsen, Susanne Polsterer, Gerti Schmiedl, Dieter Bauer, Erich Schwanda, Joe Trummer.

11.4.59 *Vertrag mit dem Himmel,* dramaturgisches Notturno 3 A von Josef Toman.
R: Andreas Rozgony, B: Rudolf Schneider Manns-Au, K: Lisl Hatina.
D: Franz Zellhausen, Monika Berger, Susanne Polsterer, Francis Kristian, Johannes Ferigo, Raimund Kuchar, Hans Raimund Richter, Erich Schwanda.

1959/60

15.10.59 *Mein Doppelgänger und ich,* L 3 A von Jean Giltène (Ü: Alfred Happ).
R: Jörg Buttler, B: Ursula Schöffler, K: Andrea Peter.
D: Walter Benn, Rudi Schippel, Eva Manhardt, Eduard Springer, Helga Willeger, Erich Schwanda, F. F. M. Sauer.

18.11.59	*Theater,* 2 Einakter von Ferenc Molnár (Ü: Alfred Polgar). *Vorspiel zu König Lear,* Kom. D: Herbert Kersten, Rudi Schippel, Herbert Fux, Carl Heinz Friese, Ingrid Walenta, Erich Schwanda.
danach	*Der Feldmarschall,* ein Spiel. D: Josef Krastel, Herbert Kersten, Daniela Sigel, Rudi Schippel. R: Andreas Rozgony, B: Rudolf Schneider Manns-Au.
.1.60	Ö *Papa Herrgott,* Sch 5 A von Louis Sapin (Ü: Heinrich Johns). R: Jörg Buttler, B: Rudolf Schneider Manns-Au. D: Anton Gaugl, Rudi Schippel, Georg Corten, Peter Assen, Karl Augustin, Ingold Platzer, Margret Fuchs, Auguste Welten, Elisabeth Schreyvogl, Anton Rudolph.
15.2.60	*Die Dame und der Lügner,* L 3 A von Holger Ruuts. R: Tino Schubert, B: Richard Weber. D: Rudi Schippel, Martha Dangl, Joe Trummer, Beatrice Ferolli.
16.3.60	Ö *Achill und die Mädchen,* L 3 A von Artur Marya Swinarski (Ü: Gerda Hagenau). R: Andreas Rozgony, B: Rudolf Schneider Manns-Au, K: Jutta Stehlik. D: Gottfried Herbe, Georg Corten, Erich Schwanda, Eva Sandor, Ingrid Walenta, Inge Altenburger, Herbert Fux, Sonja Marell.
?.4.60	*Skandal um Julia,* L 3 A von Johann von Vaszary (Ü: Stephan Halmay). R: Andreas Rozgony, B: Robert Newman. D: Inge Toifl, Adolf Wessely, Ingold Platzer, Joe Trummer, Dieter Bauer, Johannes Ferigo, Margret Fuchs.
28.4.60	*Meier Helmbrecht* von Wernher dem Gartenaere (Bearb: Herbert Lederer). (Übernahme der Inszenierung vom Theater *Kaleidoskop*.) R: Herbert Lederer, B: Richard Weber, K: Lisl Hatina. D: Herbert Lederer.
16.5.60	*La Sera,* Sp von Kurt Klinger. D: Anton Rudolph, Traute Foresti, A. Jörg Eggers, Heinz Winter, Irina David.
danach	*Die große Wut des Philipp Hotz* von Max Frisch. D: Alexander Wagner, Elfriede Rammer, Heinz Winter, Irina David, Anton Rudolph, Gloria Meinold. R: Jörg Buttler, B: Rudolf Schneider Manns-Au.
Ende 6.60	Schließung des *Theaters am Parkring*.

Theater im Palais Esterházy

„Was wäre vernünftiger, als vor allem das Reich Gottes und seine Gerechtigkeit zu suchen?"
Paul Claudel

1951 erschien in einer deutschen Theaterzeitschrift ein Artikel, der die besorgte Frage „Wien – eine sterbende Theaterstadt?" als Titel trug. Der Verfasser hatte während eines kurzen Aufenthaltes *Burgtheater*aufführungen im *Ronacher* von Zuckmayers *Gesang im Feuerofen*, Billingers *Traube in der Kelter* und Grillparzers *König Ottokars Glück und Ende* sowie in der *Josefstadt Blaubarts achte Frau* von Savoir und *Meine Cousine aus Warschau* von Verneuil gesehen und stellte fest: „Der Wiener ist konservativ und konservierend, er haftet stark im National-Österreichischen und überschätzt das Lokale bedeutend. Nestroys Werke sind seit Kriegsende auf den Wiener Bühnen fast zu Tode gehetzt, so daß man von mancher Seite nur mit Unbehagen, ja mit Schrecken an das bevorstehende Nestroy-Jubiläum denkt", und er berichtet weiter: „(...) die Stadt Wien unterhält nicht ein einziges Theater. Sie erhebt Vergnügungssteuer und nimmt den privaten Kulturtheatern gegenüber einen gleichgültigen, um nicht zu sagen kulturfeindlichen Standpunkt ein. Das kleine literarische Theater *Die Insel* unter Leitung seines idealistischen kunstbesessenen Direktors Leon Epp erlag ihr jetzt nach jahrelangem Kampf und wird in ein städtisches Großkino umgewandelt."[186] Manches an den Beobachtungen des Besuchers war nur allzu richtig. Aber er hatte nicht alles gesehen. Vielleicht war er auch mit den falschen Leuten zusammengekommen, denn von den Kellern berichtete er nichts. Dort war, wie wir schon wissen, einiges in Bewegung geraten. Und diese Bewegung setzte sich im folgenden Jahr fort. Da eröffnete am 17. Oktober 1952 Leo Hainitz am Hohen Markt ein *Cocteau Theater Wien* mit *Dreimal Taschen Cocteau*, mußte aber nach wenigen Tagen aufgeben. Die Zeit für Cocteau sollte in Wien erst kommen. Ingold Platzer war die wichtigste darstellerische Kraft dieses Unternehmens. Nicht viel länger hielt sich Walter Sofkas *Intime Komödie in der Lehárgasse*, in unmittelbarer Nähe des *Theaters an der Wien*, Lehárgasse 1. Gehobene Gesellschaftskomödie sollte dort auf kleinstem Raum gepflegt werden. Ein nicht recht ernst zu nehmendes *Theater im Palais Schönburg* und ein seriöseres *Theater im Café Herrenhof*, das letztere von Hans Ziegler protegiert, kamen über die Stadien des Planens und Projektierens nicht hinaus. Hans Naderer, der Erfolgsautor von *Das unheilige Haus*, erfüllte sich mit der Gründung der *Österreichischen Volksbühne*, 8. Bezirk, Josefgasse 12, einen lebenslangen Lieblingswunsch. Am 7. Dezember 1952 hatte dort sein neuestes Stück Premiere. Wenn wir erfahren, daß es *Blau, blond und mollert* hieß, erübrigt sich jede weitere Erwähnung.

Hingegen fand in den westseitigen Souterrains der Secession ein besonders raummäßig interessantes Experiment statt. Anläßlich des Katholikentages spielte dort ab 10. September 1952 eine Gruppe meist junger Schauspieler unter der Leitung von Heinz Röttinger das religiöse Spiel *Selig sind die Verfolgten* von Toni van Eyck. „Den Wiener Kleinbühnen, deren Zahl beständig wächst, ist eine neue an die Seite getreten, nämlich die *Bühne in der Secession*. Ihre Eigenart besteht darin, daß sie keine Bühne im eigentlichen Sinne ist. In dem Kellerraum, der ihr zum Aufenthalte dient, stehen an allen vier Wänden Sitzbänke, während in der leeren Mitte des Raumes wie in einer Art Arena agiert wird. Der Theaterraum ist dürftig, seinen Wänden fehlt an vielen Stellen der Mörtel, ohne

Schmuck ist dieses Theater."[187] Richard Weber sorgte mit ganz sparsamen Mitteln für die Raumgliederung. Der bewußte Verzicht auf äußere Wirkung zwang alle Darsteller – Maria Lussnigg, Martha Strohschneider, Otto Soltau, Hugo Riedl, Walter Simmerl, Hanns Dressler, Hubert Kronlachner, Herbert Kragora, Erich Padalewsky, Felix Pflichter, F. F. M. Sauer, Peter Hill und Fred Cisar – zu größter Sprachdisziplin. Der Eindruck war stark. „Dieser Raum strahlt stärkste Wirkung aus. Dazu der Dialog (…) Hier gibt es keine Stars, hier herrscht Natur."[188] Karl Maria Grimme interpretierte: „Das Theater von heute strebt mit aller Macht fort von der äußeren Wirklichkeitsillusion. So versucht man immer wieder die Guckkastenbühne zu überwinden, was am radikalsten in der Rundbühne, in der Arena geschieht (…) Diese Form kommt sowohl vom expressionistischen wie vom epischen Theater her, sie wurde vor allem von Bert Brecht und den modernen Oratorienopern ausgebildet."[189]

Daß dieses äußerst gelungene Experiment nach zwanzig Vorstellungen zu Ende war und keine Fortsetzung fand, wurde allgemein bedauert. Aber die Spielstätte stand, wegen Eigenbedarfs der Secessionskünstler, nur begrenzte Zeit zur Verfügung; und es war ja gerade der Raum, der so wesentlich am positiven Gesamteindruck beteiligt war.

Indessen hatte aber Hans Kugelgruber, der schon bei den *Stephansspielern* wertvolle Erfahrungen mit christlichem Bühnenspiel gemacht hatte, fast gleichzeitig, nämlich am 9. September 1952, sein *Theater im Palais Esterházy*, 1. Bezirk, Wallnerstraße 4, eröffnet. Es sollte ein Theater der christlichen Hoffnung sein, gemäß den Gedanken Reinhold Schneiders und Dietrich Bonhoeffers, die eine Läuterung der christlichen Kirchen nach den Leiden unter dem Nationalsozialismus erwarteten. Die fortschrittliche Priesterschaft nahm an diesem Versuch auch regen Anteil.

Im selben Jahr konnte der wiederhergestellte Stephansdom feierlich eröffnet werden. Der Index für Großhandelspreise sank, was ein deutliches Gesunden der Wirtschaft anzeigte. Die Fleischzulieferung war endgültig normalisiert: Das staatliche Wirtschaftsdirektorium war in der Lage, seine bisherige Verfügung zweier fleischloser Tage in der Woche aufzuheben.

Paul Claudel: Mittagswende
Ruth Birk, Peter Versten

Im Palais Esterházy hielt Kugelgruber mit wechselndem Erfolg an einem anspruchsvollen Spielplan fest. Drei Saisonen hindurch gab er, ohne wesentliche Konzessionen und ohne Spekulation auf „Volkstümlichkeit", in konsequenter Arbeit einen Begriff davon, wie modernes christliches Theater auszusehen hätte: Claudel, Gabriel Marcel, Timmermans, Mauriac, Graham Greene, Lavéry, Romain Rolland markierten die Richtung und die künstlerische Qualität; dazu kamen die Österreicher Hofmannsthal, Max Mell und Felix Braun; Eugene O'Neill und Alejandro Casona sollten dramatische Spannung beisteuern; klassische Lustspiele von Goldoni und Moreto lockerten das Repertoire auf.

Leider konnten für dieses ehrgeizige Vorhaben nie genug entsprechend qualifizierte Schauspieler gefunden werden. Von den *Stephansspielern* stießen zwar aus wirklichem Interesse Maria Lussnigg, Ingeborg Weirich, Hugo Riedl, Hintz Fabricius und Heinz Röttinger zur Truppe. Das war ein kleiner verläßlicher Kern. In Ruth Birk wuchs außerdem eine beachtliche Charakterspielerin heran. Gerhard Mörtl, Johannes Ferigo und Fred Cisar konnten vielseitig eingesetzt werden. Aber fast alle fanden, mehr oder weniger bald, Aufgaben an anderen Bühnen, und was sonst im Laufe der drei Spielzeiten mitwirkte „überschreitet nicht das Niveau ambitionierter Laienspieler".[190] Der gläubige Christ Friedrich Heer mahnte: „So geht es nicht. (…) Darbietung von Inhalten, die den meisten Menschen heute unglaubwürdig, zumindest nicht selbst nachvollziehbar erscheinen, fordern ein Maß von Anstrengung und Überlegung, Selbstzucht und Können, die alle zusammen vorbedacht werden wollen."[191] Niemals entstand in der Wallnerstraße ein wirklich befriedigendes Zusammenspiel. Auch in den besten Inszenierungen gab es untilgbare Punkte des Dilettantismus. Jede noch so ernsthafte Anstrengung der Regie „wird durch die Schwerfälligkeit der Aufführung zum Laienspiel".[192] Allerdings: in *Monsignores große Stunde* vermochten Hugo Riedl und Hintz Fabricius, wie schon einst bei den *Stephans*spielern, aber diesmal noch intensiver, noch pointierter, mit den Mitteln der Bühne „ein flammendes Bekenntnis zum Frieden auf Erden"[193] abzulegen. Auch eine Wiederinszenierung von *Der Pfarrer vom blühenden Weinberg* fand Beifall. Mit der österreichischen Erstaufführung von Vittorio Calvinos *Die Geduld des Herrn* war dem Repertoire ein wirkungsvolles legendenhaftes Spiel gewonnen: Ein kleiner Buch-

Emmet Lavéry: Monsignores große Stunde
Hintz Fabricius, Hugo Riedl

halter, entsetzt über die Schlechtigkeit der Welt, baut sich im Hühnerhof einen Turm, um, von den Menschen abgekehrt, Gott näher zu kommen. Aber der Gesuchte erscheint tatsächlich, läßt ihn die Welt in einem anderen Licht sehen und führt ihn in die menschliche Gemeinschaft zurück. Dies wurde lebendig und frisch gespielt, mit feinen Übergängen vom Realismus zur Märchenhaftigkeit. Es schien sich sogar der Ansatz zu einem Ensemble zu bilden: Franziska Kalmar, Christl Storm, Luzi Neudecker, Hanns Dressler, Karl Augustin, F. F. M. Sauer, Fred Cisar. Vor allem aber Anton Rudolph als Buchhalter: erheiternd in

Vittorio Calvino: Die Geduld des Herrn
*Franziska Kalmar, Helga Wehrenau, Anton Rudolph,
Anja Orlow, Heinz Röttinger, F. F. M. Sauer*

seiner anfänglichen Verbohrtheit und ergreifend in der Wandlung zu schlichter, naiver Demut. Insgesamt „geschlossen, stilsicher, in den Charakteren und im Dialog gut durchgearbeitet".[194] Das blieben jedoch Ausnahmen.

Junge Autoren zu animieren, für sein Theater Stücke zu schreiben, vermochte Kugelgruber überhaupt nicht. Aber das war ja ein Mangel, der allen Kellertheatern Sorge bereitete.

Weil Hans Kugelgruber sehr geschäftstüchtig war, gelang es ihm, eine überaus nützliche Verbindung zum *Theater der Jugend* herzustellen, was dem *Theater im Palais Esterházy* viele Produktionsaufträge dieser großen Organisation einbrachte. Neben dem religiösen Repertoire im Stammhaus betreute Kugelgruber als Regisseur oder auch als Koordinator, zum Teil mit den eigenen Darstellern, zum Teil mit Gästen, Aufführungen von *Emil und die Detektive, Weh dem, der lügt, Der Barometermacher auf der Zauberinsel, Der Geizige* u. v. a., die hauptsächlich im *Renaissancetheater* in der Neubaugasse oder im *Raimundtheater* gespielt wurden, seltener im *Theater im Palais Esterházy* selbst.

Diese vielseitigen Verpflichtungen zersplitterten aber Kugelgrubers Energien, zuletzt blieb das mit so vielen Ambitionen aufgebaute Theater eines planmäßig christlich-religiösen Repertoires auf der Strecke. Seine Geschichte ist ein schönes Beispiel dafür, daß eben das klügste und ausgewogenste Konzept ohne gute Darsteller nicht durchzusetzen ist. „Das Heil kann nur vom Schauspieler kommen, denn ihm und keinem anderen gehört das Theater"[195], dozierte Max Reinhardt, der sein Leben lang über das Theater nachgedacht hatte. Dies gilt nicht nur für Reinhardts eigene barock-repräsentative Inszenierungen. Auch in den Kellertheatern – trotz aller Regiekünste, trotz aller verblüffenden Lösungen der Bühnenbildner, trotz bester Einfälle der Dramaturgen – wurden die bedeutsamsten Aufführungen von bedeutsamen Schauspielern getragen.

Spielpläne des *Theaters im Palais Esterházy*
Eröffnung am 10.9.1952

1952/53
10.9.52   *Mittagswende*, Sch von Paul Claudel.
           R: Hans Kugelgruber, B: Ruth Raffael.
           D: Ruth Birk, Peter Versten, Gerhard Mörtl, Johannes Ferigo.
12.10.52   *Die Tochter des Jairus*, Sp von Felix Braun.
           R: Heinz Röttinger, B: Richard Weber.
           D: Tassilo Holik, Ingeborg Weirich, Gerhard Mörtl, Heinrich Bresnitz-Zydakoff, Maria Lussnigg.

119

danach	*Monsignores große Stunde,* Sch 1 A von Emmet Lavéry (Ü u. Bearb: Friedrich Schreyvogl). R: Hans Kugelgruber, B: Richard Weber. D: Hugo Riedl, Hintz Fabricius, Tassilo Holik, Maria Lussnigg, Elisabeth Figlhuber, Lisbeth Richter, Evelyn Völk, Petra Solm, Gertrude Uhlir, Heinz Röttinger, Gerhard Mörtl, Johannes Ferigo, Heinrich Bresnitz-Zydakoff.	1953/54 18.9.53	*Der Tausch* (L'échange), Sch von Paul Claudel. R: Hans Kugelgruber, B: Wolfgang Müller-Karbach. D: Egon Peschka, Maria Fontana, Hanns Dressler, Ruth Birk.

22.12.52 U *Sieben Segel im Sturm* (Die Verlorenen), Sch von Margh Malina.
R: Hans Kugelgruber, B: Lorenz Withalm.
D: Ruth Birk, Christian Dorn, Kurt Bauer, Walter Letsch, Albert Rueprecht, Walter Kohut, Fred Cisar, Walter Kohutek, Karl Augustin, Heinrich Bresnitz-Zydakoff, Gerhard Mörtl, Margh Malina.

30.12.52 *Donna Diana,* L 3 A von Moreto.
R: Hans Kugelgruber, B: Wolfgang Müller-Karbach.
D: Karl Augustin, Ruth Birk, Melitta Wagner, Susanne Schönwiese, Peter Versten, F. F. M. Sauer, Christian Dorn, Alfons Lipp, Elisabeth Figlhuber.

22.2.52 *Ein Spiel von Tod und Liebe,* Sch von Romain Rolland.
R: Hans Kugelgruber, B: Wolfgang Müller-Karbach.
D: Hans Brand, Ruth Birk, Walter Regelsberger, Hans Kugelgruber, Karl Augustin, Fred Cisar, Melitta Wagner, Susanne Schönwiese, F. F. M. Sauer, Traute Kraus.

4.4.53 *Der Pfarrer vom blühenden Weinberg,* Sch von Felix Timmermans (Ü: Karl Jacobs).
R: Hans Kugelgruber, B: Wolfgang Müller-Karbach.
D: Hugo Riedl, Karl Baumgartner, Susanne Schönwiese, Roman Hofbauer, Josef Hübner, Walter Letsch, Christl Storm, Karl Augustin.

19.5.53 Ö *Die Geduld des Herrn* (Der Turm über dem Hühnerhof), Kom 5 B von Vittorio Calvino (Ü: Maria Delich).
R: Heinz Röttinger, B: Richard Weber.
D: Franziska Kalmar, Anja Orlow, Helga Wehrenau, Heinz Röttinger, Christl Storm, Luzi Neudecker, Anton Rudolph, Rudolf Weitlaner, Fred Cisar, Karl Augustin, F. F. M. Sauer, Hanns Dressler.

2.10.53 U *Die beiden Entführungen,* Kom 4 A von E. Prossinagg.
R: Karl Augustin, B: Wolfgang Müller-Karbach.
D: Karl Mittner, Gertrud Scharnagl, Melitta Wagner, Edith Jirku, Traute Aumüller, Friedrich Heinz, Ernst Nadherny, Theodora Faßbender, Karl Augustin, Christian Dorn, Traute Kraus.

30.10.53 Ö *Boot ohne Fischer* (La barca sin Pescador), Sch 3 A von Alejandro Casona.
R: Roman Hofbauer, B: Lorenz Withalm.
D: Ruth Birk, Edith Heyduk, Charlotte Gentsch, Melitta Wagner, Roman Hofbauer, Karl Augustin, Fritz Hein, Fred Cisar, Gustav Wilfan.

5.11.53 U *Scheideweg* (Divergence), Sch 1 A von Bishr Farès (Ü: Fritz Habeck).
R, B u. K: Bishr Farès.
D: Ruth Birk, Walter Letsch, Robert Werner.

danach *Monsignores große Stunde,* Sch 1 A von Emmet Lavéry.
R u. B wie 1952.
D: Hugo Riedl, Hintz Fabricius, Fred Cisar, Hans Kugelgruber, Fritz Hein u. a.

4.12.53 *Das Apostelspiel* von Max Mell.
R: Hans Kugelgruber, B: Walter Letsch.
D: Karl Augustin, Traute Aumüller (Gertrud Helmer), Peter Versten, Karl Baumgartner.

5.12.53 U *Ricki Rackers Weihnachtsreise,* Märchen 6 B von H. und S. Weilen.
R: Franz Wagner, B: Fred Cisar.
D: Grete Söhren, Peter Holm, Karl Augustin, Melitta Wagner, Renate Knapp, Gertrud Scharnagl, Fred Cisar, Heinz Czeike, Franz Wagner, Angelika Schober.

25.12.53 *Liebeshändel in Chioggia,* Kom von Carlo Goldoni (Bearb: F. Knoller).
R: Philipp Zeska, B: E. Dworschak.
D: Karl Baumgartner, Erna Riedl, Ruth Birk, Peter Ertelt, Josef Hübner, Maria Ott, Maria Groihs, Curth A. Tichy, Beatrice Ferolli, Franz

		Steinberg, Peter Suda, Karl Augustin, Fritz Hein, Fred Cisar.
5.3.54	Ö	*Feuer auf der Erde,* Sch von François Mauriac (Ü: Marianne Wentzel). R: Hans Kugelgruber, B: Wolfgang Moser. D: Viktor Gschmeidler, Grete Karden, Ruth Birk, Curth A. Tichy, Christl Erber, Fred Cisar, Fritz Hein, Elisabeth Rawitz, Gertrud Helmer, Peter Hofbauer.
29.6.54		*Die Frau im Fenster* von Hugo von Hofmannsthal. R: Hans Kugelgruber, B: Wolfgang Moser. D: Ruth Birk, Fred Grundei, Charlotte Gentsch.

1954/55

8.10.54	Ö	*Das Ende der Affäre,* Tr 2 A von Graham Greene (Ü: Maria Verano). R: Hans Kugelgruber, B: Wolfgang Moser. D: Peter Weihs, Anton Gaugl, Ruth Birk, Karl Augustin, Otto Heydusek, Peter Klein, Karl Neton, Walter Sofka, Fritz Helm, Christl Storm.
23.11.54	U	*Das Wunder von Lourdes,* Sch 1 Vsp u 6 B von Hans Naderer. R: Hans Kugelgruber, B: Wolfgang Moser. D: Gertrud Helmer, Andrea Klaas, Elisabeth Rawitz, Traute Aumüller, Anton Gaugl, Viktor Gschmeidler, Hans Kammauf, Herbert Fux, Hugo Riedl, Hans Eybl, Fritz Helm, Rudolf Ritter, Karl Neton, Hans Reimann, Fritz Rudolf.
26.2.55	Ö	*Der Fuchs und die Trauben,* Sch 3 A von Guilherme de Figueiredo (Ü: Margot Feder). R: Hans Kugelgruber, B: Wolfgang Moser, M: Paul Kont. D: Hans Kammauf, Johannes Ferigo, Ruth Birk, Tiana Schneider, Egon Peschka, Al James.
8.3.55	Ö	*Herzen im Sturm,* Sch von Milan Begovic (Ü: Fred Alten). R: Peter Malec, B: Wolfgang Moser. D: Hans Brand, Ruth Birk, Lizzi Steiner.
4.4.55	Ö	*Rom nicht mehr in Rom,* Sch von Gabriel Marcel. R: Hans Kugelgruber, B: Wolfgang Moser. D: Hans Brand, Ruth Birk, Erika Ziha, Dieter Bauer, Fred Cisar, Johannes Ferigo, Hilde Antensteiner, Otto Heydusek, Karl Augustin, Egbert Greifeneder.
18.5.55		*Verkettet* (Welded), Sch 3 A von Eugene O'Neill (Ü: Alfred Ferrin). R: Luis Leo, B: A. Lücking. D: Johannes Ferigo, Ruth Birk, Viktor Gschmeidler, Ingold Platzer.
6.55		Schließung des *Theaters im Palais Esterházy*

Avantgarde pure

*„schneuzt das aug und
schärft das ohr
denn ein schauspiel steht bevor"*
Konrad Bayer,
kasperl am elektrischen stuhl

Wenn wir den Begriff Avantgarde in strengstem Sinn auslegen, dann sind die Wiener Kellertheater wahrscheinlich allesamt nicht avantgardistisch zu nennen. Immer gab es da ein gewisses Schielen nach den großen Bühnen, denen man es gerne gleichtun wollte und die für die meisten insgeheim lockende Ziele waren. Die echten Avantgardisten in Paris bekämpften und verhöhnten das Bestehende und Etablierte, wollten es niederreißen und verharrten in extremer Opposition dazu. Sie verstanden sich auch nicht als Alternative, sondern als das einzig Wahre, welches das alte Falsche endlich abzulösen habe.

Die Wiener Kellertheater waren nie so radikal. Sie zeigten lediglich, daß man es auch ganz anders machen konnte als die Großen, origineller, manchmal sogar besser – und in jedem Fall viel billiger.

Es gab jedoch echten Avantgardismus in der Literatur. Die Vertreter der Wiener Gruppe: H. C. Artmann, Konrad Bayer, Gerhard Rühm (bald stießen auch Oswald Wiener und Friedrich Achleitner dazu), stellten nicht nur alles Herkömmliche, sondern gewissermaßen auch sich selbst in Frage, indem sie sich – als Schriftsteller – das Mittel ihrer Äußerungsmöglichkeit gleichsam unter den Füßen wegzogen, nämlich die Sprache. Artmann deckte die Klischeehaftigkeit tradierter Formen auf. Bayers Text „elektrische hierarchie" beginnt mit dem Satz: „verschiedene sätze treten auf." Diese Personalisierung der Sprache erhob die Frage nach eigener Identität. Durch das Mittel der kritischen Sprachdurchleuchtung sollte sich eine neue Dimension der Wirklichkeit erschließen. Indem man gegen „die Prätention einer die Wirklichkeit abbildenden Sprache"[196] revoltierte, gewann man der Sprache die ihr innewohnende Autonomie zurück. Bayer „nahm das Wort beim Wort".[197] Da wurde mit wahrer Besessenheit und Entdeckerfreude der Sprache selbst aufs Maul geschaut. Aber alles geschah ohne Echo, nahezu im geheimen, ja konspirativ. Surrealismus, Kostruktivismus, Dadaismus und Expressionismus, von den literarischen Meinungsbildnern damals als „längst passé" abgetan, übten faszinierenden Einfluß auf die Gruppe aus und wurden auf ihre Brauchbarkeit abgeklopft. Widerhall fanden diese linguistischen Experimente zunächst keinen, höchstens Verständnislosigkeit. Ja, noch zwanzig Jahre später urteilte man im angeblich um so vieles fortschrittlicheren Berlin: „Matt, matt. Höchst überflüssig eigentlich (…) Was als Literaturforschung allenfalls als kurzer Nonsens-Spaß sich empfehlen mag, machte theatralisch nur wenig satt. Und so war denn auch Konrad Bayers dünnem Jux in der Werkstatt nicht auf die dünnen Beinchen zu helfen (…) Höchst leerlaufende 80 Minuten."[198]

Durch den fast völligen Mangel an Publikationsmöglichkeiten war die Lage der jungen avantgardistischen Literaten womöglich noch ungünstiger als die der jungen Theaterleute. Daher waren theatralische Aktivitäten für sie eine Gelegenheit, um eine wenn auch kleine Öffentlichkeit zu erreichen. Zumal eine starke Affinität zum Theatralischen ihnen allen eigen war. Rühm, als Sohn eines Philharmonikers, war dem Musiktheater von Kindheit an verbunden. H. C. Artmann liebte Verkleidungen und Maskierungen: „bärte wie schlipse probiert", heißt es in seiner poetischen Selbstdarstellung im *Suchen nach dem gestrigen Tag,* und wenige Zeilen weiter unten: „theater gespielt".[199] Bei Konrad Bayer finden sich Gedichttitel wie

„ich trete costümiert auf"[200] oder „das leben wird zur permanenten show".[201]

Am 12. August 1953 inszenierte H. C. Artmann einen Umzug kostümierter und vermummter Gestalten: *une soirée aux amants funèbres*. Eine angezündete Friedhofslaterne wurde vorangetragen, dahinter folgten die Männer ganz in Schwarz mit Begräbniskränzen in den Händen, die Gesichter kalkweiß geschminkt, und ihre tiefverschleierten Damen. Brennender Weihrauch verströmte seinen Duft. Die Prozession bewegte sich gemessenen Schrittes. Als besondere Akzente sollten beim Goethedenkmal, vor der Oper, in der Mitte der Kärntner Straße, am Stephansplatz, in der Rotenturmstraße, beim Café Stambul am Fleischmarkt, bei der Urania, an der Franzensbrücke, in der Hauptallee und bei der Illusionsbahn im Prater Gedichte von Baudelaire, E. A. Poe, Gérard de Nerval, Georg Trakl und Ramón Gómez de la Serna in den Originalsprachen rezitiert werden. Viele Schaulustige folgten dem immer länger werdenden Zug und verursachten zwischen Urania und Kärntner Straße eine beträchtliche Verkehrsstauung, wodurch das Ereignis in den Lokalteilen der Zeitungen Erwähnung fand. „bezeichnend an dieser ersten manifestation war die weitgehende gleichsetzung des makabren mit dem poetischen (die im grunde sehr wienerisch ist), der protest gegen das konventionelle, anonyme, der sich jedoch weniger durch eine aggression nach außen, als mehr durch ein dokumentiertes, subjektiv bedingtes anders-, eigensein ausdrückte, provoziert durch das belastende ärgernis, das man damals schon durch die kleinste abweichung vom üblichen hervorrief."[202]

Im Winter 1953/54 entdeckte H. C. Artmann in der winkeligen mittelalterlichen Ballgasse, Haus Nummer 10, ein geräumiges, durch ein verfallendes Holztor direkt zugängliches Kellergewölbe, das mit dem weitverzweigten Katakombensystem von Sankt Stephan in Verbindung stand. Nach Wegräumung von jahrzehntealtem Bauschutt und Gerümpel richtete die Literatengruppe dort ein Theater ein. Elektrisches Licht gab es nicht, aber Kerzen schufen die gesuchte mystische Stimmung. Konzerte und Lesungen wurden veranstaltet. H. C. Artmann und Konrad Bayer wirkten als Regisseure von Theateraufführungen. Eine Festivität voller Pomp war dem Gedenken der Französischen Revolution gewidmet: Die Akteure in Jakobinertracht vollzogen an einer auf der Bühne errichteten Guillotine Hinrichtungen – in effigie. Aber unter den immer zahlreicher geforderten Opfern fanden sich weniger historische Gestalten als vielmehr sehr gegenwärtige Künstler und Politiker. Zu den imaginären Enthauptungen spielte eine erstklassige Band New-Orleans-Jazz.

„geplant ist ‚hopsignor' von ghelderode, ‚sweeney agonistes' von eliot, vertont von gerhard rühm, daraus wird nichts. es folgen einige poetische acte von grosser schönheit: (...) IN MEMORIAM TO A CRUCIFIED GLOVE on Saturday the Ninth of January 1954; rum, beer, dancing in torchlight, new-orleans band; the vaults will be opened from 21 00 hours to 5 00 hours. am 5. februar: ‚das fest des hl. simeon, quasi una fantasmagoria' (ich führe regie, die schwarze messe kommt nicht recht zustande, die versprochene jungfrau erscheint nicht, die tote taube ist von den ratten gefressen, der satanspriester otto zokan liegt bewußtlos trunken in seinem kohlenkeller, ein übler dilettant muß ihn ersetzen. aber oswald wiener darf raimund ferra in einem schubkarren durch die unterirdischen gänge fahren und in eine grube schütten, wo wir das opfer mit erde bedecken und mit rum besprengen), teddy janata arrangiert eine woche später eine indische reistafel. artmann schreibt: ‚la cocodrilla' (theater am lichtenwerd, wien 1953). am 20.2.1954 folgt die *SOIREE MIT ILLUMINIERTEN VOGELKÄFIGEN*."[203]

Das Makabre und der schwarze Humor herrschten vor. Stücke wie Konrad Bayers *kasperl am elektrischen stuhl* und H. C. Artmanns *kein pfeffer für czermak* oder *kaspar als luftschofför*, die in den sechziger Jahren auf die Kellerbühnen fanden, wurden da gedanklich vorgebildet. Phantasie durfte sich in krausen Hervorbringungen ausleben.

An eine Kontinuität dachte niemand. Wiederholungen waren unvorstellbar. Und die niemals seßhafte Ruhelosigkeit des Wortführers Artmann, die sich der ganzen Gruppe mitteilte, schloß eine Institutionalisierung aus.

Überdies witterte die Polizei gefährdende bauliche Unzukömmlichkeiten, und daher mußte das unterirdische Avantgardistengewölbe bald wieder verlassen werden.

Kaleidoskop

"Wie? gibt's ein Schauspiel?
Ich will Hörer sein.
Mitspielen auch,
nachdem sich's fügt."
William Shakespeare,
Sommernachtstraum, 3. Aufzug

1953 trat Bundeskanzler Figl ab. Der Mann der ersten Stunde, der ehemalige KZ-Häftling, der in seiner erschütternden Weihnachtsrede von 1945 innigst gebeten hatte: „Glaubt an dieses Österreich!" Das Volk war seinem Aufruf gefolgt. Jetzt stand Julius Raab an der Spitze einer neuen Koalitionsregierung. Ein Kleinbürger ohne jedes Interesse an der Kultur. „Er hätte beispielsweise das Unterrichtsministerium ohne Bedauern den Sozialisten überlassen, wie er ihnen 1955 das Fernsehen überließ. ‚Das Kasperltheater hört e' bald auf', brummte er, ‚wer soll schon in das Narrenkastel reinschauen?'"[204] Acht Jahre nach Kriegsende gab es noch immer keinen Staatsvertrag.

Aber 1953 war ein sehr theaterträchtiges Jahr. Nicht weniger als drei Kleinbühneneröffnungen können wir in diesem Herbst registrieren, zwei geradezu zur selben Stunde, am 29. Oktober; zählen wir einen kurzlebigen einwöchigen Versuch hinzu, dann waren es sogar vier. Sehr unterschiedlich und wechselhaft waren die Geschicke dieser Gründungen. Aber eine existiert sogar bis heute. Wir hören noch davon.

Unter allen Kellertheatern Wiens war das *Kaleidoskop* wahrscheinlich das liebenswürdigste, jedenfalls das heiterste. Schon die Wahl des Namens war glücklich. Kaleidoskop: das heißt auf griechisch „schöne Bilder"; und als unendlich abwandelbares Puzzle von immer neu sich gruppierenden bunten Glasstückchen, durch ein Guckrohr zu betrachten, ist es vielen bekannt.

Der Spielplan des *Kaleidoskop* wies vor allem zahlreiche Komödien auf, teilweise bestens bekannt, jedoch manchmal in neuer, verblüffender Sehweise dargeboten. Keine psychologisierenden Seelendramen, kaum Nachkriegspessimismus, nichts von Strindberg, O'Neill oder Tennessee Williams, nichts von Sartre oder Camus. Dafür Molière, Plautus, Büchners *Leonce und Lena*, Nestroy, Goldoni, den Shakespeare der Lustspiele, *Der Held der westlichen Welt* des Iren Synge, die Spanier Moreto und de Rojas, Machiavellis *Mandragola*. Das bildete ein heiteres Programm von höchstem Niveau, nach vielen Seiten auszuweiten.

Man fand einander wie von selbst, zwangsläufig: Studenten, ein junger begabter Bühnenbildner, Schüler des Reinhardtseminars, junge Schauspieler und Regisseure. 1952 bildete man eine kleine sommerliche Arbeitsgemeinschaft, um eine Tournee durch Österreich zu absolvieren. Nicht zufällig wurde Goldonis *Mirandolina* gespielt. Im Herbst ging man auseinander, studierte weiter oder trat Engagements an, die unbefriedigende Arbeit brachten. Ein Jahr später wurde in der Secession eine Praterausstellung rund um die Figur des Calafati veranstaltet. Eine Ergänzung der Schau durch eine szenische Aufführung wäre erwünscht gewesen. Das *Pratermärchen* von Rudolf Weys, ein bereits klassisch gewordenes Stück aus der *Literatur am Naschmarkt*, bot sich als passend an. Dem jungen *Kaleidoskop*-Ensemble wurde mit dieser Aufgabe eine Chance gegeben. Es nützte sie.

Und bei dieser Gelegenheit sahen die jungen, begeisterten Theaterleute direkt neben den Klubräumen der Maler und Bildhauer von der Secession eine Art größere Kammer, in der gerade neunundvierzig Personen unterzubringen gewesen wären. Ein wunderbar geschwungener Mauerbogen gab den Blick frei in eine zweite derartige Kammer. Das war's! Ein Zuschauerraum, ein Proszenium, eine Bühne. Die Secessionsleute hatten für diesen Abstellraum ohnehin keine Verwendung.

Im Herbst 1953 konnte das *Theater Kaleidoskop* im Souterrain der Wiener Secession, 1. Bezirk, Friedrichstraße 12, seine Saison beginnen. Otto Schenk machte seine erste Inszenierung, *Der Unwiderstehliche* von Moreto, überquellend von Einfällen, auch Zirkusgags nicht verschmähend. Der Mauerbogen war das wichtigste Dekorationsstück. Bühnenbildner Wolfgang Moser stellte nur wenige ergänzende Architekturelemente auf die vorgegebene Spielfläche. Er hatte auch den Zuschauerraum zurechtgemacht. Helle Farben, lindgrün, indischgelb, angenehm freundliches Ocker, ergaben eine Atmosphäre, die sich vorzüglich eignete, darin jung gebliebene alte Komödien zu verlebendigen. Auf einen Vorhang, der Bühne und Publikum getrennt hätte, wurde ganz verzichtet. Szenenwechsel und Umbauten fanden vor den Augen der Zuschauer statt, von den Darstellern selbst, als ein integraler Bestandteil des Spiels, ausgeführt. „Improvisation – ein Stilelement."[205]

In recht kurzer Zeit trafen Schauspielerinnen und Schauspieler zusammen, die viele gemeinsame Einsichten hatten. Die junge Charakterspielerin Eva Heide Frick, die zarte Felicitas Ruhm und die kräftige Martha Strohschneider, die witzig freche Hilde Nerber, die versponnene Hildegard Klotz, Bruno Dallansky, Darsteller saftiger Gestalten, Kurt Mejstrik und Ernst Zeller, die intellektuelle, grübelnde Jünglinge und junge Schwierige spielten, Herbert Andl, plastischer Verkörperer schlauer Diener und quicker junger Komiker, Georg Corten als sein behäbiger, drastisch-komischer Gegenpart, der jugendliche Charakterspieler Gerhard Mörtl; dazu der reife Darsteller skurriler, irrationaler Figuren Karl Schellenberg und der liebenswürdige Alte und verkauzte Greise spielende Anton Rudolph. Helmuth Matiasek, ausgebildeter Schauspieler und Regisseur, damals noch Student der Theaterwissenschaft, wurde der Leiter dieser Truppe. Wenn man es sich geldlich leisten konnte, lud man die pädagogisch erfahrene Ausdruckstänzerin Ellinor Tordis ein, gemeinsame Übungen in rhythmischer Gymnastik zu veranstalten und Bewegungsstudien zu überwachen. Ein blutjunger Mensch

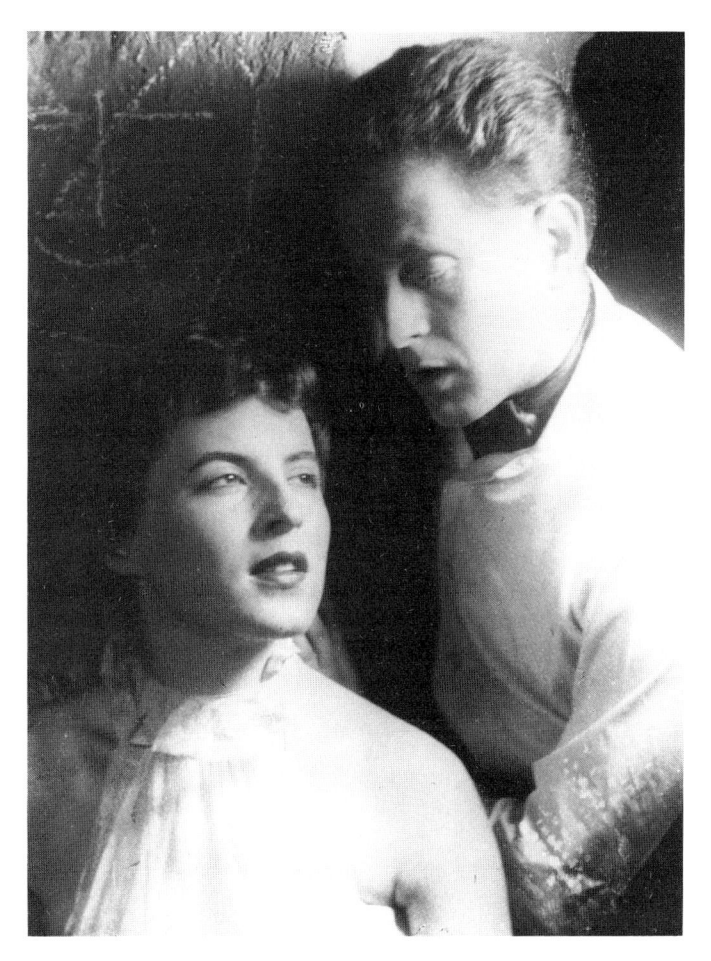

Georg Büchner: Leonce und Lena
Felicitas Ruhm, Ernst Zeller

tauchte auf: Georg Lhotzky, noch ohne besondere Ausbildung, nach ein paar Stunden Schauspielunterricht enttäuscht ausgerissen. Er war sehr intelligent, ein Suchender, Brennender. Um spielen zu können, war er bereit, alles zu machen: Handstände, waghalsige Salti, Hilfs- und Assistenzdienste. Matiasek ließ ihn den Negersklaven im *Hauptmann Großmaul* spielen. Bereitwillig schminkte er sich täglich von Kopf bis Fuß nubierschwarz. Lhotzky entwickelte sich schnell. Bald begann er auch Regie zu führen. Er lernte von Karl Paryla und Wolfgang Heinz, dann wurde er Fernsehregisseur und kehrte nur gelegentlich zur Bühne zurück. Aber seine späteren Inszenierungen konnten nie ganz überzeugen. Das Pendeln zwischen den verschiedenen Medien hat offenbar die kontinuierliche Entwicklung dieses immensen Talents verhindert. Wieder einmal war eine große Hoffnung für das Theater verloren.

Noch in der ersten Saison inszenierte Heinz Röttinger Büchners *Leonce und Lena*. 1926 war das Stück im *Akademietheater* in erster Besetzung gegeben worden – damals fiel das Wiener Publikum durch! Seither hatte kein Theater in Wien das Risiko einer Aufführung eingehen wollen. 1947 brachte das *Studio der Hochschulen* eine geraffte Fassung als Anhängsel zu *Wozzeck*, nur zehn Vorstellungen konnten erzielt werden. Die großen Theater ignorierten das so simpel erscheinende Lustspiel, das jedoch voller Abgründe steckt. (Was wären in jenen Jahren Oskar Werner und Aglaja Schmid in der *Josefstadt* für eine ideale Besetzung gewesen!) Im *Kaleidoskop* spielten Ernst Zeller und Felicitas Ruhm das Titelpaar. Die Inszenierung war äußerst komödiantisch angelegt, sehr witzig, zugleich romantisch und geriet gelegentlich auch ein bißchen manieristisch. Die Mischung schien zu stimmen. Weit über hundert Aufführungen waren die Bestätigung. Oskar Maurus Fontana jubelte: „(...) der ganze Frühling ist darin. (...) Die jungen Schauspieler des *Kaleidoskop* haben ihre Jugend und ihren Mut für sich. Im ganzen zeigte die Aufführung einen eigenen schönen Stil – den der romantischen Komödie –, den sich scheinbar das *Kaleidoskop* zum Ziel genommen hat."[206] Und anderswo las man: „Mit welchem Mut und Können gibt das winzige Kellertheater diese wirkliche Dichtung voll Poesie und Sprachschönheit wieder."[207] Allgemein fand Bewunderung, wie überzeugend diese Dichtung, über der die südliche Sonne liegt, zwischen kahlen Kellermauern vermittelt wurde. „Die Inszenierung ist beispielgebend, nicht nur für das *Kaleidoskop*, sondern für alle kleinen Theater (...) Die Regieführung ist so unkonventionell, wie man es sich für ein Kellertheater nur wünschen kann. Die sicheren und unproblematischen Aufführungen überlasse man lieber den sowieso im Versteinerungsprozeß befindlichen Großinstituten."[208] Wolfgang Moser hatte wieder ein einfaches, aber eindrucksvolles Bühnenbild gebaut, die phantasievolle und geschickte Kostümbildnerin Elisabeth Kleinhenn zauberte aus alten Hemden und zurechtgestutzten, mit etwas Wolle garnierten Hosen die „Ausstattung".

Innerhalb weniger Wochen wurde das umjubelte Ensemble zu den Berliner Festwochen eingeladen. Das Theater war so arm, daß es dem Regisseur die Flugreise nicht bezahlen konnte und dieses wichtige Gastspiel ohne dessen überwachende Betreuung antreten mußte. Die Aufführungen, die im *Hebbeltheater* stattfanden, wurden von der Berliner Kritik „überzeugend, oft faszinierend"[209] genannt. „Bemerkenswert die Intensität, die Gefühlsstärke, mit der die jungen Wiener die Melodie der Sprache, die traumspielartigen Impressionen zum Schwingen bringen."[210]

Ähnlich glücklich war die Aufführung von Kleists *Amphitryon* unter der Regie von Helmuth Matiasek, der sich „für ein Mittelding zwischen Lustspiel und Burleske entschied und damit das Richtige traf".[211] Die „unorthodoxe Regie" lobt Kurt Kahl, der dann fortfährt: „Wiens kleinste Bühne, das *Kaleidoskop* im Keller der Secession, eröffnet die neue Saison mit diesem doppelgesichtigen, tragikomischen Werk Kleists. Die Wahl des Stückes ist zugleich Programm. Hier sind junge Künstler, die jede falsche Ehrfurcht vor den klassischen und nachklassischen Werken ablehnen, denn sie wollen diese Werke für unsere Zeit und unsere Generation erhalten, anstatt sie in traditionellen Burgtheaterinszenierungen verblassen und verstauben zu lassen. Auf diese Weise wurde Büchners *Leonce und Lena* zum Erlebnis, auf diese Weise wird nun auch Kleists *Amphitryon* beglückende Kellerbühnenwirklichkeit. Der erste Effekt ist, bevor noch das Spiel beginnt, der neugestaltete Raum selbst. Die Wände sind originell verkleidet, die Bühne wächst in schwarzweißen Quadraten in den Raum hinein (...)."[212]

Die gesamte Wiener Presse, einig wie selten, konstatierte, hier sei „alles restlos geglückt".[213] Und dabei hieß das Erfolgsrezept schlicht und einfach – Bescheidenheit. Die Darstellerinnen waren nämlich in klug drapierte Leintücher gehüllt, die Darsteller zeigten sich in Dexa-Wäsche, sich selbst und alles Heldentum ironisierend und persiflierend. Aus billigen Bändern hatte Elisabeth Kleinhenn Mäanderverzierungen auf die weiße Unterkleidung appliziert und raffiniert-malerisch ein paar Taschentücher aufgenäht. Das *Kaleidoskop* war „in aller Munde", das heißt, man begann es auch in den Kulturspalten der Zeitungen ernsthaft zur Kenntnis zu nehmen.

Nach den großen Anfangserfolgen fand auch eine infam angezettelte interne Intrige statt, wie das zu jedem zünftigen Theater gehört. Sie endete mit der Entlarvung des ehrgeizig-eifersüchtigen Brunnenvergifters und dessen elegantem Hinauswurf.

Nun hatten die jungen Leute aber auch schon gezeigt, daß sie mehr konnten, als mit alten Lustspielen lachen machen. Helmuth Matiasek wagte die Uraufführung von Raimund Bergers *Ballade vom nackten Mann*, mit Bruno Dallansky in der Hauptrolle. Alle Theater waren diesem bemerkenswerten dramatischen Vorwurf ausgewichen: Ein Mann ist nackt und trifft in diesem Zustand mit verschiedenen Figuren zusammen, mit dem Sogenannten, mit Irgendeinem, dem Gewissen, dem Zuschauer, mit der Gewissen, der Sogenannten. Aber niemand fragt nach dem Grund und dem Zweck seiner Nacktheit. Man hält sie für ein Faschingskostüm, für die Demonstration einer religiösen Sekte, für ein Aktmodell eines Malers, für ein medizinisches Objekt. Daß Nacktheit Not bedeuten kann, versteht niemand. Nacktheit ist auf der Bühne heikel darzustellen. Matiasek ließ Dallansky in einem schwarzen Trikot auftreten. Es überzeugte nicht ganz.

Zu den Wiener Festwochen spielte das *Kaleidoskop* Arthur Adamovs *Invasion*. Das war kein politisches Stück. Diese Invasion geschieht im Inneren eines Menschen durch seine Sorgen und durch die Menschen seiner Umgebung, die wieder ihre eigenen Sorgen haben. Jean Vilar hatte das Drama mit ersten Schauspielern in Paris zum Erfolg geführt, nun war das kleine Theater in Wien mit der Hypothek großer Erwartungen belastet. Heinz Röttinger inszenierte bildhaft das Aneinandervorbeireden der heutigen Menschen in ihrer Vereinsamung. Die Gesichter der Schauspieler ließ er in bunten, kontrastierenden Farben schminken, jeden Realismus vermeidend. Keinesfalls sollte intellektuelles Diskussionstheater gemacht werden, und das gelang. „Ein interessantes Stück und eine interessante Aufführung. Bestes Avantgardetheater", hieß es.[214] Man bewege sich dankenswerterweise „abseits der Schablone".[215] Allerdings gab es auch den Vorwurf: „Von den Schauspielern wühlt sozusagen ein jeder mit Wohllust (sic!) in der Undankbarkeit seiner Rolle."[216]

Diesen Eindruck konnte allerdings die Aufführung von Molières ausgelassener Intrigenkomödie *Die Streiche des Scapin* bestimmt nicht erwecken. Erich Schenk ließ flott, bewegungsreich, tänzerisch spielen. Für die beiden Väterrollen wurden zwei entzückend steife alte Herren als Gäste gefunden. Es war herrlich, wie die körpergewandten Jungen ihre graziösen Tänze um sie herum vollführten. Die Perücken waren aus Watte selbst angefertigt, und das Publikum sollte, bei der Nähe der Bühne, auch sehen, daß es weiße Watte war. Das gab dem Spaß zusätzliche Dimension. Dabei war die wirbelige Aufführung nicht nur auf Spaß abgestellt; in der Titelfigur wurde ein früher Vorfahr Figaros erkannt und Molières Kritik an sozialen Gegensätzen akzentuiert. „Das *Kaleidoskop* folgt mit dieser Molière-Erstaufführung seinem Programm, auch selten gespielte klassische Werke aus ihrem musealen Dämmer ins Licht von heute zu stellen. Die jungen Enthusiasten werden dabei nicht gestört, denn die Dramaturgen der großen Bühnen verzichten auch bei den Klassikern auf Entdeckungen und halten sich an das übliche Routinetheater."[217] „*Die Streiche des Scapin* von Molière sind wieder ein glücklicher Griff des kleinen *Kaleidoskoptheaters* in der Secession, weil in dieser klassischen Komödienart jungen Talenten die Möglichkeit gegeben ist, aus der Situation heraus zu spielen und Charaktere zu zeichnen."[218]

War es die Eifersucht der bildenden Künstler auf die erfolgreichen jungen Schauspieler? Waren es neue Interessen eines neuen Vorstandes? Man wird es nie erfahren. Eigenbedarf wurde den Untermietern angemeldet, ein modernes Café sollte im Secessions-Souterrain entstehen. (Schon wieder ein Café! Man müßte eine Abhandlung schreiben über den verhängnisvollen Einfluß der Kaffeehäuser auf Wiens Kleinbühnen!) Kurz vor Weihnachten 1954 hatte das *Kaleidoskop* seine Spielstätte zu räumen.

Glücklicherweise war der Schwung damit nicht beendet, nur kurzzeitig unterbrochen. Für die Proben zum Berliner Gastspiel war nämlich ein größeres Probenlokal notwendig gewesen, wegen der größeren Ausmaße des *Hebbeltheaters,* und das benachbarte Café Dobner hatte einen Kellerraum zur Verfügung gestellt. (Ich nehme sofort wieder alles zurück, was ich soeben gegen Kaffeehäuser gesagt habe!) Es war genau jener Ort, wo in den dreißiger Jahren die bereits legendäre *Literatur am Naschmarkt* gespielt hatte. Jetzt erinnerten sich die delogierten Schauspieler dieser Lokalitäten. Sie wurden als Untermieter aufgenommen, zogen ein einziges Häuserl weiter und hatten, nach abermaliger gemeinsamer Adaption unter Planung und Anleitung Wolfgang Mosers, ein schöneres, besseres und größeres Theater als vorher. Die Übersiedlung gelang auch künstlerisch, was ja niemals selbstverständlich ist. Sogar einen Bühnenbogen baute Moser wieder, diesmal aus Holzelementen, und übertrug damit in variierter Form das liebgewordene architektonische Kennzeichen aus dem Secessionskeller.

Kaum zwei Monate nach dem Auszug konnte das *Kaleidoskop am Naschmarkt* neu eröffnet werden, und zwar mit Jean Cocteaus *Orphée.* „Wenn ein intelligenter (möglichst junger) Regisseur mit ebenso jungen, begabten und noch nicht von der Routine angefressenen Schauspielern diesen Orpheus in die Unterwelt geleitet, dann kann vielleicht ein kleines Wunder geschehen", schrieb Manfred Vogel, „(...) und Helmuth Matiasek erweist sich genau als der intelligente (möglichst junge) Regisseur, der hier vonnöten war. (...) Ernst Zeller als Orphée spielt sozusagen den jungen Cocteau selbst."[219] Auch Hildegard Klotz als Eurydike fand Anerkennung, besonders aber Gerhard Mörtl als rätselhafter Glasergeselle Heurtebise.

Eine originelle Raumlösung fand das erprobte Gespann Matiasek/Moser für die Inszenierung von Schillers Urfassung von *Kabale und Liebe* namens *Luise Millerin.* Das Publikum saß auf kleinen Balustraden die Wände entlang. Eine freie Spielfläche in der Mitte wurde von einer hölzernen Gatterbarriere geteilt. Auf der einen Seite die

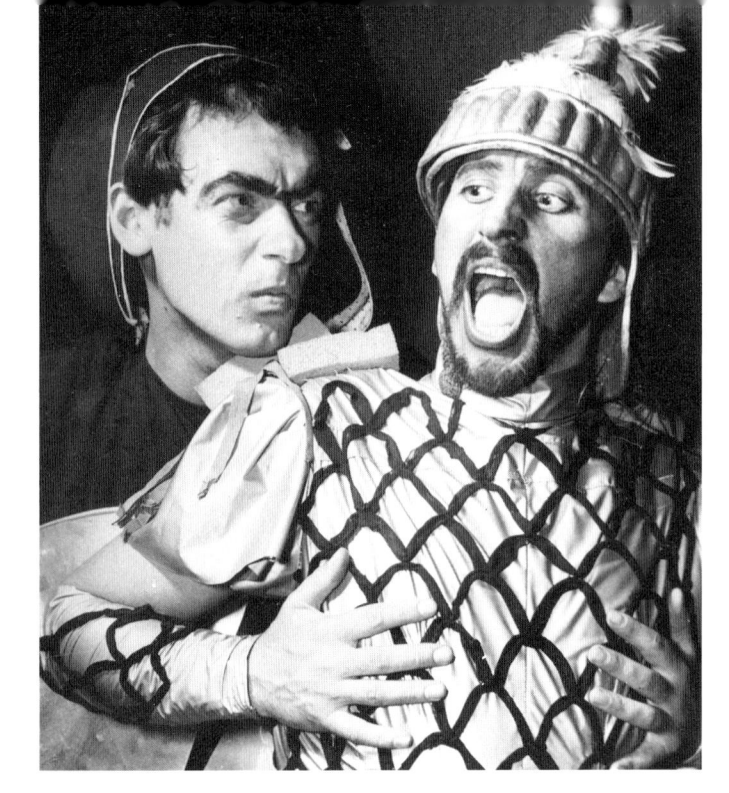

Plautus: Hauptmann Großmaul
Hans Harapat, Herbert Andl

bescheidene bürgerliche Welt des Musikus Miller. Auf der anderen der Luxus des Hofes, wo Lady Milford, der Präsident und der Hofmarschall zu Hause waren. Ferdinand sprang über dieses Hindernis hinweg, um Luise nahe zu sein; er riß es jedoch nicht nieder. Regisseur Matiasek hatte am *Tartüff* im *Theater am Parkring* gelernt. Er ließ in moderner Kleidung spielen. Nur ein einziges ausgestopftes Kostüm, auf einer Estrade jederzeit sichtbar aufgepflanzt, symbolisierte das achtzehnte Jahrhundert.

Papierblumenfrühling, eine weitere Uraufführung von Raimund Berger, erwies sich als ein etwas anämisches Stück, dem auch Bruno Dallansky als Regisseur kein Blut zuzuführen vermochte. Die Saison endete mit einem großen Spaß: *Hauptmann Großmaul* von Plautus, der dann auch in die römische Arena von Carnuntum übersiedelte und im Sommer in Freilichtaufführungen gespielt wurde.

Matiasek glaubte daran, mit dem Ensemble gemeinsam aufsteigen, eines Tages mit seinen Freunden in ein großes Theater ziehen zu können. Beispiele gab es in der Theatergeschichte.

Zu Beginn der dritten Spielzeit kamen Tom Krinzinger und Alexander Wagner als erfreuliche Verstärkung ins Ensemble. Ersterer ein glänzender junger Komiker, dessen vis comica durchaus imstande war, ein Lustspiel zu tragen. In der Nestroy-Rolle des Zichori im *Gewürzkrämerkleeblatt* bewies er das. Matiasek inszenierte diese wenig gespielte Posse, dem kleinen Rahmen angepaßt, in possierlich verknappender Gestik, so daß die Gestalten wie von Federn und Zahnrädern bewegte Figürchen eines menschlichen Spielwerks wirkten. In dem eher schwachen Melodram *Die Liebe im Mond* war Krinzinger ein zarter, poetisch berührender, auch pantomimisch geschickter Pierrot. Alexander Wagner zeigte in John M. Synges *Der Held der westlichen Welt* seine Fähigkeit, problematische, zwiespältige junge Menschen, „Früchterln" und „Strizzi" darzustellen. Ferner kamen Brigitte Köhler, die schon im *Theater am Parkring* und in der *Courage* aufgefallen war, ein feiner, intellektueller Typ, eher den modernen Rollenfächern zuneigend, und der angehende Charakterkomiker Hans Harapat, glänzend imstande, nervöse, fahrige, skurrile Gestalten sicher und überwältigend komisch mit wenigen Strichen hinzuwerfen. Zugleich mit diesen Zuwüchsen begannen jedoch Abwanderungen, die dem *Kaleidoskop* wesentliche Kräfte seines ersten Stammensembles nahmen. Die Talente waren zu auffallend gewesen, sie wurden nach Linz, nach Innsbruck, auch nach Berlin und Weimar wegengagiert. Fast überflüssig zu bemerken, daß nur die großen Wiener Theater, wie so oft, von nichts gewußt hatten.

Die Finanzmisere aller Kleintheater wurde wieder einmal akut. Wäre es um die Jahreswende 1955/56 gelungen, die vorhandene Truppe beisammenzuhalten, sie mit einem – ohnehin relativ bescheidenen – Budget auszustatten, hätte höchstwahrscheinlich ein ganz neuer, spezifisch wienerischer Komödienstil entstehen können. Die viel zu seltenen Trainingsstunden mit Ellinor Tordis wären zu forcieren gewesen, und das Tänzerische hätte Einflüsse von unnachahmlichem Reiz gezeigt. So aber endete die Spielzeit eher enttäuschend. Man sprach vom „Umfaller" des *Kaleidoskop,* „dessen überaus geschmackvoll eingerichtetes Theaterlokal im Souterrain des Café Dobner sehr eigenartig mit den dortselbst gebotenen Kunstgenüssen kontrastiert. (…) Im *Kaleidoskop* ist man fälschlicherweise der Ansicht, daß Jugend allein und eine Vorliebe für das Unverständliche (*Die Liebe im Mond* von Isenhöfer sei als Beispiel erwähnt) genüge, und es dauert einen, so viel Enthusiasmus mit so wenig Erfolg belohnt zu sehen. Das kann aber, wie man hofft, anders und besser werden."[220]

Johann Nestroy: Das Gewürzkrämerkleeblatt
Eva Heide Frick, Alfred Heger, Tom Krinzinger

Leider wurde es nur noch schlechter. Die nächste Saison begann erst im Dezember! Besetzungsschwierigkeiten machten zu schaffen, Direktor Matiasek schrieb an seiner Dissertation über „Die Komik des Clowns" und hatte fürs Theater wenig Zeit. Heinz Röttinger, der Erfolgsregisseur von *Leonce und Lena,* versuchte es mit zwei Einaktern von Cocteau und Ferdinand Bruckner. Zwar holte er sich die erfahrene, komödiantisch-pikante Trude Sommer, zwar zeigte Felicitas Ruhm erneut ihre Wandlungsfähigkeit, aber „die kleine Bühne war mit beiden Aufgaben überfordert."[221] „Geschmeidig regissiert, aber etwas dünn"[222], hieß es. Immerhin war es sauber und pointiert gespielt. Das war sonst nicht mehr so gewiß. Nur Helmuth Matiaseks neuerliche Nestroy-Inszenierung, *Heimliches Geld – heimliche Liebe,* diesmal mit Alexander Wagner in der Nestroy-Rolle des Kasimir Dachl von trockenem, sprödem Humor und Felicitas Ruhm als unwissende Köchin Leni, konnte nochmals an die vergangenen Intentionen anknüpfen. Die letzte Produktion der Saison, Machiavellis frivolböse Komödie *Mandragola* unter der Regie Otto A. Eders ging ganz daneben. Für dieses freche Stück um Eros und Sex waren die jungen Schauspieler nicht souverän genug. Auch Matiasek glaubte nicht mehr an den „gemeinsamen Aufstieg". „Leider konnte die Bühne nicht verwirklichen, was ihr Start in der Secession versprochen hat. So sehr sich ihr Leiter Helmuth Matiasek auch jahrein, jahraus bemühte, der Erfolg der ersten Jahre blieb ihm nicht treu. Vielleicht wollte das *Kaleidoskop* oft auch allzu gewaltsam ‚modern' sein. In den letzten zwei Jahren fehlten an allen Ecken und Enden Kräfte und Mittel zur Wiederbelebung."[223] Matiasek gab das *Kaleidoskop* auf und begann eine Karriere als Regisseur und Direktor großer Häuser des In- und Auslands.

Er trat das Lokal samt dessen gutem Namen an Wilhelm Wondruschka ab, der es nun, von der Entfernung des *Theaters am Parkring* aus, als eine Filialbühne mitverwaltete. Als wesentlichste Neuerung wurde Wolfgang Mosers Proszeniumsbogen entfernt und ein konventioneller Bühnenvorhang angebracht. Georg Lhotzky und Wolf Dietrich als Regisseure, Brigitte Köhler, Georg Corten, Kurt Mejstrik und Anton Rudolph als Darsteller versuchten noch eine Zeitlang, Stil und Gesinnung der „alten Zeiten", die nur drei, vier Jahre zurücklagen, zu erhalten. Aber Gesinnung läßt sich eben nicht delegieren. Das Publikum, das sich so schnell für die Anfänge mit Moreto, Büchner und Molière gefunden hatte, blieb bei halbfertigen Stücken von Hans Erich Nossak, Hermann Moers, Felix Lützkendorf und Jean Louis Roncoroni, zuletzt auch bei Christopher Fry aus. Einer solchen Verlegenheitslücke im zerrissenen Spielplan verdankte ich mein erstes Auftreten als Solodarsteller mit *Meier Helmbrecht* am 25. Februar 1960.

Im Herbst übernahm dann Veit Relin die Räumlichkeiten, krempelte sie gehörig um und eröffnete unter dem neuen Namen *Ateliertheater am Naschmarkt.* Damit begann auf der Wienzeile eine neue Ära, die sehr bald zu neuen Höhepunkten führte.

Spielpläne des *Theaters Kaleidoskop*

Sommer 1952	*kaleidoskop* (Arbeitsgemeinschaft) Juli und August: Österreich-Tournee (Wien, Mistelbach, Wels, Mondsee, St. Wolfgang, St. Gilgen) *Mirandolina* (La locandiera), L 3 A von Carlo Goldoni (Ü u. Bearb: Ludwig Fulda) R: Helmuth Matiasek, B: Wolfgang Moser. D: Ingrid Brandtner, Bruno Dallansky, Kurt Hradek, Helmuth Matiasek, Erich Padalewsky, I. M. Schlögl.
Sommer 1953	Juni und Juli im Rahmen der Ausstellung „Calafati in Wien" im Souterrain der Wiener Secession *Das Pratermärchen* von Rudolf Weys. R: Helmuth Matiasek, B: Wolfgang Moser, M: Boubou. D: Bruno Dallansky, Felicitas Ruhm, Martha Strohschneider, Hans Harapat, Kurt Hradek, Erich Padalewsky, F. F. M. Sauer.
1953/54 Eröffnung am 29.10.1953	*Theater Kaleidoskop in der Secession*
29.10.53	*Der Unwiderstehliche* (El lindo Don Diego), Kom 3 A von Moreto (Ü: Ludwig Fulda). R: Otto Schenk, B: Wolfgang Moser, K: Elisabeth Kleinhenn. D: Anton Rudolph, Fritz Holzer, Susanne Schönwiese, Susi Waber, Kurt Mejstrik, Gerhard Mörtl (Erich Padalewsky), Bruno Dallansky, Hilde Nerber.
?.12.53	Ö *Die Geschwister* von Hans Christian Branner. R: Tommy Eisler, B: Wolfgang Moser. D: Bruno Dallansky, Eva Heide Frick, Johannes Neuhauser, Susi Waber, Anton Rudolph.

21.1.54 U *Die Ballade vom nackten Mann* von Raimund Berger.
R: Helmuth Matiasek, B: Wolfgang Moser.
D: Bruno Dallansky, Felicitas Ruhm, Karl Schellenberg, Annemarie Loob, Gerhard Mörtl, Wilhelm Meyer, Otto Gutschy, Ljuba Andrej.

?.2.54 Ö *Miß Hobbs*, Kom 4 A von Jerome K. Jerome.
R: Irimbert Ganser, B: Wolfgang Moser.
D: Herbert Kragora, Gerhard Mörtl, Martha Strohschneider, Fritz Holzer, Heidi Ernst, Eva Heide Frick, Hilde Nerber, Anny Meyer.

15.2.54 *Leonce und Lena*, L 3 A von Georg Büchner.
R: Heinz Röttinger, B: Wolfgang Moser, K: Elisabeth Kleinhenn, M: Boubou.
D: Ernst Zeller (Gerhard Mörtl), Karl Schellenberg (Anton Rudolph), Felicitas Ruhm, Eva Heide Frick, Herbert Andl, Martha Strohschneider, Georg Corten, Gertrude Uhlir, Rosemarie Strahal.

12.4.54 *Die Streiche des Scapin* (Les fourberies de Scapin), L 3 A von Molière (Ü: Ludwig Fulda).
R: Erich Schenk, B: Wolfgang Moser, K: Elisabeth Kleinhenn, M: Boubou.
D: E. A. Georges, Anton Mitterwurzer, Kurt Mejstrik, Fred Schaffer, Felicitas Ruhm, Martha Strohschneider, Gertrude Uhlir, Georg Corten, Herbert Andl.

10.6.54 Ö *Invasion*, Sch 4 A von Arthur Adamov.
R: Heinz Röttinger, B: Josef Konzut und Wolfgang Moser.
D: Helmuth Matiasek, Eva Heide Frick, Erika Ziha, Gert Scott-Iversen, Fritz Holzer, Peter Brand, Annemarie Loob.

Fremde Gastspiele:
11.53 *Orientalische Dichtungen in Wort und Tanz mit Rosemarie Strahal.*
22.u.23.5.54 Linzer Kellertheater: *Genius in Nöten*, groteske Kom 4 B von Heri Heinz.

1954/55
27.10.54 *Amphitryon*, L 5 A von Heinrich von Kleist.
R: Helmuth Matiasek, B: Wolfgang Moser, K: Elisabeth Kleinhenn.
D: Aladar Kunrad, Ljuba Andrej, Alexander Taghoff (Egon Peschka), Felicitas Ruhm, Herbert Andl, Gerhard Mörtl.

9.11.54 Russischer Einakterabend:
1. *Ein glückliches Familienleben*, Groteske 1 A von Arkadij Awertschenko (Ü: Maurice Hirschmann).
D: Martha Strohschneider, Karl Schellenberg.
2. *Der Gehetzte*, Groteske von Anton Tschechow (Ü: Richard Hoffmann).
D: Karl Schellenberg, Hans Harapat.
3. *Ein Heiratsantrag*, L 1 A von Anton Tschechow (Ü: Maurice Hirschmann).
D: Karl Schellenberg, Martha Strohschneider, Hans Harapat.
R: Herbert Andl, B: Wolfgang Moser, K: Elisabeth Kleinhenn.

19.12.54 Schließung der Spielstätte in der Secession und Übersiedelung ins Souterrain des Café Dobner.

11.2.55 Eröffnung des *Kaleidoskop – Theater am Naschmarkt* mit:
Ö *Orpheus* (Orphée) von Jean Cocteau.
R: Helmuth Matiasek, B: Wolfgang Moser, K: Elisabeth Kleinhenn, M: Boubou.
D: Ernst Zeller, Hildegard Klotz, Gerhard Mörtl, Eva Heide Frick, Harald Stephenson, Johannes Neuhauser, Hermann Kuntschner, Anton Rudolph, Georg Lhotzky.

30.3.55 *Luise Millerin* (Urfassung von *Kabale und Liebe*), Tr 5 A von Friedrich Schiller.
R: Helmuth Matiasek, B: Wolfgang Moser, K: Elisabeth Kleinhenn.
D: Walter Sofka, Peter Wimmer, Karl Schellenberg, Gertrude Uhlir, Kurt Mejstrik, Anton Rudolph, Maria Rieder, Felicitas Ruhm.

25.5.55 U *Papierblumenfrühling* von Raimund Berger.
R: Bruno Dallansky, B: Wolfgang Moser, M: Franz Karl Ruhm.
D: Felicitas Ruhm, Armand Ozory, Herbert Schneeweiß, Gisela Hamminger, Karl Schellenberg, G. Deutsch.

10.6.55 *Hauptmann Großmaul* (Miles gloriosus), L von Plautus.
R: Helmuth Matiasek, B: Wolfgang Moser, K: Elisabeth Kleinhenn.
D: Herbert Andl, Hans Harapat, Felicitas Ruhm, Ljuba Andrej, Harald Stephenson, Anton Rudolph, Stefan Stefanowicz, Georg Lhotzky.

	Gastspiele:
Juni 55	Carnuntum Spiele (Freilichtaufführungen im römischen Amphitheater Carnuntum) mit *Hauptmann Großmaul*.

1955/56

15.9.55 *Der Gaukler der westlichen Welt* (The Playboy of the Western World), Kom 3 A von John M. Synge (Ü: Charles H. Fischer und Sil-Vara).
R: Helmuth Matiasek, B: Wolfgang Moser, K: Elisabeth Kleinhenn.
D: Herbert Andl, Alexander Wagner, Felicitas Ruhm, Ernst Zeller, Eva Heide Frick, Hans Harapat, Tom Krinzinger, Harald Stephenson.

11.10.55 *Mirandolina* (La locandiera), L 3 A von Carlo Goldoni (Ü u. Bearb: Ludwig Fulda).
R u. B: Horst Springauf, K: Elisabeth Kleinhenn.
D: Josef Eisenhut, Alfred Heger, Wolf Dietrich, Martha Strohschneider, Georg Lhotzky.

14.10.55 *Verlorene Liebesmüh'* (Loves Labours Lost), L 5 A (9 B) von William Shakespeare (Ü: A. W. Schlegel).
R: Herbert Andl, B: Wolfgang Moser, K: Elisabeth Kleinhenn, M: Franz Eugen Dostal.
D: Ernst Zeller (Alexander Wagner), Ljuba Andrej, Herbert Fux, Eva Heide Frick, Horst Springauf, Herta Risavy, Fred Cisar, Harald Stephenson, Tom Krinzinger, Anton Rudolph, Hans Harapat, Hildegard Klotz.

13.11.55 Ö *Ual-Ual*, ein kleiner Grenzzwischenfall von C. F. Vaucher.
R: Alexander Wagner, B: Matthias Kralj.
D: Tom Krinzinger, Georg Lhotzky, Peter Brand, Anton Rudolph, Brigitte Köhler.

danach *Der arme Matrose*, Moritat 3 A von Jean Cocteau.
R: Helmuth Matiasek, B: Matthias Kralj.
D: Martha Strohschneider, Anton Rudolph, Georg Lhotzky, Alfred Heger.

11.12.55 *Das Gewürzkrämerkleeblatt*, Posse mit Gesang 3 A von Johann Nestroy.
R: Helmuth Matiasek, B: Wolfgang Moser, K: Elisabeth Kleinhenn, M u. am Klavier: Franz Karl Ruhm.
D: Karl Schellenberg, Peter Brand, Tom Krinzinger, Felicitas Ruhm, Eva Heide Frick, Ljuba Andrej, Erika Michl, Alfred Heger, Harald Stephenson.

17.2.56 U *Die Liebe im Mond*, Poem 3 A von Klaus Isenhöfer (Bearb: Edith Lehn).
R: Tommy Eisler, B: Wolfgang Moser und Matthias Kralj, K: Elisabeth Kleinhenn, M: Hans Borgmann, Ch: Walter Cuhay.
D: Tom Krinzinger, Felicitas Ruhm, Ernst Zeller, Eva Palmer, Harald Stephenson, Martha Strohschneider, Eduard Springer, Anton Rudolph, Helmut Sigmund.

18.3.56 *Die vertauschten Rollen*, Kom 3 A von Francisco de Rojas-Zorilla (Ü u. Bearb: Ludwig Fulda).
R: Horst Springauf, B: Gustav Kindermann, K: Elisabeth Kleinhenn.
D: Harald Stephenson, Eduard Springer, Anton Rudolph, Elisabeth Schreyvogl, Eva Palmer, Alfred Heger, Felicitas Ruhm.

Gastspiele:

19.12.55 Klagenfurt mit *Orpheus* von Jean Cocteau.
5.6.56 Innsbruck mit *Orpheus* von Jean Cocteau

14.5.bis
30.6.56 Carnuntum Spiele (Freilichtaufführungen im römischen Amphitheater Carnuntum) mit

14.5.56 *Medea*, Tr von Euripides.
R: Horst Kepka, B: Wolfgang Moser, K: Elisabeth Kleinhenn, M: Franz Eugen Dostal.
D: Friederike Dorff, Hannes Schiel, Oskar Wegrostek, Norbert Spannwald, Jaromir Borek, Lona Chernell, Auguste Welten, Armand Ozory.

16.6.56 *Die Goldtopfkomödie* (Aulularia), Kom von Plautus.
R: Helmuth Matiasek, B: Wolfgang Moser, K: Elisabeth Kleinhenn, M: Franz Karl Ruhm.
D: Jaromir Borek, Felicitas Ruhm, Georg Lhotzky, Franz Steinberg, Eduard Springer, Martin Obernigg, Martha Strohschneider, Hilde Rom, Harald Stephenson.

1956/57

6.12.56 *Die Schule der Witwen*, 1 A von Jean Cocteau.
R: Heinz Röttinger, B: Wolfgang Moser, K: Elisabeth Kleinhenn.
D: Trude Sommer, Martha Strohschneider, Wolf Dietrich, Felicitas Ruhm.

danach   Ö *Die Buhlschwester,* Kom von Ferdinand Bruckner.
R: Heinz Röttinger, B: Wolfgang Moser, K: Elisabeth Kleinhenn.
D: Kurt Müller, Trude Sommer, Felicitas Ruhm, Eduard Springer, F. F. M. Sauer.

9.1.57   Ö *Brise aus Korsika* (Zamore), Trkom von Georges Neveux (Ü: Lore Kornell).
R: Wolfgang Bekh, B: Gustav Kindermann, K: Elisabeth Kleinhenn, M: Franz Karl Ruhm.
D: Ernst Zeller, Ursula Blatter, Erika Ziha, Martin Obernigg, Karl Rodeck, Eduard Springer, Joe Trummer, Anton Mitterwurzer, Anton Rudolph, Helmuth Silbergasser.

9.2.57   *Heimliches Geld – heimliche Liebe,* Posse mit Gesang 3 A von Johann Nestroy.
R: Helmuth Matiasek, B u. K: Elisabeth Kleinhenn.
D: Eduard Springer, Brigitte Brion, Felicitas Ruhm, Alexander Wagner, Josef Gmeinder, Martha Strohschneider, Harald Stephenson, Lizzi Steiner, Anton Rudolph.

9.4.57   *Mandragola,* Kom 5 A von Nicolo Machiavelli.
R: Otto A. Eder, B: Matthias Kralj, K: Elisabeth Kleinhenn, M: Herwig Knaus.
D: Herbert Fux, Heinz Payer, Eduard Springer, Wolfgang Gasser, Gerti Schmiedl, Hans Obermüller, Margarete Wittek.

Gastspiele:
Carnuntum Spiele (Freilichtaufführungen im römischen Amphitheater Carnuntum) mit

22.6.57   *Die Weibervolksversammlung,* Kom von Aristophanes (Ü: Ludwig Seeger, Bearb: Friedrich Langer).
R: Helmuth Matiasek, B: Wolfgang Moser, K: Elisabeth Kleinhenn.
D: Felicitas Ruhm, Georg Lhotzky, Karl Schellenberg, Dieter Bauer, Gaby Banschenbach, Eduard Springer.

23.6.57   *Elektra,* Tr von Sophokles.
R: Otto A. Eder, B: Wolfgang Moser, K: Elisabeth Kleinhenn, M: Franz Karl Ruhm, Ch: Hanna Berger.
D: Bibiana Zeller, Gaby Banschenbach, Georg Lhotzky, Maria Groihs, Helly Kreuzer, Dieter Bauer, Karl Schellenberg.

Ende der künstlerischen Leitung Helmuth Matiasek.
Neuer Konzessionär: Österreichisches Studentenhilfswerk, Sekretär: Willy Wondruschka. Das *Theater Kaleidoskop* wird als Filialbühne des *Theaters am Parkring* bespielt.

1957/58

27.9.57   U *Haben Sie Herrn Ellert gesehen?* (Der Nachsprecher) von Raimund Berger, posthum (Bühnenfassung Egon G. Las).
R: Egon G. Las, B: Günther Dörfler.
D: Dieter Bauer, Hertha Machowetz, Lisbeth Richter, Wolf Dietrich, Walter Langer, Raimund Kuchar.

8.1.58   Ö *Es geht um dein Leben,* St um die Jugend 4 A von Helmut Harun.
R: Max Friedmann, B: Robert Hofer-Ach.
D: Helmut Sigmund, Wolfgang Gasser, Kurt Sobotka, Maria Demar, Lydia Weiss, Karl Dobravsky, Egbert Greifeneder.

10.2.58   *Der Fischbecker Wandteppich,* Legendensp 5 B von Manfred Hausmann (Übernahme der Inszenierung vom *Theater am Parkring*).
R: Hartmut Rötting.
D: Georg Lhotzky, Rosemarie Strahal, Maria Walenta, Wolfgang Gasser.

11.6.58   Ö *Impromptu oder Der Hirt und sein Chamäleon,* Farce 1 A von Eugène Ionesco (Ü: Lore Kornell).
R: Georg Lhotzky, B: Josef Brun, K: Lisl Hatina.
D: Georg Corten, Herbert Lederer, Karl Schuster, Lilo Freitag, Peter Göller.

danach   Ö *Das Gemälde,* eine Hanswurstiade von Eugène Ionesco (Ü: Lore Kornell).
R: Georg Lhotzky, B: Josef Brun, K: Lisl Hatina.
D: Georg Corten, Herbert Lederer, Georg Lhotzky.

Fremde Gastspiele:

2.–9.5.58   „Die Spielboten" mit: *Ihr werdet sein wie Gott* (Comme des Dieux), Sp 5 A von Armand Payot (Ü: Harald Mason).
R: Fritz Papst.

1958/59

4.10.58   Ö *Kinder des Schattens,* Kom 5 A von Karl Wittlinger.

R: Georg Lhotzky, B: Rudolf Schneider Manns-Au und Fritz Papst, K: Astrid Six.
D: Brigitte Köhler, Otto Gassner, Anton Gaugl, Lydia Weiss, Gottfried Herbe, Georg Lhotzky.

15.12.58 Ö *Die Hauptprobe,* tragödienhafte Burleske 3 A von Hans Erich Nossak.
R: Jörg Buttler, B: Rudolf Schneider Manns-Au, K: Astrid Six.
D: Georg Corten, Bibiana Zeller, Wolfgang Gasser, Hilde Jäger, Georg Lhotzky, Anton Rudolph.

16.1.59 *Der goldene Käfig,* Sp mit Menschen und Gewändern 6 B von Kurt Klinger.
R: Wolf Dietrich, B: Rudolf Schneider Manns-Au, K: Lisl Hatina.
D: Kurt Mejstrik, Brigitte Köhler, Georg Lhotzky, Peter Schratt.

21.2.59 Ö *Zur Zeit der Distelblüte,* Sch von Hermann Moers.
R: Jörg Buttler, B: Rudolf Schneider Manns-Au, K: Lisl Hatina.
D: Otto Gassner, Georg Corten, Georg Lhotzky, Joe Trummer, Peter Assen, Kurt Jochen Grot.

29.4.59 *Lilofee,* dramatische Ballade von Manfred Hausmann.
R: Jörg Buttler, B: Rudolf Schneider Manns-Au, K: Heidi Morawetz, M: Hans Bohdjalian.
D: Elfriede Rammer, Anton Gaugl, Klaus Wildbolz, Auguste Welten, Eva Gaigg.

20.5.59 *Die letzten Masken,* Sch 1 A von Arthur Schnitzler.
R: Wolf Dietrich, B: Rudolf Schneider Manns-Au.
D: Raimund Kuchar, Hans Raimund Richter, Joe Trummer.

danach *In Ewigkeit Amen,* gerichtliches Vsp 1 A von Anton Wildgans.
R: Wolf Dietrich, B: Rudolf Schneider Manns-Au.
D: Anton Rudolph, Charlotte Bardosy, Raimund Kuchar, F. F. M. Sauer, Michael Gert.

23.6.59 Ö *Die Eisscholle,* arktische Kom 4 B von Felix Lützkendorf.
R: Jörg Buttler, B u. K: Rudolf Schneider Manns-Au.
D: Brigitte Köhler, Georg Lhotzky, Ingold Platzer, Kurt Mejstrik, Wolfgang Gasser.
Fremde Gastspiele:

26.3.–4.4.59 „Die Spielboten" mit: *Die Teufelsbrücke* (La Parade du Pont au Diable), Legendenspiel von Henri Ghéon (Ü: Karl Fry) und
U *Der Student und das Mauerblümchen,* Kom von Fritz Puhl.
R: Fritz Papst.

1959/60

29.10.59 Ö *Die Männer am Sonntag,* St 3 A von Jean Louis Roncoroni (Ü: Hermann Stiehl).
R: Georg Lhotzky, B: Rudolf Schneider Manns-Au.
D: Anton Gaugl, Friederike Dorff, Otto Gassner, Hedwig Trottmann, Georg Corten, Ferenc Frey, Elisabeth Schreyvogel, Egbert Greifeneder.

17.12.59 Ö *Die Zauberin von Buxtehude,* Sch 5 A von Manfred Hausmann.
R: Georg Lhotzky, B: Peter Manhardt.
D: Maria Walenta, Georg Lhotzky, Gottfried Pfeiffer, Eduard Springer, Hannes Heer.

25.2.60 *Meier Helmbrecht* von Wernher dem Gartenaere (Bearb: Herbert Lederer).
R: Herbert Lederer, B: Richard Weber, K: Lisl Hatina.
D: Herbert Lederer.

23.3.60 *Ein Schlaf Gefangener* von Christopher Fry (Ü: Hans Feist).
R: Jörg Buttler, B: Rudolf Schneider Manns-Au.
D: Rudolf Rösner, Hans Joachim Schmiedel, Georg Lhotzky, Axel Skumanz.

Ende der Konzession des Österreichischen Studentenhilfswerks. Neuadaption und Eröffnung unter dem Namen *Ateliertheater am Naschmarkt,* Leitung: Veit Relin.

Saisonbeginn

11.10.60 Ö *Schwarze Kirmes* (Ballade du Grand Macabre) von Michel de Ghelderode.
R u. B: Veit Relin.
D: Mela Wiegandt-Pfaudler, Mario Kranz, Karl Schellenberg, Magdalena Emesz, Estella Schmied.

Ateliertheater
an der Rotenturmstraße

> *„Auf halben Wegen und zu halber Tat*
> *Mit halben Mitteln zauderhaft zu streben."*
> Franz Grillparzer, *Bruderzwist*, 2. Aufzug

„Innerhalb von vierzehn Tagen wird die dritte Wiener Kleinbühne eröffnet, es ist nun die siebente (...) Dieses *Ateliertheater an der Rotenturmstraße* befindet sich in der ehemaligen *Alraune*, die sehr vorteilhaft umgebaut wurde, dunkelgrüne Vorhänge ziehen sich vom Hintergrund der Bühne vor und begrenzen da seitlich noch eine Vorbühne. Dazu der dunkelrote Hauptvorhang, das ergibt mit dem ebenfalls in Rot gehaltenen Zuschauerraum einen durchaus angenehmen Eindruck. Da läßt sich schon Theater spielen.

Aber was spielt man? Soll das Eröffnungsstück ein Programm sein? Welches? (...) Wo hinaus? Den Zufallsgöttern die Segel anvertrauen?"[224]

Was wollte man wirklich? Herbert Lenobel, der künstlerische Leiter dieser Neugründung, gesteht heute ganz offen: „Es haben einige Leute Geld hergegeben, damit ihre Freundinnen Theater spielen."[225] Dies mag wohl auch mit ein Beweggrund gewesen sein. Als dramaturgische Basis erwies sich dies aber doch als etwas zu schmal.

Das in der eingangs zitierten Rezension bekrittelte, von Walter Konstantin regielich sauber betreute Eröffnungsstück hieß *Oh, diese Geschichte!* Aber hinter diesem wenig geglückten, nichtssagenden Titel verbarg sich Marcel Achards Komödie *Marlborough zieht in den Krieg*, die erst drei Jahre zuvor im Konzerthauskeller gespielt worden war.

Da setzte die vehemente Kritik ein: „Ob es nicht doch zweckmäßiger, vor allem aber der selbst gestellten Aufgabe entsprechender gewesen wäre, literarisches Neuland zu entdecken?"[226]

Worin bestand eigentlich diese „selbst gestellte Aufgabe"? Das wohltuend bescheiden aufgemachte Programmheft versucht es zu erklären:

> „Dieses Theater ist Dir gewidmet.
> Die Symphonie Deines Lebens ist seine Melodie,
> Dein Atem ist sein Atem.
> Sein Genie ist geboren durch Dein Schicksal,
> Seine Fehler entstehen aus der menschlichsten
> aller Eigenschaften, der Unzulänglichkeit.
> Und die Wurzeln seiner Blüten
> furchen tief in Deinem Herzen.
> Uns alle aber eint die Demut
> vor dem Gesetz des ewigen Lebens,
> ob im Lachen, ob im Weinen.
> Ein Kind ist geboren ...
> Das Spiel beginnt."[227]

Daraus läßt sich zwar eine Entschuldigung wegen menschlicher Unzulänglichkeit und ein Bekenntnis zur Demut ablesen, ein Appell an das gütige Herz des Zuschauers, aber leider kein Konzept. Die theatralische Nußschale in den Räumen des seinerzeitigen Kabaretts *Alraune* war wirklich den Zufallsgöttern ausgeliefert. Das *Ateliertheater an der Rotenturmstraße*, 1. Bezirk, Lichtensteg 4, wußte nicht so recht, wohin es wollte. Aber die Damen, um derentwillen offenbar alles inszeniert worden war, „sind redlich und mit Erfolg bemüht"[228] und „gehen anmutig durch die Handlung. (...) Ein Abend, der für die kleine Bühne alle Möglichkeiten offen läßt."[229]

Herbert Lenobel hatte sich mit immensem Fleiß und Eifer bemüht, eine ganze Reihe guter Schauspieler zusammenzubringen: Oskar Wegrostek vom *Volkstheater* spielte den Titelhelden in der vertrackten Achard-Komödie, die sich zwischen pathetischem Ernst und satirischer Leichtigkeit nicht entscheiden konnte. Profilierte Persönlichkeiten wie Martha Dangl, Henriette Ahlsen, Hansi Stork, Roswitha Brix, Hermi Niedt und Friedl Hofmann, in den Kellertheatern bestens bekannte Schauspieler wie Herbert Kersten, Mario Turra, Kurt Müller, Heinz Röttinger, Wolf Neuber und Johannes Ferigo traten auf. Aus diesen Individualitäten entstand jedoch kein homogenes Ensemble. „Gute Schauspieler allein genügen noch nicht", sagte schon Hermann Bahr, der alte Theaterhase, „sie müssen auch gut spielen."

Die Räumlichkeiten waren günstig. Eine sehr große, weit in den Zuschauerraum ragende Vorbühne lud zur Erprobung von ungewöhnlichen Spiel- und Inszenierungsmöglichkeiten ein, hätte man sie zu nutzen gewußt. Aber niemand schien sich so recht klar zu sein, wie es überhaupt weitergehen sollte. Das folgende Stück, kurz nach dem ersten aufgeführt, bewies das.

Wir sterben im Regen, ein trübes Schauspiel des jungen Italieners Enzo Biagi, versuchte die Situation einer Jugend zu durchleuchten, deren Großväter noch an Altersschwäche im Bett entschliefen, deren Väter schon im Waffenrock krepierten und die selbst dazu verdammt sein soll, irgendwo im Regen vor die Hunde zu gehen. Ein zeitbezogenes, ein diskutables Thema, aber in keiner Weise bewältigt. „Die kleinen Theater gehen (schon am Beginn, wie dieses) in einem anscheinend ausweglosen Kreis. Bedeutende Stücke gibt ihnen kein Verlag und kein Autor, und unbedeutende sind keine Stütze für die jugendlichen Darsteller und kein Halt für das Publikum. (…) Kurt Müllers Rolle ist einfach nicht ‚erspielen'. Trotzdem hat der junge Schauspieler starke Momente."[230] Diese Momente waren zuwenig, um einen ganzen Abend zu füllen. Herbert Lenobels „zurückhaltende Regie (…) von angenehmem Niveau"[231] versuchte, die Schwächen des Stückes zu kaschieren. Doch auch eine überflüssige, eingeblendete Filmmontage vermochte über die dramaturgischen Leerläufe nicht hinwegzutäuschen. Gleich mehrere Kritiken berichteten, daß sich die meisten Schauspieler „mit Geschick aus der Affäre zogen". Das war nicht gerade geeig-

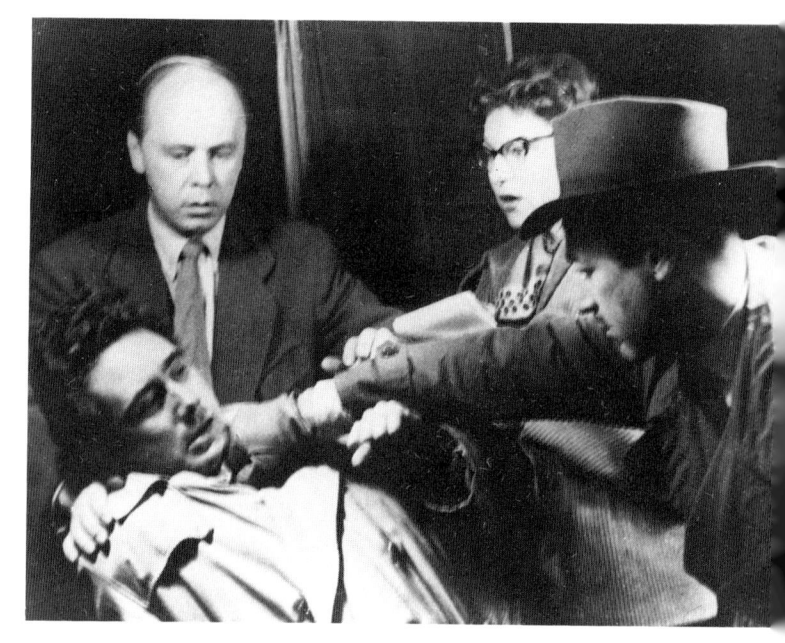

Enzo Biagi: Wir sterben im Regen
Kurt Müller, Heinz Röttinger, Maria Kestranek, Herbert Kersten

net, um Publikum zum Besuch des *Ateliertheaters* zu bewegen.

Nun wurde die Situation schon brenzlig. Da man mit Geldmitteln nur äußerst knapp ausgestattet war und die ersten Inszenierungen ziemlich kostspielig gewesen waren, wartete man dringend auf Einnahmen. Das nächste Stück sollte sie bringen. Alle Hoffnungen richteten sich darauf. Es trug den Titel *Unsere Haut* und entpuppte sich als ein existentialistisch-kriminalistischer Reißer solider, aber längst dagewesener Machart. Außerdem bekam man dergleichen in jener Zeit billiger und besser im Kino zu sehen, gespielt von Zugkräften wie Humphrey Bogart, James Mason oder Peter Lorre. Der dezente Rundfunkregisseur Ludwig Standl führte eine sorgfältige Wortregie, ein gut abgestimmtes Gangsterquartett sorgte für Differenzierung, Friedl Hofmann und Trude Kügler gaben dem tristen Milieu Echtheit. Aber die Anstrengung war ver-

José André Lacour: Unsere Haut
Herbert Andl, Peter Versten, Mario Turra

Marcel Achard: Oh, diese Geschichte!
Oskar Wegrostek, Hermi Niedt

geblich. „Die Sache, um die sie sich bemühen, ist schon verloren, ehe noch der Vorhang aufgeht. (...) *Unsere Haut* im *Ateliertheater*, das ursprünglich ein positives Programm hatte, ist ein bestürzendes Stück. Vor allem, weil es Gangsterlogik zur Norm erhebt."[232] Man konnte es aber auch von der unfreiwillig komischen Seite sehen: „Im *Ateliertheater an der Rotenturmstraße* gibt's einen lustigen Abend. Man wird an die Zeit erinnert, da an derselben Stätte für drei Tage das *Cocteau-Theater* residierte. Es wird zwar eine Tragödie gespielt, aber bei keiner Komödie kann man sich so gut unterhalten wie über diese Hintertreppengeschichte (...) Die Schauspieler können einem leid tun."[233]

Das war eine zutiefst enttäuschende Bilanz. Noch unternahm man einen Rettungsversuch mit einem ziemlich eilig zusammengestellten literarischen Programm namens *Moralitätlichkeiten*, jedoch schon bei der Premiere waren, die geladenen Journalisten eingeschlossen, nicht einmal dreißig Leute anwesend. „Nicht sehr erfreulich der Gesamteindruck. ‚Jugend, sei positiv' möchte man sagen – positiv vor allem in der Leistung, wenn schon nicht in der Tendenz."[234]

Wer durch eigene zögernde Unentschlossenheit ins Unglück geraten ist, dem scheint das Pech von allen Seiten auch unverschuldet weiter zuzuwachsen. Mitten in diesem besonders froststrengen Winter fiel durch einen Defekt die Heizanlage des Kaffeehauses aus. Der Theaterraum konnte nicht geheizt werden und mußte geschlossen bleiben. Als man mit beginnendem Frühling sich abermals herauswagte, war man schon wieder so gut wie vergessen. Richtungslosigkeit in jeder Hinsicht bleibt nicht im Gedächtnis.

Ein krampfiges Projekt, Goethes *Faust* in gequält modernistischer Version zu spielen, mit Auerbachs Keller als versnobter Cocktailbar und der Walpurgisnacht als Atombombenabwurf, kam nicht mehr zur Verwirklichung, denn der Pfändungsbeamte stand vor der Tür. Im April 1954 mußte endgültig zugesperrt werden. Nun kam aber noch ein trauriges Nachspiel. Der Kaffeehausbesitzer (schon wieder!), der vertraglich zur Heizung des Theaters verpflichtet und für den Ausfall haftbar gewesen wäre, wußte Mitleid zu erwecken und kam mit einer relativ geringen Entschädigungszahlung davon. Aber dem nicht bespielbaren Betrieb waren Kosten für ausständige Tantiemen, vereinbarte Gagen, Feuerlöschgeräte und ähnliches erwachsen. Die mäzenatischen Geschäftsleute, die das Anfangskapital à fonds perdu investiert hatten, zogen sich natürlich zurück. Übrigblieben Herbert Lenobel und sein kaufmännischer Berater Ferry Köppler. Und es blieb der Bruder des auch im *Ateliertheater* tätig gewesenen Bühnenbildners, Grafikers und Bildhauers Peter Perz, der idealistische junge G. W. Perz, der ein halbes Jahr in Kanada als Holzfäller gearbeitet und seine Ersparnisse ebenfalls zur Errichtung der kleinen Bühne zugeschossen hatte. Er ging nach Kanada zurück. Köppler ließ sich als Fußballtrainer nach Zypern engagieren; Lenobel zahlte noch drei Jahre lang die restlichen Schulden von den Gagen, die er als Schauspieler in Karl Farkas' *Simpl* verdiente. Nach drei Jahrzehnten urteilt er: „Das *Ateliertheater an der Rotenturmstraße* war eine Wahnsinnsgründung!"[235]

Spielpläne des *Ateliertheaters an der Rotenturmstraße*
Eröffnung 29.10.1953
1953/54

29.10.53 *Oh, diese Geschichte!* (Marlborough zieht in den Krieg), Kom 3 A von Marcel Achard.
R: Walter Konstantin, B: Walter Lothka, K: Lisl Hatina.
D: Martha Dangl, Oskar Wegrostek, Hansi Stork, Erich Alexander, Hermi Niedt, Kurt Bauer, Mario Turra, Heinz Röttinger, Wolf Neuber, Henriette Ahlsen.

1.11.53 Ö *Wir sterben im Regen,* Sch 3 A von Enzo Biagi (Ü: Fritz Scrinzi).
R: Herbert Lenobel, B: Peter Perz, Filmaufnahmen: Walter Nowak, K: Leihanstalt Hladky.
D: Kurt Müller, Roswitha Brix, Herbert Kersten, Heinz Röttinger, Mario Turra, Johannes Ferigo, Harry Schmidt, Maria Kilga, Anton Mitterwurzer, Maria Kestranek.

27.11.53 *Moralitätlichkeiten,* eine literarische Bänkeliade nach Cocteau, Claus, Finck, Kästner, Kiesling, Gilbert, Mehring, Reinhardt und Wildgans.
R: Heinz Röttinger, M: Viktor Bermeiser.
D: Luise Prasser, Hermi Niedt, Wolf Neuber, Gottfried Pfeiffer, Heinz Röttinger.

11.12.53 Ö *Unsere Haut* (Notre peau), Sch von José André Lacour.
R: Ludwig Standl, B: Peter Perz.
D: Peter Versten, Trude Kugler, Friedl Hofmann (Martha Dangl), Mario Turra, Herbert Andl, Johannes Ferigo.

28.12.53 U *Abenteuer im Puppenland,* Märchen 3 A von Herbert Lenobel.
R: Herbert Lenobel.
D: Maria Kestranek, Hermi Niedt, Walter Konstantin, Kurt Müller, Mario Turra.

?.12.53 U *Der verlorene Groschen,* Märchen 3 A von Walter Konstantin.
R: Walter Konstantin.
D: Wolfgang Birk, Maria Kestranek, Mario Turra, Ingeborg Weirich, Hermann Faller, Trude Kügler.

5.2.54 *Soirée moderne*
Tanzgruppe Rosalia Chladek.
Wort: Roswitha Brix, Geige: Karl Brix.

1.4.54	*Atelier – total verrückt,* eine frühlingshafte Blütenlese von jahrhundertealten Bäumen. Texte und Programmgestaltung: Walter Konstantin. R: Edi Kurt. D: Ferry Köppler, Hermi Niedt, Edi Kurt, Walter Konstantin, Ditta Dorin, Paul Popp. Gastspiel:
März 54	Produktion Rolf Halwich
U	*Die Verwandlung der Iris Delorme,* ein seltsames Geschehen 3 A von Trude Payer. R: Rolf Halwich. D: Liselotte Rupp, Walter Hortig, Karl Baumgartner, Harald Riffland, Ilka Bernet, Ch. Frank-Hortig.

Außerdem zwei Klavierabende Alexander Jenner.

Einstellung des Theaterbetriebes im Laufe des April 1954.

Tribüne

„*Die Direktionen sind dafür verantwortlich, wenn sie lebenden Dichtern nicht Tür und Tor aufmachen.*"
M. G. Saphir

Die Gründung des *Theaters Die Tribüne der österreichischen Dramatiker* erfolgte unter ungleich günstigeren Voraussetzungen als die der anderen Kellerbühnen. So konnte es bei gleichbleibender Leitung über dreißig Jahre bis auf den heutigen Tag bestehen.

Direkt neben dem Burgtheater, im Souterrain des Café Landtmann, 1. Bezirk, Dr. Karl-Lueger-Ring 4, gab es einen ziemlich großen, schlauchartig langgestreckten Saal mit gewölbeartiger Decke, in dem schon gelegentliche Kabarettvorstellungen stattgefunden hatten. Im Mai 1953 versuchte der aus der Filmbranche kommende Fritz Weiß dort eine *Kleine Freie Bühne* zu etablieren. Er inszenierte Ben Jonsons *The Alchimist*, in seiner eigenen Übersetzung *Goldmacher, Schwindler, leichte Mädchen* genannt, brachte es aber nur auf ganze fünf Vorstellungen. Mario Turra, Rudolf Kautek und Karl Schuster hatten der kleinen Truppe angehört.

Bei dem ständigen Mangel an brauchbaren Spielstätten in Wien bleibt jedoch ein einmal entdeckter Raum nicht lange ungenützt. Anfängliche eklatante Durchfälle der Vorgänger schrecken nicht ab. Im Café Parkring war es zwei Jahre vorher ganz ähnlich gewesen. Im Herbst 1953 übernahm Otto Ander das Lokal. Doch er ging an seine Aufgabe profimäßig heran, denn er war kein Theaterneuling. Schon 1946 hatte er die *Österreichische Länderbühne* gegründet, die sich als Tourneetheater gut entwickelte. „Freilich, um Startkapital zu kriegen, habe ich natürlich Teppiche, Silberlöffel und alles verkauft, was ich zu verkaufen hatte", sagt Ander.[236] Dann empfahl das Unterrichtsministerium diese „Bühne auf Rädern" den Schulen in ganz Österreich. Auf diese Weise entstand ein Theater mit einem selbstgewählten Bildungs- und Erziehungsauftrag.

Die Tribüne in Wien sollte nun, in künstlerischer Symbiose, dieses Tourneetheater ergänzen und erweitern, mit ihm in Wechselwirkung stehen. Schauspieler, die sich auf Reisen bewährt hatten, sollten Gelegenheit finden, in Wien ihre Visitenkarte abzugeben, andererseits sollten Schauspieler aus dem Keller auch auf Tourneen Erfahrungen sammeln können; besonders erfolgreiche Stücke ebenso in ganz Österreich, in den folgenden Jahren auch in der Bundesrepublik Deutschland, als Anregung vorgestellt werden. Das ergab in seinen geschickten Organisationen eine finanzielle Absicherung, die es nie zu existentiellen Krisen kommen ließ.

Otto Ander hat *Die Tribüne* immer als ein Sprungbrett für Schauspieler, Regisseure und Bühnenbildner aufgefaßt. Alfred Böhm, Heinz Petters, Georg Corten, Hermann Kutscher zählt er als Beispiele auf. Der Künstler sollte die Möglichkeit haben, entdeckt zu werden und „nach oben" zu springen. Daher gab es keine ihn fesselnden langfristigen Verträge: ein Übungsfeld mit Aufstiegschancen. Als „eine letzte Insel der Freiheit" betrachtet Ander selbst bis heute dieses System.[237]

Das Spielplanvorhaben ließ sich einfach definieren. „Für lebende österreichische Autoren geschah damals wenig ... oder nichts. Und die sollten also in der *Tribüne* vornehmlich aufgeführt werden."[238] Anfangs wurde das auch musterhaft durchgehalten. Werke von Hans Friedrich Kühnelt, Friedrich Kaufmann, Felix Braun, Emil Breisach, Rudolf Bayr, Karl Wiesinger erlebten Uraufführungen, Raimund Berger, Kurt Radlecker und Helmut H.

Schwarz kamen sogar mit je zwei Werken zu Wort. Außerdem wurden bereits anderswo gespielte Dramen von Ferdinand Bruckner, Franz Theodor Csokor und Robert Musil aufgeführt. Und Ödön von Horváths *Pompeij* fand die erste Bühnenrealisierung. Ihrem Namen als Theater für österreichische Dramatiker wurde *Die Tribüne* lange Zeit vorzüglich gerecht. Ausländische Stücke machten nur ein Viertel des gesamten Spielplans aus. Unter diesen gaben Camus, Lenormand, Giraudoux, Raynal und Anouilh der französischen Dramatik deutliches Übergewicht, was auf deren damalige starke Präsenz hinweist. Freilich war mit zeitgenössischen österreichischen Stücken allein das entsprechende Niveau eines kontinuierlichen Spielplans nicht gewährleistet. Es lagen zwar genügend viele Manuskripte vor, doch war deren künstlerische Qualität häufig so, daß an eine Inszenierung nicht gedacht werden durfte. So mußte *Die Tribüne* in späteren Jahren ihr Konzept manchmal verwässern und brachte wirkungssichere unterhaltende Erfolgsschlager wie *Gog und Magog* von Arout-Allan-McDougall, *Lumpen* von John Patrick, *Acapulco, Madame* von Yves Jamiaque, *Warte, bis es dunkel wird* von Frederick Knott oder *Die Perle Anna* von Marc Camoletti. Der Praktiker Otto Ander ging in seinen Zugeständnissen gelegentlich sehr weit, um den Betrieb am Leben zu erhalten. „,Wenn das Experiment das Publikum beim Tempel hinausjagt, spiele ich es nicht', lautet Anders Devise. Wobei er auf der Suche nach publikumswirksamer Originalität manchmal einen falschen Griff in die falsche Richtung tut."[239]

Zunächst jedoch gab es bis ins Jahr 1955 nur Uraufführungen. Daher wurde die neue Kellerbühne bald die „Gehschule für junge österreichische Autoren" genannt.[240] Selbstverständlich brachten die dramatischen Gehversuche höchst wechselhafte Ergebnisse. *Der verwundete Engel* von Raimund Berger mußte nach nur fünf Vorstellungen abgesetzt werden, Friedrich Kaufmanns *Der Tanz im zerbrochenen Himmel* brachte es auf deren fünfundzwanzig, *Der Gott aus dem Weinkrug* von dem Autorenduo Raffael und Pribil immerhin auf fünfundvierzig. Diese beschwingt heitere, ironische Travestie auf die Ariadne-Sage fand einigermaßen Zustimmung: „Das En-

Raffael/Pribil: Der Gott aus dem Weinkrug
Kurt Sowinetz, Lia Ander

semble ist diesmal wirklich gut, was wahrscheinlich seinen Grund darin hat, daß alle Rollen gut sind. Hermann Kutscher inszenierte das Stück mit leichter Hand."[241] Edwin Rollett lobte die „satirischen Bosheiten" mit ihrem „beträchtlichen Einfallsreichtum"[242], und Oskar Maurus Fontana hob besonders Kurt Sowinetz hervor, der „in einem Ein-Mann-Parlament (...) den Präsidenten, die Sprecher der Regierung und Opposition sowie die Zwischenrufe witzig bringt".[243]

Diese Anfänge waren sehr schwierig. Akustik und Sichtverhältnisse in dem langgestreckten Kellerraum waren nicht eben ideal zu nennen und mußten nach mancherlei Erfahrungen verbessert werden. „Das Schmerzenskind unter den Wiener Kellertheatern", klagte eine Zeitung.[244] Zwar standen sehr gute Schauspieler wie Cornelia Oberkogler, Hilde Nerber, Karl Walter Dieß, Karl Mittner und Heinz Röttinger zur Verfügung. Was bekamen sie aber zu spielen? Die Uraufführung des Werkes eines unter dem Pseudonym Friedrich Gentz auftretenden Autors (Bearbeitung: Ernst Hagen). *Monsieur Delvaux überdauert alles* hieß die matte Komödie um einen Opportunisten, der bei allen politischen Umstürzen zur Zeit der Französischen Revolution oben zu schwimmen versteht. Der Stoff hätte in seiner 1954 noch immer vorhandenen Aktualität interessant sein können, wurde aber leider zu einer „Orgie der Langeweile".[245] „Wenn ich an das denke, wird mir heute noch ganz schwummerlich ... da kann ich nur sagen: Ander überdauert alles!"[246]

Dann aber ging es aufwärts. Emil Breisachs *Zivilcourage* stellte auf dramatisch geschickte Weise die Frage, ob in entscheidenden Situationen eigene menschliche Initiative dem buchstabentreuen unbedingten Gehorsam vorzuziehen sei. Hier war „erfreuliches dramatisches Talent"[247] am Werk. Förmlich aufatmend bemerkte die *Österreichische Zeitung:* „Zum erstenmal seit ihrem Bestehen bringt *Die Tribüne* (...) ein Stück, das im wirklichen Leben fußt und Menschen unserer Tage schildert. (...) Gespielt wurde, wie meist in der *Tribüne,* beachtlich gut."[248] Auch Hans Weigel kommentierte kurz: *„Tribüne* – endlich besser."[249]

Eindeutigen Erfolg errang hierauf Rudolf Bayrs Schauspiel *Sappho und Alkaios*, das sogar in die zweite Saison hinübergenommen werden konnte. Bayr wollte keine psychologisch begründeten Figuren schaffen, sondern durch sie allegorisierend gegensätzliche Prinzipien ausdrücken: Macht und Humanität, Leben und Kunst. Regisseur Hermann Kutscher ließ deshalb die Schauspieler bei Dialogen nicht zueinander, sondern voneinander weg sprechen. Er wandelte in seiner Inszenierung die von Gustav Rudolf Sellner zu dieser Zeit in Darmstadt für die Aufführung von griechischen Klassikern entwickelten, etwas akademischen, asketischen Prinzipien des „instrumentalen Theaters" auf österreichisch ab. Die Neuheit dieses Stils für Wien verblüffte. „Alles geschieht ohne jede falsche Nachahmung der Wirklichkeit."[250] „Das kleine Theater wurde diesmal wirklich Tribüne österreichischer Dramatik. Sie ist hier auf den Adel des Wortes und seinen geistigen Gehalt gestellt."[251] In Maria Ott und Karl Walter

Rudolf Bayr: Sappho und Alkaios
Maria Ott, Lia Ander

Dieß standen Kutscher für die Titelpartien rollendeckende Darsteller zur Verfügung, der Bildhauer Rudolf Hoflehner schuf ihm eine mehrstufige Freitreppe, die in einen blauen Rundhorizont hinaufführte. Nur eine hängende abstrakte Plastik unterbrach die kühle Kargheit dieses schönen Raumes, der stark zum Gelingen der Inszenierung beigetragen haben dürfte, welche sprachlich durch-

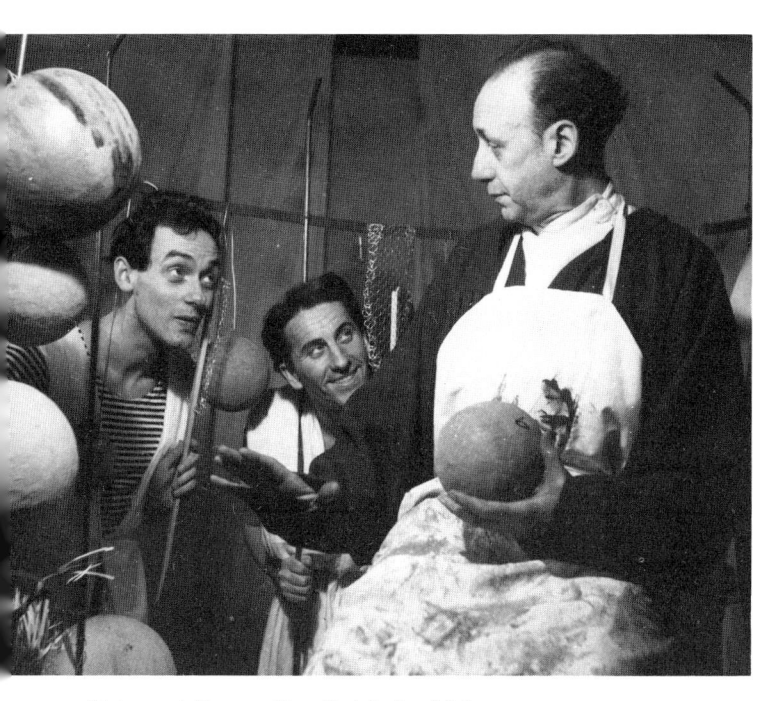

Raimund Berger: Das Reich der Melonen
Hans Harapat, Herbert Andl, Carl Merz

ornamentiert und in ihrer abstrakten Reduktion überzeugend wirkte.

Noch einmal setzte *Die Tribüne* auf das griechische Milieu, und zwar mit Raimund Bergers grotesk-ironischer, aphoristischer Komödie *Das Reich der Melonen*, dem letzten Werk dieses frühverstorbenen Dichters. Gewiß war das Stück unvollendet und nicht ganz ausgereift. Dadurch war auch die Stimmung, die es erzielte, nicht einheitlich. Carl Merz, in der zentralen Rolle des die Melonen liebenden Philosophen Pempilios, wirkte zu wenig charakterisierend, „(...) er hält sich sozusagen privat auf der Bühne auf. (...) Ellen Umlauf, als dessen Frau, macht es sich viel zu leicht."[252] „Die Komödien-Ansätze verschwinden in einem Wust von Langweiligkeit. Es ist kaum zum Aushalten."[253] *Die Presse* urteilte hart und grundsätzlich:

„Eine Aufführung wie diese enthüllt das Problem der Kellerbühnen in seiner ganzen Schärfe. Sie glauben, sie könnten es mit dem guten Willen allein schaffen. Aber in der Kunst genügt der gute Wille nicht. Man muß das auch können, was man will. Darüber hilft keine noch so notwendige Förderung des Nachwuchses hinweg."[254]

Doch eben diese angesprochene „Förderung" der Jungen war ja nicht vorhanden. Damit, daß man sie auf ihren unterirdischen Spielwiesen sich tummeln ließ, sie ein wenig subventionierte und einzelne besondere Talente auch einmal an große Bühnen holte, war es eben nicht getan. Weiterbildende Kurse, Übungen mit kompetenten Leuten, Ratschläge zur Vermeidung von Fehlern und Fingerzeige, wie man es besser machen könne, dies alles – fehlte.

Man schrieb 1955. Ein Jahrzehnt war seit Kriegsende vergangen. Am 15. Mai wurde im Wiener Belvedere der lang ersehnte Staatsvertrag unterzeichnet. Kanzler Raab, der lebenslang alles Intellektuelle mißtrauisch betrachtete, konnte diesen großen Erfolg verbuchen. Österreich war nach sieben Jahren Naziherrschaft und zehn Jahren alliierter Besetzung wieder frei. Im Herbst dieses Jahres fanden feierliche Staatsakte zur Eröffnung des wiederaufgebauten Burgtheaters und der Staatsoper statt. Am 26. Oktober beschloß der Nationalrat das Verfassungsgesetz über die immerwährende Neutralität.

Ein neugegründetes Theater im *Café Hamerling* brachte es nur auf zwei Inszenierungen: *Ein Ruhetag* von Katajew und *Die gelehrten Frauen* von Molière. Und doch wurde Elfriede Irrall hierbei entdeckt, die spätere Lulu einer aufsehenerregenden Wedekind-Aufführung im *Volkstheater*. Wer darf die Behauptung wagen, daß irgendeine Anstrengung im Theaterleben einer Großstadt vergeblich sei?

Das ständige Auf und Ab aller Kellerbühnen blieb also auch der *Tribüne* nicht erspart. Es folgten wieder wesentliche künstlerische Höhepunkte, welche zwar vom Publikum nicht durch gesteigerten Besuch honoriert wurden, die aber die Aufwärtsentwicklung stark beeinflußten. Felix Brauns *Ein indisches Märchenspiel*, eine wahre und reine, kostbare Verdichtung von der Unbesiegbarkeit der Liebe, war eine solche Station. „Im Keller des Café Landtmann vollzieht sich die Geburt eines neuen Stils, vergleichbar mit der Reform der Bayreuther Festspiele, und das ist weder ironisch noch verkleinernd gemeint, im Gegenteil: Reine Wort- und Gedankendramen scheinen tauglichere Objekte für solche zukunftsweisende, produktive Experimente als Wagners mythologische Staatsaktionen mit Musik. Der Regisseur Kutscher und der Maler Hoflehner haben eine szenische Formel gefunden, die vielleicht Schule machen wird und die jedenfalls höchsten Interesses wert ist. Sie verbinden verschiedene Vorbilder zu einer neuen Einheit und beweisen nun zum zweiten Male ihre überzeugende Wirkkraft (…) Die Tribüne hat ihre Daseinsberechtigung diesmal schon zu Beginn der Spielzeit aufs erfreulichste erwiesen. Wie Felix Braun den Lorbeer für seine Dichtung, so verdient Hermann Kutscher den Kelleroscar für Regisseure."[255]

Als Csokors Medea postbellica, die schon 1950 im Studio in der Kolingasse gezeigt worden war, nun unter der Regie von Gandolf Buschbeck in der Tribüne neu herausgebracht wurde, nannte man das „einen guten Griff" und lobte die Aufführung als „atmosphärisch dicht und expressiv hart, (…) mit ergreifender Intensität".[256] Ein wirklicher Publikumserfolg wurde auch dieser verdienstvollen Wiedererweckung nicht zuteil.

Helmut H. Schwarz vertraute sein Stück Seine letzte Berufung in der Tribüne Peter Weihs zur Inszenierung an, erzielte aber nur einen Achtungserfolg mit sieben Vorstellungen. Dadurch nicht entmutigt, brachte er ein Jahr später, zu den Festwochen 1956, ein neues Drama zur Uraufführung: Arbeiterpriester. Diesmal war das Ergebnis überwältigend: „(…) eine sogenannte sensationelle Uraufführung. Helmut H. Schwarz entpuppte sich mit einem Male als durchaus ernst zu nehmender Autor: sein Arbeiterpriester ist zweifellos das beste Theaterstück, das seit Hochwälders Der öffentliche Ankläger (1949) von einem Österreicher geschrieben wurde. Die Tribüne hat mit dieser Aufführung, die sich auch anderswo sehen lassen könnte, gezeigt, wozu die Kellertheater da sind: jene Autoren aufzuführen, die an den großen Theatern nicht gespielt werden."[257] „Zeitstück mit tauglichen Mitteln. Helmut H. Schwarz hat ein echtes Zeitproblem sehr ernsthaft angepackt und auf durchaus ernst zu nehmende Weise bewältigt."[258] Direktor Ander durfte in einem Interview befriedigt feststellen: „Ich glaube, wir haben mit diesem Stück nicht nur ein echtes Dramatikertalent entdeckt, sondern auch ein erregendes zeitnahes Thema gefunden. Wir können uns besonders an dem Publikum orientieren (…)."[259] Das Zeitthema des Schauspiels war der Konflikt, in welchen die jungen französischen Priester des Dominikanerordens, die sich als Arbeiter in Fabriken einstellen ließen, mit der Kirchenhierarchie gerieten; denn ihr Eintreten für die Interessen der Arbeitnehmer, ihrer Kameraden, gegen die Unternehmer machte die jungen Missionare für ihre Bischöfe zu Abtrünnigen. Gesellschafts- und Kirchenkritik und Zeitgeschichte waren in dem spannenden Drama geschickt verknüpft. Der Autor führte selbst Regie, allerdings unter dem Pseudonym Harald Dubsky. „Die Inszenierung (…) ist fast makellos, klar und geradlinig, ohne alle Mätzchen."[260] Mehr als ein halbes Jahr konnte die Produktion im En-suite-Spielplan gehalten werden.

Auf eine noch längere Laufzeit brachte es Kurt Radleckers bühnenkundige Dramatisierung von Dostojewskis Roman Schuld und Sühne, uraufgeführt im Juni 1957. Balladenartig ließ der Autor den Weg des Mörders Raskolnikow in vielen kurzen Bildern aufblitzen, was sehr rasche Szenenwechsel erforderte. Der junge Bühnenbildner Josef Brun erfand eine von Hand zu bedienende leichte Drehplattform, die dieses technische Problem auf der kleinen Bühne hervorragend löste. Der behutsame Umgang Radleckers mit dem großen russischen Dichter, ohne dessen Geist zu verstümmeln, fand besondere Bewunderung. Er habe viele Originaldialoge „mit großem Einfühlungsvermögen und Sinn für das Bühnenwirksame in seine Szenen eingebaut".[261] Karl Mittner als Raskolnikow und Emil Feldmar, der auch energisch zupackend Regie führte, als Untersuchungsrichter trugen darstellerisch diesen Abend, dem der erste Preis der Kleinbühnenjury des Kulturamtes der Stadt Wien zuerkannt wurde – 5000 Schilling.

Die bescheidenen Raumausmaße, im Raskolnikow so geschickt ausgenützt, wurden geradezu gesprengt von einem Stück wie Giraudoux' Siegfried, worin manchmal

Kurt Radlecker: Raskolnikow
Karl Mittner, Kurt Radlecker

mehrere deutsche Generäle in großer Uniform die kleine Szene betraten. Es war eine „passable Inszenierung"²⁶², doch insgesamt hatte sich *Die Tribüne* wohl etwas über ihr szenisches Vermögen hinaus strapaziert. Auch Ödön von Horváths *Pompeij* geriet nicht über anständigen Durchschnitt, bei aller Anerkennung der Tatsache, daß man das Stück, einundzwanzig Jahre nach dem Tod des Dichters, endlich zu spielen wagte.

Die Aufführung der sieben Bilder *Die Musikbox* von der Wiener Lehrerin Gertrude Arnold hat eine bezeichnende Vorgeschichte. Da *Die Tribüne* als ein Theater der österreichischen Dramatiker deklariert war und dafür kräftige Subventionen erhielt, reichten natürlich viele Menschen ihre Manuskripte ein, die sich ebenfalls für Dramatiker hielten. Frau Arnold hatte vor vielen Jahren einen Kulturpreis bekommen und schrieb gepflegte Prosa. Häufig beklagte sie sich beim Unterrichtsministerium, daß ihre Dramen nicht gespielt würden. Die geplagten Beamten „ersuchten" *Die Tribüne,* das Risiko einer Inszenierung einzugehen. Was sollte man da tun? „Ich kann nicht bokkig sein", meinte Otto Ander und spielte *Die Musikbox,* obwohl er von deren Mangelhaftigkeit überzeugt war. „Gestelzt ... fern der Alltagssprache ... eine Qual ... ohne Schwung, papieren ... steif ... undramatisch und ohne Tragkraft ... lähmend", so lautet eine kleine Auswahl aus den Besprechungen. Der Vorfall ist typisch. Die Abhängigkeit von dem „Ersuchen" eines Subventionsgebers wirkt immer quälend und lähmend.

Auch eine andere Abhängigkeit war eine zweischneidige Sache, so gewiß sie den Bestand der *Tribüne* sicherte. „Zusätzliche Besucher konnte sich die *Tribüne* (...) durch ihre Mitgliedschaft in der Österreichischen Theatergemeinde erhoffen, verbilligte Theaterkarten zu ihren eigenen Lasten mit der Post an die Abonnenten zu versenden, den Besuch von acht Vorstellungen im Laufe eines Spieljahres zu garantieren und in einem monatlich erscheinenden Mitteilungsblatt (der ‚Theater-Rundschau') über Spielplan und Termine der einzelnen Vorstellungen sowie über Stück und Besetzung zu informieren. Als Mitglieder der Österreichischen Theatergemeinde sind neben der *Tribüne* zu nennen:

Staatsoper (Theater an der Wien, Redoutensaal)
Burgtheater (Akademietheater)
Volksoper
Theater in der Josefstadt
Kammerspiele
Raimundtheater
Renaissancetheater."²⁶³

Welche „zusätzlichen Besucher" sicherte man sich da? Großenteils Leute, die weder an neuen österreichischen Autoren noch an szenischen Experimenten und avantgardistischem Theater interessiert waren. Die sich bloß die sonst schwierig aufzutreibenden Karten für *Carmen* oder *Rosenkavalier* verschaffen wollten. Sie nahmen die übrigen Vorstellungen ihres Pauschal-Abonnements eben so mit oder ließen ihr Anrecht womöglich sogar verfallen. Die Operettenseligkeit des *Raimundtheaters* und die Boulevardseichtigkeit der *Kammerspiele* waren eine seltsame Nachbarschaft für eine avantgardistische Kellerbühne.

Peter Ustinov: Romanoff und Julia
Karl Mittner, Beatrice Ferolli, Tino Schubert

Kurt Radlecker: Der Idiot
Georg Lhotzky, Josef Hanak, Karl Mittner, Alice Zlatnik, Rudolf Rösner

Aber „das avantgardistische Moment ist überhaupt ein wenig in den Hintergrund gerückt", durfte Peter Weiser gegen Ende der fünfziger Jahre zu Recht behaupten.[264]

Was konnten also einem Theatergemeinde-Publikum Robert Musils *Schwärmer* bedeuten, deren sich *Die Tribüne* in einer Inszenierung von Norbert Kammil annahm? Sie erwiesen sich ja selbst für ernsthafte Kritiker „als das einsame Spiel eines Dichters, der sich auf seinem Laboratoriumstisch allerlei Charakterzüge bereitlegt und sie nun zu seinem eigenen Vergnügen analytisch betrachtet".[265]

Man versuchte also, ein erprobtes Erfolgsrezept nochmals anzuwenden: Kurt Radlecker dramatisierte wieder einen Dostojewski-Roman, diesmal *Der Idiot.* Karl Mittner spielte wieder die Titelrolle. Aber Georg Lhotzky, der diesmal Regie führte, zerdehnte das schwierige Stück durch Psychologisierung, statt zu straffen. Der beispiellose Erfolg des *Raskolnikow* stellte sich nicht ein. Bei Peter Ustinovs *Romanoff und Julia,* einer schwankhaften Paraphrase des Romeo-und-Julia-Stoffes, welche in die, hier nicht ganz ernst genommenen, Konflikte des kalten Krieges führte, konnten die Zeitungen einen beachtlichen Zustrom des Publikums melden. „Man lacht, und sogar recht oft. Und dafür verkauft der Wiener sein Gewand, das ist sein Himmel."[266] Die Handlung dieses „spritzigen, federleichten Stückes"[267] machte auch jedes tiefere Nachdenken überflüssig: Romanoff, der Sohn des sowjetischen Botschafters, und Julia, die Tochter des amerikanischen Botschafters, verlieben sich ineinander, worauf auch die verfeindeten Väter nichts anderes tun können, als sich versöhnt in die Arme zu fallen. Tauwetterillusionen von der charmantesten Art! Hans Weigel ätzte: „Ein Ost-Tineff von Ustinov. Der englische Dramatiker Peter Ustinov, in Wien durch *Die Liebe der vier Obersten* unseligen Andenkens bekannt, wird oft als ‚enfant terrible' bezeichnet, und das mit Recht. Seine Stücke sind schrecklich kindisch. Das Theater *Die Tribüne* im Café Landtmann, begründet und subventioniert, um lebende österreichische Dramatiker zu pflegen, spielt nun schon den zweiten Ausländer dieser Spielzeit und einen der allerüberflüssigsten. (...) Der Abend bietet (...) eine Parade vortrefflicher erwachsener Schauspieler, angesichts deren man sich erbittert fragt, warum sie nicht die gebührenden Positionen an großen Häusern innehaben."[268]

Nach der siebenten Saison war *Die Tribüne der österreichischen Dramatiker* fest etabliert als ein Theater, in dem jedenfalls viele gute Schauspieler zu sehen waren, sich drehend in einem nicht immer ganz plausiblen Wechselreigen von wirksamen, unterhaltsamen Lustspielen und zeitweise sehr ernsthafter Auseinandersetzung mit moderner Dramatik vornehmlich österreichischer Provenienz. Sobald diese anscheinend wirkungsvolle und sichere Mischung gefunden war, stand nichts mehr im Wege, sie weitere fünfundzwanzig Jahre (oder noch viel länger) fortzusetzen ...

Spielpläne des *Theaters Die Tribüne der österreichischen Dramatiker*
Eröffnung 3.10.53
1953/54

3.10.53 U *Das Wunder*, Sch 3 A von Manzari/Friedrich Schreyvogl.
R: Peter Weihs, B: Lorenz Withalm.
D: Hugo Riedl, Karl Mittner, Peter Weihs, Herbert Kragora, Gustl Weishappel, Alfred Böhm, Erich Gabriel, Cornelia Oberkogler, Isolde Kaspar, Joe Trummer, Rose Renée Roth.

10.12.53 U *Der Tanz im zerbrochenen Himmel*, Sch von Friedrich Kaufmann.
R: Gandolf Buschbeck, B: Lorenz Withalm.
D: Maria Urban, Cornelia Oberkogler, Evi Servaes, Isolde Kaspar, Kurt Sowinetz, Albert Rueprecht, Eduard Loibner, Lois Pollinger, Armand Ozory.

15.1.54 U *Der verwundete Engel*, Tr von Raimund Berger.
R: Gandolf Buschbeck, B: Gerhard Hruby.
D: Lia Ander, Rolf Truxa, Alexander Taghoff, Karl Mittner, Isolde Kaspar, Camillo Kossuth, Rose Renée Roth, Heinz Czeike, Eduard Loibner, Susi Witt, F. R. Zeckl.

20.1.54 U *Der Gott aus dem Weinkrug* (Deus ex amphora), Kom 5 A von Raffael/Pribil.
R: Hermann Kutscher, B: Gerhard Hruby, K: Carla Tietz.
D: Johannes Neuhauser, Karl Mittner, Elisabeth Schreyvogel, Karl Walter Dieß, Heinz Röttinger, Günther Bauer, Kurt Sowinetz, We-Wu-Tu v. Minorit, Lia Ander, Trude Kügler, Zora Zrinjski, Alexander Taghoff.

19.2.54 U *Jambus schreibt keine Tragödien mehr*, L 8 B von Hans Friedrich Kühnelt.
R: Peter Weihs, B: Harry Glück, K: Carla Tietz, M: Paul Kont.
D: Kurt Hradek, Cornelia Oberkogler, Edith Hejduk, Karl Walter Dieß, Erich Padalewsky, Wolf Neuber, Erich Gabriel, Erna Schickel, Alfred Böhm, Joe Trummer.

30.4.54 U *Monsieur Delvaux überdauert alles*, Kom 3 A von Friedrich Gentz (Bearb: Ernst Hagen).
R: Hermann Kutscher, B u. K: Carla Tietz.
D: Heribert Aichinger, Lia Ander, Karl Mittner, Alexander Taghoff, Hilde Nerber, Heinz Röttinger.

5.5.54 U *Zivilcourage*, Sch 4 A von Emil Breisach.
R: Heinz Röttinger, B: Eva Poduschka.
D: Curth A. Tichy, Eva Heide Frick, Loni Friedl, Walter Simmerl, Gustl Weishappel, Karl Mittner, Alexander Taghoff, Johannes Neuhauser, Hugo Riedl, Camillo Kossuth, Robert Valberg.

3.6.54 U *Sappho und Alkaios*, Sch 4 A von Rudolf Bayr.
R: Hermann Kutscher, B: Rudolf Hoflehner, K: Elly Makowitschka, M: Gerhard Rühm.
D: Maria Ott, Lia Ander, Trude Kügler, Karl Walter Dieß, Alexander Taghoff, Karl Mittner, Otto Schustek, Gustl Weishappel, Erich Padalewsky, Camillo Kossuth, Edith Gregor, Joe Trummer, Hans Obermüller.

1954/55

17.11.54 U *Ein indisches Märchenspiel*, 1 Prolog u 5 Sz von Felix Braun.
R: Hermann Kutscher, B: Rudolf Hoflehner, M: Gerhard Rühm.
D: Eva Gold, Maria Ott, Felix Braun, Hans

	Brand, Karl Fochler, Walter Simmerl, Paul Späni, Alexander Taghoff, Anton Rudolph.
16.12.54 U	*Jahrmarkt der Gefühle*, ein Märchen für Große 7 B von Karl Wiesinger. R u. B: Gandolf Buschbeck, M: Gerhard Rühm, Ch: Ellen Umlauf. D: Lia Ander, Isolde Kaspar, Ellen Umlauf, Karl Mittner, Michael Tellering, Heinz Röttinger.
20.1.55 U	*Das Reich der Melonen*, Kom 3 A von Raimund Berger. R: Heinz Röttinger, B u. K: Richard Weber, M: Gerhard Rühm. D: Carl Merz, Ellen Umlauf, Herbert Andl, Guido Truger, Hans Harapat, F. F. M. Sauer.
1.3.55	*Das Grabmal des unbekannten Soldaten* (Le Tombeau sous l'Arc de Triomphe), Tr 3 A von Paul Raynal. R u. B: Gandolf Buschbeck, K: Lambert Hofer. D: Michael Tellering, Karl Ehmann, Lia Ander.
22.4.55	*Medea postbellica* (Nachkriegs-Medea), St in 1 Vsp u. 5 A von Franz Theodor Csokor. R u. B: Gandolf Buschbeck, M: Walter Deutsch. D: Norbert Kammil, Evi Servaes, Gertrud Ramlo, Inge Holzleitner, Franz Waldeck, Peter Versten, Erika Ziha.
13.6.55 U	*Seine letzte Berufung* von Helmut H. Schwarz. R: Peter Weihs, B: Eva Behan. D: Karl Fochler, Peter Weihs, Erika Ziha, Karl Blühm, Norbert Kammil, Anneliese Tausz, Heinz Röttinger.

Weiteraufführungen von 1953/54:
Das Wunder, Sappho und Alkaios.

1955/56

3.11.55	*Die Marquise von O.*, Sch von Ferdinand Bruckner. R: Herbert Kersten, B: Herta Canaval. D: Lia Ander, Karl Ehmann, Eva Sandor, Alfred Böhm, Herbert Kersten.
20.12.55	*Eurydice*, Sch 4 A von Jean Anouilh (Bearb: Marianne Kober). R: Horst Kepka, B: Claus Pack, M: Gerhard Rühm. D: Lia Ander, Eva Sandor, Rosemarie Strahal, Ruth Strigel, Rose Panthen, Peter Schratt, Karl Ehmann, Walter Simmerl, Uriel Tomar, Jaromir Borek, Herbert Kersten, F. F. M. Sauer, Franz Waldeck, Ivo Ivers, Alfred Böhm, G. Haller.
29.2.56	*Ende gut, alles gut*, Kom 5 A von William Shakespeare (Richard Flatter). R: Norbert Kammil, B u. K: Claus Pack. D: Walter Simmerl, Grete Bukovics, Erich Padalewsky, Lia Ander, Herbert Kersten, Johannes Ferigo, Uriel Tomar, Josef Brun, Jaromir Borek, Maria Banke, Karl Mueller, Rosemarie Strahal, Alfred Böhm, Hans Harapat.
10.4.56 U	*Es gibt immer zwei Möglichkeiten*, eine fast historische Kom von Anna Tichy. R: Norbert Kammil, B u. K: Josef Brun. D: Lia Ander, Erich Padalewsky, Johannes Ferigo, Walter Simmerl, Karl Mueller, Joe Trummer, Jaromir Borek.
31.5.56 U	*Arbeiterpriester* von Helmut H. Schwarz. R: Harald Dubsky, B: Josef Brun. D: Peter Weihs, Brigitte Köhler (Lydia Weininger), Karl Mittner, Emil Feldmar, Karl Fochler (Walter Simmerl), Herbert Kersten, Hans Brand, Peter Brand, Kurt Radlecker, Richard Kapeller, Norbert Kammil, Joe Trummer (Carl Heinz Friese, Helmut Jessernigg), Helmut Jessernigg (Kurt Sobotka, Gerhart Wilhelm), Josef Brun.

1956/57

23.1.57 U	*Leben aus zweiter Hand*, Sch 3 A von Erni Friedmann. R: Norbert Kammil, B: Josef Brun. D: Helmut Jessernigg, Alphons Breithen, Karl Mittner, Emil Feldmar, Kitty Stengel, Norbert Kammil, Maria Banke, Rosemarie Strahal, Johannes Neuhauser, Alfred Böhm, Ivo Ivers, Johannes Ferigo, Lydia Weininger, Eva Sandor, Egbert Greifeneder.
5.3.57	*Antigone*, Tr von Jean Anouilh (Bearb: Kurt Radlecker). R: Norbert Kammil, B: Josef Brun. D: Lia Ander, Lydia Weininger, Grete Bukovics, Maria Banke, Emil Feldmar, Karl Mittner, Alfred Böhm, Hans Harapat, Helmut Jessernigg, Wolf Dietrich, Klaus Hellmer, Norbert Kammil.
30.5.57	*Antigone* de Jean Anouilh (in französischer Sprache).

Mise en scène: Norbert Kammil, Décors: Josef Brun.
D: Christiane Wilt, Georges Creux, Wolfgang Bekh, Michel Meixner, Karl Mittner, Lia Ander, Eva Sandor, Wolf Dietrich, Maria Banke, Gerhart Wilhelm, Helmut Jessernigg, Klaus Hellmer.

14.6.57 U *Raskolnikow* von Kurt Radlecker (nach Dostojewski).
R: Emil Feldmar, B: Josef Brun, K: Sonja Tiller, M: Nicolai Sinkowsky.
D: Karl Mittner, Lydia Weininger, Ingold Platzer, Edith Ressel, August Keilholz, Norbert Kammil, Tom Krinzinger, Wolf Dietrich, Emil Feldmar, Kurt Radlecker, Helmut Jessernigg, Richard Kapeller, Magda Strehly.

Weiteraufführungen von 1955/56:
Arbeiterpriester.

1957/58

7.2.58 U *Zwischen den Fronten*, Sch 3 A von Hermann Weiner.
R: Emil Feldmar, B: Josef Brun.
D: Emil Feldmar, Lydia Weininger, Michael Tellering, Norbert Kammil, Anny Arden.

19.3.58 Ö *Siegfried*, St 4 A von Jean Giraudoux.
R: Norbert Kammil, B: Josef Brun, K: Magda Strehly.
D: Michael Tellering, Lia Ander, Charlotte Bauer, Francis Kristian, Norbert Kammil, Harry Stollberg, August Keilholz, Kurt Radlecker, Helmut Jessernigg, Richard Kapeller, Emil Feldmar, Herbert Pachler.

29.5.58 *Die Schwärmer*, Sch 3 A von Robert Musil.
R: Norbert Kammil, B: Josef Brun.
D: Norbert Kammil, Susanne Polsterer, Kitty Stengel, Wolfgang Gasser, Walter Simmerl, Francis Kristian, Zora Zrinjski.

Weiteraufführungen von 1956/57:
Raskolnikow.

1958/59

22.10.58 U *Die Musikbox*, 7 B von Gertrude Arnold.
R: Hans Brand, B: Magda Strehly.
D: Hans Brand, Kitty Stengel, Alexander Wagner, Eva Gaigg, Anny Arden, Francis Kristian, Walter Simmerl, Gerta Schmiedl, Josef Hanak, Harry Scharetzer.

8.1.59 U *Pompeij*, Kom eines Erdbebens 7 B von Ödön von Horváth.
R: Norbert Kammil, B: Rudolf Schneider Manns-Au, K: Lambert Hofer.
D: Walter Simmerl, Edith Ressel, Josef Hanak, Frank Benedikt, Lydia Weininger, Kurt Müller, Karl Augustin, Auguste Welten, Anton Rudolph, Norbert Kammil, Karl Baumgartner, Armand Ozory, Francis Kristian, Erna Cary, Kurt Baumgartner, Robert Stauffer, Eva Britt.

19.2.59 *Die Namenlosen*, Sch 4 A (12 B) von H. R. Lenormand (Ü: Bertha Zuckerkandl).
R: Norbert Kammil, B: Magda Strehly.
D: Peter Schratt, Lia Ander, Norbert Kammil, Walter Simmerl, Josef Hanak, Francis Kristian, Paul Stolm, Ludwig Hillinger, Toni Bukovics, Margit Gara, Anton Rudolph, Auguste Welten, Al James, Johannes Ferigo.

6.4.59 U *Russische Ostern*, Sch 3 A von Kurt Becsi.
R: Otto Ambros, B: Claus Pack, K: Lambert Hofer.
D: Wolf Harnisch, Peter Schratt, Tino Schubert, Ludwig Hillinger, Johannes Ferigo, Karl Gärtner, Karl Neton, Harry Scharetzer, Helmut Brandt, Francis Kristian, Erich Hüffel.

29.5.59 Ö *Romanoff und Julia*, Kom 2 A von Peter Ustinov, Lieder von Josef Hanak.
R: Emil Feldmar, B: Claus Pack, K: Lambert Hofer.
D: Josef Hanak, Harry Scharetzer, Tino Schubert, Karl Mittner, Beatrice Ferolli, Joe Trummer, Adolf Böhmer, Kitty Stengel, Emil Feldmar, Alisa Stadler, Paul Robert, Edeltraud Paule, Ludwig Hillinger.

1959/60

4.2.60 U *Sansibar Street*, Sch 3 A von Raoul Martinée.
R: Otto Ambros, B: Magda Strehly.
D: Peter Gerhard, Marianne Schönauer, Otto Ambros, Tino Schubert.

7.4.60 *Die Gerechten*, Sch 5 A von Albert Camus (Ü: Guido G. Meister).
R: Norbert Kammil, B: Claus Pack, K: Ella Bei und Lambert Hofer.
D: Lia Ander, Friederike Dorff, Rudi Schippel,

	Norbert Kammil, Peter Janisch, Karl Mittner, Tino Schubert, Anton Gaugl, Heinz Payer.
9.6.60	*Heroische Komödie,* 4 B von Ferdinand Bruckner. R: Otto Ambros, B u. K: Magda Strehly. D: Kitty Stengel, Tino Schubert, Norbert Kammil, Peter Janisch, Rudi Schippel, Karl Augustin.

Weiteraufführungen von 1958/59:
Romanoff und Julia.

1960/61

8.11.60 U *Der Idiot,* 12 Sz frei nach Dostojewski von Kurt Radlecker.
R: Georg Lhotzky, B: Rudolf Schneider Manns-Au, K: Lambert Hofer.
D: Karl Mittner, Rudolf Rösner, Ludwig Hillinger, Roswitha Posselt, Emmy Werner, Anton Gaugl, Lydia Weininger, Georg Lhotzky, Alice Zlatnik, Kurt Radlecker, Josef Hanak, Magda Emesz.

Weiteraufführungen von 1959/60:
Heroische Komödie.

Weit draußen am Liechtenwerd

*"Das Leben liegt in aller Herzen
wie in Särgen."*
Else Lasker-Schüler

Unter zahllosen Schwierigkeiten und Mühen, auch mit persönlichen Opfern der Beteiligten, vollzog sich die Gründung einer winzigen Bühne, die wohl mit größter Berechtigung als „Kellertheater" zu bezeichnen ist. Elementare Begeisterung für alles Szenische, der menschliche Urtrieb, zu spielen und darzustellen, standen am Anfang. Dramaturgische Überlegungen kamen erst danach und führten zu Trennungen und Richtungsänderungen. Sehr spät folgte die zögernde Anerkennung.

Die beiden Initiatoren waren seit gemeinsamer Tätigkeit in einer Laienspielgruppe befreundet: Erich Pateisky, schriftstellerisch sich versuchender Student der Theaterwissenschaft, und Erwin Pikl, angehender Architekt. Enthusiasmus und fast anachronistisch zu nennende Theaternarrheit ließen beide an ein eigenes kleines Theater denken, doch waren solche Pläne zunächst spekulativ und eher platonisch. Es fehlte ja jede praktische Erfahrung. Als die beiden bei einer Vorstellung im *Neuen Theater in der Scala* auf der Galerie den jungen Schriftsteller und Lyriker Conny Hannes Meyer kennenlernten, nahm das Projekt konkretere Formen an. Meyer besaß zwar vorläufig auch keine Theaterpraxis, hatte aber in eben jener *Scala* die öffentlichen Proben besucht, die Bertolt Brecht 1953 bei der Inszenierung seines Schauspiels *Die Mutter* abgehalten hatte, und begonnen, sich mit den Prinzipien des epischen Theaters auseinanderzusetzen. Außerdem erwies er sich als ein geschickter Organisator.

Am Liechtenwerderplatz, im Haus Liechtensteinstraße 132, fand sich der aufgelassene Lagerraum eines kleinen Gewerbebetriebes, ehemals Kohlenkeller und Waschküche, der sich durch langwierige, beharrliche eigene Adaptionsarbeiten in eine kleine Bühne mit dem Ambiente einer jener pariserischen avantgardistischen Theaterkatakomben umwandeln ließ. Im April 1955, knapp vor dem Abschluß des österreichischen Staatsvertrages, konstituierte sich der Verein „Neue Österreichische Tribüne" (NÖT) als Konzessionsträger, der das Lokal ab 1. Mai 1955 mietete. In dem neuen Theater sollte vor allem der einheimische Dramatikernachwuchs durch Aufführungen gefördert werden. Daß zu diesem Zweck bereits *Die Tribüne* existierte, die durch Subventionen über ganz andere Mittel verfügte, scheint die jungen Theaterfreunde nicht gekümmert zu haben.

Am 21. Juni 1956 trat das neue Unternehmen an die Öffentlichkeit. Georg Lhotzky inszenierte die Uraufführungen zweier Einakter: *Vorspiel zwischen Tod und Leben* von Gründungsmitglied Erich Pateisky und *Stimmen der Wächter* von Eugen Banauch. Nach langen Überlegungen hatte man sich auf den Namen des Theaters geeinigt: *Experiment – Kleine Bühne am Liechtenwerd*. Unter den jungen Darstellern befanden sich Talente wie Ilse Scheer, Hellmuth Hron und Herbert Kucera. Die Reaktionen der Kritik waren zurückhaltend bis skeptisch. Und sie blieben es für lange Zeit. Die Situierung des *Experiments,* so weit vom Stadtzentrum entfernt, war wohl auch einer der Gründe, wieso es sich erst nach vielen, vielen Jahren ins Bewußtsein des Wiener Theaterpublikums bringen konnte. Die Journalisten scheuten den beschwerlichen Weg und sprachen jahrzehntelang nur vom „Erdäpfelkeller". Der nicht sehr attraktive Zugang durch den Flur eines Zinshauses in der Vorstadt hielt zudem arrivierte Schauspieler mit ihren Vorurteilen ab, draußen am Liechtenwerd aufzutreten. Über das Festwochenstück 1957, *Der Zirkus brennt* von Jochen Thiem, berichtete Fritz Koselka: „ (...) Arg ist es, daß uns das Theater *Das Experiment* diesen literarischen Fund als Beitrag zu den Festwochen einreden möchte, zu denen es seine Pforte mit den immerhin verpflichtenden Fähnchen geschmückt hat. Dabei erweckte das kleine Kellerinstitut seit seinem Bestehen in dem kritischen Besucher als ernsteres Problem bisher nur die Frage, wo die Hausparteien jetzt wohl ihre Brennstoffvorräte unterbringen mögen. Ein neugieriger Blick hinter eine versperrte Tür ergab, daß sie offenbar auch nur zu einer Requisitenkammer, nicht zu soliden Räumen für Koks- und Brikettsaufbewahrung führt. (...) *Der Zirkus brennt*, aber zündet nicht. Und ließ es am theatralisch verdüsterten Liechtenwerd noch immer nicht Licht werden."[269] „Doch immerhin: Eine Kellerbühne, die später in der Wiener Kleinbühnenszene eine dominierende Rolle spielen sollte, sorgte gleich in der Geburtsstunde für Gesprächsstoff."[270] Georg Corten als diabolischer Zirkusdirektor, Conny Hannes Meyer als tänzerisch beschwingter Clown und die poetisch-persönliche Ilse Scheer fanden aber bei Publikum und Presse Anerkennung. Mit Zähigkeit, Selbstvertrauen und Ausdauer hatten die jungen Theaterbegeisterten schon über ein Jahr durchgehalten.

Conny Hannes Meyer versuchte die genialen Kleinkunsttexte Jura Soyfers aus den dreißiger Jahren neu zu beleben. Die liebevoll um kleinste Details bemühte Regie, mit der er *Vineta* betreute, war, nach dem Soyfer-Abend des *Studios junger Schauspieler* und der *Broadwaymelodie 1492* im *Theater am Parkring*, ein weiterer verdienstvoller Schritt zu dieser allgemeinen Wiedererweckung. Zu Beginn der Saison 1957/58 inszenierte Meyer ein zweites Stück Soyfers, die dreiaktige Fassung von *Kolumbus*. Ilse Scheer, Georg Corten und Georg Trenkwitz standen ihm für die Hauptrollen zur Verfügung. Besonders letzterer, der mehrere verschiedene Charaktere exzellent zeichnete, fiel als große komische Begabung auf.

Nun kam es aber zu Differenzen zwischen Meyer und Pikl über die weitere Spielplangestaltung. Meyer strebte sozialkritisch engagiertes Theater an, während Pikl dem ästhetisch-formalen Experiment den Vorzug gab, womit er sich auch durchsetzte. So verließ Conny Hannes Meyer das von ihm mitbegründete Theater in der Absicht, die eigenen Vorstellungen anderswo zu verwirklichen. Wir werden ihm noch begegnen.

Kurz nach Meyers Abgang schied auch Erich Pateisky aus. Er zeigte sich enttäuscht, daß seine Idee nicht durchzuführen war, jungen Dramatikern in Zusammenarbeit mit dem Ensemble die Gelegenheit zu geben, ihre Stücke zu entwickeln und gewissermaßen erst auf den Proben fertigzuschreiben. Unter den gegebenen schlechten Arbeitsbedingungen im *Experiment* war dies wohl zu idealistisch gedacht. Erwin Pikl bewies da mehr praktischen Instinkt und blieb somit als einziger Theaterleiter übrig. Er blieb es bis heute.

Pikl, studierter Architekt und als solcher teils freischaffend, hauptsächlich aber als Lehrbeauftragter, Dozent, schließlich Professor an der Hochschule für angewandte Kunst tätig, konnte leider das *Experiment* niemals professionell, sondern stets nur nebenberuflich führen. Das brachte zahlreiche Querelen terminmäßiger, finanzieller, organisatorischer, privater Art mit sich. Doch an den gefährlichen Klippen des Dilettantismus hat er mit Gewandtheit und Glück beinahe immer rechtzeitig vorbeigesteuert. Nur seine bewundernswerte, unerschütterliche Theaterliebe konnte ihn alles durchstehen lassen. Aber es half ihm auch der Zufall. Die Lücke, die das Ausscheiden Conny Hannes Meyers und Erich Pateiskys hinterließ, konnte rasch geschlossen werden. Der junge Niels Kopf debütierte erfolgreich als Regisseur eines Einakters von Tennessee Williams, leistete bald auch als Dramaturg Nützliches und wurde schließlich unumschränkter künstlerischer Leiter, ohne jemals diesen Titel zu führen. Es war ein stillschweigendes Übereinkommen. Pikl sah neidlos das segensreich Aufbauende von Kopfs Wirken. Er selbst half als Bühnenbildner, verbarg sich aber immer hinter dem Pseudonym E. Plaene.

Gerhard Eisnecker versuchte den *Gefesselten Prometheus* des Aischylos in dramaturgischer und szenischer Bearbeitung für die kleine Bühne spielbar zu machen, doch die gewaltige Wucht des dramatischen Urgenies Aischylos mußte dabei auf der Strecke bleiben. Später unterzog Eis-

Jochen Thiem: Der Zirkus brennt
Conny Hannes Meyer

necker auch Büchners *Dantons Tod* einem ähnlichen Versuch – mit nur fünf Darstellern. Es entstanden Verknappungen und Verkürzungen, oft auch unzulässige Versimpelungen, die keinen fortzuführenden gangbaren Weg zeigten.

Als jedoch Herbert Fux mit einer sehr exakt durchgearbeiteten Neuinszenierung von Sartres *Huis clos* (es war schon die sechste seit 1945!) ganz außergewöhnlich reüssierte, deutete sich ein markanter Kurswechsel in der Gestaltung des Repertoires an. Die bald folgende *Undine* von Giraudoux war schon ein Schritt auf diesem Weg. „Mit Michel de Ghelderodes *Ein Abend des Erbarmens* und *Klub der Lügner* (Premiere: 16. Jänner 1959) hielt das Theater der Avantgarde seinen Einzug ins *Experiment* und bestimmte auch in den folgenden Jahren nachhaltig den Spielplan. Als einzige der Wiener Kellerbühnen wurde das *Experiment* zu einem Forum der Avantgarde, die dort quasi Heimatrecht erwarb."[271] Etwas zurückhaltender, aber im Grunde zustimmend äußerte Karl Maria Grimme: „Das Wiener Theater liebt das im Ausland Erprobte. So wirkt der Name *Experiment,* den ein ansprechend eingerichtetes Kellertheater am Stadtrand führt, als Falschmeldung, denn in nichts bot man den Versuch, neue Ausdrucksmittel zu erproben. Stücke ungenügender Qualität von ungespielten Autoren mit ungenügenden Darstellern herauszubringen, kann man nicht als Experiment im eigentlichen Sinn bezeichnen. Seit aber da Bühnenwerke von Tennessee Williams und Sartre in diskutabler Wiedergabe gespielt wurden, gliedert sich dieses Kellertheater den anderen Kleinbühnen an."[272]

Angliederung, Integrierung, Einfügung war in Wien jederzeit als ein Positivum aufzufassen. Die spezifische Richtung war also gefunden. Die Spielpläne der *Kleinen Bühne am Liechtenwerd* beherrschten fortan Arrabal, Sartre, Tardieu, Audiberti, besonders aber Ionesco. Als das Absurde Theater seinen Höhepunkt erreichte, gab Erwin Pikl in seiner bescheidenen, aber bestimmten und verläßlichen Art die feierliche Erklärung ab: „Es ist mein fester Wille, im *Experiment* sämtliche Werke von Ionesco zu spielen."

Er hat dieses Versprechen, wieder unter großer Aufopferung, im Laufe vieler Jahre fast vollständig eingelöst. „Wenn ich recht zähle, sind's bis heute zwölf Ionesco-Stücke", sagt er.[273]

Spielpläne des *Experiment – Kleine Bühne am Liechtenwerd*
Eröffnung 21.6.1956

1956

21.6.56 U *Vorspiel zwischen Tod und Leben,* 1 A von Erich Pateisky.
R: Georg Lhotzky, B: Kurt Steiner.

danach	U	D: Eric Pospichal, Georg Lhotzky, Herbert Kucera, Hellmuth Hron, Charlotte Appelt, Ilse Scheer. *Stimmen der Wächter* 1 A von Eugen Banauch. R: Georg Lhotzky, B: Kurt Steiner. D: Georg Lhotzky, Charlotte Appelt, Hellmuth Hron, Ingrid Hurka, Ilse Scheer, Herbert Kucera.

1956/57

19.12.56 — *Vineta,* 11 B von Jura Soyfer.
Szenische Leitung und Gestaltung: E. C. E. Plaene (= Pateisky-Meyer-Pikl), M: New Orleans Jazz der Eclipse Alley Stampers.
D: Peter Parak, Mario Nelinski, Peter Assen, Edith Lehn, Ilse Scheer, Otto Chin.

21.3.57 U *Elektra 57,* tragikom Farce von E. P. Simon (= Erich Pateisky).
Szenische Leitung und Gestaltung: E. C. E. Plaene.
D: Ilse Scheer, Edith Lehn, Hellmuth Hron, Mario Nelinski, Otto Chin, Peter Assen, Karl Jürgen.

18.6.57 U *Der Zirkus brennt* von Jochen Thiem.
R: Stan Kasté, B: E. Plaene (= Erwin Pikl).
D: Georg Corten, Conny Hannes Meyer, Ilse Scheer, Nikolaus Nic, Peter Assen, Georg Trenkwitz.

1957/58

2.10.57 — *Kolumbus,* Kom 3 A von Jura Soyfer.
R: Conny Hannes Meyer, B: E. C. E. Plaene, M: Gerhard Kubik.
D: Peter Assen, Georg Corten, Georg Trenkwitz, Peter Parak, Maria Mann, Erich Werner, Ilse Scheer, Nikolaus Nic.

31.1.58 U *Ein Spiel um Nichts,* Kom nach Plautus von E. P. Simon.
R: E. P. Simon, B: Georg Trenkwitz, K: Gerti Banauch.
D: Gerti Schmiedl, Peter Assen, Georg Trenkwitz, Hubert Fleischmann, Günther Walz.

28.3.58 Ö *Durchsichtiger Süden* (This Property is Condemned), 1 A von Tennessee Williams.
R: Niels Kopf, B: Jean Veenenbos.
D: Eva Santi, Claus Helmer.

danach — *Baby Doll* (25 Wagons Full of Cotton), Kom 1 A von Tennessee Williams.
R: Fred Cisar, B: Jean Veenenbos.
D: Ruth Winter, Dieter Bauer, Toni Rain.

1.4.58 — *Der gefesselte Prometheus,* Tr von Aischylos (Ü: Hans von Wolzogen).
R: Gerhard Eisnecker.
D: Karl Dobravsky, Fritz Wagner, Erika Macher, Ilse Scheer, Risa Augustin, Hermann Faltis, Hubert Fleischmann.

15.5.58 — *Hinter verschlossenen Türen* (Huis clos), Sch 1 A von Jean-Paul Sartre.
R: Herbert Fux, B: Jean Veenenbos.
D: Herbert Fux, Hella Ferstl, Hedwig Trottmann, Johannes Ferigo.

1958/59

3.11.58 — *Tote ohne Begräbnis,* Dr 4 A von Jean-Paul Sartre.
R: Wolf Dietrich, B: E. Plaene.
D: Viktor Kornacky, Raimund Kuchar, Charlotte Bardosy, Hellmuth Hron, Claus Helmer, Rudolf Kautek, Hans Harapat, F. F. M. Sauer, Anton Anderka, Helmut Sellner.

26.11.58 — *Undine,* 3 A von Jean Giraudoux (Ü: Hans Rothe).
R: Fred Schaffer, B u. K: Jean Veenenbos.
D: Hedwig Trottmann, Karl Mittner, Ilse Ott, Raimund Kuchar, Peter Assen, Ingeborg Beier, Toni Rain, Gottfried Pfeiffer, Richard Kapeller, Peter Parak, Anton Anderka, Claus Helmer, Risa Augustin.

16.1.59 Ö *Der Klub der Lügner* (Le Club des menteurs), 1 A von Michel de Ghelderode (Ü: Karlheinz Braun).
R: Rudolf Kautek, B: E. Plaene.
D: Charlotte Bardosy, Hellmuth Hron, Peter Assen, Raimund Kuchar, F. F. M. Sauer, Richard Kapeller.

danach Ö *Ein Abend des Erbarmens* (Un soir de pitié), 1 A von Michel de Ghelderode (Ü: Karlheinz Braun).
R: Rudolf Kautek, B: E. Plaene.
D: Raimund Kuchar, F. F. M. Sauer, Charlotte Bardosy, Richard Kapeller.

18.3.59 Ö *Quoat-Quoat,* St 2 T von Jacques Audiberti (Ü: Hans-Magnus Enzensberger und Hans-J. Weitz).
R: Raimund Kuchar, B: E. Plaene.
D: Hellmuth Hron, Raimund Kuchar, Iris von Cramon, Tamara Alden, Richard Kapeller, Elfriede Elmar.

9.6.59 U *Großer Bahnhof für kleine Leute,* Kom 4 B von Brigitte Pichler.

1959/60	
28.10.59	Ö *Milch und Honig,* Sch 3 A von Theo Frisch-Gerlach. R: Fritz Papst, B: E. Plaene. D: Nikolaus Nic, Peter Assen, Werner Plechatko, Gertrud Kaminsky, Gerda Maren, Georg Trenkwitz.

1959/60

28.10.59 Ö *Milch und Honig,* Sch 3 A von Theo Frisch-Gerlach.
R: Niels Kopf, B: E. Plaene.
D: Karl Neton, Viktor Kornacky, Robert Schuster, Wilfried Freitag, Erika Stross, Peter Kahlert, Vilma Wondra.

30.12.59 *Die Schreibfeder,* Sch 1 A von Franz Grillparzer.
R: A. F. Akermann, B u. K: Jean Veenenbos.
D: N. Thalhammer, Annedore Riechers, Hellmuth Hron, Hans Niklos, Friederike Weber.

danach *Der Brief,* L 1 A von Franz Grillparzer.
R: A. F. Akermann, B u. K: Jean Veenenbos.
D: Annedore Riechers, Hans Niklos, Hellmuth Hron, Olga Felber.

26.4.60 *Magie Rouge* von Michel de Ghelderode (Ü: A. F. Akermann).
R: A. F. Akermann, B: Jean Veenenbos.
D: Emanuel Schmied, Eva Santi, Viktor Kornacky, Robert Alfons, Peter Michl-Bernhard, Hans Niklos.

17.6.60 Ö *Amedée* von Eugène Ionesco (Ü: Werner Düggelin).
R: Niels Kopf, B: E. Plaene.
D: Hellmuth Hron, Friederike Weber, Georg Trenkwitz, Erika Stross, Peter Kühnl, Robert Schuster, Risa Augustin, Robert Alfons.

22.9.60 Ö *Kammertheater (Die Sonate und die drei Herren, Die unnütze Höflichkeit, Die Weihe der Nacht, Das Schlüsselloch, Das Möbel, Der Kunstverein Apollo)* von Jean Tardieu (Ü: Manfred Fusten).
R: Georg Lhotzky, B u. K: Jean Veenenbos.
D: Hellmuth Hron, Günther Seywirth, Gottfried Pfeiffer, Peter Assen, Georg Trenkwitz, Friederike Weber, Tua Paller, Risa Augustin, Erika Stross, Magdalena Emesz.

1.11.60 Ö *Moderne Nô-Spiele (Die Dame Aoi, Die getauschten Fächer, Die Damasttrommel)* von Yukio Mishima (Ü: G. v. Uslar).
R: Niels Kopf, B: E. Plaene.
D: Barbara Brier, Georg Trenkwitz, Koschka Hetzer, Hilde Günther, Gerd Rainer, Gertrude Kaminsky, Gerhard Eisnecker, Hannes Seebauer, Johanna Kerschner.

Die Komödianten

„den mund von schlehen bitter"
Conny Hannes Meyer

Betrachte ich mir die Szenenfotos von Kellertheateraufführungen gegen Ende der fünfziger Jahre, finde ich, daß sie einander alle gleichen. Wenn ich es nicht wüßte, großteils sogar miterlebt hätte, vermöchte ich nicht zu sagen, ob dieses oder jenes nun aus einer Inszenierung der *Courage*, des *Theaters am Parkring*, des *Kaleidoskop* oder der *Tribüne* stammt. Das darf auch gar nicht verwundern, denn die Schauspieler und Regisseure wechselten ja von hier nach dort. Ein unverbindlicher Einheitsstil machte sich breit.

Einzig die Bilder einer ganz neuen Gruppe, die eben ihre ersten Versuche machte, fallen völlig aus diesem Rahmen: Conny Hannes Meyers *Komödianten*. Hier kam eine andere Generation. Meyer, Jahrgang 1931, konnte schon auf Grund seiner Jugend nicht mehr zu den Nachkriegs-Theatergründern gehören. Er wollte antifaschistisches Theater machen und wußte genau, was darunter zu verstehen war; denn er hatte, von den Nazis als rassisch nicht ganz einwandfrei eingestuft, Jahre seiner Kindheit im KZ verbracht. Jetzt sah er, wie diejenigen, die seinen Folterknechten das geistige Rüstzeug geliefert hatten, in Kunst und Wissenschaft schon wieder fest im Sattel saßen. Und er sah auch, vielleicht noch schlimmer, daß viele von denen, die zehn Jahre zuvor dagegen revoltiert, zumindest Empörung gezeigt hatten, sich resignierend dreinfanden und sich zu arrangieren trachteten. Waren die Theatergründungen um das Jahr 1950 herum Proteste gegen den Konservativismus von *Burgtheater* und *Josefstadt* gewesen, bezog Conny Hannes Meyers Protest die Verspießerung der ehemals Avantgardistischen mit ein. Er war gegen diese „Alten", die etwa vier oder fünf Jahre älter waren als er. Aus marxistischer Grundhaltung zielte er von vornherein auf eine Veränderung der unkritischen Praxis: Elemente des expressionistischen Theaters, chinesische und japanische Spielformen, Verfremdungs- und Desillusionierungseffekte im Brechtschen Sinn bildeten die Teile, woraus sich Conny Hannes Meyers Versuche zusammensetzten. Das eben ergab die auffallende Verschiedenheit seiner fotografisch festgehaltenen frühen szenischen Lösungen. Wobei, besonders in den Anfangsjahren, deutliche Züge eines Amateurtheaters nicht zu übersehen waren. Viele befremdete das. „Ihr verfremdeter und verfremdender ekstatischer Spring- und Stampfstil, der zweifellos für manche ihrer dramatischen Kollegen das adäquate Ausdrucksmittel ist, gilt als besonders avantgardistisch. Ich gestehe freilich, daß ich, von einigen Aufführungen (...) abgesehen, immer den Eindruck hatte, Bodenturnübungen, untermalt von rhythmischen Begleittexten, beizuwohnen. Über diesen zugegebenermaßen sehr subjektiven Eindruck hinaus werte ich es jedoch als positives Zeichen, daß die *Komödianten* Diskussionen entfacht haben, während sich über andere neuere Unternehmen jede Diskussion erübrigt."[274]

Als Meyer 1957 konsequenterweise das *Experiment* verlassen hatte, gründete er sofort mit einer winzigen Schar das als eingetragener Verein konstituierte Ensemble *Die Komödianten*. Brecht beeinflußte die Arbeitsweise der neuen Gruppe stark, was nämlich die Methodik betraf. Systematisch wurde die Stellung des einzelnen in seinem Verhältnis zur Gesellschaft analysiert und das Ergebnis in Formen verpackt, die das Publikum interessieren und ansprechen konnten. „Der Kunstgriff bestand darin, daß man unter dem Deckmantel des Vertrauten Fremdes und Ungewohntes, und zwar im Rahmen einer neuartigen szenischen Realisation, an den Zuschauer herantrug."²⁷⁵

Die bewußte Wahl des geistigen Paten Brecht machte die Anfänge der *Komödianten* nicht gerade leichter. Denn eine Betrachtung der Wiener Theaterverhältnisse durfte schon für die dreißiger Jahre konstatieren: „Nicht in Wien durchsetzen konnte sich Bert Brecht, der sein episches Theater auf einem Prinzip der Verfremdung aufbaute, die Illusion und Einfühlung unmöglich macht, um statt dessen das kritische Bewußtsein der ‚Kinder des wissenschaftlichen Zeitalters' zu formen und diese zur sozialrevolutionären Aktion zu provozieren. (...) Der Grund für den geringen Widerhall, den Brecht und die anderen im Berlin der Nachkriegszeit nachdrängenden jungen Radikalen an den großen Wiener Bühnen hatten, ist auch darin zu suchen, daß Max Reinhardt, auf dem Höhepunkt seines Ruhmes, wieder in seiner Heimat Fuß faßte. In Deutschland als reaktionärer Ästhet angesehen, erkannte der große Regisseur immer mehr, um wieviel gemäßer seinem Wesen die letztlich im Barock wurzelnde österreichische Lebenshaltung war, wo Spiel noch ungestraft Spiel sein durfte, wo man Kunst und Ideologie nicht um jeden Preis miteinander verquicken wollte."²⁷⁶

Bevor sich das *Komödianten*-Ensemble in Wien endgültig festsetzen konnte, zog es, ohne jede öffentliche Unterstützung, mit verschiedenen Produktionen durch Wien und die anderen österreichischen Bundesländer. Gespielt wurde in Jugendklubs, Malerateliers, Gewerkschaftssälen, Werkstätten vor sehr unterschiedlichem Publikum: Schülern, Studenten, Arbeitern, Lehrlingen und Intellektuellen. Die technischen Einrichtungen waren meist unzureichend und verursachten große Schwierigkeiten bei der Ausführung und Verwirklichung szenischer Einfälle. Dramaturgische Mitarbeit des ganzen Ensembles verstärkte geistig den Zusammengehörigkeitsgedanken. So arbeiteten alle Beteiligten an einer faszinierenden Montage von Barocktexten rund um die Identifikationsfigur von Grimmelshausens *Simplizius Simplizissimus*, worin eine übersteigerte realistische Darstellungsart mit epischen, distanzierenden Elementen und mit Liedern kombiniert wurde.

Christian Morgenstern: Die Galgenlieder
Ilse Scheer, Ernst Jagenbrein

Diesem erfolgreichen Abend mit dem Titel *O all Gebeyn verbleychet!* lag freilich eine wesentlich andere, nämlich kritische Sicht des elenden Zeitalters des Dreißigjährigen Krieges zugrunde als der angesprochenen feudalen Auffassung des Barock durch Max Reinhardt.

Mit ähnlichen szenischen Mitteln wurden Texte von Conny Hannes Meyer selbst zu dem Programm *Trommeln und Disteln* zusammengebaut. Synkopisch rezitierte lyrische Zeilen erhielten durch die Begleitung dumpfer Schläge auf einer Landsknechtspauke den rhythmischen Takt; stark akzentuierte Pausen im Spielablauf sollten Spannung erzeugen; extrem betonte Körperbewegungen unterstrichen den Wortsinn.

In dem japanischen Spiel *Hanjo oder Die getauschten Fächer* von Yukio Mishima wiederum brachte man Elemente des Kabuki-Theaters befruchtend und überzeugend mit europäischen Darstellungsmethoden in Einklang.

Schließlich wurde ein passendes Souterrainlokal gefunden, worin sich *Die Komödianten* endgültig in Wien niederlassen konnten: 1. Bezirk, Börseplatz 7. Eigenhändig, nach guter und vielfach praktizierter Kellertheatertradition, schuf sich das Ensemble eine variable Spielfläche und einen steil ansteigenden Zuschauerraum für neunundvierzig Personen und wollte dieses *Theater am Börseplatz* 1959 eröffnen. Doch die Baubehörde fand verschiedene Punkte der theaterpolizeilichen Vorschriften nicht präzise genug eingehalten und verweigerte bis zur Erfüllung aller Auflagen die „Betriebsstättengenehmigung", wie das in der Amtsterminologie genannt wurde. Erst 1960 durfte man diesen kostbaren Schein in Empfang nehmen. Conny Hannes Meyer inszenierte als Auftakt eine szenische Fassung von Morgensterns *Galgenliedern,* bald danach den als Puppenspiel gedachten *Blaubart* von Georg Trakl.

Fleißig wurde weiter theoretisch und auf Proben experimentiert. Trotzdem machte sich bereits eine gewisse Erstarrung bemerkbar. Die Verselbständigung des Stils zum Selbstzweck nahm Schauspielern mit wenig oder noch nicht genügend ausgeprägter Persönlichkeit jede Eigenständigkeit. Eine deutliche Marionettenabhängigkeit vom Regisseur Meyer wurde spürbar. Ein Beharren in skandierender sprachlicher Monotonie, die maßlose Überbetonung einzelner Wörter, noch durch übersteigerte Gestik verstärkt, bargen dazu die Gefahr, in das zu verfallen, was man bekämpfen wollte – in ein neues Klischee. *Die Komödianten* standen erst am Beginn ihres langen und interessanten Weges. Manche Häutung stand noch bevor, auch die Verirrung in vielerlei Sackgassen. Die Meinungsverschiedenheiten und die Fraktionsbildungen in dem sich immer mehr erweiternden Ensemble waren wohl bereits hier vorgegeben. Aber: es entstand, aus Mißbehagen an den festgefahrenen Strukturen des Wiener Theaters, eine viele Jahre konsequent experimentierende Bühne, in dialektischer Auseinandersetzung die Bedingungen menschlichen Lebens und Zusammenlebens erforschend.

Spielpläne des *Ensembles Die Komödianten*
Gegründet 1957

1958

Galerie Fuchs, Wien VI.,: *Trommeln und Disteln* von Conny Hannes Meyer.
R: Conny Hannes Meyer, B: das Ensemble.
D: Ilse Scheer, Ernst Jagenbrein, Stefanie Wukowitsch, Conny Hannes Meyer.
Gewerkschaftshaus Treitlstraße, Wien IV.,: *Banger Oktober* von Conny Hannes Meyer.
R: Conny Hannes Meyer.
D: Ilse Scheer, Wolfgang Lesowsky, Stefanie Wukowitsch.
Theater am Kärntnertor, Wien I.,: *Die Pomfüneberer* von Conny Hannes Meyer.
R: Conny Hannes Meyer.
D: Ernst Jagenbrein, Eva Pilz, Ilse Scheer, Wolfgang Lesowsky, Peter Frick.

1959

Galerie Junge Generation, Börseplatz, Wien I.,: *Hanjo oder die getauschten Fächer* von Yukio Mishima.
R: Conny Hannes Meyer, B: das Ensemble.
D: Ilse Scheer, Stefanie Wukowitsch, Friedrich Glasl.
Galerie Junge Generation, Börseplatz, Wien I.,: *Die Abrechnung* von Conny Hannes Meyer.
R: Conny Hannes Meyer.
D: Wolfgang Lesowsky, Ilse Scheer, Stefanie Wukowitsch, Ernst Jagenbrein, Karin Hochwarter.

1960

Forum Stadtpark, Graz: *Ubu roi*, Dramatische Satire von Alfred Jarry (Bearb: Karl Schellenberg und Conny Hannes Meyer).
R: Conny Hannes Meyer, Puppen und K: François Stadlmann.
D: Karl Schellenberg, Ilse Scheer, Ernst Jagenbrein, Wolfgang Lesowsky.
Haus der Begegnung, Zeltgasse, Wien VIII.,: *O all Gebeyn verbleychet!* Montage von Barocktexten.
R: Conny Hannes Meyer, B: Kurt Regschek, K: Lisl Regschek.
D: Ilse Scheer, Ernst Jagenbrein, Stefanie Wukowitsch, Fritz Glasl, Otto Lakmaier.
Theater am Börseplatz, Wien I.,: *Die Galgenlieder* von Christian Morgenstern (Bearb: das Ensemble).
R: Conny Hannes Meyer, B: das Ensemble.
D: Stefanie Wukowitsch, Ernst Jagenbrein, Conny Hannes Meyer, Ilse Scheer, Edith Lehn.

Theater am Fleischmarkt

"Cette joie et puis mourir"
"Die Schöpfung ist ohne morgen"
Albert Camus

Lag es vielleicht daran, daß es von Anfang an etwas zu großzügig konzipiert war, so daß es die naturgemäß zu erwartende sehr schwierige erste Wegstrecke nicht durchstehen konnte? Dies könnte einer der Gründe gewesen sein. Ein anderer war die strikte, uniformierte, ja gehässige Ablehnung seiner Neuartigkeit durch die Kritik. Daran dürfte das *Theater am Fleischmarkt* gescheitert sein. Auch das *Experiment* und auch *Die Komödianten* waren ja zunächst gar nicht nach dem gängigen Theatergeschmack des Publikums. Aber am Fleischmarkt waren wohl, als zusätzliche Erschwernis, die stehenden Kosten von vornherein zu hoch. Und als gravierend kam dann noch hinzu, daß man sich in der Zeit höchster wirtschaftlicher Prosperität an geistigen Auseinandersetzungen nicht besonders interessiert zeigte. Die aber wären gerade hier unerläßlich gewesen. „Leider wurde es nicht begriffen. Es war tragisch. Du willst dich erklären, sehr sinnvoll erklären ... und die sind taubstumm!"[277]

Als Herbert Wochinz 1957 das *Theater der Courage* verließ, wußte er sehr genau, was er wollte. Dem Publikum gefällig zu sein, strebte er keinesfalls an. Darstellerisch war er in Stücken von Steinbeck, Sauvajon, Wallace, Wedekind, Pirandello, Graham Greene und Sternheim gewachsen als ein „recht interessanter Schauspieler, der das moderne Heldenfach, die neurotischen Liebhaber verkörpert".[278] Auch verfeinerte Abwandlungen einer bobbyhaften Komik lagen ihm, und er wußte sie intelligent einzusetzen. Als Regisseur hatte er sich Breals, Georges Arnauds und Genets angenommen, was auf einen frankophilen Zug hinwies. Tatsächlich war er mehrere Jahre in Paris gewesen, Schüler des großen Marcel Marceau geworden, mit der damaligen Avantgarde gut befreundet und voller Ideen und Anregungen nach Österreich zurückgekehrt.

Wochinz gelang es, einen der sehr reichen Männer Österreichs, den Industriellen Manfred Mautner Markhof, für ein modernes Theaterprojekt zu interessieren. Daher konnte er einen verhältnismäßig großen Theaterraum im Hotel Post, 1. Bezirk, Fleischmarkt 24, mieten und nach recht umfangreichen Renovierungen als sein *Theater am Fleischmarkt* präsentieren. Dreihundert Personen fanden darin Platz. Alles hatte unzweifelhaft großstädtischen Zuschnitt. Wochinz' Schöpfung „setzte sich noch schärfer von den übrigen Kellertheatern ab (...): es besitzt ein spielplanmäßig und geistig völlig einheitliches Gepräge. Man spürt, was den anderen fehlt: ein ausschließlich kunstgerichtetes Wollen. Hier meidet man völlig das Konventionelle und zeigt einzig Stücke, von denen sich vermuten läßt, daß sie für die Zukunftsentwicklung des Theaters entscheidende Akzente setzen (...) Auch vom Bühnenbild her boten diese Aufführungen ein eigenes Gesicht. Während die anderen Kleinbühnen in der vergangenen Spielzeit in der Gestaltung der Dekorationen kaum neue Anregungen boten, wurden vom Fleischmarkttheater hiefür – wie dies oft in Paris geschieht – nicht berufsmäßige Bühnenbildner eingesetzt, sondern Maler und auch ein Bildhauer. Sie gehörten dem ehemaligen ‚Art Club' an und die Formintensität ihrer Bühnenbilder war beachtlich stark."[279]

Tatsächlich gewann Wochinz Wolfgang Hutter, Josef Mikl, Wolfgang Hollegha und Wander Bertoni zur Mitarbeit. Auch das Plakat, welches das Eröffnungsprogramm verkündete, hatte Josef Mikl entworfen: ein grafisch äußerst gelungenes Blatt von faszinierender farblicher Wirkung, begehrtes Sammelobjekt für Posterfreunde. Nur waren leider in dem tachistischen Liniengewirr Adresse des Spielortes und Beginnzeiten kaum zu entziffern. „Ausschließlich kunstgerichtetes Wollen" war hier eben auf die Spitze getrieben.

Fulminant setzte Wochinz ein. Innerhalb einer Woche brachte er drei Premieren. Das war gut gedacht – und pariserisch gedacht. In Wien waren Publikum und Kritiker mehr fürs Gemächliche. So viel Betriebsamkeit war ihnen suspekt und erweckte schon Aversionen. Die meisten der damaligen Wiener Theaterrezensenten waren phlegmatische Leute. Sie hatten, wie sie meinten, in ihren Leben längst alles gesehen, und nichts konnte ihnen mehr imponieren. „Nur schön langsam, nur nicht alles auf einmal!" hieß es da. Wochinz wollte Repertoire spielen und erkannte zu spät, daß das nicht ging.

Der Eröffnungsabend am 3. März 1958 brachte die bereits zwei Jahre vorher in gleicher Besetzung in der *Courage* gezeigten *Dienstboten* von Genet. Die hatten also die Kritiker tatsächlich schon gesehen. Allerdings fungierte statt Hubert Aratym diesmal Wolfgang Hutter als Bühnenbildner. Dazu gab es die deutschsprachige Erstaufführung von *Die kahle Sängerin* von Eugène Ionesco, der erst wenige Wochen zuvor im Konzerthauskeller mit *Die Stühle* erstmals in Österreich vorgestellt worden war und nun, ob des großen ihm vorausgehenden Rufes, neugierig aufgenommen, aber gründlich mißverstanden wurde. Absurdes Theater in seiner konsequentesten Art, als „szenische Veranschaulichung einer halb unterbewußten Erkenntnis, die nicht in anderer Form zum Ausdruck gebracht werden kann"[280], war in Wien noch fremd. Man hatte noch nicht gelernt, Ionescos Hohn auf die völlig sinnentleerten Sprachschablonen des Kleinbürgers hinter seinen Worten zu hören. So konnte es fälschlich als Kalauer abgetan werden, wenn es hieß: –

„Wie geht es der kahlen Sängerin?"

– „Sie hat noch immer die gleiche Frisur!"

Wochinz inszenierte, schlank und ironisch, von Ionesco auch noch *Die Nachhilfestunde*, worin ebenfalls Sprachkritik geübt wird, wenn ein Professor seine unfähige Schülerin in absurder Ekstase ersticht, weil sie ihre Lektion nicht auswendig herunterzuspulen versteht: Wer aus der Konvention ausbricht, muß bestraft werden.

Eine Schwierigkeit der Spielplangestaltung lag darin, daß es sich bei vielen dieser Stücke um Einakter handelte, die gekoppelt werden mußten, um einen Abend zu füllen. Eine Theaterform, die in Wien von den Zuschauern nicht sonderlich geschätzt wird. Wochinz ließ seine Schauspieler in einem beschleunigten, beinahe romanischen Tempo spielen, akzentuierte sehr scharf und ließ das lächerliche Geplauder keineswegs im wienerischen gedämpften Konversationston, sondern in strömenden und auch lautstarken Wortkaskaden abfließen.

Um Samuel Becketts *Endspiel* in Szene zu setzen, kam der Regisseur der Pariser Uraufführung Roger Blin auf den Fleischmarkt. Der großartige Charakterspieler Georg Bucher spielte den nichts mehr erhoffenden, am Endpunkt angelangten und noch immer herrschsüchtigen Hamm, Karl Schellenberg dessen von psychischen Absenzen geplagten Diener Clov. Die Inszenierung geriet überzeugend. Die in zwei Mülltonnen hausenden Eltern Hamms, von Mela Wiegandt und Franz Ibaschitz werkgetreu als menschliches Abfallgut gespielt, zeigten schon prophetisch kraß die Ergebnisse der künftigen Wegwerfgesellschaft. Wesentlich und wichtig war diese Aufführung, aber in ihrer Ausweglosigkeit deprimierend. Die Leute eines voll einsetzenden Konsumzeitalters wollten sie nicht zur Kenntnis nehmen.

Das *Theater am Fleischmarkt* hatte aber auch noch anderes vorbereitet. Von den Londoner Theaterleuten war in jenen Jahren der Meister exakter Lustspielkonstruktionen und dramaturgisch logischer Schwanksituationen wiederentdeckt worden, der Anfang der zwanziger Jahre verstorbene Georges Feydeau. Die englische Mode hatte rasch auf Feydeaus Heimatland Frankreich übergegriffen, und von dort brachte sie nun Wochinz nach Wien. Er inszenierte *Der Gefoppte*, den wie auf unsichtbaren Drähten abschnurrenden Mechanismus bloßlegend, wieder mit rasanten Abläufen und pausenlos knatternden Sprachstößen. Ein Vexierspiel, in welchem sich alle Figuren, gegen

Eugene Ionesco: Die Nachhilfestunde
Bibiana Zeller, Walter Langer

ihren Willen, mit unausweichlicher Logik in immer neue fatale Situationen hineinmanövrieren. Vor allem der bewegliche Franz Steinberg als überall lächerlich werdender Gefoppter war von bezwingender marionettenhafter Komik. Leider blieb Wochinz auch diesmal ohne Widerhall, ein unbedankter Pionier. Jahre später konnten *Burgtheater*, *Theater in der Josefstadt* und *Volkstheater* mit den bravourös gebauten Lustspielen Feydeaus auf nahezu sichere Weise ihre Kassen füllen.

Auf seiner Bühne versammelte Wochinz eine ganze Anzahl wunderbarer Schauspieler. Neben den bereits Genannten waren es Walter Langer, geradezu dämonisch als besessener Professor in *Die Unterrichtsstunde*, mit Bibiana Zeller als köstlich begriffsstutziger Schülerin, und das komische Talent des jungen, mimisch ausdrucksstarken Peter Ertelt. In Ghelderodes *Escorial* wußte Wochinz sogar die Exzentrik Klaus Kinskis richtig einzusetzen.

H. C. Artmanns bösartiges surreales Stück *Kein Pfeffer für Czermak*, das mit schwarzem Humor das irreale Sterben eines Wiener Greißlers schildert, kam nicht mehr zur Aufführung. Es hätte gut in einen Spielplan des Absurden, Makabren und Grotesken gepaßt. Doch an diese ohne Kompromisse verfolgte Linie konnte und wollte sich das Wiener Publikum nicht gewöhnen. Jedenfalls nicht so bald.

Die Spesen waren hoch, die Einnahmen gering. Das Anfangskapital verbrauchte sich schnell. Das *Theater am Fleischmarkt* konnte nicht mehr weiter, es sei denn, es hätte eine neuerliche kräftige Subvention erhalten. Die kriegte es nicht, denn die industriellen Geldgeber waren, verschreckt von der uneinsichtig ablehnenden Kritik, kopfscheu geworden. Ende Mai mußte Wochinz seinen auf sehr hohem artifiziellem und anspruchsvollem geistigem Niveau unternommenen Versuch aufgeben. Jean Genet hatte ihm schon sein geniales Stück *Der Balkon* zur Aufführung anvertraut. Jetzt hatte er kein Theater mehr, es zu spielen. Erst Jahre danach realisierte es Leon Epp im Volkstheater – mit internationalem Erfolg. „Ich gönne Epp das", sagt Wochinz heute, „wenigstens hat *er* das Stück bekommen ... es hätte auch anderen in die Hände fallen können ... aber bitter war es damals schon, zu sehen, wie wichtig das jetzt wäre ... und du kannst es nicht sichtbar machen."[281]

Die Journalisten, die der *Courage* und der *Tribüne* bei jeder Lustspielaufführung sofort ein Abweichen vom verpflichtenden avantgardistischen Weg vorzuwerfen pflegten, vermerkten hier, nicht ohne Schadenfreude: „Das *Theater am Fleischmarkt* war, getreu den Prophezeiungen, an Besucheranämie, verursacht durch herausfordernd widersinnige Behandlung des plexus theatralicus vindobonensis, eingegangen."[282]

Pariser Theaterverhältnisse nach Wien zu übertragen, das war jedenfalls nicht geglückt.

Spielpläne des *Theaters am Fleischmarkt*
Eröffnung 3.3.1958

3.3.58	*Die Dienstboten* (Les bonnes), 1 A von Jean Genet. R: Herbert Wochinz, B u K: Wolfgang Hutter. D: Luise Prasser, Friederike Dorff, Erna Korhel.
danach	Dt *Die kahle Sängerin* (La cantatrice chauve), 1 A von Eugène Ionesco. R: Herbert Wochinz, B u K: Wolfgang Hutter.
6.3.58	Dt *Endspiel* (Fin de partie), 1 A von Samuel Beckett. R: Roger Blin, B u K: Wander Bertoni. D: Georg Bucher, Karl Schellenberg, Franz Ibaschitz, Mela Wiegandt.
9.3.58	Ö *Escorial,* 1 A von Michel de Ghelderode. R: Herbert Wochinz, B u K: Josef Mikl. D: Georg Bucher, Klaus Kinski, Karl Schellenberg, Franz Ibaschitz, Mela Wiegandt.
danach	Dt *Die Nachhilfestunde* (La Leçon), 1 A von Eugène Ionesco. R: Herbert Wochinz, B u K: Josef Mikl. D: Walter Langer, Bibiana Zeller, Hedwig Schubert.
1.5.58	*Der Gefoppte* (Le Dindon), L 3 A von Georges Feydeau. R: Herbert Wochinz, B u K: Wolfgang Hollegha. D: Bibiana Zeller, Walter Kohutek, Franz Steinberg, Luise Prasser, Peter Ertelt, Georg Bucher, Mela Wiegandt, Linda Fliedl, Walter Langer.
31.5.58	Schließung des *Theaters am Fleischmarkt*.

Zum Schluß bemerkt

„Etwas bleibt.
Wo nichts bliebe,
wäre das Sein vergeblich."
Johannes Urzidil

Kein Zweifel: mit den Wiener Kellertheatern ging es in den späten fünfziger Jahren eklatant bergab!

Die Zeitungen berichteten von einer „aufblühenden Gründerzeit". Wahrscheinlich war es wirklich der seligste Augenblick in der Geschichte dieses Jahrhunderts. Ein kurzes Aufatmen und Luftholen. Eine Periode relativer Stabilität. Das Bruttonationalprodukt wuchs in den fünf Hochkonjunkturjahren zwischen 1955 und 1960 um dreißig Prozent. Der wirtschaftlichen Blüte entsprach leider keine kulturelle. Jetzt wurde konsumiert: Kühlschränke, Fernsehapparate, Autos. Auch der Durchschnittsverdiener wollte repräsentieren. Kellertheater waren nicht mehr „in", daher mehrten sich, „nach dem Verklingen des ‚Goldenen Zeitalters' dieser Bühnen"[283], deren Krisenzeichen. Bei den hochsubventionierten Großen konnte die Stagnation nach außen hin immer noch verdeckt werden. „Die Theaterwelt (war) noch heil. Das Theater war – gerade noch – repräsentativer Ausdruck einer Gesellschaft der Prosperität, des wundersamen vollbrachten Wiederaufbaus. (...) Die Freiheit schmeckte süß, der kalte Krieg ging zu Ende, auf der weltpolitischen Bühne kündigte sich die Ära Kennedys, Johannes' XXIII., Chruschtschows an. Die Welt, vor den Studentenunruhen, vor Vietnam, vor Energiekrise und Watergate war aufgeschlossen und zuversichtlich."[284] Aber trotz angeblich noch heiler Theaterwelt grassierte in Wien das Bühnensterben: Das *Bürgertheater*, die *Scala*, das *Stadttheater*, das bombenbeschädigte *Carltheater* wurden abgerissen; die ehemalige *Exlbühne* in der Praterstraße und die *Insel* wurden theaterfremden Zwecken zugeführt; dem traditionsreichen *Theater an der Wien* drohte die gerade noch verhinderte Umwandlung in eine Großgarage. So wurden Spielstätten beseitigt, die zusammen fünftausend Zuschauern Platz geboten hatten. Dafür meldete eine Statistik aus dem Jahr 1960, daß in Wien täglich sechzigtausend Personen die Heurigenlokale besuchten.

Zunehmend wurde mangelnde öffentliche Moral beklagt, ein maßloses Streben nach Bereicherung, eine Gier, die nicht genug bekommen konnte und für Bestechungen anfällig machte. Großen Korruptionsaffären in Politik und Wirtschaft entsprachen kleinere auf kulturellem Gebiet, weil es ja hierbei nicht um derart große Summen ging. Aber immerhin: Der Vorstand eines berühmten Orchesters wurde davon betroffen; ein andermal verstrickte sich ein als besonders tüchtig und expeditiv bekannter hoher Beamter des Kulturressorts in dubiose Geschäfte; die Aufdeckung grober Unregelmäßigkeiten in einem mit öffentlichen Geldern unterstützten Verlag führte sogar zu einem Doppelselbstmord. Bedenkliche Symptome schweren ethischen Verfalls.

Nun, Objekte von Bestechungen und unzulässigen Transaktionen konnten die an den Kellertheatern Tätigen gewiß niemals sein. Dafür waren sie zu unbedeutend. Schon die Lokalitäten waren wenig attraktiv; verwinkelte und verschachtelte Zugänge, durch Kaffeehäuser, durch Korridore, über gewundene Stiegen treppab – kein Entrée, das einen anziehenden Sog ausgeübt hätte. Es stellte sich jetzt die Frage nach dem Sinn ihrer weiteren Existenz.

„Wozu sind die Kleinbühnen da?"

Das wurde zum gerne und breit diskutierten Thema. Die Kritiker hatten ihre stereotypen Antworten bereit. Provinzersatz und Nachwuchslieferant sollten sie sein!

Auch war man sich einig darüber, daß die Kellertheater eine wesentliche Funktion verloren hatten, seit die Großen es wagten, Ionesco und Beckett zu spielen. Exerzierfelder für neue dramatische Formen erübrigten sich da. Was den schauspielerischen Nachwuchs betraf, wurde ein starker Qualitätsabfall bejammert, seit nämlich „eine ganze Reihe von guten, längst anerkannten Keller-Kräften nicht etwa in den ersten Stock der großen Wiener Bühnen, sondern vielmehr an auswärtige Theater wegengagiert wurden"[285], weil eben „Deutschland und die Schweiz (...) schneller zugreifen".[286] „Der notwendige Blutquell für die Erneuerung der Theaterstadt Wien"[287], von dem Helmut H. Schwarz erst wenige Jahre zuvor gesprochen hatte, schien versiegt zu sein. „Begabungen sind, scheint's, rar geworden, so rar wenigstens, daß sie den Umweg über den Keller kaum noch nötig haben."[288]

Solche Klagen waren viele Jahre hindurch zu vernehmen. Aber wenn tatsächlich, wie es hieß, „die *Tribüne* und die *Courage* sich schon sehr weitgehend auf anspruchslose Unterhaltung spezialisiert haben zu einer Art verfremdeter Keller-Kammerspiele"[289], dann war es doch nur verständlich, wenn begabte junge Künstler lieber gleich in den wirklichen *Kammerspielen* auftraten, um auch ein Stückchen vom allgemeinen Wohlstand zu erhaschen. Denn dort lagen die Gagen dreimal so hoch. Von Alternativen war längst kein Wörtchen mehr zu hören, wenn man von den *Komödianten* absieht, die 1960 als etwas absonderliche Außenseiter noch nicht recht ernst genommen wurden.

Die Zeitungen berichteten von „Schauspielern auf dem Sprungbrett" und von „Talenten im Aufstieg". Oskar Maurus Fontana dozierte 1953 wenigstens noch unterscheidend: „Die Domäne der Kleintheater ist das Absichtliche und Unterstreichen, das Theater erfüllt sich im Unabsichtlichen, im Selbstverständlichen", und er bescheinigte: „(...) Vom Schauspielerischen und vom Regiemäßigen zeigt der Nachwuchs viel Mut zum Versuch, und so muß es auch sein. Er kann nur mit diesem Mut leben."[290] Als vielversprechende neue Darsteller nannte er Elfe Gerhart, Elisabeth Stemberger, Erna Korhel, Maria Gabler, Peter Gerhard, Ernst Meister, Franz Messner, Kurt Sowinetz, Helmut Qualtinger, Jolanthe Wührer, Maria Ott, Otto Schenk, Fritz Zecha, Kurt Jaggberg, Peter Weihs, Walter Kohut, Gerhard Mörtl und Kurt Radlecker, als junge hoffnungsvolle Regisseure Walter Davy, Helmut H. Schwarz, Edwin Zbonek, August Rieger, Erich Neuberg, Herbert Fuchs, Michael Kehlmann, Kurt Julius Schwarz, Hans Kugelgruber, Heinz Röttinger, Harry Glück und Wolfgang Glück.

Wen aber zählte eine Reportage im Jahr 1956 als „Regisseure im Wartesaal"[291] auf? Walter Davy, Erich Neuberg, Michael Kehlmann, Kurt Julius Schwarz, Edwin Zbonek, Helmut Wagner, Rüdiger Schmeidel, Herbert Wochinz, Herbert Fuchs, Otto Schenk, Peter Fürdauer, Hermann Kutscher, Helmut H. Schwarz, Horst Kepka, Wolfgang Glück, Hans Kugelgruber, Heinz Röttinger, Helmuth Matiasek, Friedrich Kallina, Gandolf Buschbeck, Otto Ambros und Peter Weihs. Man sieht, die Liste veränderte sich oben nur wenig und erhielt unten kräftigen Zuzug. Geringe Bewegung herrschte also bei diesem ins Stocken geratenen Ringelspiel.

Die allgemein verbreitete Philosophie einer Funktion als Wartesaal, als Sprungbrett, als Pflanzstätte wertete die Kellertheater ab. In der *Tribüne* wurde der erhoffte abstrahierende Stil Hermann Kutschers und Rudolf Hoflehners nicht geboren und machte keine Schule. Als Kutscher bald an die *Josefstadt* ging, hatte man dort für eine Weiterführung seiner Experimente kein Interesse, wohl auch kein Verständnis. Die pantomimisch-tänzerisch-komödiantische Interpretation klassischer Lustspiele im *Kaleidoskop* fand keine Fortsetzung. August Riegers realistisch detailmalende, spannungsgeladene Inszenierungen in der *Courage*, etwa *Furcht und Elend des Dritten Reiches*, *Das Floß der Medusa* oder *Draußen vor der Tür*, wurden später von anderen höchstens kopiert, nicht weiterentwickelt. Im *Theater am Parkring* blieben *Tartüff* oder die *Komödie der Irrungen* leider Einzelerscheinungen. Die kompromißlose Durchsetzung der Linie Ionesco-Beckett-Genet im *Theater am Fleischmarkt* wurde abgewürgt. Franz Hiesel wurde Hörspielautor. Auch die beiden hochbegabten Dramatiker Kurt Radlecker und Helmut H. Schwarz hörten auf, für das Theater zu schreiben, unbedankt, aufgefressen von

Unwesentlichem, nie genug ermuntert. Und dabei wurde ständig der Mangel an brauchbaren Stücken bedauert. Ergriff aber jemand die Initiative, hieß es: „Lohnt sich die ganze Mühe?" Ich besitze ein Tonband, worauf Rudolf Weys in einer seiner Rundfunkkritiken wörtlich diese Frage stellt. Ihn hatten die aufreibenden Verhältnisse in der Kleinkunst der dreißiger und vierziger Jahre zuletzt resignieren lassen. Seine müde, fast tonlose Stimme ist ein erschütterndes Zeitdokument. Den Jungen konnte er keinen Mut zusprechen.

„Wozu sind die Kleinbühnen da?"

So fragte auch Peter Weiser und antwortete: „Jene Schauspieler zu beschäftigen, die an den großen Theatern kein Unterkommen finden können."[292] Daß jemand zu diesen Großen ursprünglich gar nicht hinwollte, ging in jener saturierten Zeit nicht in die Köpfe hinein. Daß man nicht in erster Linie das Theater als Beruf wählt, um ein „Unterkommen" zu finden, schien unbegreiflich zu sein. Wir befinden uns Ende der fünfziger Jahre, wo die auf Versorgung bedachte Frührentner- und Pensionistenmentalität bereits stark um sich griff.

Wem kann man heute noch verständlich machen, daß eine freundlich anerkennend gemeinte Kritik wie: „Die Aufführung konnte sich mit den besten Wiedergaben an Großbühnen messen"[293] in den Blütezeiten der Kellertheater von den Beteiligten keineswegs als besonderes Lob aufgefaßt wurde. Heute heißt es beschönigend und glättend: „Die große Zeit der Kellertheater (...) brach an und bildete einen wichtigen, nicht zu unterschätzenden Faktor in der Entwicklung des Wiener Theaterlebens von 1945 bis heute. Dieses Experimentier- und Avantgardetheater erschloß jungen, ambitionierten Künstlern ein reiches Betätigungsfeld."[294] Nein, dieses Betätigungsfeld „erschloß" sich ihnen leider nicht! Sie hatten sich, ausgesperrt und äußerst mißtrauisch beobachtet, diese Möglichkeit selbst geschaffen und nach Kräften ausgebaut. „In den meisten Fällen ersetzten Lobesworte eine tatkräftigere Hilfe. (...) Die Behörden meinten es leider nie allzugut mit uns. Wir mußten die Vergnügungssteuer entrichten – soweit wir bei Tischen spielten, sogar einen erhöhten Tarif, der erst nach vielen Verhandlungen wieder rückgezahlt wurde, in denen wir zu beweisen hatten, daß es sich bei unseren Vorstellungen um ernste Kunst und nicht um leichte Unterhaltung handelte! Umsatzsteuer, Kautionen und dergleichen mehr, all das blieb uns nicht erspart, ja, es wurde uns sogar vorgeschrieben, daß wir täglich nicht mehr als 2 % Freikarten ausgeben dürften – was bei dem bescheidenen Fassungsraum unserer Häuser bedeutet hätte, daß nur rund drei Personen täglich unentgeltlich Eintritt haben konnten."[295] Völlig ahnungslos zeigten sich die Baubehörden. Für sie war Theater – Theater. Später meinte man politische Animositäten zu wittern, ach nein: Es war nur totale Interesselosigkeit. Den zugeteilten Beamten kümmerte der Spielplan oder dessen Tendenzen gar nicht, nur seine Vorschriften mußten eingehalten werden. Im Gesetz stand: Bühne. Eine Arena, eine Verwandlung des Zuschauerraumes in eine Aktionsfläche, eine Plazierung des Publikums auf einem Podium war in den Paragraphen nicht vorgesehen. Daß es ein Theater ohne jede Bühne geben konnte, war ganz undenkbar. Was jetzt schon selbstverständlich ist, mußte damals mühsam durchgekämpft werden.

Bis heute sind mir die Versäumnisse der offiziellen Kulturpolitik unbegreiflich. Wieso ist es niemandem eingefallen, aus dem reichlichst vorhandenen Reservoir an jungen Darstellern ein Nestroy-Ensemble zusammenzustellen? Nicht durch konstituierende Generalversammlung mit schönen Bekenntnisreden, sondern aus der Praxis sich entwickelnd, mit begleitender Forschungsarbeit und einer einschlägigen Bibliothek. Mit einem eigenen Fundus und einem internationalen Tourneeplan, um der Welt zu zeigen, wer Nestroy ist und wie man ihn zu spielen hat. Denn daß er nur von hiesigen Schauspielern authentisch wiedergegeben werden kann, dürfte ja auch schon damals bekannt gewesen sein. Eine der zahllosen versäumten Gelegenheiten!

Das Mißtrauen gegen neue Initiativen schien unausrottbar. Als Veit Relin nach fleißiger Arbeit, in die er sein eigenes Geld gesteckt hatte, 1960 sein auf Glanz gebrachtes *Ateliertheater am Naschmarkt* herzeigte, hieß es höhnend: „Es riecht nach frischer Farbe und nach falscher Avantgarde." Die eher gutartige Gertrude Obzyna schrieb das. Es gehörte jederzeit eine sehr dicke Haut dazu, in Wien Neues durchsetzen zu wollen. Hier schwelgte man in Barockreminiszenzen.

Ganz allein auf sich gestellt und aus eigener Kraft hatte eine junge Generation an ihre Zukunft geglaubt. Erzogen im Gehorsam einem heroischen Führer gegenüber, in den Ideen des Rassenmythos, des Antisemitismus, der Angriffe auf das Intellektuelle, einer herrschenden Elite, der Unterordnung unter „völkische Belange" und der Lehre, daß Macht Recht sei, hatte sie den Willen gehabt, sich selbst zu republikanischen Demokraten zu erziehen. In den Kleinbühnen entstanden frühe Modelle von Mitbestimmung und Vorschlagsrecht aller. Die dabei begangenen Fehler beruhten auf unberatener Unerfahrenheit. Eine genossenschaftliche Organisation, die sich schon in den Theatern des siebzehnten Jahrhunderts bewährt hatte, stand nie zur Diskussion. Da wurde viel versäumt.

Die Trägheit des Apparates, selbst in den kleinen Formationen der Kellertheater, förderte eine „Unlust zur Veränderung". Dadurch ging einiges an Kreativität verloren. Die Erfindungsfreudigkeit erlahmte. Nach kürzester Zeit suchte niemand mehr nach neuen Möglichkeiten des Spiels. Weil die Schaulust des Publikums befriedigt werden mußte, spielte und spielte man und hatte keine Zeit, sich künstlerisch weiterzuentwickeln, so paradox das klingen mag. Routine warf so manche Begabung aus der Bahn. Kaum jemand schien sich darüber Gedanken zu machen.

„Man ist erhoben und beklommen zugleich angesichts von soviel beiseitegeschobenem Talent in dieser Stadt", schrieb Hans Weigel.[296]

Bleibendes Verdienst der Wiener Kellertheater ist die Durchsetzung einiger Dramatiker. Günther Weisenborn war allein ihre Entdeckung. Sartre wurde durch sie geradezu zum Modeautor. Camus und Salacrou, auch zwei Stücke von Robert Musil wurden zuerst in den Kellern erprobt. Beckett, Genet und Ionesco erfuhren für Wien zunächst hier ihre gültigen Interpretationen. Viel schlechter war der eigene Schriftstellernachwuchs dran. Adolf Opel, Raimund Berger, Helmut H. Schwarz, Kurt Radlecker erhielten ihre Chancen, aber nirgends entstand die Einrichtung eines Hausautors, der seinem Theater spezielle Stücke für spezielle Darsteller geschrieben hätte. Kurt Klinger, Harald Zusanek, Hans Friedrich Kühnelt, Rudolf Bayr oder H. C. Artmann konnten nicht an ein bestimmtes Theater gebunden werden, was natürlich bei der permanenten finanziellen Krise auch nicht zu verlangen war. Ein neuer Ödön von Horváth, ein neuer Ferdinand Bruckner wuchsen nicht heran. Es blieb bei guten Ansätzen, denen kein Nachdruck verliehen wurde. „Die Spielpläne der Kellertheater (sind) ein wenig altbacken geworden. Der Dramatikernachwuchs ist spärlich, und schon wenn man das sagt, macht man sich einer Übertreibung gigantischen Ausmaßes schuldig. Von den ausländischen Autoren wird das Gute an den großen Theatern gespielt und so bleibt den kleinen nur der Klassiker, der Mist und die Wiederentdeckung."[297]

Erstaunlich in der Musikstadt Wien, daß die Musik in den Produktionen der Kleinbühnen eine relativ geringe Rolle spielte. So wurde die reiche Tradition des Couplets nicht entsprechend weitergeführt und in modernen Formen abgewandelt, obwohl anfangs Musiker und Komponisten wie Walter Schlager, Gerhard Rühm, Karl Heinz Füssl oder Franz Karl Ruhm zur Verfügung standen. Gerhard Bronner, im *Kleinen Theater im Konzerthaus* beginnend, ging in eine andere sehr fruchtbare Richtung. Aber für Bühnenmusik und wesentliche musikalische Experimente fehlte einfach das Geld.

Mit dem die Konjunktur begleitenden Preisanstieg vergrößerte sich zusehends die Kluft zwischen den Möglichkeiten eines winzigen Theaterbetriebes und den effektiven Kosten. „Daher heißt das aktuellste Problem der Kleinbühnen: Woher nehmen, ohne maßlos draufzuzahlen? Begreiflich, daß unter solcher Sorgenlast die Lust zum Experimentieren mehr und mehr schwindet. Wer wagt ein ausgefallenes Thema, ein problematisches Stück zur Debatte zu stellen, wenn er vor Geldkalamitäten weder aus noch ein weiß? In solcher Lage verliert man auch die Ambition, nicht nach der Schablone zu inszenieren. Bemühungen, fixe Kleinbühnen-Ensembles zu bilden, ließen sich bisher aus ähnlichen Gründen nicht verwirklichen."[298]

1960 war das Jahr wirklich markanter Zeichen der künstlerischen Erstarrung und des Abbröckelns. Was zu geschehen hätte, wußten auch die Mäkler und ungebetenen Ratgeber nicht. Zusammenfassend hieß es: „Wohin der Weg der Keller-Theater führen wird, ist nicht abzusehen."[299]

Eine fünfzehnjährige Entwicklung hatte sich vollendet.

Ich kann meine Betrachtungen hier getrost schließen. Was danach kam, war neu und grundlegend anders. Günstigerweise bleibt mir somit erspart, etwas über mich selbst sagen zu müssen. Auch von vielem anderen war ja nicht die Rede, weil einfach der Platz nicht ausreicht. Über das *Theater am Parkring* wären dreihundert Seiten zu schreiben, über das *Kaleidoskop* auch, über die *Courage* wahrscheinlich fünfhundert. Über einzelne Darsteller und Regisseure müßten Monographien erscheinen. Es ist zu hoffen, daß dies eines Tages geschehen wird.

Mir bleibt noch übrig, allen meinen herzlichen Dank auszusprechen, die mir so viel Zeit geschenkt haben für lange Gespräche: Otto Ander, Richard Eybner, Kurt Jaggberg, Stella Kadmon, Michael Kehlmann, Friedrich Langer, Fritz Lehmann, Herbert Lenobel, Viktor Matejka, Conny Hannes Meyer, Karl Paryla, Erwin Pikl, Trude Pöschl, Kurt Radlecker, Heinz Röttinger, Helmut H. Schwarz, Karl Schwetter, Arthur West, Herbert Wochinz und Willy Wondruschka. Andere waren weniger kooperativ, oder besser gesagt: überhaupt nicht ansprechbar, was meine Arbeit nicht gerade erleichterte. Ansonsten fließen ja die Quellen spärlich und unzuverlässig.

Was hat man von mir erwartet? Eine Apotheose? Das ist es ganz gewiß nicht geworden. Die Legende von der Großartigkeit der Wiener Kellertheater mußte zerstört werden. Sie waren zwar bewundernswert in ihrem Enthusiasmus, Ideenreichtum und Mut, aber von der Unzulänglichkeit der Not geplagt, wohin man schaute!

Viele Feinde werde ich mir gemacht haben, weil sich manche nicht erwähnt finden, andere zuwenig gewürdigt vorkommen, wieder andere sogar kritisiert wurden. Die Gelobten halten sich ohnehin für zu Recht gelobt.

Die Schreibung der Namen wechselt: einmal nennt sich einer Gico, einmal Georg; da findet sich Gitta, dort aber Brigitte. Ich hielt mich an die Programmzettel, soweit es solche überhaupt gab.

Ich wollte ein ehrliches Buch schreiben, nach bestem Wissen und bei aller Lückenhaftigkeit. Vieles habe ich selbst miterlebt. Aussagen versuchte ich immer durch Befragung anderer zu relativieren. Ich liefere keine emotionslose Schilderung, sondern den Bericht eines Betroffenen. Jeden, der über Einzelheiten noch mehr weiß, fordere ich freundlich auf, mich zu korrigieren, um Fehler und Ungenauigkeiten auszumerzen. Wissenschaftlich wollte ich nicht sein. Ich stelle viele Fragen, und kann auf so manche keine Antworten finden. Unzähliges bleibt offen, das später genauer erforscht werden muß.

Mir war es wichtig, das lebendige Fluidum jener Jahre festzuhalten, das bald aus der Erinnerung verschwunden sein wird: jene seltsam prickelnde Atmosphäre von Kulissenleim, Spannung im Publikum und warmem Ofenmief; die Begeisterung, Aufregung und Hektik in den primitiven, selbsttapezierten Garderoben, Hoffnung und Gläubigkeit, Enttäuschung und Befriedigung, Zweifel und Selbstvertrauen. Über allem die unstillbar fragende Neugier auf das Leben, ein Leben in der Kunst – das alles wird in kurzer Zeit nicht mehr zu rekonstruieren sein. Darum versuche ich es hier festzuhalten. Bevor alles verweht …

Anmerkungen

[1] Helmut H. Schwarz, *Wiener Theater in Stock und Keller*, in: *Jahrbuch der Gesellschaft für Wiener Theaterforschung 1954*, Wien 1954, S. 170.

[2] Andreas Konwallin, *Das Theater „Die Tribüne" vom Zeitpunkt seiner Gründung bis zur Gegenwart*, phil. Diss., Wien 1984, S. 60.

[3] Munir Jukadar, *Theater der Courage. Geschichte, Intentionen, Spielplan und Wirkung einer Wiener Kellerbühne*, phil. Diss., Wien 1980.

[4] Matjaš Šekoranja, *Ein-Mann-Theater. Eine Analyse der Erscheinungsformen in den siebziger Jahren im mitteleuropäischen Raum*, phil. Diss., Wien 1980.

[5] Hans Loßmann, *Blick, bitte nicht, zurück im Zorn*, in: *4. Wiener Theaterjahrbuch 1959/60*, Melk-Wien 1960, S. 17.

[6] Paul Flora, *Damals*, in: *Vom Reich zu Österreich*, hg. von Jochen Jung, München 1985, S. 189 f.

[7] Rosa Albach-Retty, *So kurz sind hundert Jahre*, Wien und München 1980, S. 250 f.

[8] Martin Costa, *Ich will etwas von Frida Richard erzählen*, in: *Künstler erzählen*, Wien o. J., S. 63.

[9] Rudolf Weys, *Cabaret und Kabarett in Wien*, Wien und München 1970, S. 76.

[10] Viktor Matejka, Gespräch mit Herbert Lederer am 18. März 1985, Tonbandaufzeichnung.

[11] Hugo Huppert, *Schach dem Doppelgänger*, Halle-Leipzig 1979, S. 269 f.

[12] zitiert nach Kurt Palm, *Vom Boykott zur Anerkennung. Brecht in Österreich*, Wien-München 1983, S. 28.

[13] Viktor Matejka, Gespräch mit Herbert Lederer am 18. März 1985, Tonbandaufzeichnung.

[14] Ebenda.

[15] Hilde Spiel, *Rückkehr nach Wien*, München 1971, S. 84.

[16] Viktor Matejka, *Kultur und Volksbildung*, in: *Österreich im April 45*, Wien-München-Zürich 1985, S. 289 ff.

[17] Franz Stoß, *Man ging wieder ins Theater*, in: *Österreich im April 45*, Wien-München-Zürich 1985, S. 240.

[18] Kurt Palm, a.a.O., S. 33 ff.

[19] Josef Wulf, *Theater und Film im Dritten Reich. Eine Dokumentation*, Reinbek bei Hamburg 1966, S. 2.

[20] Brief RK 890 Ag des Chefs der Reichskanzlei Dr. Hans Heinrich Lammers an den Reichsminister für Wissenschaft, Erziehung und Volksbildung, Berlin 12. Dezember 1941.

[21] Wilhelm Sadofsky, *Die Geschmacksbildung an den Wiener Theatern von 1945 bis 1949*, phil. Diss., Wien 1950, S. 4.

[22] Das Tor. Zeitschrift für Österreich, Nr. 1, Herausgeber PWB 8. Armee, Wien o. J., S. 2.

[23] Klaus Mann, *Gespenstersonate 1945*, in: *Das Tor. Zeitschrift für Österreich*, Nr. 1, Herausgeber PWB 8. Armee, Wien o. J., S. 89.

[24] Hans Daiber, *Deutsches Theater nach 1945*, Stuttgart 1976, S. 41.

[25] Fritz Lehmann, Brief „An die lieben Kollegen in der Schweiz", Wien 24. Juli 1945.

[26] Ebenda.

[27] Leon Epp, Brief an Karl Paryla, Wien 2. August 1945.

[28] Wilhelm Sadofsky; a.a.O., S. 4.

[29] Hellmut Andics: *Die Insel der Seligen*, Wien-München 1976, S. 131.

[30] Elisabeth Freundlich, *Abschied und Wiederkehr*, in: *Vom Reich zu Österreich*, München 1985, S. 53.

[31] Hilde Spiel, a.a.O., S. 51.

[32] Manès Sperber: *Bis man mir Scherben auf die Augen legt*, Wien 1977, S. 358 ff.

[33] Elisabeth Freundlich, a.a.O., S. 54.

[34] Bertolt Brecht, *Gesammelte Werke in 20 Bänden*, Frankfurt 1967, Bd. 16, S. 722.

[35] Kurt Radlecker, Gespräch mit Herbert Lederer am 16. Mai 1985, Tonbandaufzeichnung.

36 Hilde Weinberger, *Der Beginn*, in: *Akademische Rundschau*, Folge 25, Wien 1946, S. 7.
37 Kurt Radlecker, Gespräch mit Herbert Lederer am 16. Mai 1985, Tonbandaufzeichnung.
38 Friedrich Langer, Gespräch mit Herbert Lederer am 25. März 1985, Tonbandaufzeichnung.
39 Kurt Radlecker, Gespräch mit Herbert Lederer am 16. Mai 1985, Tonbandaufzeichnung.
40 Friedrich Langer, Gespräch mit Herbert Lederer am 25. März 1985, Tonbandaufzeichnung.
41 Ebenda.
42 Hans Weigel, *Bekenntnis zur Jugend*, in: *Der Turm*, 2. Jg/Jahreswende 1947/48, zitiert nach *1001 Premiere*, Graz-Wien-Köln 1983, S. 712 f.
43 Richard Eybner: Gespräch mit Herbert Lederer am 7. März 1985.
44 Kurt Radlecker: Gespräch mit Herbert Lederer am 16. Mai 1985, Tonbandaufzeichnung.
45 Friedrich Heer, in: *Die Furche*, Wien, 10. Mai 1946.
46 Otto Basil, in: *Plan*, 1. Jg. 1946, Heft 6, S. 504.
47 Franz Tassié, in: *Weltpresse*, Wien, 8. Oktober 1947.
48 Hans Weigel, a.a.O., S. 713.
49 Aus dem Prospekt *Zwei Jahre Studio der Hochschulen*, Wien 1947, S. 4.
50 *Welt am Abend*, Wien, 21. Jänner 1947.
51 Hilde Weinberger, a.a.O., S. 7.
52 Kurt Radlecker, Gespräch mit Herbert Lederer am 16. Mai 1985, Tonbandaufzeichnung.
53 Hans Weigel, *In memoriam*, Graz-Wien-Köln 1979, S. 130.
54 Ebenda, S. 130.
55 Viktor Matejka, Schreiben an das Kulturreferat der Österreichischen Hochschülerschaft, Wien, Ende 1947.
56 Viktor Matejka, Gespräch mit Herbert Lederer am 18. März 1985, Tonbandaufzeichnung.
57 Friedrich Langer, Gespräch mit Herbert Lederer am 25. März 1985, Tonbandaufzeichnung.
58 Kurt Radlecker, Gespräch mit Herbert Lederer am 16. Mai 1985, Tonbandaufzeichnung.
59 *Jahrbuch der Gesellschaft für Wiener Theaterforschung 1950–1951*, S. 129.
60 Friedrich Langer, Gespräch mit Herbert Lederer am 25. März 1985, Tonbandaufzeichnung.
61 Franz Hadamowsky, Vorwort, in: *Jahrbuch der Gesellschaft für Wiener Theaterforschung 1947/48/49*, Wien 1954, S. 7.
62 *Welt am Montag*, Wien, 26. Juni 1950.
63 Franz Stoß, a.a.O., S. 240.
64 Helmut H. Schwarz, a.a.O., S. 170.
65 Programmzettel des *Studios des Theaters in der Josefstadt*, 1945/46.
66 Heinz Röttinger, Gespräch mit Herbert Lederer am 8. Mai 1985, Tonbandaufzeichnung.
67 *Welt am Abend*, Wien, 3. Mai 1947.
68 *Wiener Zeitung*, Wien, 7. Mai 1947.
69 *Kleines Volksblatt*, Wien, 4. Mai 1947.
70 Nachrichtenblatt des *Theaters der Stephansspieler*, Wien, August 1947.
71 Nachrichtenblatt des *Theaters der Stephansspieler*, Wien, September 1947.
72 *Österreichische Zeitung*, Wien 13. Juli 1947.
73 Herbert Mühlbauer, in: *Wiener Kurier*, Wien, 4. Februar 1948.
74 Heinz Röttinger, Gespräch mit Herbert Lederer am 8. Mai 1985, Tonbandaufzeichnung.
75 Aus dem Protokoll der konstituierenden Sitzung der *Gesellschaft zur Förderung christlicher Bühnenkunst*, Wien, 24. Februar 1948.
76 Rudolf Holzer, in: *Die Presse*, Wien, 27. Februar 1948.
77 Herbert Mühlbauer, in: *Wiener Kurier*, 26. Februar 1948.
78 Nachrichtenblatt des *Theaters der Stephansspieler*, Wien, März 1948.
79 Rudolf Holzer, in: *Wiener Zeitung*, Wien, 31. März 1948.
80 Heinz Röttinger, Gespräch mit Herbert Lederer am 8. Mai 1985, Tonbandaufzeichnung.
81 Hans Weigel, *Gerichtstag vor 49 Leuten. Rückblick auf das Wiener Kabarett der dreißiger Jahre*, Graz-Wien-Köln 1981, S. 16.
82 Ingeborg Reisner, *Das Kabarett als Werkstatt des Theaters. Literarische Kleinkunst in Wien vor dem Zweiten Weltkrieg*, phil. Diss., Wien 1961.
83 Stella Kadmon, Gespräch mit Herbert Lederer am 1. April 1985, Tonbandaufzeichnung.
84 Ebenda.
85 Karl Paryla, Gespräch mit Herbert Lederer am 3. Oktober 1985, Tonbandaufzeichnung.
86 August Rieger, Gespräch mit Herbert Lederer im April 1953.
87 *Österreichische Volksstimme*, Wien, 18. April 1948.
88 *Österreichische Zeitung*, Wien, 17. April 1948.
89 *Salzburger Nachrichten*, Salzburg, 21. April 1948.

90 Felix Hubalek, in: *Arbeiterzeitung*, Wien, 17. April 1948.
91 Munir Jukadar, a.a.O., S. 36.
92 Stella Kadmon, Gespräch mit Herbert Lederer am 1. April 1985, Tonbandaufzeichnung.
93 *Wiener Kurier*, Wien, 12. August 1948.
94 *Arbeiterzeitung*, Wien, 17. Dezember 1948.
95 *Weltpresse*, Wien, 17. Dezember 1948.
96 *Wiener Zeitung*, Wien, 5. Dezember 1948.
97 Stella Kadmon, Gespräch mit Herbert Lederer am 1. April 1985, Tonbandaufzeichnung.
98 Arthur West, Gespräch mit Herbert Lederer am 29. September 1985.
99 *Der Abend*, Wien, 29. November 1949.
100 Franz Tassié, in: *Weltpresse*, Wien, 18. November 1949.
101 Edwin Rollett, in: *Wiener Zeitung*, Wien, 26. März 1952.
102 *Der Abend*, Wien, 27. Mai 1952.
103 Karl Maria Grimme, in: *Neue Wiener Tageszeitung*, Wien, 22. Mai 1952.
104 Peter Loos, in: *Der Abend*, Wien, 6. Oktober 1952.
105 *Österreichische Zeitung*, Wien, 1. Februar 1951.
106 Stella Kadmon, Gespräch mit Herbert Lederer am 1. April 1985, Tonbandaufzeichnung.
107 *Die Presse*, Wien, 17. Oktober 1952.
108 *Weltpresse*, Wien, 13. Oktober 1952.
109 *Bildtelegraf*, Wien, 17. November 1954.
110 *Wiener Kurier*, Wien, 29. Dezember 1951.
111 *Österreichische Volksstimme*, Wien, 20. März 1960.
112 *Arbeiterzeitung*, Wien, 19. März 1960.
113 *Weltpresse*, Wien, 9. November 1957.
114 Kurt Kahl, in: *Arbeiterzeitung*, Wien, 18. Oktober 1955.
115 Peter Loos, in: *Der Abend*, Wien, 15. Oktober 1955.
116 *Welt am Montag*, Wien, 20. Juni 1955.
117 *Weltpresse*, Wien, 15. Mai 1953.
118 *Die Union*, Wien, 25. Februar 1956.
119 Edwin Rollett, in: *Wiener Zeitung*, Wien, 4. Juni 1960.
120 *Weltpresse*, Wien, 18. Mai 1954.
121 *Der Abend*, Wien, 2. Oktober 1954.
122 Aus dem Programmheft der *Szene 48* zu *Der vergessene Bahnhof* von Milo Dor, Wien, Oktober 1948.
123 Ebenda.
124 Herbert Lederer, *Theater für einen Schauspieler*, Wien-München 1973, S. 150 f.
125 Erich Kästner: *Die einäugige Literatur*, in: *Gesammelte Schriften*, Zürich-Wien 1959, Bd. 5, S. 44 f.
126 Helmut H. Schwarz, a.a.O., S. 176.
127 Ebenda.
128 Karl Paryla, Gespräch mit Herbert Lederer am 3. Oktober 1985, Tonbandaufzeichnung.
129 Alexander Mitscherlich, *Auf dem Weg zur vaterlosen Gesellschaft. Ideen zur Sozialpsychologie*, München 1963.
130 Hans Heinz Hahnl, *Zur Unzeit ein junger Autor*, in: *Podium* Nr. 56, Baden bei Wien 1985, S. 32.
131 Dietrich Strothmann, *Nationalsozialistische Literaturpolitik. Ein Beitrag zur Publizistik im Dritten Reich*, 3. Aufl., Bonn 1968, S. 332.
132 Rainer Schlösser, Brief an Professor Harmjanz, Berlin, 7. November 1942.
133 Elisabeth Frenzel, *Heinz Kindermann – Theater und Nation* (Buchbesprechung), in: *Deutsche Dramaturgie. Neue Folge* der *Bausteine zum deutschen Nationaltheater*, hg. von Dr. Walter Stang, 2. Jg., Januar 1943, Heft 1, S. 167.
134 Heinz Kindermann, *Das Goethebild des XX. Jahrhunderts*, Stuttgart 1952, S. 170.
135 Heinz Kindermann, *Dichtung und Volkheit*, Danzig 1937.
136 Heinz Kindermann, *Der großdeutsche Gedanke in der Dichtung*, Münster 1941, S. 7.
137 Heinz Kindermann, *Das Burgtheater. Erbe und Sendung eines Nationaltheaters*, 2. Aufl., Wien 1944.
138 Ebenda, S. 143.
139 Ebenda, S. 171.
140 Ebenda, S. 186.
141 Ebenda, S. 6.
142 Gotthard Böhm, *Glückwünsche an Kindermann*, in: *Die Presse*, Wien, 8. Oktober 1974.
143 Hubert Rohracher, *Einführung in die Psychologie*, 2. Aufl. Wien 1947, S. 438.
144 Kurt Radlecker, Gespräch mit Herbert Lederer am 16. Mai 1985, Tonbandaufzeichnung.
145 Hans Weigel, *In memoriam*, Graz-Wien-Köln 1979, S. 128.
146 Michael Kehlmann, Gespräch mit Herbert Lederer am 18. Oktober 1985, Tonbandaufzeichnung.
147 Marlies Krohn, *Die Aktivitäts- bzw. Ausgliederungstheorie*, in: *Alter als Stigma*, Frankfurt 1978, S. 55.
148 Hans Weigel, *In memoriam*, Graz-Wien-Köln 1979, S. 55.
149 Franz Hadamowsky, a.a.O., S. 7.
150 Bertolt Brecht: Brief an Berthold Viertel, Berlin, März/April 1949, zitiert nach Ronald Hayman, *Bertolt Brecht. Der unbequeme Klassiker*, München 1985, S. 430.
151 *Neues Österreich*, Wien, 11. Oktober 1947.

[152] Heinrich Drimmel, *Heimkehr*, in: *Vom Reich zu Österreich*, München 1985, S. 120.
[153] Curt Goetz, *Der Lügner und die Nonne*, Berlin 1937, S. 15.
[154] Trude Pöschl, Gespräch mit Herbert Lederer am 23. April 1985, Tonbandaufzeichnung.
[155] Ebenda.
[156] Ebenda.
[157] Michael Kehlmann, Gespräch mit Herbert Lederer am 18. Oktober 1985, Tonbandaufzeichnung.
[158] Ebenda.
[159] Rita Prandl, *Wiener Kammerspielbühnen und ihre Vorläufer*, phil. Diss., Wien 1948, S. 4.
[160] Fritz Kortner, *Aller Tage Abend*, München 1959, S. 428.
[161] Rudolf Weys, *Die Kleinbühnen und ihre Probleme*, in: *Wiener Theaterjahrbuch 1957*, Wien 1957, S. 43.
[162] Hans Weigel, in: *Bildtelegraf*, Wien, 7. Mai 1954.
[163] Peter Weiser, *Die Kellertheater*, in: *Wiener Theaterjahrbuch 1956*, Wien 1956, S. 61.
[164] Friedrich Kallina, *Regisseur in der Josefstadt*, in: *Österreichisches Theaterjahrbuch 1967/68*, Wien-Berlin 1968, S. 10 f.
[165] Ernst Wurm, *Neue und alte „Größen" der Saison*, in: *Wiener Theaterjahrbuch 1958*, Melk-Wien 1958, S. 54.
[166] Helmut H. Schwarz, a.a.O., S. 182 f.
[167] Ebenda, S. 183.
[168] Fritz Walden, in: *Arbeiterzeitung*, Wien, 10. Jänner 1952.
[169] *Die Presse*, Wien, 10. Jänner 1952.
[170] Karl Maria Grimme, in: *Neue Wiener Tageszeitung*, Wien, 10. Jänner 1952.
[171] Friedrich Heer, in: *Die Furche*, Wien, 19. Jänner 1952.
[172] Hans Weigel, *Tartüff im Pullover*, in: *1001 Premiere. Hymnen und Verrisse*, Graz-Wien-Köln 1983, S. 414 f.
[173] Hans Weigel, in: *Bildtelegraf*, Wien, 8. Mai 1954.
[174] Aus dem Programmheft-Provisorium des *Theaters am Parkring*, Wien, Oktober 1954.
[175] Karl Maria Grimme, in: *Neue Wiener Tageszeitung*, Wien, 14. April 1955.
[176] Oskar Maurus Fontana, in: *Die Presse*, Wien, 15. April 1955.
[177] Peter Loos, in: *Der Abend*, Wien, 13. April 1955.
[178] *Bildtelegraf*, Wien, 13. April 1955.
[179] Hans Weigel, in: *Bildtelegraf*, Wien, 30. Dezember 1956.
[180] Fritz Koselka, in: *Neues Österreich*, Wien, 11. Mai 1957.
[181] Rudolf Weys, *Die Kleinbühnen und ihre Probleme*, in: *Wiener Theaterjahrbuch 1957*, Wien 1957, S. 45.
[182] Manfred Vogel, *... und neues Leben blüht aus den Kulissen. Theaterstreifzüge durch Österreich*, Wien-Stuttgart-Basel 1963, S. 185.
[183] Fritz Koselka, in: *Neues Österreich*, Wien, 18. Juni 1958.
[184] Peter Weiser, a.a.O., S. 64.
[185] Otto Basil, *Junge Dramatiker, heraus mit dem Hackl!* im Programmheft des *Theaters am Parkring* zu *Heuchler und Heilige* von Adolf Opel, Wien, Juni 1957.
[186] Ulrich Mannes, *Wien – eine sterbende Theaterstadt?*, in: *der komödiant*, Nr. 5, Memmingen im Allgäu 1951, S. 3 f.
[187] *Kleines Volksblatt*, Wien, 13. September 1952.
[188] Bernhard Birk, in: *Wiener Zeitung*, Wien, 13. September 1952.
[189] Karl Maria Grimme, in: *Neue Wiener Tageszeitung*, Wien, 13. September 1952.
[190] Gertrude Obzyna, in: *Wiener Kurier*, 15. Oktober 1952.
[191] Friedrich Heer, in: *Die Furche*, Wien, 26. Oktober 1952.
[192] *Die Furche*, Wien, 30. Mai 1953.
[193] *Kleines Volksblatt*, Wien, 15. Oktober 1952.
[194] Franz Johann Seidl, in: *Wiener Zeitung*, Wien, 24. Mai 1953.
[195] Max Reinhardt, *Ausgewählte Briefe, Reden, Schriften und Szenen aus Regiebüchern*, hg. von Franz Hadamowsky, Wien 1963, S. 89.
[196] Erik de Smedt, *Konrad Bayer und die Zerschneidung des Ganzen*, in: *Protokolle '83/1, Zeitschrift für Literatur und Kunst*, Wien-München 1983, S. 81.
[197] Liesl Ujvary, *Wissen Sie, wer Konrad Bayer war?*, in: *Die Presse*, Wien 21./22. Jänner 1978.
[198] Horst Windelboth, in: *Berliner Morgenpost*, Berlin, 15. September 1972.
[199] H. C. Artmann, *Das Suchen nach dem gestrigen Tag*, in: *Gesammelte Prosa*, Salzburg 1979, Bd. 2, S. 9 f.
[200] Konrad Bayer, *Sämtliche Werke*, Wien 1985, Bd. 1, S. 31.
[201] Ebenda, S. 37.
[202] Gerhard Rühm, Vorwort, in: Ebenda, S. 9.
[203] Konrad Bayer, Ebenda, Bd. 1, S. 350.
[204] Hellmut Andics, a.a.O., S. 196.
[205] *Wiener Illustrierte*, Wien, 24. April 1954.
[206] Oskar Maurus Fontana, in: *Die Presse*, Wien, 20. Februar 1954.
[207] *Wiener Montag*, Wien, 22. Februar 1954.
[208] *Weltpresse*, Wien, 20. Februar 1954.
[209] *Telegraph*, Berlin, 26. September 1954.
[210] Heinz Ritter, in: *Kurier*, Berlin, 26. September 1954.
[211] *Kleines Volksblatt*, Wien, 29. Oktober 1954.

[212] Kurt Kahl, in: *Arbeiterzeitung*, Wien, 29. Oktober 1954.
[213] *Wiener Zeitung*, Wien, 29. Oktober 1954.
[214] *Neues Österreich*, Wien, 13. Juni 1954.
[215] Kurt Kahl, in: *Arbeiterzeitung*, Wien, 12. Juni 1954.
[216] Manfred Vogel, in: *Wiener Kurier*, Wien, 11. Juni 1954.
[217] Oskar Maurus Fontana, in: *Die Presse*, Wien, 14. April 1954.
[218] *Wiener Bilderwoche*, Wien, 19. April 1954.
[219] Manfred Vogel, *Neues Leben blüht aus den Kulissen. Theaterstreifzüge durch Österreich*, Wien-Stuttgart-Basel 1963, S. 177.
[220] Peter Weiser, a.a.O., S. 62.
[221] Rudolf Weys, *Die Kleinbühnen und ihre Probleme*, in: *Wiener Theaterjahrbuch 1957/58*, Wien-München 1958, S. 45.
[222] *Wiener Zeitung*, Wien, 8. Dezember 1956.
[223] Rudolf Weys, *Die Kleinbühnen und ihre Probleme*, in: *Wiener Theaterjahrbuch 1957/58*, Wien-München 1958, S. 45 f.
[224] Karl Maria Grimme, in: *Neue Wiener Tageszeitung*, Wien, 1. November 1953.
[225] Herbert Lenobel, Gespräch mit Herbert Lederer am 18. April 1985, Tonbandaufzeichnung.
[226] *Neues Österreich*, Wien, 5. November 1953.
[227] *Widmung*. Aus dem Programmheft des *Ateliertheaters an der Rotenturmstraße*, Wien, Spielzeit 1953/54, Oktober 1953.
[228] *Weltpresse*, Wien, 5. November 1953.
[229] Kurt Kahl, in: *Arbeiterzeitung*, Wien, 1. November 1953.
[230] *Der Abend*, Wien, 4. November 1953.
[231] *Weltpresse*, Wien, 5. November 1953.
[232] *Arbeiterzeitung*, Wien, 14. Dezember 1953.
[233] Gertrude Obzyna, in: *Wiener Kurier*, Wien, 13. Dezember 1953.
[234] *Weltpresse*, Wien, 30. November 1953.
[235] Herbert Lenobel, Gespräch mit Herbert Lederer am 18. April 1985, Tonbandaufzeichnung.
[236] Otto Ander, Gespräch mit Herbert Lederer am 29. März 1985, Tonbandaufzeichnung.
[237] Ebenda.
[238] Ebenda.
[239] Hilde Schmölzer, *Besonders aber laßt genug geschehn!*, in: *Wiener Journal*, Wien, Juli/August 1985.
[240] *Wiener Kurier*, Wien, 22. Februar 1954.
[241] Heinz Rosenthal, in: *Weltpresse*, Wien, 22. Jänner 1954.
[242] Edwin Rollett in: *Wiener Zeitung*, Wien, 29. Jänner 1954.
[243] Oskar Maurus Fontana, in: *Die Presse*, Wien, 29. Jänner 1954.
[244] *Arbeiterzeitung*, Wien, 6. Mai 1954.
[245] *Kleines Volksblatt*, Wien, 2. Mai 1954.
[246] Otto Ander, Gespräch mit Herbert Lederer am 21. Oktober 1985.
[247] *Der Abend*, Wien, 6. Mai 1954.
[248] *Österreichische Zeitung*, Wien, 7. Mai 1954.
[249] Hans Weigel, in: *Bildtelegraf*, Wien, 6. Mai 1954.
[250] *Arbeiterzeitung*, Wien, 17. Juni 1954.
[251] *Wiener Montag*, Wien, 14. Juni 1954.
[252] Karl Maria Grimme, in: *Neue Wiener Tageszeitung*, Wien, 22. Jänner 1955.
[253] Peter Loos, in: *Der Abend*, Wien, 22. Jänner 1955.
[254] *Die Presse*, Wien, 22. Jänner 1955.
[255] Hans Weigel, in: *Bildtelegraf*, Wien, 22. November 1954.
[256] Manfred Vogel, *... und neues Leben blüht aus den Kulissen. Theaterstreifzüge durch Österreich*, Wien-Stuttgart-Basel 1963, S. 180.
[257] Peter Weiser, a.a.O., S. 64.
[258] *Wiener Kurier*, Wien, 1. Juni 1956.
[259] *Österreichische Neue Tageszeitung*, Wien, 31. Mai 1956.
[260] *Weltpresse*, Wien, 1. Juni 1956.
[261] *Tagebuch*, Heft 12/57, Wien, Dezember 1957.
[262] Paul Blaha, in: *Bildtelegraf*, Wien, 20. März 1958.
[263] Andreas Konwallin, a.a.O., S. 234.
[264] Peter Weiser, a.a.O., S. 64.
[265] Karl Maria Grimme, *Wien – die Stadt der Kleinbühnen*, in: *Wiener Theaterjahrbuch 1958/59*, Melk Wien-München 1959, S. 50.
[266] *Österreichische Neue Tageszeitung*, Wien, 31. Mai 1959.
[267] *Neuer Kurier*, Wien, 1. Juni 1959.
[268] Hans Weigel, in: *Illustrierte Kronenzeitung*, Wien, 2. Juni 1959.
[269] Fritz Koselka, in: *Neues Österreich*, Wien, 22. Juni 1957.
[270] Franz Rind, *Wo viel Licht ist, ist starker Schatten*, in: *Mitteilungen des Instituts für Wissenschaft und Kunst*, Nr. 2, Wien 1982, S. 49.
[271] Ebenda.
[272] Karl Maria Grimme, *Wien – die Stadt der Kleinbühnen*, in: *Wiener Theaterjahrbuch 1958/59*, Melk-Wien-München 1959, S. 52.
[273] Erwin Pikl, Gespräch mit Herbert Lederer am 17. September 1985.
[274] Harald Sterk, *Stagnation bei den Wiener Kleinbühnen*, in: *Österreichisches Theaterjahrbuch 1965/66*, Wien-Berlin 1966, S. 11.

275 Franz Rind, a.a.O., S. 51.
276 Verena Keil-Budischowsky, *Die Theater Wiens*, Wien-Hamburg 1983, S. 246.
277 Herbert Wochinz, Gespräch mit Herbert Lederer am 2. September 1985, Tonbandaufzeichnung.
278 Heinz Rosenthal, *Der Wiener Bühnennachwuchs*, in: *Wiener Theaterjahrbuch 1956*, Wien 1956, S. 84.
279 Karl Maria Grimme, *Wien – die Stadt der Kleinbühnen*, in: *Wiener Theaterjahrbuch 1958/59*, Melk-Wien-München 1959, S. 51 f.
280 Verner Arpe, *Knaurs Schauspielführer*, München-Zürich 1984, S. 396.
281 Herbert Wochinz, Gespräch mit Herbert Lederer am 2. September 1985, Tonbandaufzeichnung.
282 Hans Loßmann, *Blick, bitte nicht, zurück im Zorn*, in: *4. Wiener Theaterjahrbuch 1959/60*, Melk-Wien 1960, S. 10.
283 Ebenda, S. 128.
284 Paul Blaha, *Das ‚silberne' Zeitalter*, in: Ernst Haeusserman: *Das Wiener Burgtheater*, München 1980, S. 356 f.
285 Hans Loßmann, a.a.O., S. 18.
286 Harald Sterk, *Probleme der Kleinbühnen*, in: *Österreichisches Theaterjahrbuch 1963/64*, Wien-Berlin 1964, S. 41.
287 Helmut H. Schwarz, a.a.O., S. 173.
288 Harald Sterk, *Stagnation bei den Wiener Kleinbühnen*, in: *Österreichisches Theaterjahrbuch 1965/66*, Wien-Berlin 1966, S. 11.
289 Ebenda, S. 11.
290 Oskar Maurus Fontana, *Wiener Theaternachwuchs*, in: *Die Presse*, Wochenausgabe, Wien, 16. Juli 1953.
291 Friedrich Langer, *Regisseure im Wartesaal*, in: *Neues Österreich*, Wien, 20. Jänner 1956.
292 Peter Weiser, a.a.O., S. 64.
293 Karl Maria Grimme, *Wien – die Stadt der Kleinbühnen*, in: *Wiener Theaterjahrbuch 1958/59*, Melk-Wien-München 1959, S. 49.
294 Verena Keil-Budischowsky, a.a.O., S. 249.
295 Helmut H. Schwarz, a.a.O., S. 189.
296 Hans Weigel, in: *Bildtelegraf*, Wien, 18. Juni 1954.
297 Heinz Rosenthal, in: *Weltpresse*, Wien, 10. Dezember 1956.
298 Rudolf Weys, *Die Kleinbühnen und ihre Probleme*, in: *Wiener Theaterjahrbuch 1957/58*, Wien-München 1958, S. 47.
299 Hans Loßmann, *Blick, bitte nicht, zurück im Zorn*, in: *4. Wiener Theaterjahrbuch 1959/60*, Melk-Wien 1960, S. 128.

Abkürzungen

A	Akt, Aufzug
B	Bild, Bühnenbild
Ch	Choreographie
D	Darsteller
Dr	Drama
Dt	deutschsprachige Erstaufführung
K	Kostüme
Kom	Komödie
L	Lustspiel
M	Musik, musikalische Leitung
Ö	österreichische Erstaufführung
R	Regie
Sch	Schauspiel
Sp	Spiel
St	Stück
Tr	Tragödie, Trauerspiel
Trkom	Tragikomödie
U	Uraufführung
Ü	Übersetzung
Vsp	Vorspiel

Personenregister

Die kursiven Ziffern beziehen sich auf die Legenden der Abbildungen.

Achard, Marcel 22, 89, 92, 96, 113, 135 f., *137*, 138
Achleitner, Friedrich 122
Ackermann, Trude 95, 103, 109 ff.
Adamek, Ernst 67
Adamov, Arthur 127, 131
Adler, Hans 50
Afinogenew, A.M. 42
Ahlsen, Henriette 114, 136, 138
Ahlsen, Leopold 72
Aichinger, Heribert 48 ff., 97, 147
Aichinger, Ilse 16
Aischylos 152, 154
Akermann, Armin F. 97, 155
Aknay, Vilma 51, 55
Albach-Retty, Rosa 13
Alda, Herbert 49
Alden, Tamara 154
Alexander, Erich 39, 138
Alexander, Peter 43
Alfons, Robert 155
Allan, Ted 141
Almoslino, Edith 93, 96 f., 109 f.
Alten, Fred 121
Altenburger, Inge 115
Altringen, Heinz 110
Ambesser, Axel von 102, 109
Ambros, Otto 40 f., 70, *89*, 90 f., 95 ff., 103, 109 f., 113, 149 f., 164
Ander, Lia *141 f.*, 147 ff.
Ander, Otto 140 ff., 144 f., 167
Andergast, Maria 49 f.
Anderka, Anton 154
Andl, Herbert 112, 125, *128*, 131 f., *137*, 138, *143*, 148
André, Marcel 69
Andrej, Ljuba 38, 131 f.
Andres, Stefan 100, 106, 109, 113

Angermayer, Fritz 37
Anouilh, Jean 31, 45, 47 ff., 65, 68 f., 77, 79, 81, 93, 141, 148
Anski, Schriftsteller 39
Antensteiner, Hilde 41, 44, 67, 121
Antoine, André 100
Anton, Else 44
Antonius, Brigitte 73
Anzengruber, Ludwig 43
Appelt, Charlotte 154
Aratym, Hubert 71, 160
Arcon, Helen 114
Arden, Anny 110 f., 149
Aristophanes 22, 66, 133
Arnaud, Georges 71, 159
Arnold, Gertrude 145
Arout, Gabriel 141
Arrabal, Fernando 153
Artaud, Antonin 81
Artinger, Annemarie 110
Artmann, H.C. 122 f., 161, 166
Arundell, Dennis 49
Aslan, Raoul 13, 83
Assen, Peter 115, 134, 154 f.
Aucouturier, Michel 70
Audiberti, Jacques 153 f.
Audry, Colette 114
Augustin, Karl 43, 68, 72, 90, 96, 111 f., 115, 118, 120 f., 149 f.
Augustin, Risa 154 f.
Aumüller, Traudl 43, 120 f.
Awertschenko, Arkadij 102, 110, 131

Bachmann, Ingeborg 82
Bahner, Willi 34, 41
Bahr, Hermann 25, 35, 37, 136
Ball, Hanns Otto 24, 28, 33, 35 f.
Balser, Ewald 84

Banauch, Eugen 151, 154
Banke, Maria 148 f.
Banschenbach, Gaby 133
Barde, Marianne de 96
Bardosy, Charlotte 134, 154
Barnay, Paul 96
Barr, Helmut 72
Basch, Alix 73
Basil, Otto 16, 18, 29, 84, 107
Bassermann, Albert 51
Bastl-Földy, Edith 35
Baudelaire, Charles 123
Bauer, Charlotte 38, 67 f., 109, 149
Bauer, Dieter 111 f., 114 f., 121, 133, 154
Bauer, Gretl 34 f.
Bauer, Günther 147
Bauer, Kurt 69, 120, 138
Baumgarten, Karl 69
Baumgartner, Karl 120, 139, 149
Baumgartner, Kurt 149
Bayer, Konrad 122 f.
Bayr, Rudolf 96, 140, 142, *142*, 147, 166
Beaumarchais, Pierre A.C. de 17
Bechmann, Gertrud 82
Beckett, Samuel 102, *103*, 110, 160, 162, 164, 166
Becsi, Kurt 149
Bednar, Alois 40
Begovic, Milan 121
Behan, Eva 148
Bei, Ella 149
Bekeffi, Stefan 14
Bekh, Wolfgang 71, 113, 133, 149
Benedikt, Frank 149
Benesch, Kurt 36 ff., 69
Benn, Walter 114
Benoni, Eduard 49, 109
Berg, Hella 43

174

Berger, Edith   50
Berger, Hanna   42, 133
Berger, Monika   114
Berger, Raimund   89, 94, 127 f., 131, 133, 140 f., 143, *143*, 147 f., 166
Berger, Rudolf   36 f.
Berghöfer, Erika   50
Bergmann, Gustav Axel   68
Bergmann, Hanna   42, 79
Bergner, Elisabeth   21
Berndt, Hilde   82
Bernet, Ilka   139
Bernhofer, Eva   112
Berstel, J.   94
Bertleff, Erich   37
Bertoldi, Alfons   72
Bertoni, Wander   159, 162
Berzobohaty, Elisabeth   98
Betti, Ugo   64, 70, 72, 109
Biagi, Enzo   136, *136*, 138
Billinger, Richard   116
Birabeau, André   69
Birk, Ruth   44, *117*, 118 ff.
Birk, Wolfgang   138
Blaha, Ludwig   50, 83
Blatter, Ursula   133
Bleibtreu, Axel   92
Bleibtreu, Renato   42 f.
Blin, Roger   160, 162
Blöcker, Günter   39, 109
Blühm, Karl   90, 96, 148
Bödendorfer, Friederike   43, 79
Böheim, Franz   49 f.
Böhm, Alfred   40, 70, 140, 147 f.
Böhm, Karl   48 ff, 70, 110, 112
Böhm, Karl Heinz   33, 37
Böhmer, Adolf   71, 113 f., 149
Böhmer, Luzie   39, 109, 112
Bogart, Humphrey   136
Bogner, Kurt   35, 37
Bohdjalian, Hans   134
Bonhoeffer, Dietrich   117
Borchert, Wolfgang   59, 60 f., 67, 108
Borek, Jaromir   112, 132, 148
Boretz, Allen   110
Borgmann, Hans   132
Borsche, Dieter   89
Borsody, Hans   70
Borsody, Jules   72
Bosch, Hieronymus   91

Bosse, Karl   83, 97
Bost, Pierre   41, 71, 112
Boubou   130 f.
Brahm, Otto   100
Brama, Irma   71, 113
Brand, Hans   120 f., 148
Brand, Peter   96, 112 f., 131 f., 148
Brandstätter, Roman   72
Brandt, Helmut   149
Brandt, Julius   49 f.
Brandtner, Ingrid   130
Branner, Christian   130
Braun, Curt J.   49
Braun, Felix   118 f., 140, 143 f.
Braun, Johannes   113
Braun, Karlheinz   154
Braun, Pinkas   96, 114
Brauner, Inge   96, 112
Brazda, Edith   39
Breal, P.A.   71, 159
Brebeck, Max   49, 97
Brecht, Bertolt   17 ff., 23, 28, 58 ff., 67, 84, 107, 117, 151, 157
Brehm, Thomas   72 f.
Breisach, Emil   140, 142, 147
Breithen, Alfons   96
Brentano, Clemens von   22
Bresnitz-Zydokoff, Heinrich   119 f.
Breuer, Siegfried   42, 50
Brier, Barbara   155
Brion, Brigitte   72, 133
Britt, Eva   149
Brix, Karl   138
Brix, Roswitha   70, 136, 138
Brockmann, Jochen   97
Bronnen, Arnolt   80
Bronner, Gerhard   68, 88 f., 93 f., 166
Brosch, Dita   57
Brosch-Shorp, Eddy   69
Brosig-Hell, Paula   72
Bruckner, Ferdinand   32, 38, 68, 88, 93, 129, 133, 141, 148, 150, 166
Bruckner, Maria   42, 109
Brücklmeier, Inge   51, *54*, 57
Brun, Josef   113, 133, 144, 148 f.
Bucher, Georg   160, 162
Buczkowsky, Annemarie   39
Büchner, Georg   20 f., 29, 36, 100, 107 ff., 124, *125*, 126, 130 f., 153
Bülau, Kurt   41, 43, 69, 95

Bürger, Otto   14
Bürger, Viktor   56
Bürkner, Robert   55 ff.
Büscher, Kurt   73
Bukovics, Grete   49, 70, 147
Bukovics, Toni   69, 93 f., 96, 149
Burgstaller, Trude   55
Burian, E.F.   49
Buschbeck, Erhard   13
Buschbeck, Gandolf   46, 48 ff., 72, 90, 94 ff., 144, 147 f., 164
Buttler, Jörg   108, 111 ff., 134
Butz-Steiner, Elfriede   109

Calderon de la Barca, Pedro   35, 51, 55
Caldwell, Erskine   73
Calvino, Vittorio   118, *119*, 120
Camoletti, Marc   141
Camus, Albert   81, 104, 110, 124, 141, 149, 159, 166
Canaval, Herta   148
Cannen, Dennis   71
Čapek, Karel   21
Carwin, Heinrich   47, 49
Cary, Erna   149
Casona, Alejandro   96, 118, 120
Caspis, Elfriede   55
Cerny, Alfred   67, 92, 110
Chaudoir, Hubert   83
Chernell, Lona   79, 132
Chin, Otto   154
Chladek, Rosalia   138
Chlumberg, Hans von   43
Christian, Hans   73, 114
Chruschtschow, Nikita   163
Churchill, Winston Sp.   80
Cisar, Fred   43, 110, 117 f., 120 f., 132, 154
Claren, Ursula   68
Claudel, Paul   22, 51, 116, *117*, 118 ff.
Claudius, Elke   73
Claus, Helma   112
Clavel, Schriftsteller   75, 79
Clevers, Jean   94
Cocteau, Jean   30, 38, 41, 68, 73, 98, 109, 116, 128 f., 131 f., 138
Conrads, Heinz   92, 97
Copeau, Regisseur   100
Coreth, Madeleine   55
Cornelius, Axel   71

175

Corten, Georg   111, 114 f., 125, 130 f., 133 f., 140, 152, 154
Corth, Sully   37
Costa, Ernestine   49
Costa, Martin   14, 90, 96 f., 112
Coubier, Heinz   69
Courteline, Georges   14, 18, 111
Cramon, Iris von   154
Creighton, Anthony   97
Cresaldo, Nina   39, *87*, 93
Creux, Georges   149
Croy, Helene   68
Csokor, Franz Theodor   30, 37, 39, 42, 84, 98, 141, 144, 148
Cuhay, Walter   132
Czeike, Heinz   97, 120, 147
Czeike, Peter   96
Czerwenka, Lydia   55 f.

Daiber, Hans   21
Dallansky, Bruno   70, 91, 94, 97 f., *101*, 110, 125 f., 128, 130 f.
Danegger, Theodor   48
Danek, Willy   34, 83
Dangl, Martha   93, 115, 136, 138
Danneberg, E.   37
Danneberg, Hedwig   111
Dardel, Herbert   110
Darlies, Monika   39
David, Irina   96, 115
Davis, Gustav   14
Davy, Walter   33, 38, 42, 75, 79, 83, 86, 93, 164
Defresne, Auguste   72, 94
Degischer, Vilma   98
Dekker, Maurits   96
Delich, Maria   120
Demar, Maria   133
Dennert, Gustaf   72
Deutsch, G.   131
Deutsch, Hubert   39
Deutsch, Walter   148
Devez, Silvia   84
Dieffenbacher, Gustav   72
Diersberg, Alexander   34
Dieß, Karl Walter   110, 141 f., 147
Dietrich, Wolf   130, 132 ff., 148 f., 154
Dobnikar, Herta   49
Dobravsky, Karl   112, 133, 154
Dörfler, Günther   133

Dörich, Wolfgang   41, 51, 56, 83
Dohrn, Helga   73, 112
Dolezal, Herta   94
Donnerbauer, Hans   41
Dor, Milo   75, 79, 96
Dorena, Rosl   72, 111 f.
Dorff, Friederike   43, 65, 71, 73, 113, 132, 134, 149, 162
Dorin, Ditta   112, 139
Dorn, Christian   120
Dostal, Franz Eugen   111, 132
Dostojewski, Fjodor M.   8, 144, 146, 149 f.
Doswald, Marc   94
Doyscher, Helmut   72
Dreger, Percy   67 f.
Dreher, Fritz   111
Dressler, Hanns   42, *63*, 69 f., 109, 117 f., 120
Drexler, Deli   95
Drexler, Ludwig   68
Drimmel, Heinrich   85
Drinkwater, Schriftsteller   56
Druten, John van   96
Dubois, Lona   25, 28, *28*, 32 ff., 93 f., 104, 110
Dubsky, Harald   (Pseudonym) s. Helmut H. Schwarz
Düggelin, Werner   155
Dürr, Rudolf   44, 67, 69
Dürrenmatt, Friedrich   97
Duran, Michel   110
Dutzer, Edith   *33*, 34 ff.
Duval, Jacques   72
Dux, Peter   71, 110
Dworschak, E.   120
Dybal-Kadlé, Rosa   83

Ebner, Karl   50
Eckhardt, Fritz   41 f., 58, 67, 112
Eckhardt, Helen   114
Eder, Otto A.   48, 90, 95 f., 111 f., 114, 130, 133
Eder, Walter   43 f., 51, 55 f., 79
Effenberger, Hans   49
Eftimiades, Eftimias   49
Eggartner, Richard   72
Egger, Inge   50
Eggers, Jörg   115
Ehmann, Karl   56, 94, 97 f., 148
Eichendorff, Joseph von   38, 41
Eilers, Curt   49, 51, 55, 70, 83

Eis, Heinrich   97
Eis, Maria   14, 84
Eisenhut, Josef   132
Eisenreich, Herbert   83
Eisler, Tommy   130, 132
Eisnecker, Gerhard   152, 154 f.
Ekelhart, Kurt   79
Ekstermann, Moshé   71
Elb, Gretl   71, 83, 97 f.
Elger, Gustav   112
Elmar, Elfriede   154
Elmay, Edith   97
Emesz, Magdalena   134, 150, 155
Emo, Maria   91, 96 f.
Engelhardt, Susanne   111 f.
Enk, Hansi   56
Enzensberger, Hans-Magnus   154
Epp, Elisabeth   69
Epp, Leon   22, 84, 116, 161
Eppel, Franz   24
Erben, Ilse   111
Erber, Christl   69 f., 97, 121
Erfurth, Gudrun   72, 114
Erhardt, Hermann   49
Erlandsen, Erland   102, 110
Ernst, Heidi   131
Ertelt, Peter   69 f., 94, 112, 120, 161 f.
Ertl, Elisabeth   111
Esterle, Lisl   92
Ettl, Elisabeth   94
Ettlinger, Josef   71
Euripides   38, 77, 132
Exl, Susi   71
Eybl, Hans   71 f., 121
Eybner, Richard   27, 36, 167
Eyck, Toni van   116

Fabricius, Hintz   51, 55 f., *63*, 65, 69, 93, 118, *118*, 120
Falk, Gerda   38 f., 42, 79
Faller, Hermann   138
Faltis, Hermann   112 f., 154
Farès, Bishr   120
Farkas, Karl   138
Faschingbauer, Rudi   67
Faßbender, Theodora   112 f., 120
Fast, Howard   21
Fauland, Herta   33, 35 ff., 92 f., 111
Feder, Margot   121
Federmann, Reinhard   44, 77, 79, 96

Feist, Hans 98, 109
Felber, Olga 155
Feldl, Carl 79
Feldmar, Emil 72, 96, 112, 144, 148 f.
Feldner, Fritz 50
Feldner, Hans 50
Fellner, Minni 34
Felmayer, Rudolf 84
Ferigo, Johannes 69, 71, 96, 112, 114 f., 118 ff., 136, 138, 148 f., 154
Fermand, Michel 73
Fernbach, Carl W. 42, 110 ff.
Ferolli, Beatrice 44, 114 f., 120, *146*, 149
Ferrin, Alfred 121
Ferstl, Hella 154
Feydeau, Georges 160, 162
Fiedler, Inge 97 f.
Figl, Leopold 124
Figlhuber, Elisabeth 120
Figueredo, Guilherme de 121
Filip, Julius 70
Filser, Georg 112
Finck, Werner 58, 138
Firner, Walter 74
Fischer, Charles H. 132
Fischer, Erika 72
Fitzthum, Horst 72
Flatter, Richard 148
Fleischmann, Hubert 154
Flessa, Helma 49
Fletcher, Lucille 69
Fliedl, Linda 162
Flora, Paul 13
Florian, Christl 114
Fochler, Karl 65, 70 f., 97 f., 148
Fodor, Ladislaus 64, 69
Fontana, Maria 120
Fontana, Oskar Maurus 126, 141, 164
Foresti, Traute 115
Frank-Hortig, Ch. 139
František, Emil 49
Fraser, Georg 94, 112
Freiberg, Siegfried 60, 67
Freitag, Lilo 113, 133
Freitag, Wilfried 155
Freud, Sigmund 82
Freund, Steffi 70 f.
Freundlich, Elisabeth 22 f., 70
Frey, Erik 49 f.
Frey, Ferenc 134

Frick, Eva Heide 112, 125, *129*, 130 ff., 147
Frick, Peter 158
Friedl, Edith 109
Friedl, Ferdinand 72
Friedl, Loni 147
Friedländer, Eva 34
Friedmann, Erni 148
Friedmann, Max 39, 133
Friemel, Hardo 92
Friese, Carl-Heinz 71 f., 95, 114 f., 148
Frimmel, Peter 74, 78
Frisch, Max 68, 115
Frisch-Gerlach, Theo 83, 155
Fritsch, Peter 72
Fritz, Axel 112
Fry, Christopher 74, 102, 110, 130, 134
Fry, Karl 134
Fuchs, Eduard 93
Fuchs, Herbert 33, 38 f., 77 f., 99 ff., 109 ff., 164
Fuchs, Margret 65, 73, 114 f.
Fühler, Amas Sten 44
Fürdauer, Peter 39, 99 f., 109, 164
Fürst, Jo 52, 55 f.
Füssel, Karl Heinz 166
Füsten, Manfred 97, 155
Fulda, Ludwig 49, 101, 109, 130 ff.
Fuß, Harry 42, 48 ff., 82, 84, 90, 94, 99
Fux, Herbert 71, 111, 113 f., 121, 132 f., 153 f.

Gabler, Maria (Bädi) 83, 164
Gabriel, Erich 96, 110, 112, 147
Gärtner, Karl 149
Gaider, Ludwig 55
Gaigg, Eva 134, 149
Gaipa, Ettore 69 f.
Galitsch, Alexander 113
Gallauner, Barbara 83
Gallos, Rita 114
Galsworthy, John 42
Ganser, Irimbert 43, 131
Gara, Margit 114, 149
Gasser, Wolfgang 65, 72 f., 113 f., 133 f., 149
Gassner, Otto 71 f., 114, 134
Gaugl, Anton 65, 72, 112 f., 115, 121, 134, 150
Gegenbauer, Ernst 68, 73
Gehlen, Fritz 49
Geiger, Franz 92

Geisler, Erna 67 f.
Genet, Jean 65 f., 71, 84, 159 f., 164, 166
Gentsch, Charlotte 120 f.
Gentz, Friedrich 142, 147
Georges, E.A. 70, 95, 111, 131
Géraldy, Paul 36
Gerdago 72
Gerhard, Peter 50, 83, 93, 95 f., 103, 109 f., 149, 164
Gerhardt, Walter 70, 111
Gerhart, Elfe 88, 93, 103, *103*, 110, 164
Gerstner, Anni 34 f.
Gert, Michael 113, 134
Gerzner, Marianne 82
Ghelderode, Michel de 91, 95, 134, 153 ff., 161 f.
Ghéon, Henri 134
Ghosta, Mara 67 f.
Gide, André 72, 105, 111
Giebisch, Lucia 39, 92, 110
Giela, Renate 109
Giese, Hermann 69
Gilbert, Wolfgang 36, 138
Giltène, Jean 112, 114
Giraudoux, Jean 51, 141, 144, 149, 153 f.
Glaser, Hermann 49 f., 97 f.
Glasl, Friedrich 158
Glöckner, Harry 37, 93, 112
Glück, Harry 68, 79, 87, 93 f., 147, 164
Glück, Wolfgang 102, 110, 112 f., 164
Gmeinder, Josef 69, 93, 111 f., 133
Gnan, Walter 94
Gnilka, Walter 48
Goebbels, Joseph 12, 20 f.
Göller, Peter 133
Goethe, Johann Wolfgang von 26, 28 f., *28*, 35 ff., 40, 42 f., 81, 95, 137
Goetz, August 72
Goetz, Curt 14, 34, 85
Goetz, Ruth 72
Gogh, Vincent van 47
Gogol, Nikolaj *33*, 35, 41, 107
Gold, Eva 147
Goldoni, Carlo 89, 95, 105, 113, 118, 120, 124, 130, 132
Gómez de la Serna, Ramón 123
Gorki, Maxim 93
Gorwin, Irene 43
Gottschlich, Hugo 50, 58, 83, 87, *89*, 94
Gottwald, Erna 94 f.

Gozzi, Carlo 41
Grabbe, Christian Dietrich 107
Grädler, Theodor 39, 68, 92
Green, Julien 89
Greene, Graham 64, 71, 118, 121, 159
Gregor, Edith 147
Gregor, Joseph 114 f.
Greifeneder, Egbert 70, 95, 121, 133 f., 148
Gribitz, Franz 96
Grieb, Fritz 42 ff., 92, 110 f.
Grieder, Walter 39, 68
Grieg, Theodor 83
Grillparzer, Franz 13 f., 43, 77, 116, 135, 155
Grimm, Brüder 55 f.
Grimme, Karl Maria 62, 117, 153
Grimmelshausen, Hans Jakob Christoffel 157
Grohmann, Heinz 51, *52*, 55 f.
Groihs, Maria 94 ff., 114, 120, 133
Grot, Kurt Jochen 134
Grub, Willi 41
Gruber, Elisabeth 69
Gründgens, Gustaf 83, 100
Grundei, Fred 69, 95, 121
Gsching, Erich 38 f., 93
Gschmeidler, Viktor 69, 121
Güllich, Otto 38
Günther, Carl 49
Günther, Gert 34 ff.
Günther, Hilde 155
Günther, Maria 55 f.
Gutersloh, Albert Paris 84
Guntram, Dudi 35
Gutschy, Otto 37, 69, 131
Guttmann, Giselher 37
Gynt, Walter 69 f., 113

Haas, Elfie 72
Haas, Franz 72, 113
Haas, Waltraud 40
Habeck, Fritz 64, 69, 110, 120
Haber, A.M. 78
Hackenberg, Karl 33, 38, 94, 111
Hackl, Alfons 26
Hadamowsky, Franz 40, 84
Haderer, Alois 30, 34, 38
Haenel, Günther 18, 84, 91, 97, 102, *103*, 110
Hafner, Philipp 114
Hagen, Ernst 50, 142, 147

Hagen, Hans 49
Hagenau, Gerda 115
Hagmann, Xenia 39
Hahnl, Hans Heinz 24, 79 f.
Haindl, Gottfried 50
Hainisch, Leopold 70
Hainitz, Leo 116
Hajek, Trude 33, 39, 61, *61*, 67, 93
Hakel, Hermann 84
Halbe, Max 35
Haller, G. 148
Halmay, Stephan 115
Halovanic, Bertl 48 f.
Halwich, Rolf 139
Hamberger, Esther 35
Hamik, Anton 55, 113
Hammer, Irene 72
Hamminger, Gisela 111, 131
Hanak, Josef *146*, 149 f.
Hanoteau, Guillaume 94
Happ, Alfred 114
Harald, Angela 109
Harapat, Hans 95, *128*, 129 ff., *143*, 148, 154
Harbich, Elfie 70 ff.
Hareiter, Herta 49 f.
Harnisch, Wolf 66, 72 f., 149
Hart, Fred 92
Hartmann, Anna 41
Hartmann, Georg 65, 70 f., 73, 111 f.
Hartmann, Martha 51, 56
Harun, Helmut 133
Hasenclever, Walter 30, 114
Hatina, Lisl 72, 112 ff., 133 f., 138
Hauff, Wilhelm 55
Haug, Dietlind 96 f.
Hauk, Herbert 41
Haumer, Erwin 34 f.
Haupt, Friedrich 33, 38 f., 44, 77, 79
Hauptmann, Gerhart 36, 107
Hauser, Carry 39
Hausmann, Manfred 113, 133 f.
Haeusserman, Ernst 81, 83
Hawelka, Franz 69, 93
Hawlik, Lisl 78
Hay, Rita 112
Haybach, Rudolf 99
Hayes, Joseph 114
Hebbel, Friedrich 107
Hebenstreith, Wolfgang 98, 110
Hedding, Harald 36, 38, 96

Heer, Friedrich 23, 29, 100, 118
Heer, Hannes 134
Heer, Hans Henning 96
Heger, Alfred 69, *129*, 132
Heger, Grete 21
Heidegger, Martin 82
Heim, Wilhelm 46, 48, 84
Hein, Fritz 120 f.
Heinz, Friedrich 120
Heinz, Heri 131
Heinz, Wolfgang 21, 27 f., 84, 126
Hejduk, Edith 114, 147
Hell, Ludmilla 48 f.
Heller, Hermine 79
Hellmer, Klaus 148 f.
Hellmut, Josef 68 f.
Helm, Fritz 121
Helmer, Claus 154
Helmer, Gertrud 120 f.
Heltau, Michael 97
Hendrichs, Joseph 41, 51, *59*, 60, 65, 67, 92, 97 f.
Hengge, Paul 111
Hentschel, Peter 30, 35 ff.
Henz, Rudolf 51, 54 f.
Herbe, Gottfried 115, 134
Herbst, Fritz 94
Herburger-Anzengruber, Anna 69
Herczeg, Ferenc 25, 35, 44
Hetzer, Koschka 155
Hcy, Richard 96
Heydusek, Otto 43, 121
Heyl, Rosa 67
Hieronimus, Edith 72
Hiesel, Franz 62, 68
Hieß, Henriette 65, 72 f., 114
Hilger, Ernst 69
Hill, Peter 41, 43 f., 67 f., 117
Hillinger, Ludwig 71, 97, 111, 149 f.
Hilpert, Heinz 20, 44
Hirschmann, Maurice 109 ff., 131
Hirt, Walter 90, 94 ff., 112
Hirthe, Martin 68
Hitler, Adolf 17, 20
Hochwälder, Fritz 44
Hochwarter, Karin 158
Hönigschmid, Fritz 44, 90, 96, 109
Hofbauer, Friedl 34 ff.
Hofbauer, Fritz 70
Hofbauer, Peter 121

Hofbauer, Roman 92, 120
Hofer, Gerd 43
Hofer, Lambert 148 ff.
Hofer-Ach, Robert 94 ff., 113 f., 133
Hoffmann, Carl Ernst 55
Hoffmann, Richard 113, 131
Hoflehner, Johannes 79
Hoflehner, Rudolf 96, 142, 144, 147, 164
Hofmann, Friedl 42, 94, 136
Hofmannsthal, Hugo von 14, 18, 34, 43, 51, 118, 121
Hofrichter, H. 49
Hohensinn, Grit 68
Hold, Petra 72
Holik, Tassilo 119 f.
Holl, Jürg 73
Hollegha, Wolfgang 159, 162
Holm, Peter 120
Holt, Hans 15, 49 f., 91
Holzer, Fritz 63, 65, 69 f., 84, 105, 111 ff., 130 f.
Holzer, Rudolf 54
Holzleitner, Inge 111, 148
Homolka, Oskar 21
Honegger, Arthur 110
Horak, Hans 18, 32, 48
Horak, Heinz 69, 90, 94 f., 112
Horak, Leonhard 68
Horeschovsky, Melanie 48 ff., 97
Horky, Robert 72
Horne, Kenneth 89, 96
Horst, Hans 31, 38
Hortig, Walter 67 f., 110 f., 139
Horváth, Lájos von 32, 46, 48, 87, 93
Horváth, Ödön von 18, 31 f., 39, 45, 47, 49, 64, 69, 87 f., 87, 89, 92 ff., 104, 106, 106, 110, 113, 141, 145, 149, 166
Horvay, Edith 71
Horwitz-Ziegel, Mirjam 97
Hott, Toni 50
Howard, Sidney 113
Hoyer, Wilhelm 109
Hradek, Kurt 69, 130, 147
Hrastnik, Franz 47, 47, 49
Hron, Hellmuth 151, 154 f.
Hruby, Gerhard 31, 38 f., 67, 71, 79, 94, 97, 102, 109 f., 147
Hubalek, Felix 59
Hubert, Dolores 83
Hübl, Else 79

Hübner, Bruno 14
Hübner, Josef 69 f., 83, 94, 120
Hüffel, Erich 149
Huemer, Kurt 111
Hufnagl, Wilhelm 50, 69, 72
Hugelmann, Oskar 94
Hugo, Victor 22
Huisman, Loek 70
Huppert, Hugo 17
Hurdes, Felix 53
Hurka, Ingrid 154
Huth, Jochen 54, 57
Hutter, Wolfgang 159 f., 162
Hutter, Ellen 41, 67
Huttig, Alfred 83
Hutton, Michael Clayton 96

Ibach, Alfred 18, 45 ff., 49, 87
Ibaschitz, Franz 160, 162
Ibsen, Henrik 14, 42
Imhoff, Fritz 98
Inge, William 64, 72
Inger, Henny 92
Inger, Manfred 102, 110
Ingrisch, Bernhard 94
Innitzer, Theodor 53
Ionesco, Eugène 84, 91, 96, 133, 153, 155, 160, 161, 162, 164, 166
Iro, Eva 72
Irrall, Elfriede 78, 98, 143
Isenhöfer, Klaus 132
Issajew, Konstantin 113
Istvanits, Franz 24
Ivers, Ivo 148

Jacob, Walter 96
Jacobs, Carl 120
Jacobson, Karin 114
Jäger, Hilde 34, 83, 94, 110, 134
Jagenbrein, Ernst 157, 158
Jaggberg, Kurt 48, 88, 93, 95, 102 ff., 102 f., 109 ff., 164, 167
Jahn, Rolf 14
James, Al 94, 121, 149
Jamiaque, Yves 141
Janata, Walter 70 f.
Janatsch, Helmut 107, 113
Janecke, Kathrin 39, 109
Janisch, Peter 150
Jannings, Emil 21

Jarno, Edith 70
Jarry, Alfred 158
Jené, Edgar 82
Jenner, Alexander 139
Jerger, Alfred 42
Jerome, Jerome K. 51, 55, 131
Jessernigg, Helmut 95, 114, 148 f.
Jirka, Paula 34
Jirku, Edith 120
Joachimson, Felix 50
Job, Raymond 37
Jodt, Hildegard 55 ff.
Johannes XXIII., Papst 163
Johannsen, Peter 98
Johns, Heinrich 115
Johnson, Charles E. 66, 73
Jonson, Benjamin 140
Joppolo, Benjamino 71
Jordan, Egon 14
Jores, Friedrich 93, 95 f.
Jouvet, Louis 100
Jürgen, Karl 154
Jungbauer, Hans 97
Jungnickel, Alfred 78
Juschkewitsch, Semjon 70
Juster, Erika 93

Kadla, Beatrix 41
Kadletz, Otto 41
Kadmon, Stella 10, 58 ff., 167
Kästner, Erich 37, 77, 96, 112, 138
Käutner, Helmuth 58
Kafka, Franz 48
Kahl, Kurt 126
Kahlert, Peter 155
Kaiser, Georg 21, 42, 61, 61, 67 f., 89, 91, 94, 99, 101, 105, 111 f.
Kaiser, Grete 49
Kaiser, Kurt 71
Kalbeck, Florian 69
Kalenberg, Harry 55
Kallina, Friedrich 69, 89 ff., 94 ff., 164
Kalmar, Franziska 71, 93, 95, 118, 119, 120
Kalmar, Gertrude 78
Kalwoda, Karl 49
Kaminsky, Gertrud 155
Kamm, Otto 112
Kammauf, Hans 94, 110, 114, 121
Kammil, Norbert 70, 111 f., 146, 148 ff.
Kamnitzer, Schriftsteller 51, 55

179

Kapeller, Richard 148 f., 154
Karden, Grete 109, 121
Karlweis, Oskar 21
Karsten, Isabella 39
Kaspar, Isolde 110, 147 f.
Katajew, Valentin 21, 102, 109, 143
Katt, Geraldine 93
Kaufmann, Friedrich 140 f., 147
Kautek, Rudolf 69, 140, 154
Kautzner, Eduard 51, 55 f., 83
Kehlmann, Michael 29, 30 ff., *31*, 35 ff., 65, 83, 87 ff., 91, 93 f., 164, 167
Keilholz, August 149
Keiper, Wilhelm 113
Kelling, Edgar s. Oschanitzky, Uwe
Kemp, Paul 49
Kennedy, John F. 163
Kepka, Horst 64, 72, 132, 148, 164
Kerbler, Eva 43
Kerry, Otto 49, 83
Kerry, Ruth 71
Kerschner, Johanna 155
Kersten, Herbert 69 f., 94 ff., 111 ff., 136, *136*, 148
Kerszt, Alexander 27, *29*, *31*, 33, 35 ff., 77, 79, 93 f.
Kert, Olly 113
Kesselring, Joseph 102, *102*, 110
Kestranek, Maria 39, 92, *136*, 138
Kestranek, Zdenko 37
Keyn, Ulrich 113
Kienast, Lisl 49
Kilga, Maria 70, 95, 138
Kind, Hermann 50
Kindermann, Gustav 132 f.
Kindermann, Heinz 81
Kinski, Klaus 90, 96, 161 f.
Kippenberg, Anton 112
Kipper, Ilse 67
Kirchsteiger, Gertrud 68
Kisch, Egon Erwin 41
Kiss, Klara 39, 92, 111
Kittler, Gerhard 41
Kitzinger, Werner 55
Klaas, Andrea 121
Klein, Peter 121
Kleinhenn, Elisabeth 126 f., 130 ff.
Kleist, Heinrich von 48, 107, 126, 131
Kliemstein, Eduard 68
Klingenbeck, Fritz 82

Klingenberg, Gerhard 69, 71
Klinger, Kurt 97, 115, 134, 166
Klipstein, Ernst von 34
Klose, Josef 69
Klotz, Hildegard 125, 128, 131
Knaflitsch, Hans 50, 92
Knapp, Renate 120
Knaus, Herwig 95, 133
Knoller, F. 120
Knott, Frederick 141
Knuth, Klaus 97
Kobalek, Otto 39, 79
Kober, Marianne 72, 148
Köhler, Annemarie 113
Köhler, Brigitte 71, 109, 112 ff., 129 f., 132, 134, 148
König, Marga 71
Köppler, Ferry 138 f.
Körber, Lotte 35
Koerber-Straub, Renata 51, 55
Körner, Rudolf 52, 56
Körner, Theodor 43
Körting, K. 38
Kövary, Julius 73
Kohut, Walter 39, 106, 113, 120, 164
Kohutek, Walter 39, 43, 50, 120, 162
Kolar, Helmut 114
Koll, Karl 57
Konno, Paul 68
Konodi, Elisabeth 67
Konstantin, Walter 42, 44, 77, 135, 138
Kont, Paul 69, 109, 111, 121, 147
Konzut, Josef 131
Kopf, Niels 152, 154 f.
Kopka, Leopold 27
Korhel, Erna 65, 69 ff., 90, 97, 110, 114, 162, 164
Kornacky, Viktor 155
Kornell, Lore 96 f., 114, 133
Kortner, Fritz 21, 64, 90
Koselka, Fritz 152
Kossuth, Camillo 83, 94, 147
Kotzebue, August 14
Kovarik, Illa 72
Kozlik, Angela 39
Krafft, Christian 96
Kraft, Zdenko 56
Kragora, Herbert 117, 131, 147
Kralik, Willy 43
Kralj, Matthias 71 f., 132

Kramer, Gerhard 113
Kranz, Mario 113, 134
Krassnitzer, Hanns 82
Krastel, Josef 51, 56, 65, 69, 115
Kraus, Karl 18, 30, 107
Kraus, Traute 69, 120
Kraut, Werner 97
Kravina, Herta 33, 36 ff., 49, 77, 79, 87, 92
Kreindl, Werner 33, 35 ff., 93
Kreisl, Viktor 72
Kreisler, Georg 89
Kremer, Hannes 36
Krendlesberger, Hans 77 f.
Krenn, Schriftsteller 42
Kretschmer, Julius 97
Kreuzer, Helly 69, 90, 94 ff., 133
Krinzinger, Tom 72, 112, 129, *129*, 132, 149
Krips, Josef 14
Krischke, Traugott 69
Krismanek, Rudolf 49 f.
Kristian, Francis 73, 114, 149
Kristin, Win 97
Krittl, Karl 42
Kriz, Evi 38
Kroneder, Otto 40, 42, 77
Kronlachner, Hubert 117
Kropatschek, Gustav 98
Krystoph, Volker 44, 65, 67, 70, 92, 111 f.
Kubik, Gerhard 154
Kucera, Herbert 151, 154
Kuchar, Raimund 72, 114, 133 f., 154
Kuchenbuch, Heribert 51, 55
Kügler, Polly 41, 69 f.
Kügler, Trude 94, 136, 138, 147
Kühnelt, Hans Friedrich 92, 98, 109, 140, 147, 166
Kühnl, Peter 155
Kürnberger, Ferdinand 86
Kugelgruber, Hans 53, 55 ff., 117 ff., 164
Kunowski, Rolf s. Schröder, Otto
Kunrad, Aladar 131
Kuntschner, Hermann 131
Kuntz, Fritz 93
Kunz, Harald 69
Kurt, Edi 139
Kurt, Fred 109 f.
Kutscher, Hermann 96 ff., 140 ff., 147, 164
Kyser, Karl 48 f.

Lackner, Stephan 44

Lacour, José André *137*, 138
Ladengast, Walter 39, 97
Lafka, Ilse 72
Laforet, Hermann 113
Lakits, Erich 57
Lakmaier, Otto 158
Lang, Hans 49 f.
Lang, Lotte 50
Langer, František 15, 106, 112
Langer, Friedrich 14, 24 ff., 30, 32 ff., 90, 133, 167
Langer, Walter 30, 33, 38, 65, 68, 70 ff., 103, 109, 133, 161 f., *161*
Las, Egon G. 133
Laska, Josef 51
Lasker-Schüler, Else 151
Lattermann, Jenny 44, 92
Laurents, Arthur 93
Laurer, Hans 44
Lavéry, Emmet 51, 54 ff., 118, *118*, 120
Lazarowitsch, Hans 70
Lechleitner, Hans 105, 112
Lechleitner-Nießler, Hans 69
Ledl, Lotte 109 f.
Lee, James 97
Lehmann, Fritz 21, 27, 35, 167
Lehn, Edith 132, 154, 158
Leiningen, Christl 40, 44, 56
Leinwarther, Ilse 35
Leisner, Liliane 38 f.
Lem, André 93
Lendi, Margarethe 51, 57, 109
Lenobel, Herbert 42, 44, 77, 79, 135 f., 138, 167
Lenormand, Henri R. 36, 141, 149
Lenz, Jakob Michael 49, 107
Leo, Louis 121
Lepeniotis, Antonis *66*, 72 f., 114
Lepeska, Rudolf 109
Lerchner, Charlotte 34 f.
Lernet-Holenia, Alexander 48
Lesowsky, Wolfgang 158
Lessing, Gotthold E. 18, 22, 80, 107
Létraz, Jean de 48, 50
Letsch, Walter 94, 120
Levi, Paolo 112
Lhotzky, Georg 65, 72 f., 114, 125, 130 ff., 146, *146*, 150 f., 153 ff.
Liewehr, Fred 84
Lindh, Hugo 69

Lindner, Dolf 24
Lindner, Robert 49
Lindt, Inca 93
Lindtberg, Leopold 21
Lingen, Ursula 42
Link, Hans Peter 78 f., 92
Lipa, Hans 42
Lipp, Alfons 100, 103, 109 f., 120
List, Joe 69
Litschauer, Wolfgang 38 f., 93
Lobe, Friedrich 97
Locker, Gerlinde 97
Löbel, Karl 24
Löw, Margreth 70
Löwe, Otto 41, 51, 69
Löwitsch, Klaus 49, 96 f.
Logau, Claus 44, 68
Loibner, Eduard 69, 90, 94 f., 99, 147
Lommer, Horst 67
Lona, Maria 109
Loob, Annemarie 131
Loos, Peter 62, 65
Lope de Vega, Félix 100, 109
Lorenz-Inger, Elisabeth 111
Lorre, Peter 21, 136
Lothka, Walter 93 f., 112 ff., 138
Lozal, Marianne 69
Lubusch, Evamaria 93
Luca, Dia 59
Ludwig, Carl M. 109
Ludwig, Liselotte 93
Lücking, A. 121
Lützkendorf, Felix 130, 134
Luka, Elfriede 110
Lunatscharskij, Anatol W. 18
Lussingg, Maria 51 f., *52*, 55 ff., 117 ff.
Lynker, Susanne 97

MacClenahan, D. 50
Macher, Erika 154
Machiavelli, Niccolò de 124, 130, 133
Machowetz, Hertha 133
Madin, Hans 31, 39
Maier, Anni 42
Makowitschka, Elly 147
Malec, Peter 121
Malin, Sylvia 110
Malina, Margh 120
Mandl, Hans 67
Mang, Otto 35 f.

Mangold, Erna 49 f.
Manhardt, Eva 114
Manhardt, Peter 134
Manker, Gustav 75, 84
Mann, Klaus 21
Mann, Maria 154
Marceau, Felicien 92, 97
Marceau, Marcel 159
Marcel, Gabriel 105, 111, 118, 121
Marek, Hans Georg 42
Marell, Sonja 115
Maren, Gerda 155
Maril, Konrad 98
Marion, Eugen 71
Markus, Elisabeth 50, 96 f.
Marr, Hans 84
Martin, Ferry 35 f.
Martin, Franz 34 f.
Martinée, Raoul 62, 68
Martini, F.M. 35
Martini, Louise 87, 93
Marwitz, Kurt 77, 79
Mason, Harald 133
Mason, James 136
Matejka, Viktor 17, 19, 21, 32, 108, 167
Matiasek, Helmuth 69, 111, 125 ff., 164
Matter, Ernst Ludwig 41
Matthias, Rita 72, 113
Matz, Hannerl 50
Maugham, William Somerset 41
Mauriac, François 118, 121
Mauthe, Jörg 80
Mautner-Markhof, Manfred 159
Mayen, Elfi 112
McDougall, Roger 141
Medwed, Sylvia 95 f., 98
Meierhold, Wsewolod E. 81
Meinecke, Max 38, 49, 67, 75, 99 f., 109
Meinel, Edith 109
Meinold, Gloria 115
Meinrad, Josef 41, 83
Meise, Grete 56
Meisel, Evelyn 113
Meisels, Erika 78 f.
Meister, Ernst 43, 67, 93, 164
Meister, Guido G. 149
Meixner, Michel 149
Mejstrik, Kurt 65, 70 ff., 94, 110, 112, 125, 130 f., 134
Mell, Max 25, 35, 118, 120

Melton, Hans 79
Menschik, Josef 112
Menzel, Maria 70 f., 111
Merz, Carl 42, 58, 66 f., 70, 88, 93 f., 110 f., 143, *143*, 148
Messner, Franz 33, 48, 97, 109, 164
Metz, Gretl 35, 93
Meyer, Anny 131
Meyer, Conny Hannes 151 f., *153*, 154, 156 ff., 167
Meyer, Heinz 35 f.
Meyer, Wilhelm 131
Michaelis, Renée 111 f.
Michelangelo 83
Michl, Erika 112 f., 132
Michl-Bernhard, Peter 113, 155
Mikl, Josef 159 f., 162
Milan, Paul 37 f., 92
Mill, Edith 42, 49
Miller, A. 56
Miller-Aichholz, Romedeo 55 f.
Minich, Peter 33, 38, 86, 92
Minorit, We-Wu-Tu von 147
Mishima, Yukio 155, 158
Mitscherlich, Alexander 80
Mitterer, Erika 72
Mitterer, Julius *28*, 35 f., 38, 92, 109
Mitterwurzer, Anton 94, 111, 131, 133, 138
Mittner, Karl 43, 65, 67, 70 f., 90, 92 f., 94 ff., 109, 120, 141, 144, *145 f.*, 146 ff., 154
Mochmann, Paul 70
Moeller, Christian 47, 49, 97, 110
Moers, Hermann 130, 134
Mörtl, Gerhard 33, 38 f., 69, 118 ff., 125, 128, 130 f., 164
Mössmer, Franz 72
Moldovan, Kurt 83
Molière, Jean Baptiste (eig. Poquelin) 48 f., 92, 101 f., 109, 124, 127, 130 f., 143
Molina, Tirso de 112
Moll, Elfriede 34
Molnár, Ferenc 18, 89, 95, 98, 108, 115
Molo, Beate von 114
Moltzer, Elsa 72 f.
Montfort, Fritz 95
Morawetz, Heidi 134
Moreto, Agustín 118, 120, 124, 130
Morgenstern, Christian *157*, 158
Morley, Robert 70
Morris, Edmund 98

Moser, Wolfgang 70 ff., 111 f., 121, 124, 126, 128, 130 ff.
Mostar, Herrmann 67
Mount, Cedric 68
Mozart, Wolfgang Amadeus 14, 47
Mrazek, Liselotte 92
Mühlbauer, Herbert 53 f.
Müller, Evelyn 92
Mueller, Karl 148
Müller, Kurt 33, 39, 49, 65, 71, 111 ff., 133, 136, *136*, 138, 149
Müller, Peter 70 f.
Müller-Böck, Kurt 69, 79
Müller-Karbach, Wolfgang 68, 109 ff., 120
Müller-Reitzner, Kurt 71
Müthel, Lothar 13 f.
Muliar, Fritz 90, 95
Murray, John 110
Murskovic, Rudolf 34
Musil, Robert 97, 141, 146, 149, 166
Musset, Alfred de 35

Nachmann, Kurt 94, 112
Naderer, Hans 52, *52*, 55 f., 116, 121
Nadherny, Ernst 90, 94 ff., 102, 112, 120
Napoleon 102
Nath, Robert 95
Nelinski, Mario 154
Nemec, Rudi 35
Nerber, Hilde 96, 105, 109 ff., 125, 130 f., 141, 147
Nerval, Gérard de 123
Nestroy, Johann 14, 18, 26 ff., 31, 33 f., 36 ff., 41, 43, 58, 90, 94 f., 107, 111 f., 116, 124, 129 f., *129*, 132 f., 165
Neton, Karl 121, 149, 155
Neuber, Wolf 87, *89*, 90, 93 f., 96 f., 136, 138, 147
Neuberg, Erich 10, 30 ff., 39, 74 f., 78 f., 86, 97, 100 ff., 104, 109 f., 164
Neudecker, Luzi 94, 96 f., 103, 109 f., 118, 120
Neuffer, Herta 97
Neugebauer, Alfred 48 f.
Neuhauser, Johannes 43, 130 f., 147
Neumair, Schriftsteller 55
Neumann, Elisabeth 102, 110
Neumann, Ludwig 109
Neumayer, Lotte 93, 109
Neveux, Georges 133

Newman, Robert 114 f.
Nic, Nikolaus 154 f.
Nicodemi, Dario 40
Niedermoser, Otto 49, 91
Niedt, Hermi 38 f., 43, 77, 79, 136, *137*, 138 f.
Niklos, Hans 155
Nikowitz, Erich 49, 97
Nordhoff, Florenz 93 f.
Normann, Hans 49, 70, 110, 112
Nossak, Hans Erich 130, 134
Nowak, Ellen *29*, 39, 70, 93, 110
Nowak, Walter 138
Nowotny, Walter 40, 43 f., 79
Nutz, Gustav 109

Obereigner, Nada 68
Oberkogler, Cornelia 33, 35, 37, 94 f., 141, 147
Obermüller, Hans 133, 147
Obernigg, Martin 112, 132 f.
Obey, André 38, 87, 92, 105, 114
Obonya, Hanns 72
Obzyna, Gertrude 165
ÓCallagan 41
ÓCasey, Sean 70
Ockermüller, Hans 68
ÓConnor, Frank 21
Odets, Clifford 64, 73
Oelmann, Vera 56
Oertl, Kitty 69
Offenbach, Jacques 49
Ohlmühl, Paul 49
Olsen, Rolf 50, 58
ÓNeill, Eugene 72, 81, 98, 118, 121, 124
Onno, Ferdinand 42
Opel, Adolf 65, 71, 113, 166
Orel, L. 49
Orff, Carl 107
Orlow, Anja *119*, 120
Orlowska, Anna 68
Orth, Elisabeth 98
Ortmayr, Heinrich 49 f.
Ortner, Hermann H. 56
Osborne, John 97
Oschanitzky, Uwe 77 ff.
Ostrowskij, Alexander N. 22, 111
Ott, Elfriede *101*, 110
Ott, Georg M. 55
Ott, Ilse 154

Ott, Isabella 55
Ott, Maria 33, 39, 77, 79, 92, 109 f., 120, 142, *142*, 147, 164
Ott, Rudolf 83
Overhoff, Ilse 43
Ozory, Armand 70 f., 110 f., 131, 147, 149

Pachler, Herbert 149
Pack, Claus 97 f., 148 f.
Padalewsky, Erich 73, 94, 111, 117, 130, 147
Pagnol, Marcel 114
Palkovits, Fritz 109
Paller, Tua 155
Palm, Kurt 19
Palme, Jeff 70
Palmer, Eva 111, 132
Panthen, Rose 148
Panzner, Evi 95
Papst, Fritz 133 f., 155
Papuscheck, Hans 93
Parak, Peter 113, 154
Parsen, Albert 68, 70
Paryla, Karl 21 f., 58, 80, 126, 167
Pateisky, Erich 151 ff.
Patrick, John 141
Paudler, Ernst 68
Paule, Edeltraud 149
Pawlicki, Norbert 109
Payer, Heinz 73, 133
Payer, Trude 139
Payot, Armand 133
Peduzzi, Karl 57
Pekny, Romuald *53 f.*, 55 ff., 97 f.
Perger, Erna 65, 69, 111 f.
Perz, G.W. 138
Perz, Peter 31 f., 39, 138
Peschka, Egon 113, 120 f., 131
Peter, Andrea 114
Peter, Susi 83, 87, 93
Peternell, Ilse 68
Peters, Ina 38, *53*, 55 ff.
Petrei, Bertl 24, 35
Petrich, Lisl 34 f.
Petters, Heinz 140
Pfaudler, Franz 14, 46, 48 f., 70, 84
Pfaudler, Hilde 98
Pfeiffer, Gottfried 69, 71, 95, 134, 138, 154 f.
Pfeiffer, Willy 69
Pfeil, Walter 39
Pfeiler, Max 114

Pflichter, Felix 72 f., 117
Philipp, Gaby 50
Philipp, Margot 65, 73
Pichler, Brigitte 154
Pichler, Ebba 35, 38, 43, 57, 79, 92
Pichler, Peter 41, 43, 92 f.
Pikl, Erwin 151 ff., 167
Pilz, Eva 158
Pinelli, Aldo von 50
Pirandello, Luigi 7, 22, 64, 72, 89, 91, 96, 159
Pirchan, Emil 26
Plaene, E. (Pseudonym) s. Pikl, Erwin
Plattensteiner, Richard 44
Platzer, Ingold 68, 70 ff., *101*, 110, 112 ff., 116, 121, 134, 149
Plautus 48 f., 124, *128*, 131, 154
Plechatko, Werner 155
Ploberger, Herbert 49
Pochlatko, Werner 72 f.
Podgorski, Teddy 94
Poduschka, Eva 147
Poe, Edgar A. 123
Pöschl, Trude 8, 28, 35 ff., 86, 88 f., 92 ff., 99, 167
Pogany, Geza *33*, 37
Polgar, Alfred 115
Pollhammer, Eleonore 24, 34 f.
Pollinger, Lois 69, 72, 112, 147
Polsterer, Hilde 49
Polsterer, Susanne 72, 114, 149
Popp, Arthur 51 f., 55 ff., 83
Popp, Paul 35, 139
Posik, Robert 97
Posselt, Roswitha 72 f., 96, 114, 150
Poulenc, Francis 50
Prade, Kurt 83
Prager, Edith 93, 109
Pramel, Mathias 114
Prasser, Luise 64 f., 69 ff., 113, 138, 162
Preses, Peter 49 f., 97 f.
Preu, Poldi 55 f.
Pribil, Wilhelm 56, 67 f., 141, *141*, 147
Priestley, John B. 18, *31*, 38, 41, 45, 48 f., *63*, 64, 70 f.
Prikopa, Herbert 113
Probst, Herbert 43, 48, 100, 103, 109
Prokopp, Theo 49 f.
Prossinagg, E. 120
Puchstein, Fritz 43

Puff, Konrad 35
Puget, Claude André 94, 112, 114
Puhl, Fritz 134
Puhlmann, Margarethe 55
Putz, Greta 97

Qualtinger, Helmut 30 f., 33, 36 ff., 88, 93 f., 102, 109, 164

Raab, Eduard 56
Raab, Julius 124, 143
Rabanus, Michael 73
Radlecker, Kurt 8, 24 f., 27 ff., *29*, *33*, 34 ff., 65, 69 ff., 83, 87, *87*, 89, 93 f., 100, 104, 109 ff., 140, 144, *145 f.*, 146, 148 ff., 164, 166 f.
Räntz, Christl 49 f.
Raffael, Ruth 34 f., 68, 119, 141, *141*, 147
Ragetté, Editha 50, 95 f.
Raimund, Ferdinand 43
Rain, Toni 154
Rainer, Gert 155
Rainer, Kurt 67 f., 95 f.
Raky, Hortense 21
Ramberg, Gert 109
Ramlo, Gertrud 49, 148
Rammer, Elfriede 42, 69, *106*, 109, 112 ff., 134
Randers, Helmut 92
Ranninger, Karl 55
Rathner, Gerti 40, 42, 114
Ratz, Brigitte 50, 109
Rautenberg, Erika 44, 67
Rawitz, Elisabeth 38 f., 94, 121
Raymond, Frank 42
Raynal, Paul 141, 148
Reed, Carol 30
Regelsberger, Walter 73, 120
Regnier, Charles 50
Regschek, Kurt 158
Regschek, Lisl 158
Reichel, Hedy 39
Reichmann, Elisabeth 95
Reimann, Hans 121
Reinhardt, Max 12, 20, 81, 100, 119, 138, 157
Reisner, Ingeborg 58
Reiter, Kurt 88
Reitmaier, Ilse 112
Relin, Veit 72 f., 105, 114, 130, 134, 165

Remarque, Erich Maria 106 f., *107*, 113
Renner, Karl 13, 33
Renz, Susanne 78
Ressel, Edith 149
Reuther, Christiane 55 f.
Reyer, Walther 91, 97
Rice, Elmer 32, 39, 48, 104, 109
Richards, Werner 71
Richert, Georg 96
Richter, Gerhard 78
Richter, Hans Raimund 71, 95, 112, 114, 134
Richter, Lisbeth 120, 133
Ricus, Lilibeth 109
Riechers, Annedore 155
Rieder, Maria 55, 69 f., 131
Riedl, Erna 120
Riedl, Hugo 51 f., 54 ff., 70, 117 f., *118*, 120 f., 147
Riedl, Karl Kelle 72
Riedl, Tonio 83
Riedmann, Gerhard 48 f.
Rieger, August 44, 59 ff., 88, 104, 164
Riemerschmid, Wolfgang 112 f.
Riffland, Harald 110, 139
Rikakis, Demetrius 110, 112
Ringl, Flora 96
Ripper, Auguste 72, 94 ff.
Risavy, Herta 92 f., 109, 132
Rischanek, Herbert 36, 43 f.
Ritter, Rudolf 121
Robert, Paul 149
Roberts, Eva 69
Roberts, Sam 69
Robitschek, Hans 55
Rodeck, Karl 112, 133
Rösner, Rudolf 65, 67 ff., 93, 110, 134, *146*, 150
Rötting, Hartmut 113, 133
Röttinger, Heinz 43, 51, 53, 55 f., 105, 110 ff., 116, 118 ff., *119*, 126 f., 129, 131, 133, 136, *136*, 138, 141, 147 f, 164, 167
Rohner, Minna *33*, 35 f.
Rohracher, Herbert 82
Rohringer, Norbert 79
Rojas-Zorilla, Francisco de 124, 132
Roland, Georges (eig. Schütz, Adolf) 62, 68
Rolland, Romain 118, 120
Rollett, Edwin 141
Rom, Hilde 33, 68, 70, 79, 110, 132

Ronai, Andrea 72
Roncoroni, Jean Louis 130, 134
Roosevelt, Theodore 102
Rosemayr, Leopold 35 f.
Rosenberg, Elfriede 67 f., 70
Rosenberg, Hilding 69
Rosenberg, Inge 43
Rosenthal, Grete 114
Roth, Elisabeth 73
Roth, Rose Renée 70, 73, 102, 110, 147
Rothe, Hans 31, 39, 110, 154
Rott, Adolf 14
Rottmann, Herbert 68
Roussin, André 48, 50, 72
Rozgony, Andreas 108, 114 f.
Rubel, Peter 81
Rudolf, Fritz 113, 121
Rudolf, Leopold 27 f., 46 f., *47*, 48 f., 83 f., 92, 97
Rudolph, Anton 69, 72, 93 f., 110 f., 114 f., 118, *119*, 120, 125, 130 ff., 148 f.
Rüdgers, Hans 34, 83
Rügenau, Emmy 70, 95
Rühm, Gerhard 39, 92, 96, 109, 111, 122, 147 f., 166
Rueprecht, Albert 70, 120, 147
Ruhm, Felicitas 113, 125 f., *125*, 130 ff.
Ruhm, Franz Karl 131 ff., 166
Ruhnbro, Rune 63, 69
Rupp, Liselotte 139
Ruth, Edgar 79
Ruuts, Holger 115
Rybiczka, Lu 67

Sachsel, Hans 78
Sahl, Hans 97 f.
Saint-Exupèry, Antoine de 21
Salacrou, Armand 64, 70, 72, 79, 81, 111, 166
Salvar, Jean 93
Sand, Annemarie 36
Sand, Beatrice 95
Sandberg, P. 110
Sander, Ernst 73
Sandor, Eva 90, 96, 110 f., 115, 148 f.
Sandt, Nina 83
Santi, Eva 154 f.
Saphir, Moritz G. 140
Sapin, Louis 115
Sardou, Victorien 107

Saroyan, William 21, 45
Sartre, Jean-Paul 30, 41, 48, 62 f., *62*, 65, 68 ff., 75, 78 f., 81, 88, 93, *103*, 105, 107, 110, 114, 124, 153 f., 166
Sauer, F.F.M. 95, 112 ff., 117 f., *119*, 120, 130, 133, 148, 154
Sauvajon, Gilbert 41, 70 f., 159
Savoir, Schriftsteller 116
Schäfer, Willy 71
Schaffer, Fred 131, 154
Schaffer, Ilse 44
Schafranek, Franz 69 f.
Schall, Hanni 93
Schanda, Maria 49
Scharetzer, Harry 149
Scharnagl, Gertrud 120
Scheder, Wolfgang M. 86, 92
Scheer, Ilse 151 f., 154, *157*, 158
Scheibelreiter, Ernst 37
Scheitlin, Wilfried 48
Schellenberg, Karl 39, 71, 94, 109 f., 125, 131, 133 f., 158, 160, 162
Schenk, Erich 28, 34 f., 38, 77, 79, 127, 131
Schenk, Inge 35
Schenk, Otto 97, 100, 102, *103*, 105, 108 ff., 125, 130, 164
Scherdeck, Willy 69
Schering, Emil 98
Scheu, Justus 56
Scheuer, Walter 65, 69 ff., 114
Schickel, Erna 111, 147
Schiel, Hannes 83, 132
Schillburg, Friedrich 55
Schiller, Friedrich von 41, 43, 55, 73, 107, 128, 131
Schiller, Sissy 67
Schimek, Friedrich 71
Schippel, Rudi 114 f., 149 f.
Schirmer, Gerold 39
Schlager, Walter 36 f., 67 f., 70, 92, 109, 166
Schlegel, A.W. 132
Schlegel, Hans 96, 109
Schlegel-Schreyvogel, Gustav 41, 67 f., 109
Schleiffelder, Felix 70
Schlesinger, Alice M. 26, 36 ff., 65
Schlögl, Johann 78, 130
Schlösser, Rainer 20, 81
Schmeidel, Rüdiger 30, 35 ff., 65, 71, 164
Schmeiser, Helmut 113 f.
Schmid, Aglaja 46, 48 f., 126

Schmid, Annemarie 112
Schmid, Erna 38
Schmid, Hermann 113
Schmid, R. 112
Schmidt, Harry 138
Schmied, Emanuel 155
Schmiedel, Hans Joachim 65, 73, 134
Schmiedl, Gerti 114, 133, 149
Schmuck, Lilli 38, 67
Schneeweiß, Herbert 131
Schneider, Reinhold 117
Schneider, Tiana 112, 121
Schneider Manns-Au, Rudolf 73, 114 f., 134, 149 f.
Schnitzler, Arthur 14, 18, 34, 38, 43, 81, 88, 93, 113, 134
Schnitzler, Heinrich 97 f.
Schober, Angelika 120
Schöffler, Ursula 114
Schön, Anette 39
Schön, Wilfried 38, 43
Schönauer, Marianne 149
Schönberg, Helga 111
Schönherr, Fritz 35 f.
Schönherr, Karl 35, 110
Schönhuber, Anny 41, 69, 113
Schönwiese, Susanne 69 f., 120, 130
Schörg, Gretl 50
Scholl, Josefine 110
Scholz, Claus 39, 41, 43, 93 f.
Schram, Ilse 41, 44, 51, 57
Schratt, Peter 98, 113 f., 134, 148 f.
Schrey, Norbert 71
Schreyvogl, Elisabeth 115, 132, 134, 147
Schreyvogl, Friedrich 120, 147
Schröder, Harry 39
Schröder, Otto (eig. Kunovski, Rolf) 41
Schröder-Wegener, Greta 111
Schubert, Hedwig 162
Schubert, Kurt 24
Schubert, Tino 72, 114 f., *146*, 149 f.
Schütz, Adolf 62
Schützner, Willy 51, 82, 114
Schulbaur, Heinz 14
Schult, Ursula 34, 91, 97
Schulz-Gellen, Christof 96
Schumann, Willi 113
Schurek, Paul 43
Schustek, Otto 147
Schuster, Karl 133, 144

Schuster, Manfred 41
Schuster, Robert 155
Schwanda, Erich 111 f., 114 f.
Schwarz, Helmut H. 7, 31 ff., 39, 64, 69 ff., 74 ff., 86, 93, 99 f., 109, 141, 144, 148, 164, 166 f.
Schwarz, Kurt Julius 30, *31*, 33, 35, 38, 64, 77, 79, 86 f., 92, 104, 105 f., 110 ff., 164
Schwarz, Mimi 49, 83
Schwetter, Karl 52, 56 f., 167
Schwimann, Josef *31*, 35 ff., 67, 79
Scott-Iversen, Gert 131
Scder, Erna 109
Sedlon, Fritz 55
Seebauer, Hannes 155
Seeger, Ludwig 133
Seelig, Ernst 39, 68
Seelmann-Eggbert, Ulrich 96
Sehr, Emmi 51, 53
Seifert, Traudl 37
Sekler, Trude 42 f., 67 f.
Selenko, Leo 43, 67, 69
Sellner, Gustav Rudolf 142
Sellner, Helmut 154
Semmelroth, Wilhelm 113
Semper, Gottfried 85
Sene, Berthold 72
Servaes, Dagny 48 f.
Servaes, Evi 46, 48 ff., 94 f., 97, 113, 147 f.
Servi, Helly 46, 48 ff., 97 f.
Servi, Traute 96
Seywirth, Günther 155
Shakespeare, William 9, 26, 31, 34, 36 f., 39, 41, 43 f., 51, 55, 92, *101*, 102, 110, 124, 132, 148
Shaw, George B. 21, 35, 95
Shaw, Irvin 21
Sherwood, Robert E. 72
Shorp, Mimi 42
Sider, Walter 72
Siegert, Reinhold 42
Siegl, Hannes 70
Sigmund, Helmut 132 f.
Sigmund-Paller, Tua 73
Silbergasser, Helmut 114, 133
Silveris, Joannis 71
Simenois, Serge 106 f., 114
Simmell, Eva 49
Simmerl, Walter 42, 51, 54 ff., 68, 70 ff., 111, 117, 147 ff.

Simmetinger, Grete 55
Simms, Gregory 96
Simon, E.C.E. 154
Sinclair, Upton 77, 79
Six, Astrid 134
Skala, Klaramaria 51 f., *52*, 55 f., 62, 68
Skalicki, Wolfram 26, 34 ff., 92 f.
Skapa, Walter 39, 79, 93
Sklenka, Johann 94 ff.
Sklusal, Elfriede 55, 79
Skrovanek, Hans 34 ff.
Skrozopola, Schriftsteller 35
Skumanz, Axel 43, 83, 134
Sladek-Dressler, Rosl 96, 112
Smetana, Felix 50, 61, 67 f., 72, 99
Smith, Surrey 70
Sobotka, Hans 55
Sobotka, Kurt 30, 33, 39, 44, 65, 69 ff., 77 ff., 97, 113 f., 133, 148
Sochor, Hildegard 25, 27 f., 33, 35 ff., 42
Söhren, Grete 69 ff., 120
Sofka, Walter 42, 69 ff., 116, 121, 131
Soldan, Louis 83, 97
Solm, Petra 120
Soltau, Otto 117
Sommer, Maria 97
Sommer, Trude 83, 130, 132 f.
Sophokles 64, 70, 83, 133
Soukup, Eugen 71
Sowinetz, Kurt 48 ff., 84, 87, 94, 102, *103*, 110 f., 141, *141*, 147, 164
Soyfer, Jura 31, 74, 78 f., 102, 109, 152, 154
Späni, Paul 148
Spandl, Erika 36
Spanner, Karl 72
Spannwald, Norbert 132
Spencer-Schulz, Franz 114
Sperber, Manès 23
Spewark, Samuel 92
Spiel, Hilde 16, 22
Spirek, Alfred 34 ff.
Spitz, Rudolf 50
Spoerl, Heinrich 109
Spolianski, Mischa 50
Springauf, Horst 132
Springer, Eduard 114, 132 ff.
Spurny, Karl Eugen 46, 79
Stadler, Aimée 68
Stadler, Alisa 149
Stadlmann, François 158

185

Standl, Ludwig 136
Stange, Claude Richard 111
Stanislawskij, Konstantin S. 84, 100
Stankowski, Ernst 43, 48 f.
Stanzl, Karl 106, 112 f.
Stari, Willi 110
Stark, Otto 77, 79
Starkmann, Hanns 83
Stauffer, Robert 149
Stefanowicz, Stefan 71, 95, 131
Stehlik, Jutta 115
Stehlik, Rudolf 36
Stein, Gertrude 81
Steinbeck, John 18, 48, 64, 71, 159
Steinberg, Franz 41, 96, 113, 121, 132, 161
Steinberg, Jan 68
Steinböck, Erich 43
Steinböck, Felix 42
Steinboeck, Rudolf 14, 19, 45, 49
Steinbrecher, Alexander 49 f.
Steiner, Kurt 153 f.
Steiner, Lizzi 43, 112, 121, 133
Steiner, Wilhelm 67
Stejskal, Karl 44, 67, 74, 78 f., 92 f.
Stella, Adrian 14
Stemberger, Elisabeth 62, 64 f., 67 ff., 88, 89, 90, 93, 95 ff., 164
Stemberger, Gertrud 67
Stengel, Kitty 148 ff.
Stenzel, Otto 36 ff., 67 f.
Stephenson, Harald 44, 131 ff.
Sterlini, Edith von 35
Stern, Robert 25, 34 f.
Sternheim, Carl 29, 30 f., 38 f., 65, 71, 88, 93, 159, 162
Stiehl, Hermann 134
Stiepl, Elisabeth 51, 55 f.
Stiller, Peter 56
Stöckl, Annelies 33 f., 38, 77, 79, 86, 92, 109
Stoiber, Rudolf M. 38, 55, 77 ff.
Stollberg, Harry 149
Stolm, Paul 149
Stork, Hansi 136, 138
Storm, Christine 69 ff., 111, 118, 120 f.
Storm, Lesley 96
Stoß, Franz 91
Straaten, Sophie van der 36
Strahal, Rosemarie 71, 94, 110, 112 f., 131, 133, 148
Strahammer, Sylvia 72

Strasser, Jürgen 112
Straßberg, Max 39
Strauß, Otto 68
Strehly, Magda 149 f.
Strigel, Ruth 148
Strindberg, August 38, 43, 64, 69, 92, 98, 107, 124
Strnad, Oskar 26
Strobl, Fritz 49 f.
Strohschneider, Martha 70, 117, 125, 130 ff.
Stross, Erika 155
Strupp, Ernst 94
Stürmer, Emil 112
Stummvoll, Walter 83, 110
Sturm, Peter 49 f.
Sturminger, Eva 111, 113
Suchanek, Ernst 71
Suchy, Olga 71
Suda, Peter 121
Supervielle, Jules 96
Suppan, Fritz 111
Svanhold, Traute 43
Swinarski, Artur Marya 115
Syberberg, Rüdiger von 93
Sylt, Eva 98
Sylvanus, Erwin 97
Synge, John M. 35, 124, 129, 132
Szerkan, Max 43
Szivatz, Franz 112

Tabor, Günther 65, 67, 79
Taghoff, Alexander 41, 68, 94, 131, 147 f.
Tagore, Rabindranath 37
Tairow, Alexander 100
Talmar, Jane Maria 92
Tamare, H. 56 f.
Tardieu, Jean 97, 153, 155
Tassié, Franz 29, 61
Tausig, Otto 74, 113
Tausz, Anneliese 39, 41, 71, 77 ff., 92, 96, 109, 111, 148
Teichs, Maria 92, 110
Tellering, Michael 148 f.
Teltsch, Walter 70
Tenger, Gertie 39
Terval, Elisabeth 97
Thaler, Steffi 72
Thalhammer, N. 155
Thiem, Jochen 152, *153*, 154
Thimig, Hans 48

Thimig, Helene 91, 97
Thimig, Hermann 28
Thoma, Ludwig 56
Thomas, Julia 55
Thomasberger, Rolf G. 55
Tichy, Anna 148
Tichy, Curt A. 110, 120 f. 147
Tieck, Ludwig 36 f.
Tiefenbacher, Franz 112
Tiemeyer, Hans 93
Tietz, Carla 39, 68, 70, 92, 147
Tilden, Jane 49
Tiller, Nadja 50
Timmermans, Felix 53, *53*, 56, 106 f., 112, 118, 120
Tippell, Evelyn 69 f.
Tobisch, Lotte 69
Togni, Olga 67, 93
Toifl, Inge 72
Tolbuchin, Fjodor I. 13 f.
Toman, Josef 114
Tomar, Uriel 148
Toost, Michael 48, 65, 67 f., 71
Torberg, Friedrich 60
Tordis, Ellinor 51, 125, 129
Trakl, Georg 123, 158
Trambauer, Elfriede 27, *33*, 35 ff., 93
Trenk, Peter 92
Trenkwitz, Georg 152 ff.
Treuberg, Gottfried 43
Trottmann, Hedwig 95, 112 f., 134, 154
Troyat, Henri 68
Truger, Guido 55
Trummer, Joe 34, 39, 71, 77, 79, 92 f., 95, 103, 109 ff., 133, 147 f.
Trunkenpolz, Friedrich 113
Truxa, Rolf 94, 147
Tschechow, Anton P. 14, 18, 22, 41, 43, 75, 79, 131
Turra, Mario 44, 94, 109, 136, *137*, 138, 140

Uhlen, Gisela 89
Uhlir, Gertrude 70, 120, 131
Ullrich, Ellen 35 ff.
Umlauf, Ellen 64 f., 70, 73, 94, 142, 148
Umschaden, Ferdinand 93 f.
Ungar, Hermann 91, 94
Urban, Eddy 50
Urban, Maria 68, 70, 93, 109, 147
Urban-Kneidinger, Lola 42, 70

Urwanzow, Lew   111
Urzidil, Johannes   163
Uslar, G. von   155
Ustinov, Peter   146, *146*, 149

Vaal, Erika   97
Valberg, Robert   147
Vallon, Thomas   92, 113
Vane, Sutton   22
Varga, Michael   114
Vaszary, Johann von   115
Vaucher, C.F.   132
Veenenbos, Jean   154 f.
Veith, Klaus   51, 55, 82
Verano, Maria   121
Vercors (eig. Jean Bruller)   84
Vereno, Matthias   43, 79, 93
Verneuil, Louis   116
Versten, Peter   69, *117*, 119 f., *137*, 138, 148
Veterman, Eduard   112
Viertel, Berthold   21, 84
Vihtona, Oskar   35
Vilar, Jean   127
Vildrac, Charles   113
Vincent, Marianne   57
Völk, Evelyn   120
Vogel, Manfred   69, 128
Vogel, Walter   73
Vogt, Carl   41
Volkmann, Traute   109
Vrubl, Elli   93

Waber, Susi   113, 130
Waglechner, Erich   112
Wagner, Alexander   98, 113 ff., 129 ff., 132 f., 149
Wagner, Franz   120
Wagner, Fritz   154
Wagner, Helmut   24, 35 f., 64 f., 70 ff., 86, 100, 164
Wagner, Melitta   120
Wagner, Richard   144
Wahl, Gerhard   69, 92
Walchensteiner, Alfred   70, 112 f.
Waldbrunn, Ernst   47 ff., 56, 92, 97
Waldeck, Franz   96, 112, 148
Walden, Fritz   41
Waldmann, Erwin   41, 110
Waldner, Maria   94
Walenta, Ingrid   115

Walenta, Maria   72, 113, 133 f.
Wallace, Edgar   64, 71, 159
Walter, Edith   111
Walter, Rudolf   96
Walz, Günther   154
Waniek, Herbert   65
Wanka, Oskar   111 f.
Wanka, Rolf   68, 109
Wartburg, Toni   37, 111
Wassler, Traute   111
Wawra, Karl   39
Weber, Friederike   71, 155
Weber, Richard   38, 92, 110, 112, 115, 117, 119 f., 134, 148
Weber, Walter   93 f.
Weck, Peter   97
Wecker, Ilse   79
Wedekind, Frank   71, 101, 105, 111, 143, 159
Wegeler, Richard   83
Wegrostek, Oskar   84, 111, 132, 135, *137*, 138
Wehrenau, Helga   *119*, 120
Weigel, Hans   24, 27, 29 ff., 37, 46 ff., 64, 74, 78, 84, 91, 97, 99, 104, 106, 113, 142, 146, 166
Weihrauch, Helmut   35
Weihs, Peter   10, 30, *33*, 34 ff., 64 f., 69 ff., 92 f., 96, 98, 104 f., *107*, 110 f., 113, 121, 144, 147 f., 164 f.
Weilen, Susanne   120
Weiler, Hans   69
Weiler, Margit   93
Weinberger, Hilde   14, 24 f., 27 f., 30, 34 ff.
Weiner, Fred   97
Weiner, Hermann   149
Weininger, Lydia   148 ff.
Weinländer, Erich   36
Weirich, Ingeborg   *33*, 43, 51, 55 ff., 118 f., 138
Weirich, Max R.   35 ff.
Weis, Fred   43
Weis, Thea   *103*, 110
Weisenborn, Günther   33, 39, 62, 68 f., 84, 92, 111, 166
Weiser, Peter   91, 146, 165
Weiser, Wolfgang   34, 36, 38
Weishappel, Gustl   38, 41, 43, 147
Weiss, Lydia   114, 133 f.
Weiß, Fritz   140
Weißenfels, Gerold   37

Weitlaner, Rudolf   50, 120
Weitz, Hans-J.   154
Welles, Orson   30
Welten, Auguste   67 ff., 93 ff., 110, 115, 132, 134, 149
Welzl, Grete   41
Wengraf, Hans   15
Weninger, Charlotte   69
Wentzel, Marianne   72, 96, 112, 121
Wenzel, Edgar   92
Werani, Fritz   30, 36 f.
Werckshagen, C.   111
Werfel, Franz   48
Werner, Emmy   150
Werner, Erich   154
Werner, Oskar   82, 126
Werner, Robert   34, 38, 43, 69, 72, 75, 77, 79, 94, 97, 102, 109 ff., 120
Wernher der Gartenaere   115, 134
Wessely, Adolf   73, 112, 115
Wessely, Paula   19
Wessely, Rudolf   42, 92
West, Arthur   167
West, Marina   36
Weys, Rudolf   106, 124, 130
Widhalm-Windegg, Fritz   42, 69 f., 82, 90, 94 ff.
Wiegandt, Mela   134, 160, 162
Wiegang, Johannes Peter   55
Wieland, Guido   97
Wiener, Oswald   122
Wiesenthal, Grete   50
Wiesinger, Karl   111, 140, 148
Wihan, Hanna   35 ff., 70, 92 f., 109
Wildbolz, Klaus   134
Wilde, Oscar   28, 31, 35
Wilder, Thornton   18, 45, 48, 78, 89, 95
Wildgans, Anton   18, 31, 39 f., 42, 56, 63, 68, 81, 134, 138
Wilfan, Gustav   120
Wilhelm, Gerhart   70, 72, 109, 112, 148 f.
Wilhelm, Margit   113
Wilhelm, Ruth   43
Wilke, Gisela   44
Willeger, Helga   114
Willems, Paul   97, 105, 111
Williams, Emlyn   110
Williams, Tennessee   69, 82, 98, 124, 152 ff.
Willis, Ted   71
Willner, Ernst   40, 42